böhlau

Regina Jankowitsch, Annie Rüdegger-Rosar

Die Schauspielerin Annie Rosar

(1888–1963)

Geschichte einer Überlebenskünstlerin

Böhlau Verlag Wien Köln

Gedruckt mit der Unterstützung durch die Marktgemeinde Orth an der Donau und das Land Niederösterreich

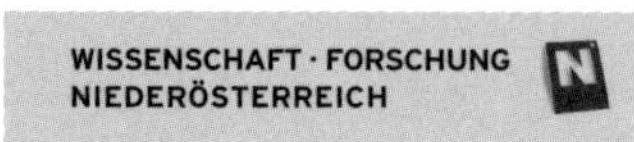

Bibliografische Information der Deutschen Nationalbibliothek:
Die Deutsche Nationalbibliothek verzeichnet diese Publikation in der Deutschen Nationalbibliografie; detaillierte bibliografische Daten sind im Internet über https://dnb.de abrufbar.

Umschlagabbildung: ullstein bild – United Archives / kpa / Grimm
Umschlaggestaltung: Michael Haderer, Wien
Korrektorat: Vera M. Schirl, Wien
Satz: Bettina Waringer, Wien
Druck und Bindung: Balto print UAB, Litauen
Printed in the EU.

Vandenhoeck & Ruprecht Verlage | www.vandenhoeck-ruprecht-verlage.com

ISBN 978-3-205-21550-9

Inhalt

Vorwort

Ich bin die Urenkelin der Volksschauspielerin Annie Rosar.

Annie Rosar – vor allem berühmt durch ihre komischen Rollen in Heimatfilmen und Komödien vor und nach dem Zweiten Weltkrieg – verkörperte den Typus der Köchin, Haushälterin oder besorgten Verwandten. Noch immer kennen sehr viele Leute meine Uroma und sind treue Fans. Annie Rosar lebt als Mythos weiter, der aus ihren Rollen entstanden ist. Doch nicht alles was glitzert, ist Gold. Es ist Zeit, mit diesem Mythos aufzuräumen. Oma Annie zuliebe. Dieses Buch versucht, der Wahrheit auf die Spur zu kommen. Einer Wahrheit, die die Zeit, in der sie gelebt hat, widerspiegelt. Annie Rosar hat beide Weltkriege als Erwachsene erlebt und quasi ohne Unterbrechung in all diesen einschneidenden Zeiten gearbeitet.

Mein Vater, der bei seiner Oma aufgewachsen ist, gab mir ihren Namen.

Mit und in ihrem Namen erlaube ich mir, der Öffentlichkeit Einblick in ihr Leben zu geben. Denn im Gegensatz zu den meisten ihrer KollegInnen – Hans Moser, Heinz Rühmann, Theo Lingen, Paul Hörbiger – gibt es nach wie vor keine Biographie über Annie Rosar.

Mein Interesse an diesem Projekt ist aber nicht nur privater, sondern auch professioneller Natur: als österreichische Fremdenführerin bin ich auf Wiener Geschichte spezialisiert und Zeitgeschichte war immer schon mein Steckenpferd. Deshalb ist das vorliegende Buch auch keine Biographie als solche, – sondern mehr eine Beschreibung des Überlebenskonzeptes einer Künstlerin vor dem Hintergrund jahrzehntelanger politischer Turbulenzen in Österreich und Deutschland.

Um dem Ganzen fachkundige Objektivität zu geben, bat ich vor mittlerweile fast sieben Jahren meine älteste Freundin, und Kennerin meiner Familie, Dr. Regina Jankowitsch, mir zu helfen. Regina hat in Geschichte promoviert. Sie willigte sofort ein, was mich sehr freute. Während der Arbeit an dem Buch erwiesen wir uns als perfektes Team und trotzten gemeinsam den teilweise heftigen Details von Annie Rosars Vita. Allein hätte ich das psychisch nicht so leicht weggesteckt.

Wir bekamen viel Hilfe von unseren Müttern, Dr. Renate Jankowitsch und Monika Rosar, die in mühevoller Arbeit alte Briefe aus der Kurrentschrift transkribierten. Ohne sie wäre das Projekt nicht so schnell vorangeschritten. Mein Vater als Zeitzeuge spielte ebenfalls eine zentrale Rolle durch seine teilweise sehr lebendigen Erinnerungen, die er gern mit uns teilte. Weiters möchte ich meiner Freundin Eva Osterberger für das kritische Probelesen danken.

Annie Rosars größtenteils unveröffentlichtes Material, ihre Dokumente, Briefe, Tagebücher und Fotos, vieles über hundert Jahre alt, entdeckte mein Bruder auf dem Dachboden seines Hauses wieder – auch ihm bin ich zu Dank verpflichtet. So konnten wir die wichtigsten Ereignisse ihres Lebens nachvollziehen und in den Kontext mit den jeweiligen gesellschaftspolitischen Entwicklungen setzen. Sicher ist: Oma Annie wollte, dass man über sie schreibt. Wir haben fast 60 Jahre nach ihrem Tod am 5. August 1963 ihren Wunsch endlich realisiert. Ihre Erlebnisse haben nichts an Brisanz verloren.

Annie Rosar

Ich bin Annie Rosar seit dem 10. Lebensjahr verbunden. Für mich ist mit diesem Buch ein wunderbares, mehrjähriges Projekt wahr geworden: die Verbindung von Freundschaft mit Expertise, die Zusammenführung von privatem Interesse mit akademischer Neugier und beruflich bedingtem hohem Qualitätsanspruch.

Schon als Kind war es für mich spannend, über Annie Zugang zu einer im bürgerlichen Sievering (Teil des. 19. Wiener Gemeindebezirks) recht ungewöhnlichen und auffallenden Familie zu haben. Wer von uns kannte damals schon jemanden aus dem Filmgeschäft? Wer von uns konnte mit einer illustren Ahnin aufwarten, die selbst Jahre und Jahrzehnte nach ihrem Tod eine überdurchschnittliche Präsenz im seinerzeitigen Vormittags- wie Nachmittagsfernsehen hatte? Der Mythos Annie Rosar war mir mehr als geläufig.

„Meine" Annie und ich verloren uns dann nach der Schule für 20 Jahre aus den Augen. Ich studierte einstweilen Österreichische Geschichte und Politikwissenschaften und begann eine Laufbahn, die mich in unterschiedlichen Rollen, als Journalistin, als PR-Beraterin und als Executive Coach lernen ließ, menschliches Verhalten zu interpretieren, persönliche Kommunikation zu dechiffrieren und Texte fundiert und dennoch unterhaltsam zu formulieren. Als ob wir es geplant hätten: Annies sensationeller Quellenfundus, mein beruflicher Hintergrund und unsere gemeinsame ganz besondere Motivation, uns auf die Spuren „der Rosar“ zu begeben, war ein perfektes Zusammenspiel. Für uns beide, wenn auch aus unterschiedlichen Gründen emotional sehr, sehr, sehr bereichernd.

Wir wollten kein herkömmliches Fan-Buch über eine große Schauspielerin schreiben. Wir wollten einen respektvollen wie prüfenden Blick auf die Künstlerin werfen und gleichzeitig die Person Annie Rosar in der Bewältigung ihrer Schicksalsschläge verstehen und kritisch beleuchten. Dass wir dabei erste Reihe fußfrei einen Streifzug durch die österreichische Geschichte des 20. Jahrhunderts machen durften, war grandios. Nicht nur unsere Protagonistin, sondern auch eine Fülle an prominenten ÖsterreicherInnen und Deutschen aus Politik und Kunst erscheinen in neuem, unbekanntem Licht.

Das Buch beginnt mit dem tragischsten Ereignis in Annie Rosars Leben: dem Tod ihres einzigen Sohns René an der Ostfront und erzählt dann ihr Leben von 1888 bis 1963.

Mit den knapp 80 Illustrationen – großteils unveröffentlichte Bilder und Originaldokumente – versuchen wir, die Atmosphäre dieser acht Jahrzehnte zu transportieren.

Gibt es eine Quintessenz aus unserer Arbeit? Ganz sicher: Erstens, dass die Willenskraft einer Frau schon vor 100 Jahren viel mehr zu erreichen vermochte, als es irgendeinem zeitgenössischem Klischee entsprach und zweitens, dass beruflicher Erfolg und überdurchschnittliche emotionale Bedürftigkeit durchaus miteinander einhergehen können.

Regina Jankowitsch

1. „Du tust uns sehr sehr leid!"

1943

„Mein geliebter Sohn!

In einer Stunde zünden Ursula und ich den Baum an – ohne Dich – und ohne von Dir seit einer Woche Nachricht zu haben! – Ein schweres, bitteres Los! Und wenn ich noch dazu daran denke, daß Dein letzter Brief an mich der Schlimmste war, den ich je erhielt!

Da sind wir nun ganz allein – wir zwei und nachher gehen wir in die Wattmanngasse, wo ich zum ersten Male seit der Affäre auch Inge wiedersehe.

So tapfer Ursula ist – ich merke doch, daß sie unendlich darunter leidet, daß nicht einmal heute Post von Dir da war – und ihr Vater noch immer nichts unternommen hat, um direkte Verbindung mit Dir zu bekommen! Auch ich bin schon sehr besorgt um Dich und Dein Wohlergehen, denn ich muß leider annehmen, daß Du nun wieder bei den Kämpfen um Newel herum bist!

Die diversen Geschenke werden dann auch erst bei Stahns verteilt – Du und Ursula bekommt von mir einen Check über 1000 RM [Reichsmark, Anm. d. Hg.] als Beihilfe für die Wohnung und zur Geburt Deines Kindes. Ursula hat auch noch andere Kleinigkeiten von mir bekommen.

Mein großer Koffer wurde in Berlin ausgegraben, da aber heute früh wieder ein schwerer Terrorangriff in Berlin als Weihnachtsgeschenk war, weiß ich noch nicht, ob er auch hier ankommt. Der 2. wurde nicht gefunden und wieder ein anderer mit meinen Lebensmittelmarken und vielen Dingen, den ich nachkommen ließ, ist bereits seit 10 Tagen mit der Lufthansa unterwegs, ohne daß er eingetroffen wäre!

Wir haben eine Gans und eine Ente, genug zu essen und bringen auch davon in die Wattmanngasse mit.- Als Fr. Stahn zum ersten Male wieder hier war und mit uns zu Mittag aß, meinte sie liebenswürdig! „Jetzt, nach dem guten Essen kann ich verstehen, daß Ursula gerne bei Dir ist." Der Hieb saß.-

Ich darf Dir nicht mehr mit der Maschine schreiben, sonst wird der Brief zu lange, meint Ursula. Und Du spottest mich auch nur aus, wenn ich Dir einen langen Brief schreibe. Also mache ich kurz – d.h. er ist ohnehin schon lange

Abb. 1: René Rebiczek-Rosar im Sommer 1942 auf Heimaturlaub in Wien mit seiner Mutter.

geworden. – Mir ist nämlich schon sehr bange um Dich, René, ich kann mich einer Unruhe nicht erwehren, und wolle, Du wärest schon hier.

Alles leidet darunter – auch mein Beruf – ich kann einfach nicht mehr weiter.

Franzl scheidet ja jetzt ohnehin schon aus. – Wenn Ihr Eure Wohnung habt, trefft Ihr ihn ja nie mehr – und er verstand sofort, weigerte sich auch, mir nur die Sachen herzuschleppen, und so sandte ich Hella dann nach Krems. Ja, ja – Friede an allen Ecken und Enden – es ist einfach ein herrliches Leben! Aber wenn ich geahnt hätte, daß Inge heute Abend auch aufscheint, hätte ich weniger Mitleid mit Fr. Stahn gehabt und wir wären nicht hingegangen.

Ich hoffe nur, daß Ulla ihr nicht von Deinen beiden tristen Briefen an mich mitgeteilt hat, wo Du mir noch dazu so schwer unrecht tatest, denn es war mehr als menschenmöglich, was ich Alles unternahm, um Franzl fernzuhalten.

Hoffentlich verbringst Du diese Tage halbwegs leidlich und bist gesund. Mir ist so bange.

Sei gesegnet und das Jahr 1944 möge für Dich und uns alle ein besseres und schöneres werden.

Ich umarme Dich! Deine Mutter"

Als Annie Rosar, Theaterschauspielerin und Filmstar der Ostmark, am 24. Dezember 1943 diese Zeilen schreibt und per Feldpost abschickt, ist René Rebiczek-Rosar, ihr 22-jähriger Sohn und einziges Kind, schon tot. Er ist einen Tag vorher um 18:20 Uhr in einem Lazarett an der Ostfront seinen schweren Verletzungen erlegen und gleich am nächsten Tag, dem Weihnachtsabend, am Soldatenfriedhof II im belarussischen Witebsk in Block 9, Reihe 4, Grab 20 beigesetzt worden.

Die Umstände seines Todes lassen sich fast 80 Jahre danach nicht mehr exakt rekonstruieren. Die erhaltenen Originaldokumente – Telegramme von der Front, Briefe von Kameraden, die offiziellen Meldungen der Behörden – sind nur bedingt hilfreich. Die Aktenlage ist teilweise lückenhaft und teilweise widersprüchlich.

Inmitten heftiger Kämpfe gegen anrollende sowjetische Panzer wurde Annies Sohn offensichtlich am 19. Dezember von einem Granatsplitter oder einer Kugel am linken Arm und im Lungen- bzw. Bauchbereich getroffen. Rebiczek-Rosar, Batteriechef der bei Panzerabschüssen erfolgreichsten Sturmgeschütz-Abteilung der gesamten Wehrmacht, befand sich zu diesem Zeitpunkt mit hoher Wahrscheinlichkeit außerhalb seines Panzers. Vielleicht wollte er mit dem Fernglas die feindlichen Truppenbewegungen besser einsehen oder die in der Gegend versprengten Partisanen ausmachen. Dafür hätte er sich mit seinem Oberkörper hinauslehnen müssen und ein gutes Ziel abgegeben. Oder sein Panzer war steckengeblieben, und er hatte ihn mit seinen Männern fluchtartig verlassen müssen. Der Blutverlust infolge seiner Verwundung war wohl sehr hoch gewesen. Hätten ihn nicht zwei Kameraden seiner Einheit aufgehoben und direkt ins nahegelegene Lazarett nach Witebsk gebracht, wäre er vermutlich

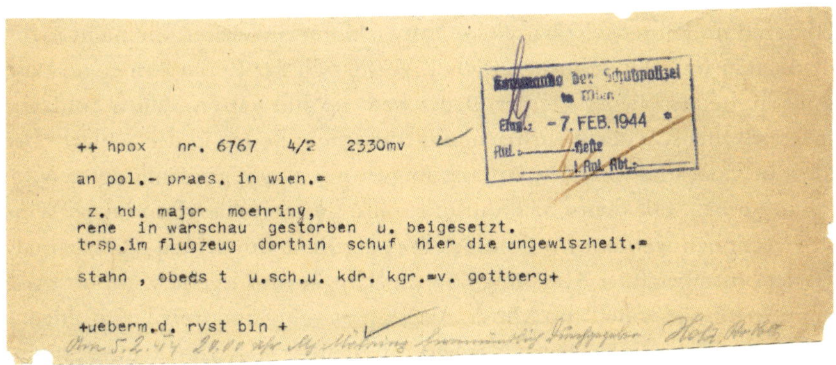

Kommando der Schutzpolizei
Wien
Eing.: - 7. FEB. 1944
Anl.: Hefte
I. Anl. Abt.:

++ hpox nr. 6767 4/2 2330mv

an pol.- praes. in wien.=

z. hd. major moehring,
rene in warschau gestorben u. beigesetzt.
trsp.im flugzeug dorthin schuf hier die ungewiszheit.=

stahn , obeds t u.sch.u. kdr. kgr.=v. gottberg+

+ueberm.d. rvst bln +

Abb. 2: Telegramm vom 7.2.1944 mit der Falschmeldung von Renés Tod in Warschau. Tatsächlich ist Annie Rosars Sohn bereits am 23.12.1943 in Belarus gefallen.

schon auf dem Feld gestorben. So rettete ihm eine sofort durchgeführte Operation vorerst das Leben. Danach wurde er in ein anderes Lazarett verlegt, wo er drei Tage später „ruhig ohne große Schmerzen und ohne Wunsch" verstarb. So hielt es zumindest das offizielle Telegramm der Wehrmacht an seine junge, hochschwangere Frau Ursula später fest.

René Rebiczek-Rosar hatte seine Bestimmung gefunden und als überzeugter Nationalsozialist sein Leben für Volk und Vaterland gegeben. Dem Kampf gegen die Feinde des Deutschen Reichs hatte der großgewachsene, dem guten Essen zugewandte, dunkelblonde, blauäugige Wiener mit Freude und Leidenschaft seine Kräfte gewidmet. Ohne Zweifel und zum Leidwesen seiner Mutter und seiner Ehefrau war Rebiczek-Rosar das, was man damals wie heute einen begeisterten, ja fanatischen Soldaten nennt.

Schon vor dem Anschluss Österreichs an das Deutsche Reich 1938 war er illegal der Hitlerjugend (HJ) beigetreten. Unmittelbar nach der Schule, im Frühling 1939, zog ihn der Reichsarbeitsdienst (RAD) ein, und unter deren Kommando half er mit, an der polnisch-deutschen Grenze Straßen und Wehrdämme zu bauen. Sie sollten der Wehrmacht später, im September desselben Jahres, einen zügigen Einmarsch in Polen ermöglichen. Als Soldat war René immer wieder an vorderster Front: zu Kriegsbeginn in Beuthen (pol.: Bytom), 1940 in Frankreich nahe Calais und im Juni 1941 beim Überfall der Deutschen auf den ehemaligen Verbündeten Sowjetunion, als Bobrujsk im heutigen Belarus und Newel gestürmt wurden. 1942 meldete er sich zu einer neuen Waffengattung, der Panzerartillerie, blieb allerdings im Einsatz an der Ostfront. Im Herbst 1943 war er auf eigenes Betreiben neuerlich in Newel – diesmal allerdings, um die Russen bei der Rückeroberung der von der Wehrmacht besetzten Gebiete aufzuhalten.

Was war geschehen? Die Kapitulation der 6. Armee unter Oberst Paulus in Stalingrad im Jänner 1943 hatte eine Entwicklung eingeleitet, die nicht mehr aufzuhalten war: den kontinuierlichen Vormarsch der Roten Armee und die damit drohende Niederlage der Deutschen. Im Juli hatten Stalins Soldaten die letzte Offensive der Wehrmacht auf russischem Boden in der Schlacht bei Kursk beendet und ihrerseits Anfang August mit einem großangelegten Vorstoß begonnen. Die deutsche Frontlinie sollte zurückgedrängt und nach Westen verschoben werden. Im Sommer 1943 lag René mit seinen Männern als Teil der Sturmgeschütz-Abteilung 667 zunächst in der Gegend von Bobrujsk, knapp 80 km südöstlich von Minsk. Alles schien ruhig und trotz beunruhigender Berichte über die Erfolge der Sowjets zweifelte er weiterhin keine Sekunde am Sieg. Die jungen Männer konnten ein paar Partisanenangriffe erfolgreich abwehren, genossen eine „friedensmäßige" Versorgung mit Hühnern, Suppe,

Kartoffelpüree und Gemüse, und besuchten sonntags das Kino im Ort, wo die Wochenschau für Propaganda und deutsche Spielfilme für Unterhaltung sorgten.

Kurz vor Herbstbeginn, im September, wurde Annie Rosars Sohn allerdings 250 km hinter die Front beordert. Er sollte für seine Abteilung Winterquartiere vorbereiten, drei Dörfer überwachen und organisieren, was erschöpfte Soldaten zum Überwintern brauchen konnten. Während seine Mutter daheim hoffte, diese Zeit, in der der geliebte Sohn nicht täglich dem Tod ins Auge sah, möge unendlich lang andauern, hatte René dieses „Hinterlandsdasein" bald satt. „Eier, Milch, Gemüse und selbstgeschlachtetes Fleisch, alles in solchen Mengen, daß wir es schon bald nicht mehr mögen", schrieb er Ursula nach Wien. Er war ungeduldig. Er wollte mitten ins Kriegsgeschehen zurück, wollte mit seinen Kameraden kämpfen. Mehrfach schickte er entsprechende Gesuche an seinen Kommandanten und wurde endlich erhört. Ende Oktober war er wieder an der Front. „Nun kann ich endlich wieder etwas Vernünftiges leisten" ließ er nun in einem seiner vielen Frontbriefe nach Hause verlauten, und Mutter wie Ehefrau wechselten sich ab in Gebet oder Verzweiflung.

Als René Rebiczek-Rosar zu seinen Truppen zwischen Newel, dem heute ebenfalls belarussischen Witebsk und Bobrujsk stieß, war es allerdings mit dem relativ beschaulichen Soldatendasein, wie er es noch im September beschrieben hatte, vorbei.

Die Deutschen waren bereits in einer misslichen Lage. Sie hatten aufgrund eines ungewöhnlich milden Herbstes viel länger gekämpft als in den Jahren zuvor. Erschöpft und ausgelaugt waren sie potenziell „leichte Beute" für die Rote Armee. 1941 und 1942 hatte die Wehrmacht den gewohnt frühen Wintereinbruch in den Weiten der russischen Ebenen dafür genutzt, sich von der Ostfront in die Etappe, in entsprechende Winterquartiere, zurückzuziehen. Dort hatte man ab November wieder Kräfte sammeln können. Davon konnte 1943 jedoch keine Rede mehr sein.

Im Dezember, als dann endlich der überaus harte „russische" Winter tatsächlich einbrach, verstärkte die Rote Armee deshalb ihre Offensivkräfte und warf ohne Rücksicht auf Verluste Menschen und Panzer in großen Mengen an die Front. Jene deutschen Soldaten, die sich im Abschießen sowjetischer Panzer bewährten, hatten in diesen Tagen beste Gelegenheiten, Sieg und Ruhm fürs Vaterland zu ernten. Renés Einheit war darin zweifellos eine der stärksten: „Meine Batterie ist auf dem besten Wege, die erfolgreichste deutsche Sturmgeschütze-Batterie zu werden, es fehlen uns noch etwa 12 Panzerabschüsse. Hoffentlich schaffen wir es," berichtet er nach Hause. Der 22-Jährige betrieb Krieg wie Tontaubenschießen. Tatsächlich zerstörte die ganze Abteilung 667 bis Ende 1943 468 feindliche Panzer.

Die eisige Kälte setzte allen Frontkämpfern zu, doch in Renés Einheit gab es noch immer Kleidung und Verpflegung genug. Er schrieb knapp einen Monat vor seinem Tod an seine Frau: „Ich bitte dich herzlich, zuversichtlich und guten Mutes zu sein. Ich kann im Augenblick nicht weg, die Gefahr ist riesengroß und es gibt nur wenige, die ihr erstens willentlich entgegentreten und zweitens das ausreichende Geschick haben, das in die richtigen Taten umzusetzen. Es kommt daher auf jeden solchen Mann an. Da ich mich für einen solchen halte, kann ich jetzt nicht weg. Zudem trage ich die Verantwortung für eine Anzahl auserlesener deutscher Menschen, für eine ungeheure Menge wertvollsten Materials und somit für eine Kampfkraft, die, oft erprobt und manchmal schon Entscheidungen herbeiführend, entsprechend eingesetzt, befürsorgt und gepflegt sein will. Ich habe noch niemanden, dem ich dieses schwere Amt mit ruhigem Gewissen übergeben kann.“

Bedingungslos an den Führer glaubend, schwankte der werdende Vater auch nicht, wenn ihm die beiden Frauen in Wien ihr Leid klagten. Das Baby sollte in der zweiten Jännerhälfte auf die Welt kommen, und Weihnachten stand vor der Tür. René hatte absichtlich seinen ihm zustehenden Weihnachtsurlaub auf den ersten Monat im Jahr verschoben, um bei der Geburt seines Kindes in Wien dabei zu sein. Nun, da seine Kräfte und seine Erfahrung als Batteriechef an der Front so gefragt waren, schien sich die Richtigkeit seiner Entscheidung zu bestätigen. Seine Loyalität galt nicht seiner Familie, nicht der Mutter, nicht der Ehefrau, sondern seinen Kameraden. Und dem Führer.

In diesem Ton waren auch die beiden Testamente gehalten, die René am 10. Dezember 1943 aufsetzte. „Liebe Mutter! Wenn du diesen Brief liest, bin ich tot. Sei groß und stark. Durch Leid ist es nicht zu ändern“, mahnt er Annie Rosar und tut dasselbe mit Ursula: „Mein geliebtes Ullichen! Solltest du je diesen Brief bekommen, bin ich nicht mehr. Nun mußt du zeigen, wer du bist. Nimm dein Herz in die Hand, du mußt dich damit abfinden, daß ich nicht mehr da bin und dir helfen kann.“

Warum hielt René Rebiczek-Rosar seinen baldigen Tod auf einmal für so wahrscheinlich, dass er seinen Letzten Willen regelte? Hatte die Abwehr Informationen von der unmittelbar bevorstehenden Offensive der Roten Armee lanciert? Oder hatten einfach diesbezügliche Gerüchte entlang der Front die Runde gemacht? Lag es für die müden Männer der StuG-Abteilung 667 auf der Hand, dass die nächsten Tage Kämpfe bis zum Äußersten mit sich bringen würden? Waren nach den großen Verlusten der letzten Wochen nun auch sie, und mit ihnen René Rebiczek-Rosar, an der Reihe?

Am 13. Dezember 1943 begann die Rote Armee ihren Angriff auf die 3. Deutsche Panzerarmee, Heeresgruppe Mitte, zu der Renés Einheit gehörte. Und es war furchtbar: Da „stürmten die Bolschewisten im Raum südlich Newel gegen die deutschen Stellungen, die wie eine Faust längs der von Süden nach Norden führenden großen Durchgangsstraße in die sowjetischen Linien hineinragen. Mit aller Gewalt versuchen sie, diese Faust aufzubrechen. Mit Panzern, Schützen-Divisionen, Kavallerieverbänden, vor allem aber mit überlegenen Artillerie- und Schlachtfliegerkräften gehen sie unentwegt gegen die deutschen Linien vor, die von Grenadieren und Panzergrenadieren, Pionieren und Füsilieren mit Unterstützung von Panzern, Panzerjägern, Werfern und Artillerie sowie Kampf- und Sturzkampffliegern gehalten werden,"[1] berichtete eine Zeitung aus Maribor, das damals bereits seit zwei Jahren von den Nazis besetzt war.

René Rebiczek-Rosar warf sich mit seiner Abteilung in die Schlacht – wieder und immer wieder. Er wollte zeigen, dass ihr Kommandant sie nicht umsonst gezielt gerade dort eingesetzt hatte, wo Not am Mann war und wo es kritisch wurde. Sie waren einsatzfreudig, erfahren und konnten als Teil der neuen Waffengattung Sturmartillerie mit starren Kanonen die Fußtruppen im Nahkampf besonders gut unterstützen. Wenn jemand unter diesen schwierigen Umständen erfolgreich hätte sein können, dann seiner Meinung nach er und seine Kameraden.

Es existiert kein Brief von René aus diesen allerletzten Tagen. Vielleicht gab es eine Nachrichtensperre, vielleicht waren diesmal die Gefechte selbst für ihn, den aufrechten Soldaten, der so unerbittlich gegen sich selbst war, zu anstrengend, um abends noch ein paar Zeilen an Mutter und Ehefrau aufzusetzen. Vielleicht waren die Erlebnisse auch so entsetzlich, dass er nicht wusste, wie er darüber berichten sollte, ohne die beiden Frauen in Wien nicht noch mehr zu beunruhigen. René galt als besonders empathisch – er konnte sich bestimmt gut vorstellen, was nach Erhalt eines solchen Briefs von dieser Front passiert wäre: Ursula hätte womöglich vor Aufregung eine Fehlgeburt gehabt und seine Mutter bis in die obersten Etagen Berlins alles in Bewegung gesetzt, um ihn heraus- und nach Hause zu holen. Beides wollte er absolut vermeiden. Neben den beiden Testamenten setzte er am 10. Dezember 1943 noch einen belanglosen Brief an Ursula auf, in dem er sie bat, sich über einen angeblich bevorstehenden Luftangriff auf Wien nur ja keine Sorgen zu machen. Danach brach der Kontakt zu ihm ab.

Abb. 3: René Rebiczek-Rosars erste Beerdigungsstätte in Witebsk, Belarus. Seit 2019 hat er seine letzte Ruhe im Soldatenfriedhof von Schtschatkowo gefunden.

Noch ahnte Annie Rosar aber nichts in diesem Advent des Jahres 1943. Ihr Leben in Wien war trotz der Kriegsjahre bisher nicht allzu schlecht gewesen. Die ehemalige Hauptstadt des Habsburgerreichs lag bis zur Invasion Italiens im September außerhalb der Reichweite der britischen und US-amerikanischen Bomber und war bis dato von Luftangriffen völlig verschont geblieben. Tausende waren aus den umliegenden Gebieten nach Wien geflohen. Die Zugereisten nahmen so überhand, dass eine Zuzugsperre ausgesprochen werden musste. Gleichzeitig waren jedoch durch die Flucht bzw. die Deportation von rund 170.000 Wiener Juden viele Immobilien frei geworden. In diese arisierten Wohnungen und Häuser waren Nazibonzen, deren Günstlinge und sonstige Profiteure des Regimes eingezogen. Schnell hatte man vergessen, wo die eigentlichen BesitzerInnen geblieben waren. Auch Herta und Richard Stahn, René Rebiczek-Rosars Schwiegereltern, die 1939 mit ihren beiden Töchtern Inge und Ursula aus Brandenburg nach Wien gekommen waren, lebten in einer solchen „arisierten“ Wohnung im noblen Hietzing nahe Schloss Schönbrunn. Lebensmittel gab es in der Ostmark noch genug, allerdings musste streng rationiert werden: seit dem Frühling 1943 hatte jede/r BürgerIn Wiens mit 200 g Fleischration in der Woche auszukommen. Die Bevölkerung setzte daher zunehmend auf Selbstversorgung. Die Anzahl der Schrebergärten, in denen Obst und Gemüse gepflanzt und geerntet werden konnte, verdoppelte sich. Eine Gans und eine Ente als Weihnachtsschmaus wie bei Familie Rosar – das konnte sich jedenfalls damals nicht jeder leisten!

Derartigen Luxus verdankte Annie aber nicht nur ihrer gedeihlichen wirtschaftlichen Situation als Filmschauspielerin, sondern auch ihren exzellenten Kontakten. Politiker und Behördenvertreter hatten für sie als VIP der damaligen Wiener Gesellschaft ein besonders offenes Ohr. Zudem hielt die Rosar mit wahrer Meisterschaft ihre Beziehungen in der Künstlerwelt am Laufen. Dazu gehörten etwa Veit Harlan, Regisseur des antisemitischen Propagandamachwerks „Jud Süß", in dessen Film „Die goldene Stadt" sie mitgewirkt hatte, oder Paul Junker, Gründer des im Dritten Reich einflussreichen Buchverlags Junker & Dünnhaupt. Hilfreich bei dieser Kontaktpflege waren da vor allem kleine Aufmerksamkeiten aus dem Hause Rosar: Flaschen eigenen Weins ergänzt mit einer handschriftlichen Widmung. Schon in den 1930er Jahren hatte Annie Rosar gemeinsam mit ihrem vierten Ehemann, Dr. Franz Rebiczek, einem Schriftsteller und Beamten der NÖ-Landesregierung, in Krems in der Wachau Weingärten gekauft und seither dort keltern lassen. Das Kalkül war einfach: Wer würde einen guten Tropfen als Geschenk einer Muse des Films – noch dazu während des Kriegs – nicht in unvergesslicher Erinnerung behalten?

Auch sonst war sie umtriebig: Dank ihrer Verbindungen hatte sie für ihren Sohn, ihre Schwiegertochter und das zukünftige Enkelkind eine Wohnung in der Rathausstraße mitten im Zentrum Wiens organisiert. Ursula war am 16. November 1943 eingezogen und bereitete sich darauf vor, mit René und ihrem Kind dort den Krieg zu überstehen und danach ein friedvolles Leben führen zu können.

Selbst lebte die 55-Jährige zusammen mit einer Haushälterin in einer 100 m² großen Wohnung in der Währinger Straße 115 im 18. Wiener Gemeindebezirk, einer schon damals besser situierten Gegend. Gatte Franzl sorgte sich in Krems vor Ort um ihr kleines Weingut, während sie von Wien aus arbeitete und Engagements wahrnahm. Es lief gut: Im Februar erst hatte sie ein Gastspiel im deutschen Theater im besetzten Metz gegeben und für drei Vorstellungen inklusive Spesen ein Honorar von 1.500 RM erhalten. Im weiteren Verlauf dieses vierten Kriegsjahres hatte sie fünf Filme gedreht. Zunächst waren es zwei Streifen des österreichischen Regisseurs E. W. Emo – „Schwarz auf Weiß" mit Parade-Filmpartner Hans Moser als ihrem Ehemann sowie „Reisebekanntschaft", worin sie eine ihrer typischen Rollen, eine Haushälterin, verkörperte. Darauf folgten „Gabriele Dambrone" gemeinsam mit den beiden Burgtheaterstars Gusti Huber und Ewald Balser und „Das Lied der Nachtigall" unter der Regie von Komiker-Kollegen Theo Lingen. Und soeben, in diesen letzten Wochen des Jahres 1943, war sie neuerlich wegen der Aufnahmen für die Verwechslungskomödie „Warum lügst Du, Elisabeth?" in Berlin gewesen.

Wie oft in den Jahren davor stieg sie auch diesmal wieder im Hotel Bristol Unter den Linden ab. Abgesehen davon hatte sich jedoch an der Spree viel zum Negativen verändert: während der Filmaufnahmen gab es zweimal täglich Fliegeralarm – die britische Luftwaffe überzog Berlin mit einem Bombenteppich. Die Proben mussten regelmäßig unterbrochen werden und am Set machte sich Angst breit. Annie Rosar, die schon in Friedenszeiten als schreckhaft und hysterisch gegolten hatte, litt ganz besonders. Aufheitern konnten sie nur Treffen im Kollegenkreis oder das eine oder andere Abendessen mit dem Schwiegervater ihres Sohns, Oberst Richard Stahn, der zu der Zeit gleichfalls in Berlin weilte. Sie nutzte daher jede Gelegenheit, dieser Tristesse zu entfliehen. Als am 11. November die Premiere von „Gabriele Dambrone" in Wien angesetzt war, ergriff sie die Chance, und verließ Berlin für ein paar Tage – allen Unannehmlichkeiten einer nächtlichen Zugsfahrt zum Trotz. Das gesellschaftliche Ereignis in der Wiener Scala, einem der damals traditionsreichen Wiener Kinos, rechtfertigte für Annie die Strapazen. Die Medien waren gekommen, die Kritiken waren gut und dort, wo nur vier Monate zuvor der dritte Farbfilm der Ufa, „Münchhausen" mit Hans Albers in der Hauptrolle, aufgeführt worden war, ließen sich die Gefahren für den Sohn an der Ostfront für kurze Zeit verdrängen.

Schon die Zugfahrt retour nach Berlin brachte sie in die Realität eines Weltkriegs zurück. Es war eine Fahrt am Tag durch den von den alliierten Luftangriffen bereits deutlich in Mitleidenschaft gezogenen Osten Deutschlands. „Grauenhafte Fahrt bis Potsdam – erschütternd bis ins Mark", notierte sie in ihren Kalender. Ende November – sie war schon wieder auf Kurzvisite in Wien – wurde „ihr" Bristol von Bomben schwer getroffen, und die Rosar war gezwungen, eine andere Unterkunft für die verbleibenden Drehtage zu finden. 500.000 Menschen hatten zu Beginn dieses Winters ihr Dach über dem Kopf verloren. Einrichtungen wie der Zoo oder das Kaufhaus des Westens, beides bedeutende Symbole für Wohlstand und Unterhaltung, waren völlig zerstört worden. Der 55-Jährigen gingen die Zustände in Berlin nahe. Sie hatte Todesangst, war völlig erschöpft und fühlte sich nicht arbeitsfähig. Am 3. Dezember 1943 lag Annie Rosar sogar mit der Diagnose Angina pectoris in Potsdam darnieder und musste pausieren.

Am 15. Dezember 1943 schrieb sie an René: „Glaube mir mein Kind, so sehr ich mich auf ein Enkelkind gefreut habe, als ich jetzt in Berlin all das Elend sah, da kam mir meine Freude wie ein Frevel vor, in diese Zeit, in diese Welt ein neues Leben hineinsetzen, was ich Dir wie Du weißt, vorahnend und warnend gesagt habe."

Der Luftkrieg gegen Hitlers Hauptstadt dauerte nun schon seit Wochen an – „Battle of Berlin" hatte der britische Luftmarschall Arthur Harris diese von November 1943 bis März 1944 andauernden Fliegerangriffe genannt. Vor allem die Bombardierung am Weihnachtstag 1943 war besonders verlustreich für die Bevölkerung: exakt von 3:29 bis 5:09 Uhr, bombardierten 338 Flugzeuge der Royal Air Force den östlichen Teil von Berlin – 211 Menschen wurden dabei getötet. Eigentlich hatten die Alliierten gehofft, mit diesen Attacken auf die Zivilbevölkerung Aufstände gegen das Nazi-Regime und die Hauptverantwortlichen dieses Kriegs zu provozieren. Aber da hatten sie die Situation völlig falsch eingeschätzt: Wenn Annie Rosar im letzten Brief an ihren Sohn die Luftangriffe auf Berlin als „Terrorangriff" bezeichnet, dann tut sie das in Übereinstimmung mit der Mehrheit im Deutschen Reich. The „Battle of Berlin" verstärkte nur die Solidarität mit der Wehrmacht und den Nationalsozialisten.

De facto hatte sich Annie bereits seit 1939 in einer emotionalen Ausnahmesituation befunden. Zum einen ängstigte sie sich wie jede Mutter um ihren Sohn. Nach mindestens drei Fehlgeburten – vielleicht waren es auch mehr, aber drei lassen sich jedenfalls auf Basis ihrer Tagebücher bzw. Briefe herauslesen –, hing sie verständlicherweise ganz besonders an René. René war ihr einziges Kind, das sie 1921 in einer schwierigen Geburt zur Welt gebracht und über dessen leiblichen Vater sie Zeit ihres Lebens unterschiedliche Auskünfte gegeben hatte. Er war das Licht ihres Lebens. Er war der Quell ihrer Freude in einer Intensität, die über weite Strecken einer Liebesumklammerung ähnelte und dem jungen Mann sicher nicht immer angenehm gewesen sein musste. Sie gab und verlangte vom Sohn Aufmerksamkeit und Zuwendung, die wohl eher unter Liebespartnern angemessen gewesen wären. Der Wille Renés, sich als Soldat auf dem Schlachtfeld zu Ehren Adolf Hitlers und des Deutschen Reichs zu bewähren, war für Annie daher eine besondere Prüfung. Was hatte Annie nicht alles in ihrer Macht Stehende versucht, ihren Sohn von der Teilnahme am Krieg abzuhalten? In seitenlangen Briefen hatte sie ihn über Jahre hindurch unter Tränen beschworen, doch lieber Medizin zu studieren und dem Reich als Militärarzt zu dienen. Dann wäre er vom Dienst mit der Waffe freigestellt gewesen und hätte jedenfalls viel höhere Überlebenschancen gehabt. Aber René war auf diesem Ohr taub geblieben. Wohl hatte er sich kurz nach Kriegsbeginn an der Universität Wien inskribiert, er sollte aber über den Besuch einzelner Vorlesungen nie hinauskommen. Für ihn war Krieg spannender und wichtiger. Und so haderte die beliebte Künstlerin mit ihrem Schicksal schon lange, bevor die devastierende Meldung von Renés Tod eintraf.

Zum anderen ist es das Verhältnis zu ihrem seit 1930 angetrauten Mann Franzl, dessen Namen Rebiczek René als Stiefsohn mitübernommen hatte, das sie in wiederkehrenden Wellen schier um den Verstand zu bringen schien. In dieser Beziehung wechselten einander Phasen des Glücks und der Innigkeit mit jenen des Hasses und tiefster Verachtung ab, und zwar schon kurz nach der Eheschließung. Diese On-off-Beziehung wurde nun mitten im Krieg um eine zusätzliche aufwühlende Facette reicher: In Sorge um sein ungeborenes Kind forderte René von seiner Mutter, Ursula möglichst nur allein und nicht auch im Beisein des Stiefvaters zu sehen. Die junge Frau sollte nicht den regelmäßigen heftigen Streitereien zwischen den Eheleuten ausgesetzt sein. Annie war aufgerieben zwischen dem Ehemann und den Vorwürfen des Sohns, nicht genug für die emotionale Geborgenheit von Ursula zu sorgen. Gerade Renés beide zuletzt eingetroffenen Briefe lasteten schwer auf ihrer Seele.

Auch die Weihnachtsfeiertage erleichterten die Situation nicht. Im Gegenteil: nach vergeblichem Warten auf eine Nachricht von René erhielten die bangenden Frauen in Wien die Nachricht von einer Verwundung und einer anschließenden gelungenen Operation kurz vor Jahreswechsel. Kurz atmeten Annie und ihre Schwiegertochter auf. Nun schien zumindest erklärt, weshalb Ursula auf keinen ihrer neun Briefe an den geliebten Mann zwischen dem 10. und dem 23. Dezember 1943 Antwort erhalten hatte. Am Silvesterabend, an dem sich Familien und Freunde voller Hoffnung auf bessere Zeiten in den Armen liegen und einander alles Gute wünschen, befand sich die junge Frau trotzdem am Rande eines Nervenzusammenbruchs. Es war alles so schnell gegangen: vor knapp 15 Monaten erst hatte sie, die in Deutschland ausgebildete Krankenschwester, René Rebiczek-Rosar als Patienten in einem Wiener Spital kennengelernt und ein gutes halbes Jahr später schon seinem Drängen auf Heirat nachgegeben. Und nun war sie im achten Monat schwanger und sollte bald Mutter werden. Sie fühlte sich alleingelassen, überfordert und irgendwie hereingelegt. Am Neujahrstag 1944 notierte Annie Rosar als letzte Eintragung in ihren Kalender von 1943: „Grässliches, grausames Jahresende! Wo liegt René? Lebt er? Wer pflegt den Schwerverwundeten?"

Ein Familienmitglied wusste es bereits: Richard Stahn, Ursulas Vater und zum Zeitpunkt von Renés Tod kurzzeitig Kommandeur der berüchtigten SS-Kampfgruppe von Gottberg, die allein in diesem Jahr mindestens 50.000 Morde auf dem Gebiet des heutigen Belarus auf dem Gewissen hatte. Stahn war wie sein Schwiegersohn überzeugter Nationalsozialist und Oberstleutnant der

Ordnungspolizei im Rang eines SS-Sturmbannführers. Seit seiner Beförderung zum Kommandeur der Schutzpolizei1F[2] in Warschau 1942 stand er im Dauereinsatz an der Ostfront. Er „erlebte" Kriegsverbrechen aus nächster Nähe und wurde 1973 als Angeklagter eines von der Staatsanwaltschaft Hamburg angestrengten Prozesses geführt. Richard Stahn war allerdings schon 1951 verstorben, und so bleibt im Dunkeln, ob er selbst an Verbrechen beteiligt war oder „nur" Liquidierungen angeschafft hat. Ob Annie Rosar von der Verbindung Stahns zu von Gottberg wusste, ist ebenfalls nicht belegt. Jedenfalls aber kannte sie die Wichtigkeit seiner Position – nur so kann ihr Lamentieren in ihrem letzten Brief an René verstanden werden, in dem sie die Untätigkeit seines Schwiegervaters, ihm beizustehen, anprangerte.

Ab November 1943 war die Kampfgruppe von Gottberg der 3. Panzerarmee zur Verteidigung der Frontlinie gegenüber den anstürmenden Russen unterstellt. Damit befand sich Richard Stahn in unmittelbarer Nähe seines Schwiegersohns im Kampfeinsatz. Beide kämpften also unter demselben Oberkommando, wenngleich an unterschiedlichen Positionen, und daher können wir nahezu sicher davon ausgehen, dass Stahn umgehend vom Tod seines Schwiegersohns informiert wurde. Oder war es Zufall, dass er just am Todestag von René, am 23. Dezember, seiner hochschwangeren Tochter Ursula schrieb, sie würde nun wohl längere Zeit keine Post von René bekommen, denn: „Er ist tüchtig im Getümmel"?

Einen Tag später, dem Weihnachtstag 1943 selbst, verfasste Richard Stahn dann zwei Nachrichten. Erstens ein Telegramm an seine Dienststelle: „Bitte meine Frau zu benachrichtigen, dass unser Schwiegersohn durch Lungenschuss schwer verwundet wurde, Operation gut verlaufen, im Lazarettzug abtransportiert worden, Brief folgt". Aufgegeben hatte Stahn dieses Telegramm aber erst am 26. Dezember 1943 um 12:05 Uhr – vermutlich sollten seine Frau wie ihre drei Gäste, die Töchter Inge und Ursula sowie deren Schwiegermutter Annie Rosar, bei der Weihnachtsfeier selbst nicht durch eine besorgniserregende Nachricht wie diese beunruhigt werden.

Zweitens setzte der SS-Mann einen Brief an seine Tochter auf. Dort erwähnte er, er hätte „soeben" eine Information Renés Verwundung betreffend erhalten. Doch dann bereitete er Ursula bereits auf den Tod ihres Mannes vor: „Ich weiß, mein Kind, daß du als Soldatenkind u. Soldatenfrau, dein Mann ist ein vorbildlicher Soldat u. Offizier, auch tapfer u. stark sein wirst. Stütze auch seine Mutter. Gott, der Rene bisher geleitet hat, wird ihn weiter schützen, so daß er bald zu euch in euer Heim u. eurem Kind kommen u. dort Genesung u. Glück finden wird." Außerdem appelliert er an sie, das noch ungeborene Kind jetzt im Fokus zu haben: „Denke an dein Kind, auf das sich Rene so freut. Das ist deine erste u. einzige Pflicht. Sei stark u. vertraue auf Gott. Er heilt auch Wunden, die er schlägt." Ob diese Zeilen die Hochschwangere hatten beruhigen können?

Annie und die junge Frau Rebiczek-Rosar erfuhren erst nach dem 7. Jänner 1944 vom Tod Renés, denn sonst würde der sorgenvolle Brief, den Ursula an diesem Tag noch einmal ihrem Vater schrieb, keinen Sinn ergeben. Schön langsam, klagte sie, käme sie nicht mehr damit klar, dass René sich gar nicht mehr meldete – die von ihrem Vater noch zu Weihnachten angekündigte Nachrichtenpause dauerte ihr einfach zu lang. Sie hatte Angst und war, vor allem, wenn sie das Kind in ihrem Bauch spürte, nur noch unglücklich.

Irgendwann zwischen 8. und 10. Jänner trifft dann – endlich – die Nachricht der Dienststelle F.P. Nr. L17823, Luftgaupostamt Posen, datiert mit 30. Dezember 1943 ein und bestätigte, was die beiden Frauen in Wien schon seit Tagen befürchtet hatten. René war gefallen. Wenig später erhielt Ursula von derselben Dienststelle die Information, dass ihr die Privatgegenstände ihres Gatten, die er noch im Lazarett bei sich gehabt hatte, demnächst zugesandt werden: ein Ehering, eine Ausweistasche, ein Talisman und ein Eisernes Kreuz 1. Klasse. Bei beiden offiziellen Dokumenten fehlt die Ortsangabe: Die beiden Buchstaben „O. U.", die im Dritten Reich als Kürzel für „Ort ungenannt", also für einen geheim zu haltenden Frontaufenthalt, verwendet wurden, weisen darauf hin, dass Renés Einsatz von strategischer Bedeutung war. Annie Rosar und Ursula Rebiczek-Rosar wussten also in all ihrem Schmerz nicht einmal genau, in welchem Lazarett René gestorben war. War es in Posen, wie Renés Vorgesetzter, der Kommandeur der StuG.-Abteilung 667, Zettler, in seinem Beileidsbrief an Ursula schreibt? Oder in Warschau, wie Richard Stahn an das Polizeipräsidium in Wien telegraphiert? Oder doch in Witebsk selbst?

Als kurz darauf in einem eigenen Kuvert, versehen mit dem Stempel „Zurück an Absender" und der handschriftlichen Notiz „Empfänger gefallen für Groß-Deutschland" alle Briefe, die die beiden Frauen im Dezember an René geschrieben hatten, als Retouren eintreffen, waren sie ganz besonders verzweifelt.

Einstweilen an der Front versuchte Richard Stahn weiterhin, die schreckliche Nachricht vom Tod seines Schwiegersohns vor seiner Tochter zu verbergen. Er, den es nicht zu rühren schien, wenn seine Soldaten brutale Kriegsverbrechen an ZivilistInnen begingen, war jetzt zu feig, die Wahrheit auszusprechen.

Mit der Feldpostnummer 41786, jener Nummer, die für Höhere SS- und Polizeiführer Russland-Mitte verwendet wurde, versuchte er noch einmal Ursula per Brief zu trösten und hinzuhalten. „Daß du von Rene keine Nachricht hast, ist verständlich. Zuerst war er in schweren Kämpfen bei Witebsk u. dann wurde er verwundet, operiert u. abtransportiert nach Deutschland. Seine Verwundung ist schwer, aber nach der Operation ging es ihm gut, sodaß er transportfähig war. Ich habe Hoffnung. Vielleicht hast du schon Nachricht. Er kann natürlich nicht selbst schreiben, vielleicht will er dich auch nicht ängstigen, denn er weiß ja nicht, daß ich von seiner Verwundung weiß. Mir hat es auf meiner Suche nach ihm das Armeeoberkommando. mitgeteilt, als er schon abtransportiert war. Vielleicht hätte ich ihn sonst noch sehen können. Also Kopf hoch. Es wird schon alles gut werden. Ich küsse Dich herzlichst. Dein Vati.“ Doch der Brief war datiert mit 11. Jänner 1944, und Ursula und Schwiegermutter Annie hatten mittlerweile längst die offizielle Todesnachricht erhalten.

Wie mag es Ursula ergangen sein beim Lesen dieses Schreibens? Nahm sie ihrem Vater die Unwissenheit ab? Oder verfluchte sie ihn und das ganze Nazi-Regime? Es vergingen weitere drei Tage höchster emotionaler Belastung, bevor sie endlich die überfällige innerfamiliäre Bestätigung in Händen hielt. 26 Tage nach Renés Verwundung und 22 Tage nach Renés Tod war der hochrangige SS-Offizier erst in der Lage, seiner Tochter zu kondolieren.

„Meine liebe, arme Ursel,

Während ich mich zum Schreiben niedersetze, weine ich mich tüchtig aus. Ich schäme mich der Tränen nicht. Unser lieber u. tapferer Rene hat sie verdient; denn er hat sein junges, hoffnungsvolles Leben in voller Begeisterung für uns u. sein geliebtes Vaterland hingegeben. Wir sind ihm für seinen tapferen Einsatz dankbar u. unendlich stolz auf ihn. Euer junges Glück war nur kurz. Du hast aber die Hoffnung, daß es dir neu erstehen wird, wenn in den nächsten Wochen sein Kind zur Welt kommt. Du wirst es, wie du es am Tage deiner Hochzeit versprochen, in seinem Geiste erziehen u. für das Kind arbeiten u. dann wird es nicht lange dauern, dann siehst du, ob Bub oder Mädel, in deinem Kind deinen geliebten Rene wieder; denn man lebt doch weiter in seinen Kindern.

Und ein Soldat, der sein Leben gab für sein Volk, lebt auch in ihm weiter. So wird Rene, auch wenn sein Leib hier in Rußland ruht, stets mit seinem Geiste bei dir u. uns sein.

Wir müssen es nur verstehen, seinen Geist zu erkennen u. es verstehen, uns so zu verhalten, wie er es wünscht; dann spricht er täglich u. stündlich mit dir u. uns. Und wir sind nicht verlassen.

Gott heilt auch Wunden, die er schlägt. Ich weiß, mein liebes Kind, daß du standhaft sein wirst! Dein u. unser Schmerz ist entsetzlich groß. Aber er muß u.

wird von dir standhaft überwunden werden. Das ist die erste Bitte u. der erste Befehl, den unser tapferer Held die Berechtigung gab, an uns zu stellen.

Sei auch so tapfer wie er u. stehe seiner lieben, schmerzgezeichneten Mutter bei. Sie hat ja auch ihr einziges Glück u. die Hoffnung ihres Alters verloren. Wenn du nun versuchst, ihr einen Teil ihres verlorenen Glücks zu ersetzen, handelst du in Renes Sinne. Sage ihr bitte, meine Zeit erlaubt nicht, daß ich mehrere Briefe schreibe, daß ich tief mit ihr fühle. Weiter kann ich z. Zt. nichts sagen und tun.

Nun, mein geliebtes Kind, drücke ich dich in Liebe. Wir dürfen nicht traurig sein. Unsere Trauer muß stolz sein. So wie wir auf sein heldenhaftes Soldatenleben stolz waren, so stolz müssen wir auch auf seinen Heldentod sein. Dann erst sind wir seiner würdig.

In diesem Sinne bin ich dein dich herzlich liebender Vati."[3]

Annie Rosar war eine gebrochene Frau und teilte dabei dasselbe Schicksal mit Millionen anderer Mütter in diesem Krieg. Trotz aller Mühen, das Furchtbare von ihrem einzigen Kind abzuwenden, hatte sie den Kampf gegen das Schicksal verloren.

Das erste Kondolenzschreiben vom 13. Jänner 1944 kam vom Intendanten des Deutschen Volkstheaters in Wien, dem damals 59-jährigen Deutschen Walter Bruno Iltz. Bei ihm stand Annie damals gerade in „Das kleine Bezirksgericht" auf der Bühne. Auf dem Papier der Deutschen Arbeitsfront NS-Gemeinschaft „Kraft durch Freude" tippte Iltz spürbar bewegt: „Liebe Frau Rosar! Es widerstrebt mir, Sie anzurufen. Lassen Sie mich erst einmal auf diesem Weg Ihnen sagen, wie tief mitfühlend meine Gedanken bei Ihnen und Ihrer Schwiegertochter sind. Bleiben Sie stark für die „zwei" anderen."

Nicht nur diese extrem schnelle Reaktion – es können maximal zwei Tage vergangen sein, dass Annie Rosar in ihrem nächsten Umfeld über ihren Schicksalsschlag erzählt hatte –, zeugen von der besonderen Empathie und dem Charakter dieses bedeutenden Theatermanns. Auch die sehr persönlichen Worte, fernab aller konventionellen Beileidsfloskeln, bringen zum Ausdruck, was die ganze deutschsprachige Theaterszene damals wusste: Iltz war ein Mann mit Haltung. Iltz, 1944 am Zenit seines Schaffens, hatte sich als einer der wenigen Bühnenleute immer wieder mit den Nationalsozialisten angelegt. Bis spät in die 1930er Jahre hatte er auch in Wien jüdische KünstlerInnen engagiert. Wie die Schauspielerin Inge Konradi Jahre später über ihn erzählte, hatte er „viele belastete Künstler an seinem Haus gehabt [...] Sein persönlicher Mut besitzt Seltenheitswert."[4]

Am 19. Jänner 1944 veröffentlichte Annie Rosar eine Todesanzeige in diversen Zeitungen, allen voran im Völkischen Beobachter, dem Parteiorgan der

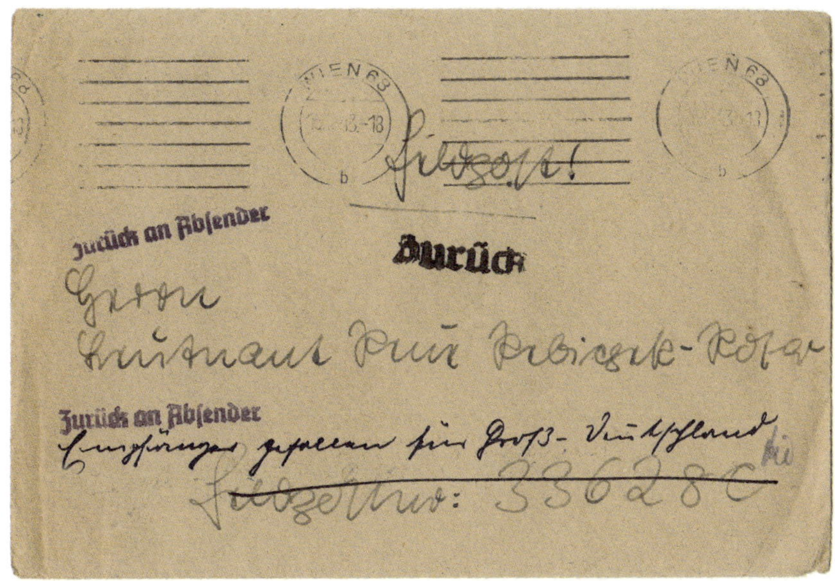

Abb. 4: „Empfänger gefallen für Groß-Deutschland" – mit diesem handschriftlichen Vermerk erhielt Ursula Rebiczek-Rosar Anfang 1944 ihre eigene Post an René zurück.

NSDAP. So war das damals üblich, und von einer Prominenten wie ihr wurde es sogar erwartet. Dabei fällt der schlichte Text auf:

„Am 23. Dezember 1943 fiel in den Kämpfen an der Ostfront im Alter von 22 Jahren mein Gatte, mein Sohn René Rebiczek-Rosar stud. med. Leutnant d. Res. und Batteriechef bei einer Sturmgeschützabt./mehrmals ausgezeichnet.

Die Gattin: Ursula Rebiczek-Rosar. Die Mutter: Annie Rosar. Wien, am 14. Jänner 1944."

Annie Rosar, die zweifelsohne für den Text verantwortlich war, verstieß damit entschieden gegen damals allgemein gebräuchliche Usancen. Todesanzeigen von Soldaten waren durch propagandistische Formulierungen wie „für Führer und Vaterland" oder einer kriegsverherrlichenden Wortwahl wie „Heldentod" Teil der Nazi-Propaganda-Maschinerie. Zweimal warf daher der Völkische Beobachter der berühmten Schauspielerin den gar zu nüchternen, unpathetischen Text mit dem Ersuchen um Redigierung zurück. Zweimal blieben sowohl Annie, die Mutter, als auch Ursula, die Witwe, standhaft – eine beachtliche Leistung angesichts des politischen Umfelds.

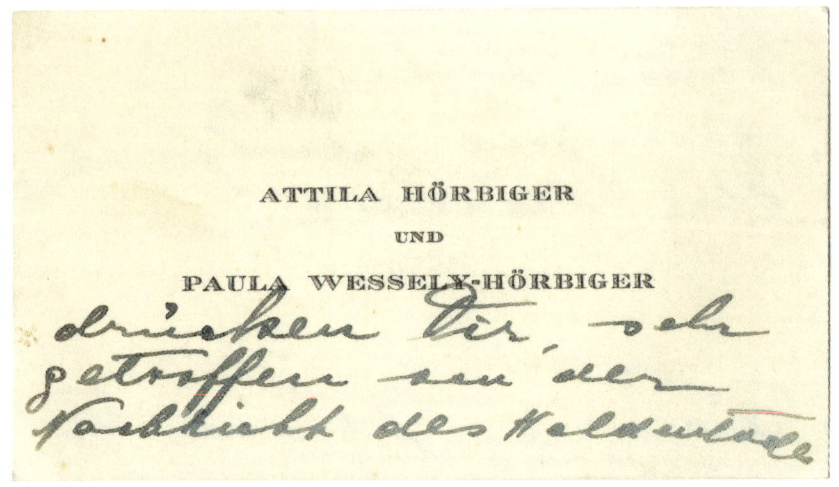

ATTILA HÖRBIGER
UND
PAULA WESSELY-HÖRBIGER

drücken Dir, sehr
getroffen von der
Nachricht des Heldentode

Abb. 5: Beileidsbekundungen von Attila Hörbiger und Paula Wessely anlässlich Renés Tod auf deren Visitkarte, Jänner 1944.

Die beiden Frauen verstießen in ihrer Verbitterung aber auch gegen Renés letzten Willen. Unmissverständlich hatte der stolze Soldat in seinem Testament folgende Formulierung verfügt: „Am xxx starb an der Front, den Sieg im Herzen, stud. med. René Rebiczek-Rosar, Sturmgeschützabteilung, Träger des…, den Tod im Kampfe für Führer und Volk." Aber Ende Jänner lag der posthum zum Oberleutnant Beförderte schon fast vier Wochen mehr als 1.500 km entfernt tot in fremdem Boden und konnte sich nicht mehr wehren.

Die Veröffentlichung im Völkischen Beobachter genauso wie in anderen Medien zieht jedenfalls eine Flut von Kondolenzbekundungen nach sich. Von Freunden der Familie wie Karl Renners Tochter Poldi Deutsch-Renner oder beruflichen Bekanntschaften wie dem Operettenkomponisten Nico Dostal, von dem die Musik zu „Schwarz auf Weiß" stammt. KollegInnen wie Kammerschauspielerin und Mitglied des Burgtheaterensembles Mary Goltz-Mell schrieben seitenlang, um mit „Du tust uns sehr sehr leid!" zu enden. Attila Hörbiger und Paula Wessely bekundeten gemeinsam auf Vorder- und Rückseite ihrer Visitkarte handgeschrieben: „drücken Dir, sehr getroffen von der Nachricht des Heldentodes Deines Sohnes, innigst mitfühlend die Hände."

Annie Rosars Popularität ließ sich in diesen schweren Stunden aber besonders anhand der hohen Anzahl an Beileidsschreiben von völlig unbekannten Leuten aus der Bevölkerung, die sie als Schauspielerin verehrten, ermessen. Das tat gut und war Balsam für ihre verzweifelte Seele. Es hatte sich gelohnt, ihre sehr spe-

René liebte seine Heimat so heiß, daß er unbeirrbar sein junges, strahlendes, so hoffnungsreiches Leben auf dem Altare des Vaterlandes opferte. Wir alle, die ihn liebten, wollen in seinem Sinne nicht nur schmerzvoll seiner gedenken, sondern uns vor allem in Ehrfurcht und Liebe vor seinem Heldentum beugen.

Annie Rosar
und seine Gattin
Ursula, geb. Stahn

Wien, im Jänner 1944

Abb. 6: Bittere, subtil regimekritische Worte nach Renés Tod im Jänner 1944 von Annie Rosar und Ursula Stahn.

zielle Liebe zu René seit seiner Geburt in der Öffentlichkeit präsentiert zu haben. Nun wussten alle, dass er gefallen war, kannten ihr Leid, weinten mit ihr und teilten ihren Kummer. Wer René persönlich gekannt hatte und jetzt den aufgeweckten Geist oder den gewinnenden Charakter des 22-Jährigen lobte, verstärkte einerseits Annies tiefe Trauer, machte sie aber andererseits stolz: „René, dieser goldige René, dieser herrliche Charakter und prachtvolle lebenssprühende Mensch seltenster Pflichtgefühle soll nicht mehr sein!“ notierte sie in ihrem Tagebuch. Sie sammelte diese Dokumente ihres größten Schmerzes, wie sie alle Dokumente und Schriftstücke in ihrem Leben zusammengelegt, geordnet und verwahrt hat: in Wäschekörben von Zeitungskritiken, in Form von unzähligen Tagebüchern und Kalendern, als Eintrittskarten, Menükarten von Veranstaltungen, bei denen sie gewesen war, oder als Briefe, die sie erhalten und geschrieben hatte.

Am Ende gelang Annie mit der Danksagung an alle ihr Kondolierenden eine sprachliche Meisterleistung, ein gelungener Spagat zwischen der Absage an den Kriegspatriotismus des Regimes und ehrenden Worten für ihren Sohn. Die Zensur konnte letztlich nichts dagegen ausrichten: „René liebte seine Heimat so heiß“ steht da auf kleinen Karten, von denen einige noch im Original erhalten sind „daß er unbeirrbar sein junges, strahlendes, so hoffnungsreiches Leben auf dem Altare des Vaterlandes opferte.“

Ursula Rebiczek-Rosar wurde am 26. Jänner 1944 um 3:10 Uhr eines gesunden Buben entbunden. Sie gab ihm den Namen Wolfgang-René – Wolfgang, weil René sich diesen Namen in einem seiner Briefe von der Front im Falle der Geburt eines Buben gewünscht hatte, und René in Erinnerung an den kaum gekannten, kurz geliebten Ehemann.

Wolfgangs Geburt gab Annie Rosar wieder Lebensfreude und Sinn zurück. Statt ihres Sohnes wurde nun der Enkel der bestimmende Mann in ihrem Leben. Querelen mit Schwiegertochter und Kindesmutter Ursula waren allerdings vorprogrammiert.

2. „Studium, Du sollst mir jetzt alles alles sein"

1888–1917

Orth an der Donau ist eine kleine Gemeinde im niederösterreichischen Marchfeld mit gerade einmal knapp 2000 EinwohnerInnen. Von seiner ehemaligen Bedeutung zeugt ein mächtiges Renaissanceschloss in der Mitte der Ortschaft. Heute haben darin der Verein Nationalpark Donauauen sowie ein kleines Dorfmuseum seinen Sitz. Dort wird, in einem eigenen Gedenkraum, eine berühmte Tochter der Umgebung, die Volksschauspielerin Annie Rosar, vorgestellt.

Im Haus Nr. 52, unweit des Schlosses, hat ihr Vater, Michael Rosar, 1850 das Licht der Welt erblickt. Zehn Generationen schon lässt sich seine Familie in Orth nachweisen: Urahn Paul ist 1604 als Ratsbürger und Geschworener in der Gemeindechronik eingetragen, hat also zur lokalen Prominenz gehört. Spätere Vorfahren haben ihr Geld mit Holz gemacht – als Händler oder Förster, bevor ein Teil der Familie im 19. Jahrhundert beginnt, sich als Bauern zu verdingen. Michael selbst gibt als Beruf Krämer an, als er 1882 die seit Geburt schwer sehbehinderte Agnes Mikula, ein Mädchen aus Parndorf, einer kleinen Siedlung auf der südlichen Seite der Donau, heiratet. Nur 20 km Luftlinie entfernt, gehört Parndorf allerdings anders als Orth seit dem Ausgleich 1867 zum Königreich Ungarn.[1] Es untersteht nicht mehr den Zentralbehörden in Wien, sondern jenen im fernen Budapest. Von dort aus gesehen ist Parndorf entfernte Provinz, während Orth, das nur 25 km vor den Toren der Reichshaupt- und Residenzstadt Wien liegt, einen leichten Zugang zum Zentrum des cisleithanischen Teils der Donaumonarchie[2] verspricht. Die Verbindung mit Michael Rosar ist für Agnes wohl ein sozialer Aufstieg.

Die Trauung selbst findet in der Pfarrkirche von Meidling, das damals noch ein Vorort von Wien ist,[3] statt. Die beiden jungen Leute – Agnes, im 7. Monat schwanger, und Michael, der entsprechend der damaligen Gesetzgebung als nichtältester Sohn keinen Anspruch auf den Hof seiner Eltern hat – haben ihre Familien verlassen und wollen im Einzugsgebiet der Großstadt ihr Glück versuchen. Nach der Hochzeit schlagen sie ihre Zelte in einem anderen Vorort, in Währing, auf. Dort gibt es im Gegensatz zu Meidling mit Schulen und

Abb. 7: Die zweijährige „Antschi“ 1890 in Wien-Währing. Zeitungsausschnitt aus den „Wiener Monatsheften“, erschienen im Juni 1961.

Krankenhäusern bereits eine gute Infrastruktur. Nahe dem Linienwall,[4] einer aus dem frühen 18. Jahrhundert stammenden Befestigung zum Schutz gegen die Türken und Kuruzzen, finden sie eine Bleibe, und Agnes bring innerhalb von fünfeinhalb Jahren drei Kinder zur Welt: Tochter Hermine, die später Karriere als Chefdirectrice bei Drecoll, einem Modemacher in der Wiener Innenstadt, macht, Sohn Hans, der Lehrer bei der Gemeinde Wien wird, und schließlich am 18. Mai 1888 wieder ein Mädchen, Anna.

Die Verhältnisse sind kleinbürgerlich: Mutter Agnes sorgt als Hausfrau mit strenger und manchmal schlagender Hand für Disziplin, Vater Michael – inzwischen Pferdetramway-Conductor bzw. Straßenbahnschaffner geworden – ist für seine Kinder der große Held. Großzügig gibt er einen Teil seines Trinkgelds, das damals Schaffner von Fahrgästen bekommen, an seine Kinder weiter. Michael Rosars eigener Held hingegen ist ein Politiker: Dr. Karl Lueger, der 1893 die Christlich-Soziale Partei gründet und 1897 Bürgermeister von Wien wird. Lueger ist damals für viele WienerInnen ein Superstar, denn er steht für Fortschritt und erleichtert ihnen ihren mühsamen Alltag. In seine Amtszeit fallen Großprojekte wie der Bau der II. Wiener Hochquellenleitung und der Stadtbahn oder die Kommunalisierung der Gas- und Elektrizitätsversorgung. Dass er seine Anhänger mit populistischem Antisemitismus ködert, stört außer Kaiser Franz Joseph, der gleich viermal sein Veto einlegt, um Lueger als Bürgermeister zu verhindern, wenige. Michael Rosar stört es auch nicht. Als kleinbürgerlicher Katholik zählt er zu Luegers Kernwählerschicht.

Die drei Rosar-Kinder verbringen ihre Zeit zumeist auf der Straße, bloßfüßig, spielend und staunend über jedes Fuhrwerk, das sich damals in den Vorort Währing verirrt. Gleichwohl dürfen sie Haustiere halten und sogar ungewöhnliche: Anna hat zeitweise eine Meerkatze, die sie im Puppenbett schlafen lässt, und der sie in kalten Nächten einen warmen Ziegelstein unterschiebt. Nicht zu vergessen Minka, ein anderes Äffchen, das die beiden Rosar-Mädchen bei einer Tombola gewonnen haben. Minka wird aber sehr bald – die kleine Wohnung war doch kein optimales Habitat – in den Tiergarten Schönbrunn abgegeben.

Anna ist ein aufgewecktes Kind. In den Serien über ihr Leben, die in den 1960er Jahren in diversen Zeitschriften veröffentlicht werden, bezeichnet der spätere Publikumsliebling sich selbst immer wieder als „schlimme Antschi", deren Streiche legendär gewesen sein sollen. Einmal kommt sie als Dreijährige erst im Dunklen nach Hause, weil sie sich verirrt hat. Als Vierjährige hält sie ihr nacktes Hinterteil aus dem Fenster, um ihrer Mutter zu trotzen. Und einmal, als Zehnjährige bringt sie Bruder Hans beinahe um seinen Bubenjob als Claqueur im neueröffneten, nahe der elterlichen Wohnung gelegenen Kaiser-Jubiläums-Stadttheater,[5] weil sie die Vorstellung schrecklich findet. Statt gemeinsam mit den Claqueuren zu klatschen, kritisiert sie das Stück lautstark, fängt zu diskutieren an und produziert einen kleinen Aufruhr. Nach der Pflichtschule – sie besucht fünf Jahre die Volksschule und dann drei Jahre die Bürgerschule – will sie Lehrerin werden und tritt dementsprechend mit 14 ihren ersten Job als Kindermädchen an. Ihre Arbeitgeberin ist die Tochter des schon verstorbenen Wiener Stadtbaumeisters Ferdinand Oberwimmer, deren Kind sie hüten soll. Ihr Dienstort ist eine Sommervilla am Semmering. Annie gewinnt hier erstmals Einblick in das großbürgerliche Leben, wo sich die Damen zu jeder Mahlzeit umkleiden und schon die kleinen Kinder mehr Schuhe besitzen, als sie es sich selbst für Erwachsene vorstellen kann. Im Herbst wieder daheim in Währing teilt sie ihren Schlafraum mit den Geschwistern und träumt insgeheim von einem eigenen Zimmer, in dem sie studieren kann. Doch die Eltern erlauben der Tochter nicht, was sie dem Sohn mit seiner Ausbildung zum Lehrer sehr wohl gestatten. Agnes und Michael Rosar schicken ihre Jüngste auf die zweijährige Handelsschule des Frauen-Erwerb-Vereins, wo sie fit gemacht werden soll für einen der neuen Bürojobs für junge Frauen. Als 20-Jährige wird sich Anna in ihrem Tagebuch bitter beklagen, wie fremd ihre Vorstellungen auf ihre Familie gewirkt haben und wie unverstanden und traurig sie sich daher schon seit frühester Jugend gefühlt habe: „Ich habe in meinem bisherigen Leben so viel darunter gelitten, dass ich so ziemlich bei Allem, das ich zu beginnen oder zu unternehmen gedachte, meine Angehörigen nicht nur verständnislos, sondern auch in heftigem Kampfe gegen mich hatte."

Dabei ist sie ihren Eltern gegenüber ziemlich sicher nicht ganz fair – diese stammen beide aus bäuerlichem Milieu und haben selbst noch viel weniger Zugang zu Bildung und Kultur gehabt als Annie. Vermutlich finden die zwei alten Rosars die schulischen Möglichkeiten ihrer Kinder im Vergleich zu den eigenen sogar phänomenal modern. Immerhin ist erst wenige Jahre zuvor, 1892, auf Betreiben besagten Frauen-Erwerb-Vereins das erste Gymnasium für Mädchen in Wien eröffnet worden. Der Gedanke, dass acht Jahre Pflichtschule für junge Frauen einfach zu wenig sind, ist tatsächlich noch sehr neu. Backfisch Anna hat vor allem große Probleme mit ihrer Mutter. Diese ist mit dem Durchbringen der Familie so beschäftigt, dass sie keine Zeit für Aufmerksamkeiten hat. Auch hat Agnes Rosar körperliche Nähe oder motivierendes Lob innerhalb der Familie sicher genauso wenig gelernt wie die meisten in ihrem Umfeld. Anna braucht aber beides in besonderem Ausmaß, und so schickt das Mädchen Gebete zum Himmel: „Lieber Vater mach dass meine Mutter lieb wird zu mir! Ich sah auch Mütter ihre Kinder kosen, wie beneidete ich die Kleinen! Scheu blickte ich auf zu meiner Mutter und oft fand ich ein derbes Schimpfwort, wo ich Liebe suchte. Tag für Tag war mein Gebet dasselbe. Jedes Jahr wurde ihre Lieblosigkeit ärger, jetzt hat sie den Höhepunkt erreicht."[6] Dieser Mangel an mütterlicher Akzeptanz und Zuwendung in der frühkindlichen Phase legt den Grundstein für die überdurchschnittliche emotionale Bedürftigkeit der Annie Rosar, ihren Drang nach Applaus und ihre Sehnsucht nach immerwährender Hingabe. Und noch etwas wird schon jetzt offensichtlich: ihre Religiosität, die sich mit fortschreitendem Alter in die Nähe einer Bigotterie entwickelt. Viel und oft den Herrgott anzurufen und in die Kirche zu gehen, wird fixer Bestandteil ihres Lebens.

In dieser Zeit – Anna ist 16 Jahre alt – tritt jedenfalls ihr Bühnentalent zum ersten Mal zutage. Ein Verehrer aus der Tanzschule nimmt sie zu einem Damenabend seiner Studentenverbindung mit, wo sie im kleinen Kreis Gedichte rezitiert. In der Schule fällt sie immer wieder durch theatralisches Verhalten gegenüber Lehrern auf. Eine Mitschülerin erinnert sich fast 50 Jahre später daran, dass sich schon 1904 viele gewundert haben, wieso sie in der Handelsschule und nicht gleich am Theater oder im Zirkus gelandet sei.[7]

Die Handelsschule bringt aber abgesehen von der praxisbezogenen Ausbildung noch einen wesentlichen anderen Vorteil mit sich: Fremdsprachen. Anna Rosar ist zu Schulende mündlich wie schriftlich des Englischen und Französischen mächtig und tritt als Korrespondentin in der Poldi-Hütte[8] ihren Dienst als Sekretärin des Generaldirektors Alexander Pazzani an. Gegründet 1889 vom Industriellen Karl Wittgenstein, dem Vater des Philosophen Ludwig, ist die Poldi-Hütte ein wichtiger Teil Österreich-Ungarns Stahlindustrie. Fräulein Rosar hat von heute auf morgen mit Unternehmern zu tun, wie sie sie über ihr Elternhaus nie kennengelernt hat. Sie nennt sich ab jetzt „Annie", und ihr täglicher Weg ins Büro führt sie von Währing, mittlerweile als 18. Bezirk Wiens eingemeindet, ins Stadtzentrum. Hier bietet sich sehr bald eine Chance, aus der kleinbürgerlichen Enge zu fliehen: mit 17, kurz nach ihrem Diensteintritt, lernt sie den Leiter der italienischen Dependance der Poldi-Hütte in Mailand, einen gebürtigen Schweizer namens Max Walser, kennen und verliebt sich. In der Berlitz Sprachschule am Graben beginnt Annie jetzt eine dritte Fremdsprache zu lernen, Italienisch. Es ist ihr ernst. Das ist es sichtlich auch Max Walser, selbst kein Kind von Traurigkeit, denn schon bald bittet er Mutter Agnes um Annies Hand. Das Treffen in der Rosar'schen Wohnung, bei dem Max Walser mit Blumen bewaffnet und leiser Stimme sein Ansinnen vorträgt, gerät dabei reichlich skurril. Die präsumtive Schwiegermutter liegt im Bett und empfängt den Herrn Direktor mit der Bettdecke bis zum Kinn hochgezogen. Sie gibt vor, krank zu sein, dabei hat sie einfach kein passendes Kleid für den würdigen Anlass im Schrank. Dort befindet sich dafür der Herr des Hauses, Michael, der sich auf Bitten seiner Tochter versteckt hält. Annie geniert sich für die Ärmlichkeit ihrer Eltern – ihr eleganter zukünftiger Ehemann soll nicht unnötig verschreckt werden. So kommt es, dass Annies Vater die eigentlich an ihn adressierte Bitte um Heiratserlaubnis für seine jüngere Tochter hinter den Brettern der Schranktür mithört.

Annie Rosar heiratet Max Walser mit gerade 19 Jahren im Sommer 1907 in Zürich und zieht nun mit ihrem Ehemann durch Oberitalien: Mailand, Genua, Turin und Venedig sind ihre Stationen – immer seinen geschäftlichen Terminen folgend.

Abb. 8: Annie Rosar in Nervi, einem Stadtteil von Genua, 1906. Vermutlich handelt es sich um ein Arbeitstreffen der Poldihütte, bei der sie damals als Sekretärin angestellt war und die in Oberitalien ein Büro unterhielt.

Abb. 9: Annie Rosar als 19-Jährige mit ihrem ersten Ehemann, dem Schweizer Geschäftsmann Max Walser 1907 (Zeitungsausschnitt unbekannter Provenienz).

Sie erlebt dabei eine herbe Enttäuschung: Zunächst zerplatzt ihre mädchenhaft-romantische Vorstellung von der Ehe wie eine Seifenblase. Erst viel später meint sie, Max ein klein wenig verstehen zu können. Damals aber ist sie nur verzweifelt, fühlt sich unverstanden und verlassen. Max lässt sie viel allein und ist, wenn er nach Hause kommt, nur selten an ihr interessiert. Welch Rückschlag: Nach der verhärmten Mutter erhält sie nun also auch vom Ehemann die erhofften Schmeicheleien und Liebkosungen nicht oder nicht in dem für Annie nötigen Ausmaß. Walser, ganz Repräsentant seiner Zeit, tut sich schwer, persönliche Angelegenheiten zu besprechen. Der Nimbus des starken Mannes muss aufrechterhalten werden – privat wie beruflich. Dabei gibt es genug Probleme, denn seine Geschäfte entwickeln sich nur mäßig und beschäftigen ihn weit mehr. „Die Welt hat mich erzogen; ich musste alle sentimentalen Gefühle abstreifen, um den Kampf mit dem Dasein erfolgreich durchzuführen", versucht er sich gegenüber seiner fordernden jungen Frau zu erklären, „ich habe mich oft verstellt und Du hast mich oft verkannt. Glaube, glaube an Dein Dich vergötterndes Bubichen."[9] Aber Annie kann nicht und hält fest: „Solange man ihm mit nichts nahekommt, immer hübsch fröhlich und lustig ist, schön angezogen sich präsentiert, ist er zärtlich und gut. Wenn es aber hiesse Leid zu teilen oder nur auch zu mildern, wo es doch so in seinem Können stünde, da zieht er sich schleunigst zurück und ich muss noch froh sein, wenn er überhaupt nicht auch noch brutal und grob wird."[10]

Aus Verzweiflung wird Aggression. Anders als viele Zeitgenossinnen, deren unterdrückte Empfindungen, wenn sie dann doch ausbrechen, als hysterisch verunglimpft werden und in Psychosen ausbrechen, bahnt sich bei Annie Rosar pure Wut ihren Weg. Sie wünscht Max alles Böse dieser Welt und verwünscht gleichzeitig die Gesellschaft, die sie als Frau zu einem dem Mann untergeordneten Leben verpflichtet. Ihrem Tagebuch vertraut sie ihre unangepassten, oft verstörenden geheimsten Gedanken an.

Sie leidet darunter, unterschätzt, eingesperrt, und eingeschränkt zu sein. Sex ist immer nur eine kurzfristige Erleichterung der Situation. Ihr erstes Kind, Max nach dem Vater, stirbt gleich nach der zu frühen Geburt. Ein oder zwei Fehlgeburten in den Monaten danach setzen ihr emotional weiter zu. Als sie schließlich herausfindet, dass Max zwar Gesprächen mit ihr ausweicht, dafür aber einem Freund von Schwierigkeiten in der Ehe erzählt, fühlt sie sich gedemütigt und will sich aus dem Fenster stürzen. Wer Annies Tagebuch liest – „und wie ich mir eher die Hand abgehauen hätte, als nur in einer Zeile durchblicken zu lassen, dass ich unglücklich und enttäuscht bin." – sieht in die Niederungen der bürgerlichen Ehe zu Beginn des 20. Jahrhunderts. Das Aufrechterhalten der

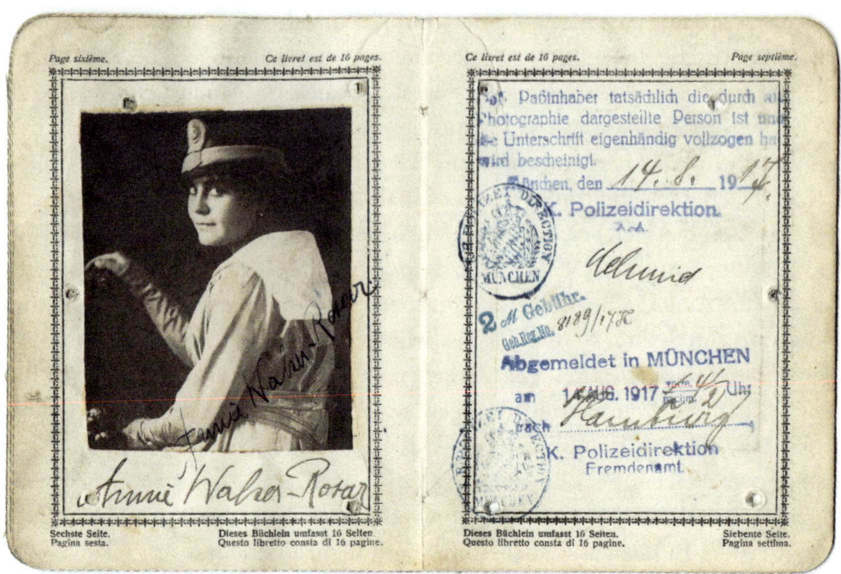
Page sixième. Ce livret est de 16 pages.

Annie Walser-Rosar

Sechste Seite. Pagina sesta.
Dieses Büchlein umfasst 16 Seiten. Questo libretto consta di 16 pagine.

Ce livret est de 16 pages. Page septième.

Paßinhaber tatsächlich die durch Photographie dargestellte Person ist Unterschrift eigenhändig vollzogen hat wird bescheinigt.
München, den 14. 8. 1917.
K. Polizeidirektion.
2 M Gebühr.
Geb.Reg.No. 8189/17
Abgemeldet in MÜNCHEN
am 14. AUG. 1917 Uhr
nach Hamburg
K. Polizeidirektion
Fremdenamt.

Dieses Büchlein umfasst 16 Seiten. Questo libretto consta di 16 pagine.
Siebente Seite. Pagina settima.

Abb. 10: Annie Walser-Rosars Schweizer Pass, 1917.

Fassade gehört zum guten Ton. Man ist bereit, wegen Lappalien sein Leben zu geben. „Ehre" ist der Begriff, auf den sich in den Jahren vor dem Ersten Weltkrieg die Vornehmen wie die, die es sein wollen, bei jeder Kleinigkeit berufen. 1889 haben Hermann Sudermann in seinem gleichnamigen Theaterstück, „Die Ehre" und 1900 Arthur Schnitzler in seiner Novelle „Leutnant Gustl" diesem Moralbegriff literarische, viel diskutierte Denkmäler gesetzt. Insofern tickt Annie Rosar zeitgenössisch passend, wenn sie völlig übertrieben meint: „Diese Nacht – diese Nächte! Ich auf den Knien und unter tausend Qualen die Mutter rufend – er im Bett schlafend – ich glaube, solche Menschen sind größere Verbrechen als Mörder."

Die 20-Jährige Annie, die aus kleinsten Verhältnissen stammt, genießt ihr neues Leben nicht. Die noblen Hotels, in denen das Ehepaar Walser absteigt, die schöne Wohnung in Mailand, die sie selbst einrichtet, das Meer, an dessen Strand sie sich mit anderen Frauen anfreundet – für sie ist in dieser Phase alles hässlich, öde, einsam:

„Wir Frauen leiden ja mit ganz wenigen Ausnahmen! Alle, mehr oder weniger, aber doch wenigstens nicht so fortgesetzt, ohne Unterbrechung, bis der müde Körper seinen Lebensodem verliert! Lange, lange bin ich mir schon bewusst, dass es ganz ungerecht auf der Welt eingeteilt ist, besonders zwischen den beiden Geschlechtern – das ist nichts Neues und Tausende von Frauen ringen danach in dieser Hinsicht Besserung zu schaffen, doch scheint mir, als ginge es mit den Fortschritten nur sehr, sehr langsam. Solange der Mann, und er wird es wohl immer sein, der physisch Stärkere ist und leider mit Brutalität gegen das Weib ankämpft, wenn ihm andere Mittel zu wenig nützen, werden wir immer verlieren und uns blutig kämpfen, ohne etwas erreicht zu haben. Und was bleibt daher der Frau übrig? Dass sie zu ihren alten angestammten Mitteln greift, das ist zur Schlankheit und Geschmeidigkeit. Wenn sie auch Meisterin darin ist, leiden wird sie immer mehr als der Mann."[11]

Tatsächlich ist die Lage der meisten Frauen zu jener Zeit prekär: Gemäß dem Allgemeinen Bürgerlichen Gesetzbuch (ABGB) in Österreich sowie dem Bürgerlichen Gesetzbuch (BGB) in Deutschland ist der Mann das Oberhaupt der Familie und damit allein berechtigt, sämtliche Entscheidungen in der Familie zu treffen. Der Ehegatte darf in Österreich seine Frau seit 1900 zwar nicht mehr schlagen (in Deutschland ist dies noch bis 1928 erlaubt!), aber ob sie berufstätig ist oder nicht, liegt rein rechtlich in seiner Hand. Ist eine Frau berufstätig, dann bekommt sie im Schnitt nur halb so viel Lohn wie ein Mann für vergleichbare Arbeit. Ist sie Haushälterin, darf sie bis 1910 sogar vom Arbeitgeber gezüchtigt werden, ist sie Lehrerin, darf sie erst gar nicht heiraten. 1909, als Annie Walsers Ehe ins dritte Jahr geht, darf sie auch noch nicht wählen. Das Wahlrecht für Frauen wird in Österreich erst mit der Republikgründung 1918, in Deutschland mit Beginn 1919[12] eingeführt. Kein Wunder also, dass zu Beginn des Jahrhunderts in Europa, aber auch in den USA politische Agitation von Frauenbewegungen in Form von Streiks und Demonstrationen zur Regel wird. Dabei sind in Deutschland bis 1908 und in Österreich bis 1911 politische Versammlungen für Frauen (wie für Ausländer und Minderjährige) verboten.

Annie Walser kann ihren Unmut kaum mehr zurückhalten und notiert wütend: „Mir ist oft, als müsste ich über das Schicksal von uns Frauen schreien. Es in die Welt hinausschreien, dass es von einem Pole zum anderen töne: Dringt näher ein in das Leben, in die Seele der Frauen; seht hin und wisset, was Leid ist, züchtigt die gewissenlosen Männer, die durch ihre Brutalität und körperliche Stärke ein Wesen, das Gott genauso erschaffen hat wie sie, nach toll und schmutzig verbrachter Jugend nun an sich fesseln und sie dann jeder Strafe physischen und moralischen Elends zuführen. Züchtigt sie und quält sie genauso, wie sie es mit uns Frauen gemacht haben, bis sie winseln und heulen, diese Barbaren, diese....! Gebt uns Frauen das Wahlrecht und seht doch endlich ein, wozu wir es wollen. Stellt uns doch endlich vor dem Gesetze dem Manne gleich. Behandelt uns nicht weiter wie unmündige Kinder, wir die wohl das Leben von seiner grausigen Seite viel besser kennen als die begünstigten Männer.

Und wir wollen dann vor Allem verlangen, dass der Mann gesund in die Ehe trete und dass dann dadurch Berge von Elend verhindert werden. Das jungfräuliche Mädchen nimmt den Mann, der schon durch hunderte von Hände gegangen ist, stattet ihn mit alle ihren Idealen aus, stellt ihn auf das Piedestal ihrer Träume und Phantasien und nach einigen Monaten fragt sie der Arzt, ob ihr Mann etc. etc. – Schmach und Schande! Und solche Kreaturen wagen es, das Weib brutal zu behandeln? Das Weib, das in 99 unter 100 Fällen sich lieber die Augen aus dem Kopfe weint, ehe sie dem Manne die vom Arzt gemachte Bemerkung überbringt?“

Der um acht Jahre ältere Walser negiert Annies emanzipatorisches Gedankengut und will sich mit ihr gerade in den wenigen entspannenden Stunden, die er daheim verbringt, ganz sicher nicht über Politik oder sonstige Grundsätzlichkeiten unterhalten. Außerdem erkennt er die gravierenden Bildungslücken seiner jungen Ehefrau und macht sich über sie lustig. Das kränkt sie, und sie beginnt, etwas dagegen zu unternehmen. Als Erstes interessiert sie sich verstärkt für Kunst. In Turin besucht sie zum ersten Mal in ihrem Leben ein Kunstmuseum, die Königliche Gemäldegalerie, wo unter anderem die Sammlung des Prinzen Eugen von Savoyen ausgestellt ist. In weiterer Folge nimmt Annie bei einer Malerin Zeichenunterricht. Max, der auch selbst zeichnet, hat sie dazu motiviert. Das ist, auch in seinen konservativen Augen, eine angemessene Freizeitgestaltung für Ehefrauen mit großem Zeitbudget. Doch nur für kurze Zeit. Frau Walser drängt es stärker zur Bühne als zu Pinsel und Leinwand. Im März 1909 startet sie einen Versuchsballon und trägt während eines Besuchs an der Riviera zwei Monologe aus Schillers „Jungfrau von Orleans“ vor. Die Anerkennung dort ermutigt sie. Zurück in Mailand entdeckt sie nahe ihrer Wohnung eine Schauspielschule und trägt dem Direktor die „Jungfrau“ vor. Der ist begeistert – aber ob Max dieses neue Hobby wohl auch goutiert, ist zweifelhaft. Annie organisiert daher eine Professorin der königlichen Schauspielakademie, Teresa Boetti Valvassura, als Privatlehrerin. So muss sie die Wohnung nicht verlassen und kann ihre geheime Leidenschaft monatelang vor Max verbergen.

Am 3. Juni 1909 schon gibt sie, ein kleines, schmächtiges Persönchen von nur 46 kg, ihren eigenen Rezitationsabend am Conservatorio Verdi in Mailand. Neben Werken von Friedrich Schiller trägt sie ein Gedicht des in Italien sehr populären Giovanni Pascoli sowie eine Ballade des österreichischen Schriftstellers Moritz Gottlieb Saphir vor. Dazwischen singt eine Soubrette italienische Arien und ein Musikschulprofessor spielt Geige. Das Publikum ist fast ausschließlich

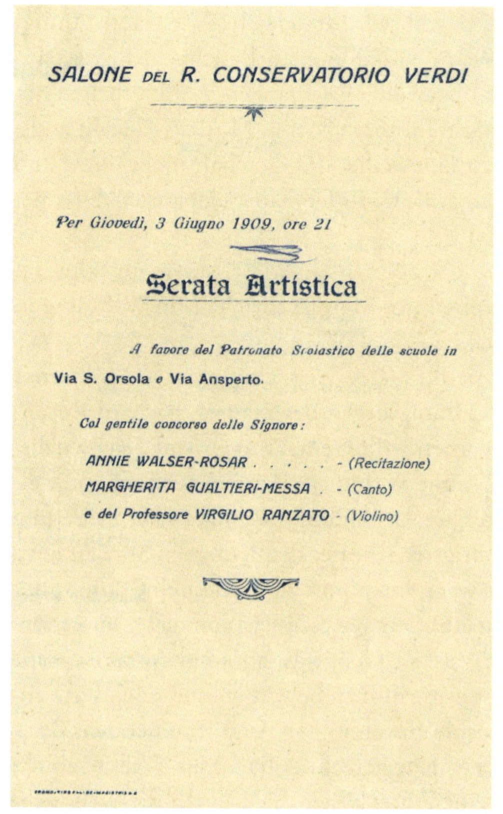

SALONE DEL R. CONSERVATORIO VERDI

Per Giovedì, 3 Giugno 1909, ore 21

Serata Artistica

A favore del Patronato Scolastico delle scuole in Via S. Orsola e Via Ansperto.

Col gentile concorso delle Signore:

ANNIE WALSER-ROSAR . . . . . - (Recitazione)

MARGHERITA GUALTIERI-MESSA . - (Canto)

e del Professore VIRGILIO RANZATO - (Violino)

Abb. 11: Die ersten Auftritte als Künstlerin hatte Annie Walser-Rosar 1909 in Italien. Am Conservatorio Verdi in Mailand trägt sie zwei Monologe aus Schillers „Die Jungfrau von Orleans" sowie eine Ballade von Giovanni Pascoli vor.

männlich – die Herren sind bezaubert von der jungen Wienerin. Der Abend wird zum Triumph, und Annie ist wie elektrisiert vor Glück und vertraut noch in derselben Nacht ihrem Tagebuch an: „[…] Studium, Du sollst mir jetzt alles alles sein – wirst Du es auch?"

Die Frage ist berechtigt, denn Max Walser ist strikt dagegen. Seine Ehefrau am Theater? Vor einem häufig männerdominierten Publikum? Und immer wieder – den Rollen entsprechend – spärlich bekleidet? Sicher nicht. Die Ehe, die vorher leidenschaftlich, aber auch unglücklich gewesen ist, wird nun heftig. Es gibt immer wieder Szenen mit Handgreiflichkeiten. Max befürchtet, sie an einen oder mehrere ihrer Künstlerkollegen zu verlieren – immerhin ist die Welt des Theaters bekannt für häufig wechselnde Liebeleien.

Mitte 1909 wird Max, möglicherweise aufgrund einer Intrige, nach Genua versetzt. Viel entscheidender aber ist, dass er dort nicht mehr leitender Angestellter mit fixem Einkommen ist, sondern als Selbstständiger auf Honorarbasis aktiv sein soll. Wie das Pech es will, wird im gleichen Zeitraum Annies Schmuck gestohlen. Damit kann sie im Notfall nun auch nichts mehr verpfänden. Das Ehepaar Walser muss sich ungewollt einschränken. Annie arbeitet, um Kosten zu sparen, wieder als Sekretärin für ihren Mann. Mittlerweile fällt es ihr aber schwer: Die Administration ist langweilig, das Geschäft nicht ihres, und sie kommt kaum mehr zum Rezitieren. Kurz: Es fehlt an Geld, an gemeinsamer Zeit, an ähnlichen Lebenskonzepten.

Im Herbst reicht es ihr. Am 18. Oktober 1909 verlässt sie unangekündigt während einer weiteren Geschäftsreise ihres Mannes die eheliche Wohnung in Genua und kehrt nach Wien zurück.

Direkt vom Südbahnhof führt sie ihr erster Weg schnurstracks ins Wiener Burgtheater, wo sie am Gang den Dramaturgen des Hauses, Richard Rosenbaum, trifft und sich bei ihm bewerben will. Generationen von NachwuchsschauspielerInnen können sich an Annie Walser ein Beispiel nehmen – mit einem solchen Minimum an theoretischer Ausbildung wie praktischer Erfahrung gleich beim ersten, besten und wichtigsten Theater des deutschen Sprachraums anzuklopfen, ist mutig. Doch wer wagt, bekommt zumindest eine gute Empfehlung! Rosenbaum wird vielleicht amüsiert gewesen sein von dieser hübschen, leidenschaftlichen jungen Frau. Er weist sie nicht rüde ab, sondern rät ihr, ganz konstruktiv, sich am Wiener Konservatorium zu bewerben und doch bitte zunächst einmal eine klassische Schauspielausbildung in Angriff zu nehmen.

Das tut sie auch. Womit sie aber nicht gerechnet hat: Max Walser schickt kein Geld, und reagiert auch auf keinen ihrer Briefe. Sie begreift die Welt nicht mehr. Dass ihr Mann sich von ihr gedemütigt, vor der Gesellschaft – Italien! – „vorgeführt" fühlt und sie nun bestraft – diese Gedanken sind ihr fremd. Naiv ist sie außerdem. „Dass ich weg ging, habe ich noch immer keine Sekunde bereut, trotzdem ich immer mehr und mehr erfahre, dass im Allgemeinen der Pfad einer Schauspielerin dornenvoll und bitter ist," schreibt sie am Neujahrstag 1910 in ihr Tagebuch. Was hat sie sich erwartet?

Eleonora Duse, eine der bedeutendsten Schauspielerinnen zu Beginn des 20. Jahrhunderts, ist ihr großes Vorbild. Die Duse ist bekannt für ihr subtiles, wenig theatralisches Spiel und damit wegweisend für eine neue Ära. Analog zu ihr sieht sich Annie, die in Wien nun wieder ihren Mädchennamen Rosar annimmt, als Tragödin. Eine große Heldin sei sie, befindet sie in ihren Notizen: „Ich werde wohl wenig Fachbeschäftigung finden, was für mich sehr traurig ist, da die Frauengestalten Strindbergs oder Wedekinds meist hysterische, unsympathische Charaktere sind, während sich bei mir Ton, Sprache und Spiel ganz besonders für ideale, klassische Mädchengestalten zu eignen scheinen." Sie will große Charaktere darstellen, um dementsprechend verehrt zu werden. Doch da hat sie die Rechnung ohne den Wirt gemacht! Ihr wird Talent konzediert, aber eben nicht für tragische Heldinnen. Ferdinand Gregori, der Leiter der k. u. k. Akademie für Musik und darstellende Kunst, prüft sie drei Monate nach Beginn ihres Eintritts und sagt laut Annies Erinnerung: „Ich habe den Eindruck, wie wenn eine grosse Schauspielerin etwas spielen würde, das nicht in ihr Fach schlägt."

Da endlich kommt ein Lebenszeichen von Max Walser. Er möchte die Scheidung und schickt weiterhin außer Minimalbeträgen kein Geld. Annie muss daher etwas unternehmen, denn für so ein ärmliches Leben hat sie nicht alles aufgegeben: Dank ihres Sendungsbewusstseins, pilgert sie zur Grande Dame des Burgtheaters, Hedwig Bleibtreu. Diese verspricht, sich für sie einzusetzen. Vielleicht ist „die Bleibtreu" beeindruckt von der ambitionierten Möchtegern-Aktrice, vielleicht ist es auch eine Art weiblicher Solidarität. Annie erhält jedenfalls durch deren Fürsprache am 11. April 1910 die Einladung zu einem Probespiel vor Burgtheaterdirektor Alfred von Berger und wähnt sich im siebenten Himmel. Bitter enttäuscht ist sie, als dieser ihr zwar eine große Zukunft prognostiziert, ihr aber kein Engagement anbietet. Sie möge zunächst an anderen deutschen Bühnen spielen und dort Erfahrung sammeln. Die Burg könne ihr derzeit nicht so viel Engagements geben, wie sie für einen anständigen Lebensunterhalt bräuchte.

Letztlich ist Annies prekäre wirtschaftliche Situation aber auch ihr Glück. Denn wohl nur deshalb ist sie offen für alles, was ihr Bühnenpräsenz verschafft, und sagt sofort zu, wo sie andernfalls wahrscheinlich abgelehnt hätte: am Wiener Lustspieltheater mitzuspielen in einer Komödie von Charles Marlowe[13] namens „Die goldene Ritterzeit". Direktor Josef Jarno, „nebenbei" auch Leiter am Theater in der Josefstadt, sucht ein frisches Gesicht und kontaktiert sie auf Empfehlung seines Kollegen Gregori. Aus heutiger Sicht unglaublich: eine namenlose, völlig unerfahrene Anfängerin ohne Abschluss erhält innerhalb des ersten Studienjahres bereits ein Engagement! Ihr Partner auf den Brettern, die die Welt bedeuten, ist kein Geringerer als Max Pallenberg, ein Lokalstar des komischen Fachs, mit dem sie auch gleich ein Verhältnis anfängt. Sie kommt gut an in dieser humorigen Rolle, die Medien sprechen von dem „zu den schönsten Hoffnungen berechtigenden Fräulein Annie Rosar"[14] Das Stück läuft en suite und am 5. August 1910 anläßlich der 50. Aufführung überreicht ihr Jarno einen Lorbeerkranz mit Widmung auf einer riesigen Schleife.

Doch sie fühlt sich unter ihrem Wert verkauft, ja verkannt. Sie kämpft um bessere Rollen und spricht deshalb so penetrant bei Josef Jarno vor, dass er fast

Abb. 12: Annie Rosar war eine passionierte Naturliebhaberin. Die Signatur im Jugendstil lässt die Entstehung dieser eigenhändigen Skizze, „Landschaft mit Bäumen", im Zuge ihres Zeichenunterrichts um 1910 vermuten.

nicht anders kann, als sie wieder auf den Boden der Realität zurückzuholen. Nein, er habe derzeit keine anderen Rollen für sie. Nein. Nein. „Glaubt er denn wirklich, ich hätte Angst, dass an dem Theater mich irgendjemand übertreffen kann?" hält Annie Rosar im Sommer 1910 fest und meint ein paar Tagebuchzeilen später selbstsicher: „Aber abwarten, vielleicht wird alles noch gut." „Habe ich mich deswegen durchgekämpft, durchgerungen bis aufs Blut, um jetzt gar, gar nichts zu haben? Weder Stellung, noch Mann, noch Haushalt, noch Rollen?" „Weiterkämpfen, den Kopf hoch – und bin ich ein Genie, werde ich siegen – bin ich keins – dann stehe mir Gott bei, denn dann ist mein Leben vernichtet."

Die 21-Jährige ist zielstrebig und macht nahezu alles, was ihrer Laufbahn förderlich sein kann. „Karrierebewusst" würde wohl heute euphemistisch das Urteil über die junge Rosar lauten – da ist es nicht zu verhindern, dass Menschen, Männer und Herzen auf der Strecke bleiben. „Allein, es kommt die Zeit, wo all Dein Streben, wo Ruhm + Reichtum Dir ein Nichts erscheinen, Hast unter allen Menschen Du nicht Einen, für den Du Alles, Alles bist im Leben.", schreibt ihr ein verschmähter Galant unter dem Titel „Mahnung an eine junge Künstlerin".[15] Ob sie das ernst genommen hat? Vermutlich nicht.

Mit kleinen Engagements am Deutschen Volkstheater in Wien, am Theater in der Josefstadt, an der Freien Volksbühne Berlin, dem Komödienhaus Berlin oder am Künstlertheater in München hält sie sich über Wasser. Künstlerisch ist diese Entwicklung bemerkenswert für eine Nahezu-Debütantin, wirtschaftlich allerdings problematisch für eine Frau, die sich auf regelmäßige Alimentationszahlungen des Ehemanns verlassen hat. Die Rosar bringt ihre Ohrgehänge ins Pfandhaus und als sogar ihre betagte Mutter meint, sie solle sich doch einen reichen Verehrer suchen, beginnt sie sich mit diesem Gedanken anzufreunden. Max Pallenberg, mit dem auch bald wieder Schluss ist, fällt jedenfalls nicht in diese Kategorie. Er verdient zu wenig. Annie lebt zunächst in einer Pension in der Wiedner Hauptstraße im 4. Wiener Gemeindebezirk und dann, als sie dort nicht mehr mit lauter Stimme proben darf, weil sich andere MieterInnen gestört fühlen, in der Josefstädter Straße nächst dem Theater.

Annie Rosar nützt jedoch die Zeit gut. Sie lernt singen, wie es damals für eine Komödiantin notwendig war, hört bei Proben ihrer KollegInnen zu und leidet, dass nicht sie selbst auf der Bühne steht. Sie tummelt sich dort, wo die Prominenz verkehrt, um aufzufallen. Etwa wenn sich die deutschsprachige Theaterwelt daran macht, einen ihrer Größten, den mit nur 52 Jahren überraschend an einer Krebserkrankung verstorbenen Burgschauspieler Josef Kainz, zu beerdigen: „Wir warteten lange, lange zusammen mit vielen anderen – unseren Gedanken überlassen – da kam der einfache, schwarze, geschlossene Wagen – ein schmaler Sarg wurde herausgehoben mit einem schwarzen Tuche bedeckt – zwei Männer trugen die leichte Last – ein Aufschluchzen der mit Birinski[16] folgenden Gattin, dann war es vorbei. – Wir gingen weg, ohne ein Wort zu sagen; alles, alles schien uns zu banal. Wie mechanisch gingen wir in die Schauflergasse und stellten uns wohl eine halbe Stunde lang vor die Bilder des grossen Künstlers in seinen einzelnen Rollen und ich tat ihm leise Abbitte, dass ich oft zornig über ihn war, wenn er zwei Akte wie ein Gott spielte und dann plötzlich – wohl von Schmerzen gepeinigt – unglaublich nachliess. Teurer Kainz, wenn ich gewusst hätte!"[17]

Am 2. Oktober 1910 lassen sich Max Walser und Annie Rosar scheiden. Max will nun auch, dass sie die Hälfte der Anwaltskosten übernimmt und verweigert ihr die Anlieferung einiger Möbelstücke aus dem gemeinsamen Haushalt, mit deren Verkauf sie sich wieder einige Zeit das Leben erleichtern hätte können. Als es finanziell bedrohlich wird, übernehmen Annies Eltern ein paar Monate den Zins für ihre Wohnung, und die Mutter, die mit ihrer hoch hinausstrebenden Tochter längst Frieden geschlossen hat, bringt ihr auch ab und an Essen vorbei.

Einen Vorteil hat die Zeit der geringen Engagements allemal: Fräulein Rosar muss kein Geld für neue Garderoben ausgeben. Denn bis zur gesetzlichen

Regelung, wonach Kostüme grundsätzlich vom Theater anzuschaffen sind (in Deutschland 1919, in Österreich durch das sogenannte Schauspielergesetz erst 1922), sind Schauspielerinnen für Stil und Kosten ihrer Bühnenkleider selbst verantwortlich. Vor allem in Boulevardkomödien und Ausstattungsstücken, in denen Annie zu Beginn ihrer Karriere so oft mitspielt, wird der Wert einer Darstellerin auch von ihrem privaten Kostümfundus bzw. von ihrer Fähigkeit, sich attraktiv passende Garderoben zu besorgen, bestimmt. Logisch, dass sich die Damen daher wahre Schlachten um das schönste Kostüm liefern und häufig von der Gunst eines spendablen Geliebten abhängig sind. Logisch auch, dass daher vor allem vom Theater aus über Jahrzehnte immer wieder Mode-Innovationen auf die Straße und in die Kleiderschränke des Bürgertums finden.[18]

Annie Rosar muss bei jeder Anfrage bezüglich eines Engagements nicht nur beachten, ob die Rolle künstlerisch wertvoll, ihrem Ruf dienend, rasch erlernbar und für sie und ihren Typ passend ist, sondern auch welche Roben sie sich dafür leisten kann.

Eine weitere Herausforderung für den schauspielerischen Nachwuchs jener Jahre sind die eingeschworenen Seilschaften zwischen Direktoren und ihren jeweiligen, vor allem weiblichen Publikumsmagneten. Das Interesse der Theaterleiter, junge Talente aufzubauen und sie in kleinen Rollen oder als Zweit- oder Drittbesetzung der Hauptdarstellerinnen erste Erfolge erzielen zu lassen, kollidiert oft mit dem Bestreben der Diven, keine Jüngere, Hübschere oder Begabtere hochkommen zu lassen. Auch ein persönliches Naheverhältnis zwischen Direktoren und ihren Stars ist häufig die Regel: Alfred Berger, Burgtheaterdirektor von 1910–1912, ist mit Burgmimin Stella Hohenfels verheiratet. Zwar kann sie während seiner Amtszeit aufgrund von Gedächtnisproblemen nicht mehr spielen, aber die Stücke, in denen sie einst brilliert hatte, werden in diesen zwei Jahren nicht mehr aufgeführt. Ihre Garderobe bleibt verschlossen und unangetastet. Josefstadtchef Josef Jarno wiederum ist verheiratet mit Hansi Niese, 13 Jahre älter als Annie und im Komödien- wie Operettenfach eine Berühmtheit in Wien. Hedwig Bleibtreus erster Mann, Alexander Römpler, war Regisseur am Burgtheater und Lehrer am Konservatorium, ihr zweiter Mann, Max Paulsen von 1922–1923 Direktor an der Burg. Adele Hartwig ist in Berlin mit Direktor Rudolf Lothar vom Komödienhaus liiert und beteiligt sich sogar mit 150.000 Mark am Theater, um ihren Einfluss auf Programm und Besetzung auch offiziell sicherzustellen. Subtiler geht es im Deutschen Volkstheater in Wien zu: Pepi Kramer-Glöckner stellt gemeinsam mit ihrem Schauspielerkollegen und Ehemann Leopold Kramer eine Phalanx gegen potentielle Rivalinnen dar, gegen die selbst die Theaterleitung machtlos zu sein scheint. Direktor Adolf Weisse, selbst ehemaliges Mitglied des Ensembles und als Ex-Kollege den Kramers sehr nahe, meint Annie gegenüber, „ihm wären die Hände gebunden". Damit nicht genug holt Weisse zum Keulenschlag aus: sie habe, lamentiert er weiter, überhaupt ein zu breites Gesicht für eine Tragödin. Ein vernichtendes Urteil, das die 23-Jährige wohl tief getroffen hat. Eine schlanke Taille rundlicher zu gestalten, wenn die Rolle es brauchte, das lässt sich wohl machen. Auch umgekehrt: eine vollschlanke Silhouette durch Abmagerungskuren zur Bohnenstangen-Optik zu verhelfen, ist kein Ding der Unmöglichkeit. Die Haare mithilfe von Perücken kurz oder lang zu tragen, die Erscheinung durch die richtigen Absätze höher oder tiefer einzustellen – so trotzt jede Schauspielerin erfolgreich der Natur. Aber was kann Annie Rosar gegen ein angeblich zu breites Gesicht tun? Felsenfest davon überzeugt, dass sie eine große Tragödin werden wird, hadert sie mit ihren körperlichen Einschränkungen: „Reich, unendlich reich hat mich die Natur mit den Gaben der dramatischen Kunst begabt, jedoch am Körper war sie nicht verschwenderisch. Die Grösse ist für eine Heroin nicht ganz genügend und ein rundes Sonnenbrettgesichterl mit einem veritablen Stupsnäschen verschlimmern die Sache noch mehr."

Doch sie lässt nicht locker und ersucht Weisse sogar schriftlich, ihr eine dramatische Rolle zu geben. Nur um wenige Tage danach eine noch uncharmantere und verletzendere Zurückweisung einzufangen. „Er war ungehalten über meine Bitte, sagte mir, mit dem Gesichte könne man keinen Klassiker spielen und an seinem Theater würde er das nie tun, wenngleich er ja glaubt, dass ich sehr gut wäre" – ihre Kränkung ist hier mehr als spürbar.

Ein zusätzliches Problem in Wien sind die mehr oder weniger korrupten Kritiker der Tageszeitungen und Gesellschaftsjournale. Sie werden für die Eigeninteressen der Theatermacher eingespannt und nur dann zu den Vorstellungen geladen, wenn eine der Grandes Dames selbst spielt. Steht hingegen eine Nachwuchsschauspielerin auf der Bühne, sind Journalisten meistens gar nicht zugelassen. Falls Annie Rosar also gedacht hat, rein durch ihre Leistung Aufsehen und gute Rezensionen erhalten zu können, hat sie sich ordentlich verkalkuliert. Sie beklagt sich denn auch in ihren Aufzeichnungen bitter darüber, wie schwierig es ist, Kritiker zu ihren Aufführungen zu bekommen.

So zieht Annie am Ende ihres ersten Theaterjahres Bilanz: „Man muß in jedem seinen Todfeind sehen und jedes Wort, das man spricht, sich vorher zehnmal überlegen. Am drolligsten ist es, wie man in der Achtung dieser Windlinge steigt und fällt, je nach der Gunst, in der man sich gerade beim Allgewaltigen befindet – Zu drollig fürwahr! Aber wenn ich einmal auf der Höhe bin, sie sollen auch vor mir zittern lernen, jetzt beobachte ich sie nur, um mich später zu rächen."

Über die Feiertage und den Jahreswechsel 1910/1911 ist sie krank, liegt bei ihrer Mutter. Die Wohnung ist feucht, ein Sanatorium kann sie sich aber nicht leisten. Tatsächlich hat Annie Rosar in diesem frühesten Stadium ihrer Karriere zwei Probleme: 1. Sie hat große Schulden, weil sie selbst noch nicht genug verdient und Max Walser entgegen dem Scheidungsabkommen weiterhin kaum Geld schickt. 2. Sie steht innerhalb kurzer Zeit in zweifelhaftem Ruf, weil sie sich auf der Suche nach finanzieller oder künstlerischer Unterstützung fast jedem Erstbesten an den Hals wirft. Sie bewirbt sich als Vorleserin und antwortet auf Annoncen, wie z. B. „Kavalier sucht Dame mit Herz". Sie freundet sich im Umfeld ihrer Wohnung mit der großbürgerlich-jüdischen Familie Pappenheim an, in deren Pokerrunden sie als regelmäßiger Gast einiges Zubrot verdienen kann – entweder direkt beim Kartenspiel oder durch den einen oder anderen Liebesdienst: „Ein Teilnehmer an dieser Pokerpartie, ein Bankdirektor, ein ekelerregender ungarischer Jude, besuchte mich zwei- bis dreimal, borgte mir meinen Zins und dafür klagte mich seine Frau auf Ehebruch."[19]

Abgesehen von derartigen Aufregungen sind ihre Techtelmechtel aber auch sonst nur von kurzer Dauer. Meist sind es Männer aus ihrem beruflichen Umfeld, Schauspielerkollegen oder Theaterdirektoren. In manche mag Annie tatsächlich verliebt gewesen sein, bei vielen ist aber die Chance auf bessere Rollen ihr eigentliches Motiv. So ist sie in der Wiener Theaterszene zunehmend nicht nur ernstzunehmende Konkurrentin, sondern auch eine, die allzu flatterhaft den Männern den Kopf verdreht. Nicht dass andere Schauspielerinnen nicht auch sexuell rührig gewesen wären – sie bleiben aber länger bei ihren Galanen oder kaschieren ihre Promiskuität besser. Die Kolleginnen werfen ihr vor, „jedem hineinzukriechen" und unterstellen ihr mindestens zwölf Verhältnisse gleichzeitig. Annie Rosar beklagt sich bitter: „Ich hatte soviel Leid durchzukämpfen und bin ein Mensch von Fleisch und Blut und ungeheurem Temperament. Ich habe mir – das ist wahr – eine glückliche Stunde, soweit ich mir selbst dies verantworten konnte – skrupellos genommen. Und warum nicht auch? Ich habe einen sehr schlechten Ruf. Wieso? Weil ich rascher Karriere mache wie andere und weil die Neider glauben, das wäre nur auf solchem Wege möglich. Mein Talent, meinen Fleiss und meine Tüchtigkeit rechnen sie ja überhaupt nicht."

Die junge Künstlerin ist eine Kämpfernatur und gibt dank einer Mischung aus Verbissenheit, Ehrgeiz und Verzweiflung nicht auf – ihre persönlichen Notizen geben authentische Einblicke.

Sind es keine Herren vom Theater, mit denen sie Strohfeuer der Leidenschaft durchlebt, so verschenkt sie ihr Herz mit Vorliebe an verheiratete Männer. Dadurch bleiben weiterhin Sehnsüchte unerfüllt oder anders gesagt: das Drama ist vorprogrammiert. Annie bleibt einsam und kreiert ein neues Wort, mit dem sie ihr Leben und den Zustand ihres Herzens charakterisiert: „liebeleer". Sie erkennt nicht ihr Muster, unerreichbare oder unnahbare Männer zu ihren Objekten der Begierde zu machen und suhlt sich in ihrem scheinbar immerwährenden Pech in Liebesangelegenheiten: „Ich glaube, wo ich liebe, finde ich es mindestens nicht in dem Maße erwidert, als ich geben möchte und könnte – und wo ich nicht liebe, da werde ich angebetet."[20]

Essen tröstet da ein bisschen, und in zwölf Monaten nimmt sie sieben Kilogramm zu.

Ihre Tagebücher verraten außerdem einen Hang zu schwachen Nerven und zur Bigotterie. Himmelhochjauchzend und zu Tode betrübt ist ein fast ständiger Gemütszustand der jungen Künstlerin. Sie hat Existenzängste, sieht Verschwörungen gegen sich laufen und ist gleichzeitig über die Maßen euphorisch bei jeder menschlichen bzw. männlichen Zuwendung und bei jedem Erfolg. Sie ist emotional kurzatmig, ungeduldig und wendet sich in nahezu jeder Eintragung an den Himmel: „Mein Gott, verlass mich nicht, es wäre das erste Mal, dass ich zweifle, Recht getan zu haben." oder „O lass, himmlischer Vater, Deine gütige Hand auch jetzt nicht von mir, lass mich erkennen, dass Du auch bei mir warst, als ich meinen Vertrag mit Jarno unterzeichnete und dass auch dieser Uebergang genauso in meinem Lebensweg vorgeschrieben war. Denn dass ich eine von Deinen Auserwählten bin, das weiss ich lange. Nicht zählen werde ich sie einmal können, die Tausende, die mit mir gejubelt und mit mir geweint haben werden." Oder: „Lieber Gott, oder Vorsehung, Natur, höhere Gewalt oder wie immer Du heißen magst, Du hast mich doch berufen, es ist in mir! Ich bin die große Tragödin – nun bringe mich endlich weg von kleinlichen Menschen – lass mich endlich frei entfalten und erlöse mich aus meiner Einsamkeit. Mir ist, als müsste ich Zentnergewichte hinter mir schleppen, als könnte ich momentan nicht weiter. Ich bin wie gelähmt. Ich gehöre in ganz große Betriebe, in Grosszügigkeit – hier ginge ich zu Grunde."

Ihr ist das Leben ein ständiger Kampf, ihre Tagebucheinträge schließt sie fast jeden Tag mit „Amen".

Vor diesem Hintergrund wagt Annie Rosar den Sprung über die Grenzen und geht nach Deutschland. Sie gastiert zunächst in Gera und geht von dort 1912 nach Berlin. Eugen Frankfurter, ein bekannter Theateragent, betreut sie dabei und verhandelt für sie einen Jahresvertrag mit Monatsgagen von 700 Mark[21] zu Beginn und 1.000 Mark nach sechs Monaten aus. Eine erstaunlich hohe Gage für die 24-Jährige – das gibt ihr Auftrieb und macht zufrieden. Doch

Abb. 13: Nach nur zwei Jahren als Schauspielerin war es Annie Rosar gelungen, regelmäßige Engagements in Österreich und Deutschland zu bekommen. Hier 1912 am Münchner Künstlertheater als Eurydike in „Orpheus in der Unterwelt“ (Bild angefertigt durch das Hofatelier Geb. Hirsch München).

dann winkt ein Fünfjahresvertrag in München am dortigen Volkstheater, und sie kehrt der Hauptstadt Kaiser Wilhelms II. wieder den Rücken.

München ist in den Jahren vor dem Ersten Weltkrieg ein Künstlerzentrum, das nicht so groß, bedeutend oder prächtig ist wie Wien, insgesamt aber mehr Avantgarde anzieht. „Stadt der Jugend" wird die bayrische Kapitale damals genannt. Richard Strauss, die Brüder Mann, Alfred Kubin, Frank Wedekind oder Rainer Maria Rilke, alle wohnhaft an der Isar, stehen für die neue Lust am Aufbruch. Insbesondere der Bezirk Schwabing gilt als liberalster Ort des Deutschen Reichs. Selbst Lenin, damals noch unter dem Namen Wladimir Iljitsch Uljanow, lebt einige Zeit hier. Annie Rosar trifft nach Wien und Berlin auf eine völlig andere Welt und hält für sich fest: „Hier nach München kommt doch alles. Alles reist hier durch und trifft sich und verkehrt untereinander, so dass man gar nicht zur Ruhe und zum Schlafen kommt."

Künstlerisch ist die Zeit in München für sie äußerst wertvoll: sie spielt viel – manchmal drei Stücke innerhalb von 24 Stunden. Viele Hauptrollen sind darunter in Klassikern wie „Liebelei" von Arthur Schnitzler oder „Maria Stuart" von Friedrich Schiller. Der Direktor des Münchener Schauspielhaus, der gebürtige Wiener Georg Stollberg überzeugt sie, auch in Stücken bekannter zeitgenössischer Dichter aufzutreten und sich nicht nur auf die Klassiker zu versteifen. Annie brilliert schon nach kurzer Zeit in „Rose Bernd" von Gerhart Hauptmann oder „Ein Traumspiel" von August Strindberg – beides Schriftsteller, deren Frauenfiguren sie wenige Jahre zuvor in Wien noch abgelehnt hat. Die Wienerin erhält ausnahmslos gute Kritiken in den bayrischen Medien. Nach Gastspielen in Salzburg vergleicht man sie erstmals mit der Wolter[22] und in Budapest schreibt eine Zeitung gar den Vergleich mit Sarah Bernhardt[23] herbei. Gleichzeitig lernt sie aber oft umsonst: wenn neue Stücke, für die sie viele Stunden gearbeitet hat, nach wenigen Aufführungen abgesetzt werden und – ähnlich den Opern der Gegenwart – für immer aus den Programm verschwinden. Zu ihrem Geburtstag ist ihr Salon voll von Blumen: Schnittblumen, Stöcke und Rosen, die Geschenke türmen sich in ihrer Wohnung in Münchens Zentrum. Was immer die KollegInnen von ihr denken mochten, Fans hatte sie jedenfalls schon 1912 genug.

Zusätzlich, wenn die Engagements phasenweise weniger zu werden drohen, hilft Annie Rosar sich selbst und organisiert Vortragsabende. Was sie in Italien so erfolgreich begonnen hat, möchte sie weiterführen: Allein auf der Bühne nur kraft ihrer Stimme und des Textes die Leute in ihren Bann ziehen. In den Sommermonaten verlässt sie das Reich der Wittelsbacher und bessert sich die Gage mit Auftritten am Ischler Stadttheater vor Kaiser Franz Joseph auf. Diese Enga-

Abb. 14: Annie Rosar als Rose Bernd im gleichnamigen Stück von Gerhart Hauptmann am Münchner Schauspielhaus, 1913.

gements sind absolut mehr Ehre und finanzielle Notwendigkeit, denn künstlerischer Anspruch. Der 82-jährige Kaiser schläft ein, als sie mit Inbrunst die Christine in „Liebelei" gibt, „worüber ich Tränen der Verzweiflung weinte und meinte, ich hätte ihm eben nicht gefallen. Eingeweihte trösteten mich damit, dass Seine Majestät während der einzelnen Akte meistens einzuschlafen pflege, aber am Ende des Aktes wieder erwacht."[24]

Der lebenslustigen Annie gelingt es rasch, sich in München karriereförderliche Kontakte aufzubauen. Sie ist unter anderem mit dem Power-Paar des Theaters, der ebenfalls aus Wien gebürtige Fritzi Massary und Ex-Geliebten Max Pallenberg, der seit 1911 in München tätig ist, befreundet. Ein bayrischer Kollege, Gustav Waldau, stellt sie seinen Künstlerkollegen vor. Man trifft einander in der Torggelstuben, einem im Tiroler Stil gehaltenen Lokal in der Münchner Innenstadt. Es dauert nicht lange, bis die junge Schauspielerin dort auch Stammgast wird. Vergessen sind die Kränkungen aus Wien, wo man ihr fehlende Schönheit vorgehalten hat. Hier kann sie mit ihrer Wienerischen Sprachmelodie punkten und sie verzaubert die Männer, einen nach dem anderen. Der Direktor des Künstlertheaters, Gustav Adolf Charlé, geboren in Wien unter dem weit profaneren Namen Gustav Schacherl, wird ihr erster Geliebter. Volksdichter Ludwig Thoma, damals schon berühmt im ganzen deutschsprachigen Raum, ist für eine sexuelle Affäre eigentlich zu konservativ, aber Annies Charme erliegt er dann trotzdem, wenn er sie kurzzeitig sogar für die Hauptrolle seines neuen Stücks „Magdalena" vorsieht. Ganz unverhohlen bittet er sie „Rufen Sie mich doch einmal an (168) wegen der Rolle etc."[25]

1913 endlich reagiert auch die Burg in Wien. Nur drei Jahre nach Beginn ihrer Schauspielkarriere erhält Annie Rosar von Direktor Baron Berger am 15. Mai 1913 einen sogenannten Eventualvertrag für die erste Bühne im deutschsprachigen Raum, der „eventuell" innerhalb von fünf Jahren von Seiten des Theaters aktiviert werden kann. Annie freut sich, allerdings ist dieser Vertrag mehr Symbol als sonst etwas. Er verpflichtet das Burgtheater zu gar nichts – ja, er könnte nach Ablauf der fünf Jahre sogar ungenutzt verfallen.

So bleiben ihre Nerven dennoch besonders angespannt, und sie nimmt fortwährend Beruhigungsmittel. Ausgelaugt von dem ständigen Auf and Ab, das sie durchlebt, wird ein bevorstehendes Treffen mit Max Walser im Juni zu einer neuen Liebeschance hochstilisiert. Annie Rosar, die trotz all der häufig wechselnden Romanzen letztlich zutiefst einsam ist, steigert sich schon im Vorfeld in einen Mutterwahn hinein. Sie will unbedingt ihre eigene heile Welt, bestehend aus Mutter, Vater und Kind schaffen und postuliert: „Ich möchte Mutter werden...... Etwas Lebendiges." In Verona, wohin sie ihrem ehemaligen Ehegespons entgegengefahren ist, sind Annie Rosar und Max Walser für zwei Tage und zwei Nächte wieder Mann und Frau.

Ist für den Schweizer Geschäftsmann mehr dahinter? Haben Annies Phantasien Erfolgsaussichten? Wohl nicht. Max hat inzwischen eine Freundin daheim in Mailand und ein überschaubares Interesse am Wiederaufleben seiner Beziehung zu seiner im wahrsten Sinne des Wortes theatralischen Ex. Sie interessiert ihn auch nicht wirklich – nicht an diesem Wochenende und auch nicht während zwei, drei weiteren Rendezvous, die sie in diesem Sommer noch haben. Oberflächlich sei er, klagt Annie, und gleichgültig, nie frage er nach ihrem neuen Leben auf der Bühne oder wie es ihr gehe, nur von den eigenen beruflichen Entwicklungen spreche er und wie schwierig alles für ihn sei. Max Walser habe sich sichtlich gar nicht geändert. Dabei verhehlt er seine Gefühle nicht einmal: „Er sagt, er könne nie wieder mein Mann sein, er wäre auf alles eifersüchtig, auf meine Erfolge, auf mein Können, auf die Männer, kurz auf alles. Er will die Frau ganz für sich haben, er will allein der Schaffende sein," heißt es in ihren Aufzeichnungen weiter.

In Venedig regeln sie bei einem Notar die neuen Verbindlichkeiten – immerhin schuldet er ihr 16.000 Lire an Alimenten, nach heutiger Kaufkraft ca. 63.000 Euro – und vermutlich haben die heißen Liebesnächte einiges dazu beigetragen, dass Annie die Regelungen für ihn weniger hart ausfallen lässt. Somit hat Max Walser sein Ziel erreicht. Er beendet die kurzzeitige Neuauflage ihrer Liaison wieder und stürzt Annie damit neuerlich in eine Krise.

1913 ist aber auch das letzte Jahr vor dem großen Krieg. Die Situation in Europa ist spürbar unruhig, sodass selbst eine recht politikfreie Person wie die Rosar darüber Gedanken verliert. So beginnt sie am 6. Jänner ihr Tagebuch mit folgendem Hinweis: „Es droht ein Völkerkrieg – die Friedensverhandlungen scheinen zu scheitern, Österreichs Mobilisierungskosten betragen eine halbe Milliarde." Oder knapp sechs Wochen später: „Politische Lage ist gegenwärtig noch immer eine gespannte und ernste. Und man kann sich kaum noch darüber hinwegtäuschen, dass der drohende Weltkrieg wirklich hereinbrechen kann."

Während des Entstehens dieser Zeilen sitzen die europäischen Großmächte gerade in London am Verhandlungstisch und versuchen, ehemals osmanisches Gebiet aufzuteilen. Es sind fast die gesamten kontinentalen Besitzungen des Sultans in Istanbul, die Serbien, Griechenland, Bulgarien und Montenegro ein Jahr zuvor im Rahmen des ersten Balkankriegs erobert haben. Auch Österreich-Ungarn vertritt bei den Londoner Verhandlungen Interessen: Wien will unter allen Umständen Serbien einen Zugang zum Meer verwehren. Als militärische Drohgebärde hat Conrad von Hötzendorf, der im Dezember 1912 wieder[26] Generalstabschef geworden ist, bereits Truppen an der österreichisch-ungarischen Grenze zu Serbien aufmarschieren lassen. Von diesen Kosten spricht Annie Rosar. Am Ende einigt man sich im Londoner Vertrag von 1913 auf die Anerkennung der Unabhängigkeit Albaniens, als Puffer zwischen der Adria und Serbien. Albanien existiert noch heute, die anderen Verhandlungsergebnisse halten hingegen nicht lang: Gleich im anschließenden Sommer bekriegen sich Griechenland und Serbien bzw. Bulgarien erneut, während im Hintergrund die Frontenbildung immer klarer zutage tritt: auf der einen Seite das Deutsche Reich und Österreich-Ungarn, auf der anderen das Russische Reich, England und Frankreich. Die Metapher des „Balkans als Pulverfass" entsteht in dieser Zeit. Parallel dazu stattfindende Bemühungen der internationalen Friedensbewegungen wirken demgegenüber chancenlos. Für den Herbst 1914 ist der nächste Weltfriedenskongress in Wien vorgesehen. Bewusst in Wien, wo gleich zwei Friedensnobelpreisträger das Zentrum ihres Schaffens haben: Bertha von Suttner wurde die 1905 und der Pädagoge Alfred Hermann Fried 1911 ausgezeichnet.

Dass der österreichische Thronfolger Franz Ferdinand am 28. Juni 1914 zusammen mit seiner Frau Sophie in Sarajevo einem Attentat zum Opfer fällt, erwähnt Annie Rosar in ihren Aufzeichnungen mit keinem Wort. Vielleicht hat sie dem Ereignis keine Bedeutung zugemessen, vielleicht war sie aber auch einfach nur von ihren eigenen Themen – Karriere, Finanzen und Männer – in Beschlag genommen. Auch die Ablehnung des von Österreich-Ungarn am 23. Juli gestellten Ultimatums – man verlangt unter anderem, eigene Beamte in die Strafverfolgung vor Ort zu involvieren, was einem Verstoß gegen die serbische Verfassung gleichgekommen wäre – ist ihr keine Zeile wert. Erst als Kaiser Franz Joseph am 28. Juli 1914 beginnend mit den Worten „An meine Völker!" den Krieg erklärt, vermerkt sie am Tag darauf: „Die politische Weltlage ist momentan so ernst und traurig wie noch nie. Es droht nicht nur der Weltkrieg, sondern er steht bevor. Und wie krass und schauderhaft er sich gestalten würde, lässt sich kaum ahnen. Österreich hat Krieg mit Serbien und wenn sich, was vorauszusehen ist, Russland einmischt – gibt es kein Zurück mehr."

Die Wiener Künstlerin ist in diesen Tagen ein Spiegelbild ihrer Zeitgenossen: Angst ja, böse Vorausahnungen ja, aber gleichzeitig Optimismus und Zuversicht. Kaum jemand – das hat die historische Aufarbeitung des Ersten Weltkriegs in den Gedenkjahren 2014 und 2018 mehrfach bestätigt – rechnet im Sommer 1914 mit einer länger andauernden Auseinandersetzung. Annie Rosar beschreibt das so: „Es herrscht in Deutschland und Österreich hellste Kriegsbegeisterung. Deutschland ist bereit wie noch nie und wird wohl zweifellos Sieger bleiben, wenn es zum Ärgsten kommt. Aber es läßt sich gar nicht ausdenken, wie ein Weltkrieg heutigen Tages verheeren und welchen Jammer und welches Elend er bringen könnte." Und dann weiter: „Bis ins Mark ergreifend waren dieser Tage die Kundgebungen des Volkes, der Menschen. Wenn die endlosen Züge sangen ‚Ich hatt einen Kameraden' und dabei österreichische Fahnen schwenkten, stürzten mir die Tränen aus den Augen. Auch die tadellose Ordnung und Organisation hier ist zu bewundern, es klappt. Alles wie auf dem Schnürchen und die Ordnung und Disziplin ist bis jetzt bewundernswert. Offiziere und Soldaten werden von der Menge bejubelt wie Könige. Das ganze Volk ist auf."

Bei genauerer Betrachtung ist die Stimmung allerdings sehr volatil. Die wechselseitigen Bündnisverpflichtungen der europäischen Großmächte treten innerhalb weniger Tage in Kraft. In Reaktion auf die österreichisch-ungarische Kriegserklärung mobilisiert Russland als Verbündeter Serbiens. Am 31. Juli verhängt das Deutsche Reich offiziell den Kriegszustand, Bayern einen Tag später. Eine fatale Kettenreaktion ist die Folge. „Russland, Frankreich und England haben Deutschland den Krieg erklärt. Italien scheint vom Dreibund abschwenken zu wollen – so trostlos liegt unsere Lage. Es lässt sich nicht beschreiben, welche Aufregung und welches Wirrwarr herrscht. Kommt Italien gegen uns, liegen wir außerdem an der Grenze! Der Jammer und die Not sind schon unbeschreiblich groß" hält die Rosar am 4. August fest.

Jetzt beginnt die Kriegsmaschinerie anzulaufen: Am 6. August 1914, nur fünf Tage, nachdem Botschafter Friedrich Graf von Pourtalès im russischen Außenministerium die deutsche Kriegserklärung überreicht hat, vier Tage nach dem deutschen Einmarsch in Belgien, drei Tage, nachdem Deutschland auch Frankreich den Frieden aufkündigt, und zwei Tage nach Kaiser Wilhelms II. Thronrede im Rahmen einer Reichstagssitzung, in der er seine berühmten Worte „ich kenne keine Parteien mehr, sondern nur noch Deutsche" wiederholt, schließen die Theater in München. Oberbürgermeister Wilhelm Ritter von Borscht gibt am 7. August bekannt, dass die Fürsorge für Familienangehörige von Kriegsteilnehmern durch einen städtischen Wohlfahrtsausschuss in Zusammenarbeit mit karitativen Vereinen und Einrichtungen geregelt werden würde. Von König Ludwig III. von Bayern und seiner Gemahlin Marie Therese höchstpersönlich ergehen Appelle an die bayerische Zivilbevölkerung, die Armee auf dem Weg zum glorreichen Sieg von der Heimat aus tatkräftig zu unterstützen: Kinderlose Paare mögen Pflegekinder aufnehmen und pensionierte LehrerInnen sich in den Ferien um unbetreute Kinder kümmern. Nicht eingezogene Studenten sollten als Erntearbeiter bei der Bewirtschaftung der Felder behilflich sein, Schauspieler und Autoren sollten sich mit dem Zehnpfennig für Speise und Trank begnügen und auf Gage bzw. Tantiemen verzichten. Theaterdirektoren sind angehalten, für die Dauer des Kriegs möglichst wenig für Ausstattung, Requisiten und Bühnenbild auszugeben und – natürlich – präferiert deutsche, patriotische Stücke zu spielen. Außerdem sollten Frauen aller Altersgruppen dem bestehenden Personal in den Lazaretten zur Hand gehen.

Die königliche Familie geht mit gutem Beispiel voran und schickt seine drei jüngsten Töchter, die Prinzessinnen Hildegard, Helmtrud und Gundelinde, als Rotkreuzschwestern los. Daraufhin melden sich vor allem Damen aus vornehmem und reichem Haus in Scharen: Die von den Hilfsorganisationen mehrfach angebotenen Krankenpflegekurse sind binnen kürzester Zeit ausgebucht. Annie Rosar kommt zu spät. Als sie sich anmelden will, wird sie abgewiesen. Kein Platz mehr frei. „Ich werde wohl vereint mit dem Konsul irgendeine Hilfsaktion ins Leben rufen. Für Suppen – und Brotabgabe an hungernde Frauen und Kinder, deren Ernährer ins Feld mussten oder ähnliches",[27] ist die Wahlmünchnerin aber nicht verzagt, anderweitig ihren Beitrag zum Sieg der Mittelmächte leisten, und damit auch eine entsprechend positive Nachrede für sich generieren zu können. Am Ende bekommt sie doch auch einen Platz in einem der Kurse und hilft von da an regelmäßig in den Lazaretten in München aus.

München – nach Berlin mit der zweitgrößten Garnison des Reiches ausgestattet – bietet in diesem Sommer 1914 das Bild eines überdimensionierten Hauptbahnhofs: ca. 700 Offiziere und Militärbeamte sowie ca. 11.500 Unteroffiziere und Mannschaften, die schon in den letzten Jahren die Situation in den Straßen geprägt haben, schwirren herum. Täglich werden rund 700 Züge in der bayrischen Hauptstadt abgefertigt – einerseits gehen einzelne schon Richtung Front, andererseits trudeln aus allen Teilen des Landes neue Einberufene ein, die sich melden und nach nur zwei Wochen Ausbildung nach Bedarf zugeteilt werden. Nur 20 % dieser Soldaten der Anfangsphase überleben das erste Gefecht.

Doch noch rechnet damit niemand, denn die bayerischen Truppen schlagen sich zu Beginn gut. Mit 12. August erreichen bereits erste Siegesnachrichten aus dem Saarland die Hauptstadt der Wittelsbacher: Kronprinz Rupprecht sei mit der 6. Armee in der sogenannten Schlacht von Lothringen oder „Saarschlacht" trefflich unterwegs. Bis zum 22. des Monats gelingt es ihm sogar, die französische Armee zurückzudrängen.

In der allgemeinen Zuversicht sperren die Theater in München am 18. August wieder auf, wenn auch zu ermäßigten Preisen. Das Publikum bleibt trotzdem über weite Strecken aus. Annie wühlt das alles auf und hat gleichzeitig niemanden, dem sie ihre Ängste anvertrauen kann. Ihr gegenwärtiger Liebhaber muss sich um eine kranke Frau mit Kind kümmern: „Ich hatte einen Liebsten, Verbindungen und treue Freunde, ich hatte mit einem Worte die gewisse Höhe erklommen. Die Welt hat nicht mehr ähnliches erlebt. Und ich in der Blüte meiner Jahre muss es mitmachen und erleben, die ich schon als Kind vor dem Kriege gezittert habe, wenn ihr Schauergeschichten davon erzählt wurden. Es gibt kein Land und kein Fleckchen Erde, wohin man gegenwärtig flüchten könnte. Alles ist versperrt. Es werden sogar nach Österreich nur offene Briefe befördert. Allerdings würde ich auch das nicht verlassen, es wäre Feigheit. Glücklich die Toten! Alles muss ins Feld – meine Freunde – Alles! Mit Grauen spiele ich vor leeren Bänken," skizziert sie die unheimliche Stimmung in München.

Das große Sparen in der deutschen Theaterwelt zieht mittelfristig jedenfalls Konsequenzen für die KünstlerInnen nach sich: nie wieder erhalten sie bis zum Ende des Kriegs ihre volle Gage. Ganz selbstverständlich wird von den VertreterInnen der leichten Muse dieses Opfer erwartet.

In den ersten Kriegstagen im August gibt es vorerst keine Nachrichten von der österreichischen Front. Annie sitzt in Bayerns Landeshauptstadt und weiß nichts vom Schicksal ihrer Familie. Nichts erfährt sie auch vom serbischen Kriegsschauplatz, nichts von Siegen, nichts von Niederlagen. Es dauert mehrere Wochen, bis sie erfährt: Bruder Hans und Schwager Otto Ellminger, der Mann von Schwester Hermine, rücken ein. Der 64-jähriger Vater Michael wird aus der Pension zurückgeholt und verdingt sich wieder als Straßenbahnschaffner.

Erst im September machen die ersten Berichte von den schweren Verlusten der österreich-ungarischen Armee an der Ostfront in Galizien in München die Runde. Die k. u. k. Heeresleitung hat ihre Ehre bereits verloren, als der Krieg erst ein paar Wochen alt ist. Die österreichisch-ungarischen Truppen sind taktisch und materiell derart unterlegen,[28] dass einem selbst mit mehr als 100-jährigem Abstand der Atem stockt: so unprofessionell und so unmoralisch ist das Verhalten, so unglaublich das Versagen des Generalstabs. Zigtausende Soldaten werden sehenden Auges in den Tod geschickt – von diesen schweren und unerwarteten Niederlagen erholt sich Österreich-Ungarn nie mehr. Galizien ist der Beginn des Untergangs.

So konzentriert sich die Kraft des Conrad von Hötzendorf sowie des Geheimdiensts gleich zu Sommerende 1914 auf zwei Stoßrichtungen: Erstens die desaströsen Verluste durch eine rigorose Zensur kleinzureden und zweitens parallel dazu die Schuldigen dafür auszumachen. Bauernopfer im wahrsten Sinne des Wortes sind dafür die eigenen Landsleute galizischer Herkunft. Ihnen wird Illoyalität mit den kaiserlichen Truppen unterstellt. Insgeheim – so die Vorwürfe – würden sie sich lieber dem Russischen Reich anschließen oder überhaupt als Polen selbstständig werden wollen und damit einen möglichen Sieg der Habsburgermonarchie unterlaufen. Ohne rechtliche Grundlage kommt es zum Meucheln in Przemyśl, Brody oder Lemberg. Erst Jahrzehnte später werden diese Kriegsverbrechen der k. u. k. Truppen aufgedeckt und aufgearbeitet.

Doch müssen Gerüchte davon nach Wien und auch nach München gedrungen sein, denn Annie Rosar notiert nur drei Wochen nach Kriegsbeginn in ihrem Tagebuch: „Es ist ein fürchterlicher, ein blutiger Krieg – und er wird wohl der blutigste der Weltgeschichte werden. Haarsträubend sind schon jetzt verschiedene Einzelheiten über Soldaten und Bevölkerungsmisshandlungen. Dass es heutigen Tages – zum Hohne auf unsere grosse Kultur – noch so etwas geben kann! Nur weil er auf dem Stückchen und nicht auf dem anderen Stückchen Erde geboren ist, wird der Mensch hingemordet – das ist die ganze gegenseitige Schuld. Fluch über die Wenigen, die diese namenlose Blutschuld auf sich geladen und verursacht haben."

Ihre Angst steigt. Die Scham auch: „Ich schäme mich, 12 Millionen Menschen werden in blutigem Kampfe gegenüberstehen, die Welt wird erschüttert werden vom Wehklagen der Mütter, der Frauen, Kinder und Bräute und ich wage es, meinen Schmerz hier klarzulegen.

Vielleicht wird Größeres und Schwereres über mich kommen, dass diesen Kummer verstummen macht. Vielleicht wird Deutschland von all diesen Feinden zertrümmert und ich mit vielen dem materiellen Elend preisgegeben sein." Prophetische Worte zu diesem Zeitpunkt.

Auch in Österreich-Ungarn betätigen sich Damen von Welt als Krankenpflegerinnen, wenngleich keine Habsburgerin aus dem direkten Umfeld des Kaisers. Künstlerinnen sind in ähnlicher Manier emsig, ihren Beitrag in diesem Krieg zu leisten. Dass Hedwig Bleibtreu etwa ihren gesamten Schmuck für eine Versteigerung zugunsten von „Kriegsfürsorgezwecken" spendet oder in einem eigens für die TheaterkünstlerInnen betriebenen Krankenhaus in Wien die administrative Leitung übernommen hat, wird in vielen Wiener Medien ausgiebig dargestellt. Die Rosar erfährt davon aus erster Hand, von „der Bleibtreu" selbst, die der jungen Kollegin nach München schreibt: „Wir Burgtheatermitglieder, d.h. die meisten tragen zur Erhaltung eines Spitals bei, das vom örtlichen Bühnenverein ins Leben gerufen wurde. Ich habe mich dem Spital ganz zur Verfügung gestellt und führe die Wirtschaft. Bin also von ½ 9 – 7 tagtäglich, auch wenn ich spiele, im Spital, an meiner Arbeit und mache mich dadurch so herrlich müde, dass ich das Einzige errungen habe, was in dieser für uns Zurückgebliebenen so schrecklichen Zeit, so wundertätig ist – einen gesunden Schlaf." Annie Rosar hat sich im Herbst 1914 an die berühmte Kollegin gewandt, einerseits wohl um zu erfahren, wie es denn der Wiener Theaterszene daheim so ergehe und andererseits auch um den Kontakt zu Bleibtreu warm zu halten – irgendwann will sie vielleicht doch wieder in Wien auf der Bühne stehen. Man muss schließlich in schlechten Zeiten vorsorgen und eine Künstlerkarriere bastelt sich ja nicht von allein, nicht wahr? Annie will in einem einzigen Brief alles auf einmal und das ist zu viel: von ihren aktuellen Rollen erzählen und gleichzeitig dem arrivierten Star in Wien schmeicheln, damit sie ihr zukünftig wieder gefällig sei. „Der Bleibtreu" kommt genau das in die falsche Kehle und sie rügt sie: „Sie schreiben mir von einem Stück. Liebes Fräulein, nichts hören und nichts sehen möchte ich jetzt vom Theater. Es ist sehr freundlich, dass Sie bei einer Rolle meiner dachten, aber glauben Sie mir – es gibt jetzt so viel würdige Aufgaben im Leben, dass man an Theateraufgaben nur mit Widerwillen denkt. Mir geht's wenigstens so."[29] Paff. Diese Ohrfeige hat gesessen. Ab diesem Zeitpunkt ist das Verhältnis der beiden Frauen irritiert.

Annie Rosar nimmt sich allerdings die Kritik von Grande Dame Bleibtreu zu Herzen. Kurz vor dem Jahreswechsel 1914/1915 hat die Wiener Nachwuchsschauspielerin ihre Prioritäten korrigiert und relativiert in ihren Notizen: „Um mich herum ist ein Hinmorden und in diesem Morden spiele ich Theater – viel Theater – mehr Abwechslung denn je, weil das Publikum klein, sehr klein geworden ist – bekomme 1/3 meiner Gage und bin noch froh, wenn ich Theater spielen muss, damit ich nur ja nicht zum Denken kommen kann und immer Menschen um mich habe, sonst krabbeln Ameisen in meine Kopfe – krabbeln vielleicht so lange bis sie mir meinen Verstand nehmen."

Indes entpuppt sich in München der Stammtisch der Torggelstuben mehr als je zuvor als wichtiges Drehkreuz für die junge Künstlerin: um im Gespräch zu bleiben, um sich sichtbar zu machen und um da zu sein, wenn in diesen schweren Zeiten neue Gesichter gefragt sind. Wohl sind zwei ihrer Bekannten, Gustav Waldau und der nationalistische, antisemitisch orientierte Ludwig Thoma, der sich freiwillig als Sanitäter an die galizische Ostfront gemeldet hat, in den Krieg gezogen –, die Mehrheit des Kreises bleibt allerdings zurück. Sie sind auf die unterschiedlichste Weise engagiert und mit Annie in Verbindung:

Da ist einmal Lion Feuchtwanger, der nach einem Monat als Ersatzreservist aus gesundheitlichen Gründen vom Wehrdienst befreit ist. Feuchtwanger, einem der einflussreichsten Schriftsteller der Weimarer Republik und einer der meistgelesenen Autoren des 20. Jahrhunderts, ist Annie eine Art Muse. Er ermutigt sie, aus ihren gelegentlichen Vortragsabenden einen eigenen künstlerischen Schwerpunkt unabhängig vom Theater zu machen, der einzigartig und gleichzeitig literarisch überaus wertvoll sei. Die alten Griechen böten sich hier an, aber auch die Bibel oder mittelalterliche Dichter wie Walther von der Vogelweide. Extra für Annie übersetzt er das älteste Drama der Menschheit, „Die Perser" von Aischylos, ins Deutsche, umringt von den Freunden aus den Torggelstuben. „Lion Feuchtwanger arbeitete am liebsten, wenn rund herum um ihn fröhliche Menschen waren – seine herrliche Bearbeitung der „Perser" entstand zum grossen Teile während wir – bei ihm zu Gast – im selben Zimmer ohne uns um ihn zu kümmern, den hausfraulichen Talenten seiner lieben Gattin Martha zu Ehren, eifrig dem uns reichliche Gebotenen zusprachen."[30] Die Uraufführung ihrer Rezitation erfolgt am 22. März 1916 in München, während an der Maas und am Isonzo gekämpft wird. Ein gesellschaftlicher Höhepunkt mitten im Krieg mit einschlägiger Prominenz. Nicht nur wegen Aischylos, nicht nur wegen Feuchtwanger, sondern vor allem wegen Annie Rosars eindringlicher Interpretation avancieren „Die Perser" sehr bald zum neu-alten Klassiker. Bis ins hohe Alter wird Annie dieses Stück mit großem Erfolg rezitieren. Ihr phänomenales Gedächtnis hilft ihr dabei enorm – drei Stunden memoriert sie täglich 14 Tage lang und schon sind 110 Druckseiten „einverleibt". Im Zuge dieser Zusammenarbeit kommt es auch zu einer Affäre – „Die Rosar recht geil" hält der sexuell umtriebige Feuchtwanger in seinem Tagebuch schon vor der Premiere fest. Tiefere Gefühle sind dabei nicht im Spiel – und das von beiden Seiten: „Abends bei der Rosar. Sie endlich gehabt. Erfreulich unsentimental, aber betrüblich nüchtern."[31]

Der nächste in Annies literarischer Freundesriege ist Erich Mühsam. Er ist linksliberaler Mitarbeiter des Simplicissimus und von 1911 bis 1919 Herausgeber der Zeitschrift für Menschlichkeit. Mühsam gilt als einer der politischsten Schriftsteller des Deutschen Reichs. Anarchistisch, antimilitärisch und jüdisch ist er 1919 wesentlich an der Ausrufung der Münchner Räterepublik beteiligt und wird Mitglied des neuen Zentralrats, der kurzfristig die Agenden des Reichstags übernimmt. Nicht zuletzt aufgrund von Männern wie ihm ist München nach dem Zusammenbruch des Wilhelminischen Reichs die politisch exponierteste Stadt Deutschlands. Hier radikalisiert sich, was zugehalten und abgewürgt vom Hohenzollernstaat jahrelang im Untergrund entstanden ist: die Kommunisten auf der einen und die Faschisten auf der anderen Seite. Als 1923 Adolf Hitler den Marsch auf München initiiert, sitzt Erich Mühsam, zu 15 Jahren Festungshaft verurteilt, im Gefängnis. Er kommt allerdings im Zuge einer

Amnestie nach fünf Jahren wieder frei. Diesem Erich Mühsam fällt am Stammtisch in den Torggelstuben die liebliche, offenherzige Annie Rosar auf und inspiriert von Feuchtwangers Ideen für die junge Wienerin schenkt er ihr sechs Wochen vor dem Attentat in Sarajevo, am 17. Mai 1914, zum Geburtstag einen Text, den sie ebenso vortragen solle. Es ist ein prophetisches Gedicht namens „Frieden", eine Handschrift über zwei Seiten, und Mühsams Pathos in seinen Bemühungen rund um Annie erheitert die Freunde: „Als er – von seiner Rezitation des Poems selbst tief ergriffen – dieses mir feierlich überreichte, wurde eine Abordnung der Stammtischler zwecks Herbeischaffung von Lorbeer in die Küche entsandt – und der Dichter damals feierlich bekränzt. Er wird gerührt und überrascht sein, dass ich es so treu bewahrte."[32]

Roda Roda hingegen, der 1907 unehrenhaft aus der k. u. k. Armee entlassen worden ist, und sich erst anschließend ausschließlich der Schriftstellerei widmet, ist während des Kriegs Berichterstatter für die Neue Freie Presse in Wien. Bei seinen Besuchen in München geriert er sich als Partylöwe, der seine Torggelstuben-Freunde zu opulenten Abenden in seine Wohnung einlädt. Die Rosar erinnert sich „an eine Nacht bei Roda Roda, wo wie in einem Schlaraffenlande die köstlichen Leckerbissen an den Plafonds der Zimmer baumelten, von wo man sich selbst mittels unzählig angebrachter Schnüre ganze Menus herunterholen konnte. Zum Sitzen gab es nur am Boden hingestreute Kissen, und bei vorgerückter Stimmung war oft Roda Rodas rote Weste der einzig leuchtende Punkt im Raume."

Frank Wedekind, Schöpfer von „Lulu" und anderen Dramen mit sexuell durchwobenen Inhalten und Vater von fünf Kindern, die er mit vier Frauen gezeugt hat, bleibt dem Krieg in jeder Hinsicht völlig fern: zum einen, weil er krank ist. Er beginnt 1914 an Problemen mit dem Blinddarm zu laborieren und erliegt 1918 den Folgen mehrerer Operationen, die auf dieses Leiden zurückzuführen sind. Zum anderen kann er dem Krieg per se nichts abgewinnen: Er ist einer der wenigen deutschen Schriftsteller, die das große Völkerschlachten nicht explizit begrüßen. Dass er bei Annies erfolgreicher Rezitation der „Perser" nicht anwesend sein kann, bedauert Wedekind zutiefst. Wäre nicht seine Mutter zeitgleich mit der Premiere im März 1916 gestorben, hätte er „auf keinen Fall Ihren Perser-Vortrag versäumt".[33] Annie schätzt Wedekinds Witz und Selbstironie und erzählt viel später: „Ueber die geistreichen Plänkeleien zwischen Max Halbe und Frank Wedekind kursieren heute noch die köstlichsten Anekdoten."

Vermutlich hat die junge Wienerin nie wieder in ihrem Leben einen derart heterogenen und intellektuellen Freundeskreis wie in jenen sonst tristen Kriegsjahren in München gehabt. Sie ist dabei, als sich der Expressionismus

Seine Majestät
König Ludwig III.

haben Sich Allergnädigst bewogen gefunden
der Schauspielerin
Anna Rosar in München
das König Ludwig-Kreuz für Heimatverdienste während der Kriegszeit in ehrender und dankbarer Anerkennung zu verleihen. Dies wird im Allerhöchsten Auftrage beurkundet.

München, im April 1916

K. Staatsministerium
des Innern
[illegible]

Abb. 15: 1916 wurde Annie Rosar für ihre Verdienste im Ersten Weltkrieg das Ludwig-Kreuz von König Ludwig III. in München verliehen.

und Naturalismus in der deutschsprachigen Literatur zu bilden beginnt. Sie ist Zeugin leidenschaftlicher Diskussionen auf höchstem sprachlichem Niveau über das Leben, den Tod und den Krieg. Mit diesen Freunden als Stütze kann sich Annie Rosar jedenfalls weiter in München etablieren. Immer öfter wird sie für alle möglichen theaternahen Projekte kontaktiert: von Hermine Mörike zum Beispiel, der Großnichte des Lyrikers Eduard, die als Märchenschreiberin nach einer guten Interpretin sucht. Oder von Bernhard Rehse, Verlagsleiter und Theaterschriftsteller, der ihr Manuskripte zur freundlichen Durchsicht schickt. Oder von Friedrich von Schillers Urenkel und letztem lebenden Nachkommen, Freiherr Alexander von Gleichen-Rußwurm, der Annie zum Tee einlädt und vielleicht für seinen eigenen literarischen Salon, den er in den Wintermonaten in München hält, gewinnen will.[34] Oder vom großen Max Reinhardt, der sie 1916 zu einem Gastspiel für Molieres „Der eingebildete Kranke" nach Berlin holt. Dass sie wie Zigtausende andere auch von König Ludwig III 1916 das König Ludwig-Kreuz für ihren vaterländischen Einsatz in den Lazaretten bekommt, mutet da fast trivial an.

Als sie am 8. Februar 1917, beschwingt vom Erfolg der „Perser", noch ein zweites Standardwerk der Antike, „Die Troerinnen", diesmal in einer Übersetzung von Franz Werfel, rezitiert, bedankt sich das vornehme Publikum im Konzertsaal des Bayerischen Hofs mit tosendem Applaus. Münchens neuer Theaterstern, noch nicht 30 Jahre alt, kann sich mittlerweile sogar eine Haushälterin leisten. Das hält sie aber nicht ab, an anderer Stelle über die Wucherpreise des Schwarzmarkts zu klagen. Dort besorgen sich die Bessergestellten im dritten Jahr des Kriegs zusätzlich zu den über Lebensmittelmarken regulierten Kontingenten Essbares um das Drei- bis Vierfache der regulären Preise. Der Schwarzmarkt blüht. Ihr Privatleben ist daneben unstet und verrückt wie eh und je seit ihrer Scheidung von Max Walser. Abgesehen von den Liebschaften mit Mitgliedern des Torggelstuben-Stammtischs ist sie ganze eineinhalb Jahre, eine Ewigkeit für Annie, mit Georg Caspari, einem Münchner Kunsthändler, liiert. Es ist auch seine Galerie, in der sie „Die Perser" das erste Mal in der Öffentlichkeit rezitiert hat. Als die Beziehung bricht, versucht sie, sich das Leben zu nehmen. Sie hält sich, im Bett liegend, den Revolver an den Hals. Doch dann packt sie die Panik und sie jagt eine Kugel in die Matratze. Kurz danach geht das Gerücht eines Techtelmechtels mit dem Sohn des Münchner Bürgermeisters um.

Nach fünf erfolgreichen Theaterjahren verlässt sie München und meldet sich am 17. August in Hamburg an. Sie hat dort, am Schauspielhaus, einen auf drei Jahre angesetzten Vertrag als erste Tragödin des Hauses erhalten. Es fällt ihr nicht leicht, das pulsierende München und die Torggelstubenrunde aufzugeben, aber endlich scheint ihre Karriere in die richtige Richtung zu gehen. Seit Jahren urgiert Annie immer wieder bei allen sie engagierenden Theaterdirektoren, doch ihr wahres Talent im Drama zu erkennen. Doch nie hat es bisher mittelfristig funktioniert – immer hat irgendetwas ihren diesbezüglichen Durchbruch verhindert. Nun aber ist es so weit! Sie ist glücklich, schwebt über den Wolken und freut sich auf ihre ersten Rollen: Elektra von Sophokles und Madame Legros von Heinrich Mann.

Ach Heinrich Mann! Mann, Titan deutscher Zunge, ist im Gegensatz zu seinem nationalistisch gesinnten Bruder Thomas glühender Pazifist, wird deshalb wegen seiner kritischen Haltung zum Krieg regelmäßig zensuriert und in seinem Schaffen eingeschränkt. Man kennt einander aus München: auch Heinrich Mann war regelmäßiger Gast in den Torggelstuben und freut sich ungemein, dass die Rosar sein einziges Stück, das keinem Aufführungsverbot unterliegt, in der Hauptrolle tragen wird. Sie rettet zumindest in Hamburg sein Werk vor dem Verriss, wenn die Hamburger Nachrichten am 13.9.1917 schreiben „Die Darstellung der Madame Legros durch Annie Rosar war das eigentliche künstlerische Ereignis des Abends, trotz Heinrich Mann, und der Beifall des Abends

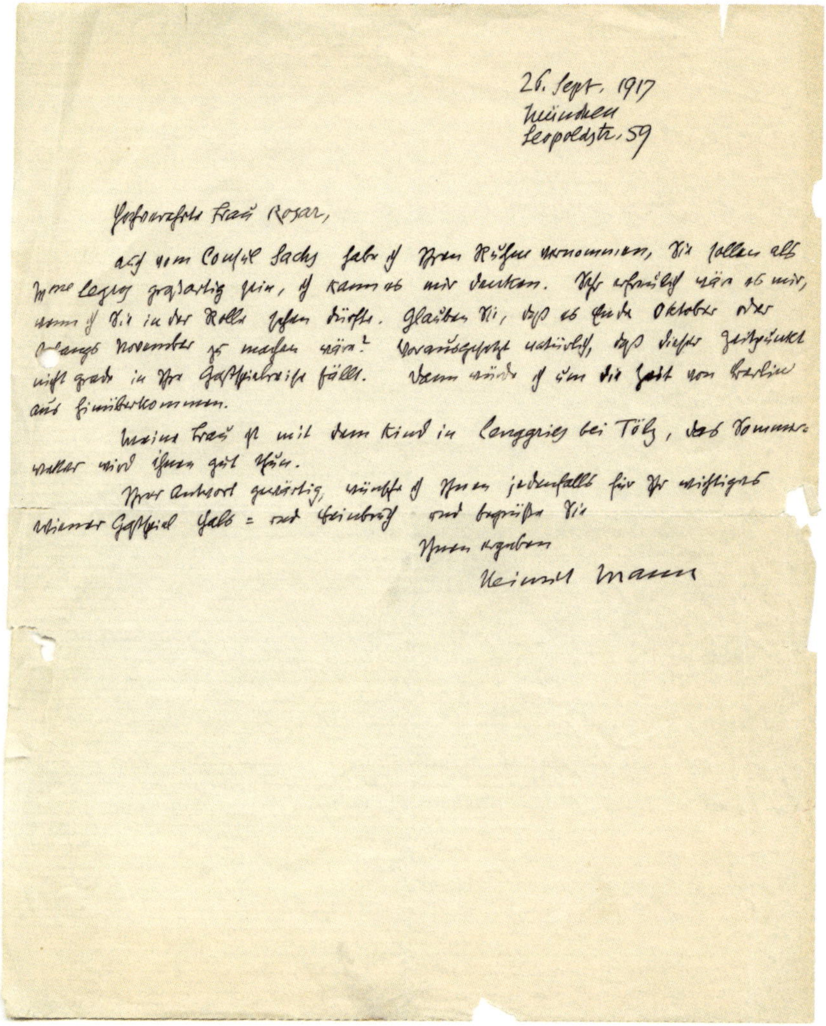

26. Sept. 1917
München
Leopoldstr. 59

Hochverehrte Frau Rosar,

auch vom Consul Sachs habe ich Ihren Erfolg vernommen, Sie sollen als Minna Lessings großartig sein, ich kann es mir denken. Sehr erfreulich wäre es mir, wenn ich Sie in der Rolle sehen dürfte. Glauben Sie, daß es Ende Oktober oder Anfang November zu machen wäre? Vorausgesetzt natürlich, daß dieser Zeitpunkt nicht grade in Ihre Gastspielreise fällt. Dann würde ich um die Zeit von Berlin aus hinüberkommen.

Meine Frau ist mit dem Kind in Lenggries bei Tölz, das Sommerwetter wird ihnen gut thun.

Ihrer Antwort gewärtig, wünsche ich Ihnen jedenfalls für Ihr wichtiges Wiener Gastspiel Hals= und Beinbruch und begrüße Sie

Ihr ergebener

Heinrich Mann

Abb. 16: „Sehr erfreulich wäre es mir, wenn ich Sie in der Rolle sehen dürfte", schreibt Heinrich Mann am 26.9.1917 an Annie Rosar. Sie hatten einander über den KünstlerInnen-Stammtisch in den Münchner Torggelstuben kennengelernt.

galt bis zur letzten Handbreite ihr." Ende September sitzt Mann dann selbst im Publikum und bewundert seine und ihre Kunst mit tiefer Befriedigung.

In Hamburg sind für Annie alle Ampeln auf Grün geschaltet.

Doch kaum hat sie sich nach drei, vier Wochen in der Hansestadt eingelebt, pocht das Burgtheater in Wien auf Einhaltung des 1913 geschlossenen Eventual-

K. K. HOFBURGTHEATER in WIEN.

Zahl 553 Jahr 1917

VERTRAG,

welcher vorbehaltlich der Genehmigung durch die k. und k. General-Intendanz der k. k. Hoftheater zwischen der k. und k. Direktion des k. k. Hofburgtheaters einerseits und der Schauspielerin Fräulein Annie Rosar anderseits abgeschlossen worden ist.

Fräulein Annie Rosar wird (~~bleibt~~) für die Kunstgattung als Schauspielerin in den Verband des k. k. Hofburgtheaters aufgenommen, und zwar auf Grund der beigefügten, einen integrierenden Bestandteil des Vertrages bildenden allgemeinen Engagements-Bedingungen und folgender besonderen Bestimmungen:

Dieser Vertrag beginnt mit ersten September tausendneunhundertachtzehn (1918) und endet mit einunddreissigsten August tausendneunhundertdreiundzwanzig (1923).

~~Der k. und k. Direktion des k. k. Hofburgtheaters~~ beiden vertragschließenden Parteien ist das Recht eingeräumt, diesen Vertrag mit Ablauf des ersten Vertragsjahres jederzeit mittelst vorhergehender sechs-monatlicher Kündigung zu lösen.

Fräulein Annie Rosar erhält während der Vertragsdauer einen Gesamtjahresbezug von je 22.000 (zweiundzwanzigtausend) Kronen im ersten und zweiten, von je 23.000 (dreiundzwanzigtausend) Kronen im dritten und vierten und von 24.000 (vierundzwanzigtausend) Kronen im fünften Vertragsjahre, eingeteilt in einen Gehalt von je 4000 (viertausend) Kronen in jedem der fünf Vertragsjahre,

ein Garderobegeld von je 18.000 (achtzehntausend) Kronen im ersten und zweiten, von je 19.000 (neunzehntausend) Kronen im dritten und vierten und von 20.000 (zwanzigtausend) Kronen im fünften Vertragsjahre.

Der jeweilige Gesamtjahresbezug wird in zwölf gleichen Monatsraten antizipativ ausbezahlt.

Außerdem erhält Fräulein Annie Rosar für jede Vorstellung, in welcher sie in einer oder in mehreren Rollen beschäftigt wird, ein Spielhonorar im Betrage von 50 (fünfzig) Kronen

Eine bestimmte Anzahl von Spieltagen wird nicht zugesichert.

Dieses Spielhonorar wird jährlich 80 (achtzig) male garantiert. Sollte Fräulein Rosar in einem Jahre nicht so oft gespielt haben, als die Garantie beträgt, so ist für jede Absage ein Spielhonorar

Abb. 17: Ein auf fünf Jahre befristeter Vertrag zwischen Annie Rosar und dem k. k. Hofburgtheater in Wien, 1917.

vertrags. Der neue Direktor, der 51-jährige Beamte Max von Millenkovich, ist von ihr nach einer Vorstellung in München begeistert und aktiviert nun die seinerzeitige Vereinbarung. Unter anderen Umständen wäre dieses Engagement wohl für die Künstlerin ein Lottotreffer gewesen. In der aktuellen Situation verhandelt Annie Rosar allerdings mit gemischten Gefühlen eine Pönale mit den Hamburgern zur vorzeitigen Auflösung des Vertrags – 5.000 Mark, die von Millenkovich aus eigener Tasche bezahlt werden. Sie bricht ihre Zelte an der Elbe ab und kehrt nach Wien zurück. Millenkovich freut sich ehrlich, dass der Coup recht friktionsfrei gelungen ist und schickt ihr am 4. Juli 1917, bevor er sie zur Vertragsunterzeichnung trifft, eine Visitenkarte mit folgender Handschrift: „Mit herzlichem Willkommen und einem frohen Wiedersehen am Donnerstag um 11 Uhr!"

Am 13. Oktober 1917 ist ihre Premiere als Klärchen in Goethes „Egmont" an der Burg.

3. „Was es für ein Segen ist, die Leute zum Lachen zu bringen!"

1917–1927

„Das Klärchen im „Egmont", mit dem sie im Burgtheater begann, hat dieses Gefühl vollinhaltlich bestätigt: es war wieder die Rose Bernd, nicht ein Bürgermädchen, wohl aber ein Bauernweib, wuchtig und ungraziös in jeder Bewegung, schwer in Wort und Ton. So gelang ihr die Aufrufszene wohl am besten, wenn auch hier das vielversprechende Organ nicht die letzte Steigerung hergab, und Akzente von ungebändigter Wildheit der Goetheschen Gestalt geradezu widersprachen. Völlig schuldig aber blieb sie Sinnigkeit, Naivität, sanfte Schwermut."[1]

Der erste Auftritt in Wien nach den Münchner Erfolgsjahren und den Hamburger Triumphen, und dann das: ein Verriss. Die Kritiker wittern libidinös motivierte Voreingenommenheit des Direktors, ganz sicher hat er doch ein Verhältnis mit der für ihre Freizügigkeit immer wieder im Gerede stehenden Rosar. Denn wieso, wenn nicht aus egoistischen Motiven, hat er sie zurück nach Wien geholt? Annies Fach, die Heroin, ist am Burgtheater ja bereits mehrfach besetzt – zum einen mit ihrer Bekannten und einstigen Mentorin Hedwig Bleibtreu, 49 Jahre, die Annies Mutter sein könnte, aber dann auch noch mit den beiden unwesentlich jüngeren Miminnen Lotte Medelsky und Lisa Wohlgemuth. Will Millenkovich ganz bewusst einen Konkurrenzkampf unter seinen heldenhaften Schauspielerinnen evozieren?

Klar, dass die Jüngste unter ihnen, die sich nach ihrer mehrjährigen Abwesenheit von den Wiener Bühnen ihr Publikum und ihre Fangemeinde erst wieder zu bilden hat, den Kürzeren ziehen muss.

Kein gutes Haar lässt man an ihr – selbst der Szenenapplaus, den sie dann und wann erhält, wird in den Medien abgetan und abgewertet. Kein geringerer als Felix Salten, der Schöpfer von Weltliteratur wie „Bambi" oder dem Erotikklassiker „Josefine Mutzenbacher",[2] verlässt damals als Theaterkritiker für die Neue Freie Presse oder das Fremdenblatt den Boden der Seriosität: „Der laute Beifall, der nach starken Szenen erscholl, beweist garnichts gegen diese

Tatsachen; er beweist nur, daß wir jetzt, ebenso wie in allen anderen Wiener Theatern auch in der Burg ein neues Publikum bekommen, eine neue Gesellschaftsschichte, die kunstfremder, voraussetzungsloser und wenn auch an jung erworbenem Geld reicher, so doch gewiß an alten Traditionen ärmer ist, als das Publikum vor dem Krieg. Diese neue Schichte, die jetzt erster Klasse durchs Leben fährt, wird noch vielen Künstlern zweiter Klasse stürmische Erfolge bereiten…"[3]

Dabei war Annies literarischer Freundeskreis in München so zuversichtlich gewesen: Lion Feuchtwanger, selbst gerade mit seinem Bestseller „Jud Süß" beschäftigt, gratuliert ihr in einem Brief eine knappe Woche vor ihrer Premiere als Klärchen, zu einem vermeintlich freundlichen Empfang in den heimischen Medien.[4] Hermann Sudermann, der soeben seine „Litauischen Geschichten" publiziert hat, schreibt in väterlichem Ton: „Die Gefühlsfähigkeit Ihres Wesens, die Fülle ihres Könnens wird dem Genußfreudigen sich erschließen. Nur warum soll Ihnen auch vor Wien nicht bange sein? Sie werden kommen, gesehen werden und siegen – so wie es in Hamburg geschah."[5] Selbst Heinrich Mann hat ihr explizit „Hals und Beinbruch" gewünscht – doch Wien ist Wien und so wie schon vor fünf Jahren präsentieren sich das Burgtheater und dessen Dunstkreis als schwer einzunehmende Festung.

Dabei hat sich durch den Krieg an den Wiener Theatern viel geändert:

Das Programm ist eindimensional und schon seit längerem fest in der Hand deutschsprachiger Autoren. Alles, was auch nur entfernt Anlass zur Kritik am Kaiser oder zum Zweifel am Sieg der Mittelmächte geben könnte, ist untersagt. Stücke, die Tapferkeit und Heldentum glorifizieren, wie „Wallensteins Lager" stehen vermehrt auf dem Spielplan. Schließlich soll die Kriegsbegeisterung, die nach den katastrophalen militärischen Verlusten Österreich-Ungarns im Herbst 1914 schnell verflogen ist, wieder angefeuert werden. Operetten – 120 Premieren der leichten Muse gibt es an Wiener Theatern in den vier Jahren bis zu Kriegsende – sollen die Stimmung in der Bevölkerung hochhalten und Leid und Sorgen zurückdrängen. Die Zensur ist in Form der Theaterpolizei vor Neuaufführungen allgegenwärtig. Immerhin: kein prominenter Schriftsteller wird zu einem proaktiven Eintreten für den Krieg gezwungen. Das berühmteste einschlägige Werk, die gewaltigen „Letzten Tage der Menschheit" von Karl Kraus, in denen der Irrsinn und die Absurditäten des Kriegs und der zerfallenden Donaumonarchie in 219 Einzelszenen dargestellt sind, entsteht in dieser Zeit als ewiges Denkmal.

1918 wendet sich dann das Blatt die Auswahl des Theaterprogramms betreffend und Stücke mit deutschnationalem Inhalt und/oder von deutschnationalen AutorInnen geraten ins Abseits. Sie sind im Zweifel auf allerhöchsten Wunsch zu übergehen, zu übersehen, abzulehnen: Kaiser Karl I., Habsburg-Lothringens und Österreichs letzter Kaiser, politisch schwer angeschlagen nach dem Auffliegen der sogenannten Sixtus-Affäre,[6] versucht zu retten, was zu retten ist und setzt 1918 – viel zu spät und rein symbolisch – auf den Vielvölkerstaat. Das Wiener Burgtheater, so die Strategie des jungen Monarchen, soll zu einem Sinnbild des multiethnischen, multikulturellen Österreich-Ungarns werden. Direktor Max von Millenkovich, Annies Förderer, ist damit zum Abschuss freigegeben: seine deutschnationale Gesinnung ist zu offensichtlich. Schon bei seiner Antrittsrede hat er angekündigt, das „christlich-germanische Schönheitsideal" hochhalten zu wollen und damit für Irritation gesorgt. Die Kritiker haben sein Protektionskind, die Rosar, darum auch mehr denn je im Visier.

Dazu kommt: Die junge Schauspielerin, bestrebt unter fast allen Umständen auf der Bühne des Burgtheaters zu stehen, ist bei der Wahl ihrer Auftritte politisch auch nicht feinfühlig. Als Millenkovich im Februar 1918 „Ehelegende" ein Stück des radikalen, aus Graz stammenden Deutschnationalen Ernst Ritter von Dombrowski[7] uraufführt, ist Annie eine der Protagonistinnen. Felix Saltens Kritik folgt auf dem Fuß und fällt wieder sehr heftig aus:

„Leider fehlt dem Fräulein Rosar die Liebenswürdigkeit und Anmut und ebenso gänzlich, wie ihr für das Salonstück jede Eleganz der Erscheinung abgeht. Und ihr Spiel ist zu routiniert, ist auf eine allzu schablonenhafte Weise zu geschickt, als daß sie jemals den Eindruck rührender Hilflosigkeit wecken könnte."[8] Andere Kritiker fallen diesmal in seinen Tenor ein und schreiben vom Versagen Annies, von ihrer „plumpen Schauspielerei" und von einer völligen Fehlbesetzung der Rolle, dem „Mißgriff im Mißgriff".

„Ehelegende" wird aber auch in anderer Hinsicht einheitlich in der Luft zerrissen. Die Geschichte selbst – ein aus dem Krieg heimkehrender Oberleutnant vergibt seiner ihn betrügenden Ehefrau und ist optimistisch, noch immer den Krieg zu gewinnen – passt nicht (mehr) in den Zeitgeist. Max von Millenkovich, der selbst Regie führt, wird dreifach an den Pranger gestellt: Erstens einen deutschnationalen Autor in der Burg präsentiert zu haben, zweitens einen politisch naiven Stoff inszeniert zu haben und drittens mit Annie Rosar in der weiblichen Hauptrolle für eine krasse Fehlbesetzung verantwortlich zu sein.

„Ein Skandal am Burgtheater. Millenkovich, Stück und ich vernichtet.... Der Hass der Kritik auf mich, die vollkommen unsachlich ist, ist grenzenlos. Kolleginnen entsetzlich – sonst die Feinde! Fast stöhne ich: Mein Gott, warum hast Du mich verlassen," jammert die Schauspielerin am 3. März 1918 in ihr Tagebuch.

Es kommt aber noch ärger: Im April reicht Hedwig Bleibtreu ihre Kündigung an der Burg ein, weil Millenkovich Annie ihr gegenüber bevorzugt. Die Medien greifen die sogenannte Bleibtreu-Affäre gierig auf, und wiederum kommen weder Max von Millenkovich noch die Rosar gut weg. Das Fremdenblatt unkt am 16. März: „Zudem wurde die Debütantin mit einer ungewöhnlichen Energie eingeführt, wurde mit mehr als lauter Hörbarkeit als eine Wundererscheinung angepriesen, und proklamierte sich überdies selbst noch in wenig rücksichtsvoller Art gefälligen Interviewern gegenüber als „junge" Bleibtreu und als „junge" Medelsky."

Offiziell ist das Problem rasch aus der Welt geschafft – niemand in der Burgtheaterdirektion hat Interesse an tagelanger schlechter Presse wegen einer unglücklichen Personalpolitik. Hedwig Bleibtreu werden in einem Zusatzvertrag eine wesentliche Erhöhung ihrer Gagen und das Recht auf einmonatige Gastspiele mit Extrabezahlung zugestanden. Als sie sämtliche wichtigen Hauptrollen in den am Spielplan stehenden Tragödien garantiert bekommt, gibt sie sich wieder besänftigt und zieht ihre Kündigung zurück.[9]

Unsicherheit, Angst und Aggressionen prägen Wien in diesem letzten Kriegsjahr. Hunger ist Dauergast in der Kaiserstadt. Die zugeteilten Lebensmittelrationen werden immer kleiner, und vor dem Winter geht in den ärmeren Bevölkerungsschichten die Angst um, den Frühling nicht mehr zu erleben. Die sogenannte bessere Gesellschaft leidet auf höherem Niveau: es ist schwierig geworden, Personal zu halten, und herkömmliche Einladungen von Verwandten, Bekannten und Freunden werden rar. Die sprichwörtliche Wiener Geselligkeit kommt fast völlig zum Erliegen. Auch Heizmittel sind knapp. Größere Streiks, in denen über 100.000 die Arbeit niederlegen – im Jänner nach Halbierung der Mehlquote oder im Juni nach der Halbierung der Brotquote – gehören zunehmend zum Normalzustand.

Eine Welle von Morbidität zieht über die Stadt – bedeutende Vertreter des kulturellen und intellektuellen Lebens der Donaumonarchie gehen 1918 fernab der Kriegsfront zugrunde: Otto Wagner, Viktor Adler, Gustav Klimt, Koloman Moser und Egon Schiele. Letzterer stirbt an der Spanischen Grippe, die im Herbst desselben Jahres Mitteleuropa erreicht und bis 1920 mehr Menschen weltweit hinwegrafft als der Krieg selbst. Am Ende ist auch Annies Mutter Agnes unter ihren Opfern.

Die Theaterbühnen selbst verlieren im April 1918 Alexander Girardi, den populärsten Schauspieler Österreich-Ungarns, den wohl berühmtesten Interpreten des Hobellieds aus Ferdinand Raimunds „Der Verschwender" und Namensge-

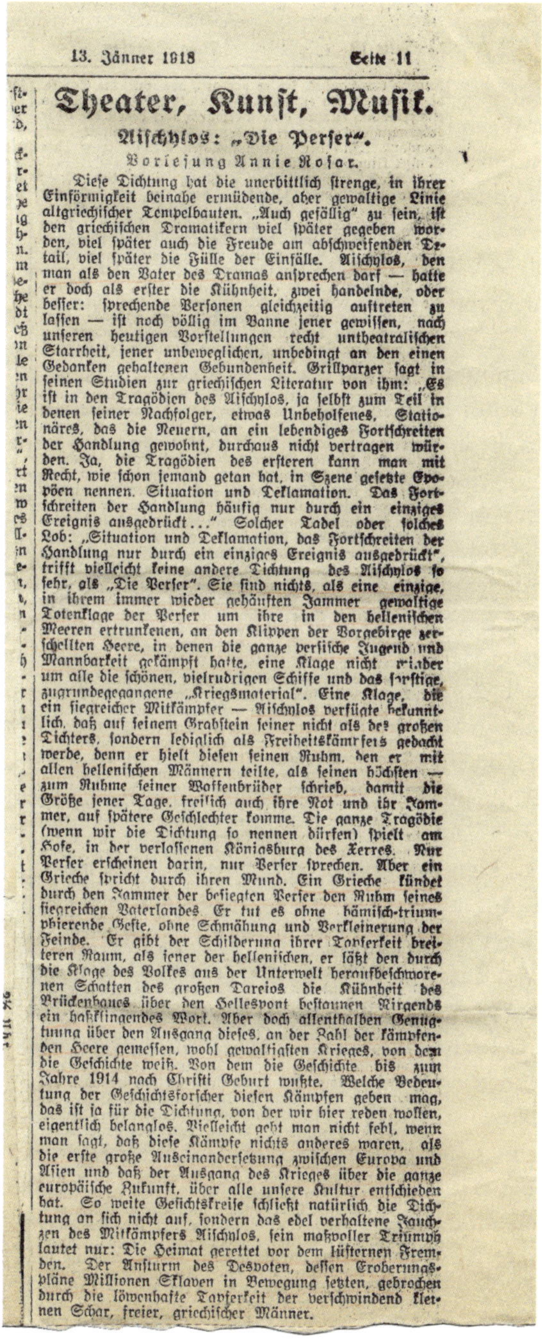

13. Jänner 1918 Seite 11

Theater, Kunst, Musik.

Aischylos: „Die Perser".

Vorlesung Annie Rosar.

Diese Dichtung hat die unerbittlich strenge, in ihrer Einförmigkeit beinahe ermüdende, aber gewaltige Linie altgriechischer Tempelbauten. „Auch gefällig" zu sein, ist den griechischen Dramatikern viel später gegeben worden, viel später auch die Freude am abschweifenden Detail, viel später die Fülle der Einfälle. Aischylos, den man als den Vater des Dramas ansprechen darf — hatte er doch als erster die Kühnheit, zwei handelnde, oder besser: sprechende Personen gleichzeitig auftreten zu lassen — ist noch völlig im Banne jener gewissen, nach unseren heutigen Vorstellungen recht untheatralischen Starrheit, jener unbeweglichen, unbedingt an den einen Gedanken gehaltenen Gebundenheit. Grillparzer sagt in seinen Studien zur griechischen Literatur von ihm: „Es ist in den Tragödien des Aischylos, ja selbst zum Teil in denen seiner Nachfolger, etwas Unbeholfenes, Stationäres, das die Neuern, an ein lebendiges Fortschreiten der Handlung gewohnt, durchaus nicht vertragen würden. Ja, die Tragödien des ersteren kann man mit Recht, wie schon jemand getan hat, in Szene gesetzte Epopöen nennen. Situation und Deklamation. Das Fortschreiten der Handlung häufig nur durch ein einziges Ereignis ausgedrückt..." Solcher Tadel oder solches Lob: „Situation und Deklamation, das Fortschreiten der Handlung nur durch ein einziges Ereignis ausgedrückt", trifft vielleicht keine andere Dichtung des Aischylos so sehr, als „Die Perser". Sie sind nichts, als eine einzige, in ihrem immer wieder gehäuften Jammer gewaltige Totenklage der Perser um ihre in den hellenischen Meeren ertrunkenen, an den Klippen der Vorgebirge zerschellten Heere, in denen die ganze persische Jugend und Mannbarkeit gekämpft hatte, eine Klage nicht minder um alle die schönen, vielrudrigen Schiffe und das sonstige, zugrundegegangene „Kriegsmaterial". Eine Klage, die ein siegreicher Mitkämpfer — Aischylos verfügte bekanntlich, daß auf seinem Grabstein seiner nicht als des großen Dichters, sondern lediglich als Freiheitskämpfers gedacht werde, denn er hielt diesen seinen Ruhm, den er mit allen hellenischen Männern teilte, als seinen höchsten — zum Ruhme seiner Waffenbrüder schrieb, damit die Größe jener Tage, freilich auch ihre Not und ihr Jammer, auf spätere Geschlechter komme. Die ganze Tragödie (wenn wir die Dichtung so nennen dürfen) spielt am Hofe, in der verlassenen Königsburg des Xerxes. Nur Perser erscheinen darin, nur Perser sprechen. Aber ein Grieche spricht durch ihren Mund. Ein Grieche kündet durch den Jammer der besiegten Perser den Ruhm seines siegreichen Vaterlandes. Er tut es ohne hämisch-triumphierende Geste, ohne Schmähung und Verkleinerung der Feinde. Er gibt der Schilderung ihrer Tapferkeit breiteren Raum, als jener der hellenischen, er läßt den durch die Klage des Volkes aus der Unterwelt heraufbeschworenen Schatten des großen Dareios die Kühnheit des Brückenbaues über den Hellespont bestaunen. Nirgends ein haßklingendes Wort. Aber doch allenthalben Genugtuung über den Ausgang dieses, an der Zahl der kämpfenden Heere gemessen, wohl gewaltigsten Krieges, von dem die Geschichte weiß. Von dem die Geschichte bis zum Jahre 1914 nach Christi Geburt wußte. Welche Bedeutung der Geschichtsforscher diesen Kämpfen geben mag, das ist ja für die Dichtung, von der wir hier reden wollen, eigentlich belanglos. Vielleicht geht man nicht fehl, wenn man sagt, daß diese Kämpfe nichts anderes waren, als die erste große Auseinandersetzung zwischen Europa und Asien und daß der Ausgang des Krieges über die ganze europäische Zukunft, über alle unsere Kultur entschieden hat. So weite Gesichtskreise schließt natürlich die Dichtung an sich nicht auf, sondern das edel verhaltene Jauchzen des Mitkämpfers Aischylos, sein maßvoller Triumph lautet nur: Die Heimat gerettet vor dem lüsternen Fremden. Der Ansturm des Despoten, dessen Eroberungspläne Millionen Sklaven in Bewegung setzten, gebrochen durch die löwenhafte Tapferkeit der verschwindend kleinen Schar, freier, griechischer Männer.

Abb. 18: Theaterkritik zu Aischylos „Die Perser" (Übersetzung: Lion Feuchtwanger) in der Reichspost am 13.1.1918, 11.

ber des Girardi-Huts, eines flachen Strohhuts, und des Girardi-Rostbratens, eines Rindfleischgerichts mit viel geraffeltem Gemüse.

Währenddessen beginnt die k. u. k. Armee an allen Fronten zu zerbröseln: die drohende Niederlage vor Augen und ohne Vertrauen in den jungen österreichischen Kaiser desertieren nichtdeutschsprachige Soldaten aus den Kronländern zu zigtausenden, kehren nach Hause zurück und/oder schließen sich nationalistischen Bewegungen an, die „Los von Wien!" propagieren. Kaiser Franz Josephs „An meine Völker!", die berühmte Anrede in seiner 1914 veröffentlichten Kriegserklärung an Serbien, scheint unendlich weit, und nicht erst läppische vier Jahre, entfernt.

In dieser deprimierenden Stimmung wird Max von Millenkovich am 7. Juli 1918, nur ein Jahr, nachdem er Schützling Annie in Wien willkommen geheißen hat, als Direktor abgesetzt. In dieser Atmosphäre des Misstrauens und Panik lässt sich die Rosar in ihrem Tagebuch zu folgenden Zeilen hinreißen: „Nun kommt wirklich ein anderer Burgtheaterdirektor, so wird auch er immer an den Künstler glauben, den er bringt, und ist er diesen Juden genehmer als der Hofrat, den sie seit seiner Antrittsrede mit ihrem Hass verfolgen, dann wird seine Meinung plötzlich auch die ihre sein! Schmach und Schande – man meint oft, in der Burgtheaterluft, in diesem Hexenkessel ersticken zu müssen, und sehnt sich direkt darnach, einmal auch seine Fäuste gebrauchen zu dürfen und diesen Dreckseelen, die sich prominenten Wiener Kritiker schimpfen, ins Gesicht zu speien!" Neben dem Frust über die Theaterkritiker entblößt sich hier auch der kleinbürgerliche tiefsitzende Antisemitismus, den sie höchstwahrscheinlich von ihrem Vater vorgelebt bekommen hat.

Dabei ist kein Geringerer als Lion Feuchtwanger, Sohn eines jüdisch-orthodoxen Margarinefabrikanten, Annie jetzt Freund und Trostspender. Seine religiöse Zugehörigkeit stört sie gar nicht, auch hier hält sie es mit Karl Lueger, der gesagt haben soll: „Wer a Jud ist, das bestimm' ich." Mehrere Schreiben aus München dokumentieren einen regen Briefwechsel in den ersten Monaten des Jahres 1918. Der nur vier Jahre ältere Schriftsteller muntert die junge Frau auf und rät zur Gelassenheit. „Dass Sie neben der Medelski [sic] einen schweren Stand haben werden, wussten Sie doch von vornherein. Lassen Sie also die Leute ruhig schreien und schreiben. Es gibt kein anderes Mittel, diesen Sturm zu beschwichtigen als die Zeit."[10] Feuchtwanger ist zu diesem Zeitpunkt als Dramatiker in Deutschland auf dem Weg zum Olymp. In Wien sind seine Stücke bis dahin noch nicht aufgeführt worden, und er hofft, dass sich das bald ändern möge.

Doch zunächst ändert sich die Staatsform: Die Monarchie wird im November 1918 in Mitteleuropa zu Grabe getragen. Am 7. November wird bereits in München der Freistaat ausgerufen, zwei Tage später folgt Berlin und fünf Tage danach, am 12. November, Deutschösterreich. Die Dynastien der Wittelsbacher, der Hohenzollern und der Habsburg-Lothringer verlassen die Weltbühne – die letzten Regenten, Ludwig III., Wilhelm II. und Karl I. gehen ins Exil.

Die neuen Republiken verändern die Gesellschaft und die Art zu leben schlagartig. Am 19. Jänner 1919 bzw. 16. Februar 1919 werden in Deutschland wie in Österreich die ersten freien Wahlen durchgeführt, bei denen tatsächlich alle BürgerInnen, also auch Frauen, ihr Wahlrecht ausüben konnten. In beiden Ländern siegen die Sozialdemokraten, in Deutschland mit 39,7 %, in Österreich mit 40,75 %. Die Wohnungsnot in den großen Städten wird durch sogenannte Gemeindebauten der städtischen Verwaltungen gelöst, in der Damenmode pendeln sich die Säume mit Kriegsende deutlich oberhalb der Knöchel ein, alles wird praktischer, alltagstauglicher, eben demokratischer. Nach den Jahren der Entbehrung haben besonders viele das Bedürfnis nach Unterhaltung. Autofahren, Freikörperkultur und Radio werden in den Zwanzigerjahren, die alsbald den Beinamen „roaring" oder die „wilden", bekommen, zum Freizeitvergnügen breiter Bevölkerungsschichten.

Die neue Lustigkeit lässt Menschen die Theater stürmen. Es boomen dabei vor allem jene Stücke, die im Krieg der Zensur unterlegen oder vielleicht sogar überhaupt verboten gewesen sind. Der Hinweis auf ein Aufführungsverbot in Kriegszeiten ist die beste Werbung in den jungen Republiken.

Und es boomt noch etwas: das Kino, die Lichtspieltheater des neuen Mediums Film. Felix Salten hat mit seiner Beschreibung des „neuen Publikums" recht behalten und bis 1918 überdies bereits mindestens elf Drehbücher zu diversen Filmen verfasst.

Schon 1896 hat Wien mit der ersten Filmvorführung ein Spektakel erlebt, 1902 wird das erste stationäre Kino im Wiener Prater eröffnet und 1912 die Sascha-Film, Österreichs größte Filmproduktionsgesellschaft der Stummfilm- und der frühen Tonfilmzeit gegründet. Noch ist der Film keine großartige Konkurrenz zum Theater, und dennoch gilt es, sich als Theatermacher abzusichern und vorzusorgen: Annie Rosars Vertrag mit dem Wiener Burgtheater enthält daher einen handgeschriebenen Passus, wonach es ihr verboten ist, während der Laufzeit des Vertrags auch in Filmen als Darstellerin mitzuwirken. Trotzdem hat sie 1919 ihre erste Filmrolle in einem Stummfilm. In „Der Mord an der Bajadere" gibt sie die Titelheldin, die Bajadere Vasantarena im exotischen indischen Milieu. Im Areal von Schönbrunn finden die Filmaufnahmen statt, und Annie darf für eine Szene auf einem Elefanten reiten. Die Kostüme für sie und die der anderen weiblichen Darsteller sind luftig, und mit einem Schleier ist es oft schon getan. Die entsprechenden Szenen werden später aufgrund ihrer Anzüglichkeit aus dem Film geschnitten.

Wie ist dieses Engagement aber möglich, ohne den Vertrag mit dem Burgtheater zu brechen? Nach einem unbefriedigenden Jahr mit durchwachsenen Kritiken für Annie hat Millenkovichs Nachnachfolger[11] als Direktor, der Schauspieler Albert Heine, mit 23. Februar 1919 ihren Fünf-Jahresvertrag gekündigt. Deshalb ist sie vertraglich ungebunden und offen für eine Besetzung beim Film.

Aber sie kämpft trotzdem beim Burgtheater um ihr Recht und ist dabei erfolgreich. „Der Prozess Annie Rosar kontra Burgtheater“ titelt das Fremdenblatt am 19. März und berichtet ausführlich. Man würde sie nicht brauchen, habe ihr Heine davor kommuniziert. Das Fach der Heroin sei ja eben schon gut besetzt. Eine sachlich völlig richtige Entscheidung, juristisch allerdings anfechtbar. Annie Rosar beeinsprucht die Vertragskündigung bei einem Schiedsgericht – es geht immerhin um 23.000 Kronen Jahresgage, 19.000 Kronen „Garderobegeld“[12] und 4.000 Kronen fix als sogenanntes Spielhonorar (50 Kronen pro Spieltag bei garantierten 80 Auszahlung pro Jahr). Trotz ihres juristischen Erfolgs wird Annie aber in den nächsten Jahren an der Burg wenig eingesetzt. Deshalb steht sie auch unter unmöglichsten Bedingungen auf der Bühne, wo andere längst abgesagt hätten. Es ist ihr klar, dass sie bei Absage im schlimmsten Fall wieder tage- oder wochenlang auf den nächsten Auftritt wird warten müssen: „Um 5 Uhr abends starb meine Mutter – um 7.00 spielte ich die Judith im Burgtheater. Niemand im Haus wußte – auch Direktor Heine und meine Kollegen nicht – dass ich diese Totenfieber meiner entschlafenen Mutter brachte – ich sagte es erst nach der Vorstellung – ich wollte mich gar nicht bedauern und bitten lassen, wußte ich doch, dass in der kurzen Zeit keine Ersatzvorstellung möglich war,“ vermerkt sie in einem Kalendereintrag.

In fünf Jahren hat die Rosar insgesamt nur knapp 100 Auftritte in 14 Stücken. Filmrollen kann sie jetzt aber trotzdem nicht mehr annehmen, denn dann würde sie ihre Burgtheaterengagements unwiderruflich gefährden.

Wie verbringt sie sonst in diesen ersten Jahren der neuen österreichischen Republik ihre Zeit? Sie heiratet (sogar gleich zweimal) und bringt ein Kind zur Welt.

Ihr zweiter Ehemann ist ein protestantisch getaufter jüdischer Rechtsanwalt in Wien, Dr. Robert Beinerth, dessentwegen sie am 24. April 1919 zum evangelischen Glauben konvertiert. So kann sie ihn am 3. Juni 1919 sogar kirchlich heiraten, denn ihre erste Ehe ist damals in Zürich nur standesamtlich vollzogen worden.[13] Wie die beiden einander kennengelernt haben, ist nicht dokumentiert. Just für die drei Jahre 1918 und 1920 fehlen die sonst penibel geführten Kalender und Tagebücher. Vermutlich haben sich ihre Wege im Zuge von Annies Auseinandersetzung mit dem Burgtheater gekreuzt.

Ihre außerhäuslichen Kontakte konzentrieren sich in ihrer Zeit der spärlichen Bühnenauftritte auf Bewunderer und auf Freunde, die ihr aus München geblieben sind. In ihrem Nachlass findet sich in dieser Phase das erste Fanschreiben politischer Prominenz: Johann Nepomuk Hauser, der christlich-soziale Präsident der Deutschösterreichischen Nationalversammlung bedankt sich im März 1920 für einen wunderbaren Theaterabend. Die mittlerweile 32-Jährige, die in München zu netzwerken gelernt hat, beginnt nun, gezielt Kontakte zu Parlamentariern und Funktionären aufzubauen. Sie wird bis in ihre letzten Tage darin eine besondere Professionalität aufweisen.

Lion Feuchtwanger ist weiterhin präsent und schlägt ihr am 7. Jänner 1921 vor, doch wieder einmal nach München – privat oder im Zuge eines Gastspiels – zu kommen. Doch Annie kommt nicht, sie ist mittlerweile schwanger. Außerdem ist die bayerische Landeshauptstadt kein so angenehmer Boden mehr. München hat sich seit dem Ende des Krieges zunehmend politisch radikalisiert. Aus der einstigen Stadt der Jugend und der Kunst ist innerhalb weniger Jahre eine Brutstätte rechten Gedankenguts geworden. In einem Bürgerkrieg in den Wochen und Monaten nach Ende des Ersten Weltkriegs wird die linksgerichtete Räterepublik, bei der übrigens auch zwei von Annies Freunden, Feuchtwanger selbst und Erich Mühsam als Räte aktiv waren, von Anhängern rechtskonservativer Bewegungen abgesetzt. Nicht umsonst wird gerade in München 1919 die Deutsche Arbeiterpartei (DAP) gegründet und nicht von ungefähr wird ebendort ein Jahr später daraus die NSDAP mit Adolf Hitler als Führer.

Die schon vor 1914 wieder aufgekeimte Judenfeindlichkeit nährt sich aus einander ergänzenden Quellen: zum einen hätten „die Juden" die Niederlage im Krieg verschuldet und sich dabei außerdem noch bereichert. Zum anderen würden seit 1904/5 ununterbrochen arme, orthodoxe Juden, die vor Pogromen im Russischen Reich geflüchtet sind, nach Deutschland strömen und sich dort breitmachen. Dass hinter dem Sieg der Bolschewiken die jüdischen Spitzenfunktionäre Leo Trotzki und Karl Radek stehen, macht die rote Gefahr noch bedrohlicher. Notfalls müsse man sich eben in Bayern und in Deutschland auch mit Gewalt zur Wehr setzen – ein Zugang, der sich rasch immer größerer Akzeptanz erfreut. Der Begriff „Radauantisemitismus" stammt aus dieser Zeit. Im Frühling 1921 werden erstmals zwei Münchner Synagogen mit Hakenkreuzsymbolen beschmiert. „Mir geht es so auf und ab. Von den antisemitischen Skandalen in meinem letzten Stück werden Sie gelesen haben. Ich erfreu mich auch sonst in den Zeitungen der heftigsten Beachtung von dieser Seite her",[14] schreibt Feuchtwanger und meint damit wohl die Uraufführung von „Der Holländische Kaufmann" im Jänner 1923 im Münchner Residenztheater, die von Nazikrawallen begleitet worden ist. Das Stück wird auch sehr bald auf Druck der Rechtsradikalen abgesetzt.

Indes ist Annies Ehe mit Robert Beinerth mehr Mythos als Realität. Keine Erwähnung in irgendeinem Brief, keine Notiz, nicht einmal ein Foto existiert von diesem Rosar-Gatten aus dieser Zeit – auch in etlichen Biographien scheint er nicht auf. Wir wissen nicht, wo und unter welchen Umständen das Paar zusammengelebt hat. War es ein Irrtum, Zweckheirat oder Notwendigkeit?

Wichtig wird er erst viele Jahre später als Ex-Gemahl: Als er 1946 im Entnazifizierungsverfahren zu ihren Gunsten aussagt und als er ihr 1955 in der Vormundschaftsklage gegen Schwiegertochter Ursula hilft. Aber so weit sind wir noch nicht.

Zunächst lernt Annie Rosar, Burgschauspielerin im Roten Wien, Ehemann Nr. 3 kennen. Es ist ein angenehmer Sonntag im Spätsommer, genauer im September 1920. Er ist der Freund eines Freundes: Ladislaus Fuchs. Und er scheint wohlhabend zu sein – als ungarischer Holzexporteur, der 25 Jahre in London und im damals britischen Alexandria gelebt hat, gibt Fuchs als Geschäftsadresse das noble Palais Trauttmansdorff in der Wiener Innenstadt an. Einen Großindustriellen nennt Annie ihn in ihren Tagebüchern. Ein Euphemismus, denn als die beiden einander begegnen, ist er das längst nicht mehr. Als Kriegsfreiwilliger hat er drei Jahre für Kaiser und Vaterland gekämpft und einen Teil seines Vermögens – vermutlich durch Kriegsanleihen – verloren.

Dennoch: Er interessiert sie, und gut situiert ist er noch immer. Abends hat sie Vorstellung und um es ihr so bequem wie möglich zu machen, holt Fuchs sie knapp nach dem Mittagessen mit seinem Auto ab. Sie muss zu diesem Zeitpunkt, 15 Monate nach dem Ja-Wort, bereits von Robert Beinerth getrennt leben, sonst ist das schwer vorstellbar. Fuchs ist geschieden, seine Frau Therese hat ihn mit Prof. Oppenheim, dem Chef der Wiener Zahnklinik, betrogen. In seiner Ehre gekränkt, ist auch er interessiert und bereit für eine neue Beziehung. Ladislaus Fuchs und Annie Rosar verbringen den Nachmittag gemeinsam beim Pferderennen in der Freudenau – anschließend bringt er sie direkt zum Bühneneingang des Burgtheaters. Mitkommen und sie bewundern, das will er nicht. Dabei spielt sie die Lady Macbeth, eine der großen tragischen Frauenrollen des klassischen Theaters. Er sagt, er sieht sich Shakespeare nur im Original an. Das kränkt sie, mindert aber nicht ihre Euphorie für den neuen Geliebten.

Personsbeschreibung — Signalement

Frau — Femme

Beruf / Profession: Kaufmann

Ort und Datum der Geburt / Lieu et date de naissance: Hodmezö 15.VIII.1874

Wohnort / Domicile: Wien, XVIII, Währingerst. 115

Gesicht / Visage: rund

Farbe der Augen / Couleur des yeux: braun

Farbe der Haare / Couleur des cheveux: schwarz

Besondere Kennzeichen / Signes particuliers: -/-

Kinder — Enfants

Name / Nom	Alter / Age	Geschlecht / Sexe
René	30.VI.1921	geb.

— 2 —

Frau – Femme

Lichtbild / Photo

Unterschrift des Inhabers: / Signature du titulaire:

und seiner Frau: / et de sa femme:

Im Namen der Landesregierung:

Für die Paßbehörde: / Signature de l'agent délivrant le passeport:

Der Polizeipräsident:

— 3 —

Abb. 19: Personalausweis der Republik Österreich von Annie Rosars Ehemann Ladislaus Fuchs, ausgestellt am 1.8.1925 für zwei Jahre. Er war in allen Staaten Europas ausgenommen der Union der Sozialistischen Sowjetrepubliken gültig.

Zu Beginn der Adventzeit weiß die junge Frau, dass sie – wieder einmal – schwanger ist. Sie ist außer sich vor Freude. Ihre seit über zehn Jahren andauernden Bemühungen, Mutter zu werden, könnten diesmal vielleicht doch von Erfolg gekrönt sein. Die Umstände sind jedenfalls günstiger als bisher: 1. Sie ist in einer ganz neuen, aber stabilen Beziehung. 2. Sie ist beruflich so wenig engagiert wie schon Jahre nicht mehr – der Stress hält sich in Grenzen und damit ist sie auch physisch stärker als bei all ihren Schwangerschaften zuvor. 3. Sie ist endlich dem finanziellen Tal der Tränen entkommen, denn sie erhält vom Burgtheater stattliche Gagen für einen geringen Aufwand und hat außerdem mit Ladislaus Fuchs einen Besserverdiener an ihrer Seite. Dass auch Fuchs protestantisch getaufter Jude ist, ist für sie überhaupt kein Problem. Ihr vom Elternhaus übernommener Antisemitismus steht ganz pragmatisch hinter ihrer Liebe sowie der Erwartung eines Kindes zurück.

Annie Rosar achtet darauf, sich möglichst wenig Aufregungen auszusetzen: „Während ich ihn unter dem Herzen trug, habe ich mit meinen Gedanken fest darauf hingearbeitet, dass er sich nie fürchten möge und habe damals selbst jeden Gedanken der Furcht in mir erstickt", notiert sie rückblickend anläßlich des ersten Geburtstags des Kindes. Sie betet und hofft, dass sie dieses Kind – endlich – behalten möge. Anfang Jänner 1921, sie muss im 3. Monat sein, sagt sie an der Burg wegen Krankheit ab und wenig später lässt sie sich bis zum Ende der Spielzeit beurlauben.[15] Diesmal nur ja kein Risiko eingehen, ist ihr fester Vorsatz. Am 29. April wird die hochschwangere Annie von Beinerth geschieden, als Grund wird beiderseitiges Verschulden angegeben. Jetzt kann sie sich wirklich vollends auf die letzten Wochen vor der Niederkunft konzentrieren.

Zwei Wochen vor dem errechneten Termin wird es aber doch noch gefährlich: Die Rosar fängt sich eine Lungenentzündung ein, die sie extrem schwächt und auch eine Auswirkung auf den Embryo zu haben scheint. Die Herztöne des Babys sind nicht mehr zu hören, sodass die werdenden Eltern schon das Schlimmste befürchten. Aber alles wird gut. Nach neun Stunden durchgehender Wehen schenkt Annie am 30. Juni 1921 um 22:15 Uhr im Wiener Sanatorium Löw einem gesunden, 3,65 kg schweren Buben das Leben.

Sie nennt ihren Sohn René Ladislaus. Ladislaus natürlich nach dem Vater, wie das üblich ist. René hingegen – ein bis dahin völlig ungebräuchlicher Name in den Familien Rosar bzw. Fuchs – ist abgeleitet vom lateinischen „renatus", wiedergeboren, und eine ständige Erinnerung daran, dass Annie das Kind kurz vor der Geburt schon verloren geglaubt hat. Das Neugeborene erhält als erstes Geschenk vom Vater zehn Stück Aktien der Neusiedler Papierfabrik und ebenso viele der Ersten Donau-Dampfschiffahrts-Gesellschaft. Er soll doch, wenn er groß ist, auf ein kleines Vermögen blicken können und es jedenfalls besser haben als seine Mutter.

Die Evangelische Kirche, die damals wie heute Geschiedenen vor Gott die Wiederverheiratung gewährt, macht es möglich: Am 9. Oktober 1921 treten Annie Rosar und Ladislaus Fuchs in Wien-Währing vor den Altar und lassen gleich anschließend den vier Monate alten Säugling, den die Braut auf dem Arm trägt, taufen. Annies ehemaliger Chef und Protektor Max von Millenkovich ist unter den Gästen. Das große Glück der kleinen Familie ist vollkommen.

Hat das alles Auswirkungen auf Annies Karriere? Vorerst nicht. Nach mehrmonatiger Pause tritt die Rosar am 8. Oktober 1921, just einen Tag vor ihrer Hochzeit, in einer größeren Rolle an der Burg auf: Sie spielt die Hedwig in einer Neuinszenierung von Schillers Wilhelm Tell und erhält erneut gemischte Kritiken. Diesmal nimmt sie diese Abwertung ihres Könnens aber nicht tragisch – sie schwebt sowieso mit ihrem kleinen René im siebenten Himmel und nichts, aber auch gar nichts kann ihr in diesen ersten Monaten nach dessen Geburt dieses Glück nehmen. Sie darf das Baby unter der Ägide des neuen Direktors – der Dramatiker Anton Wildgans hat Heine beerbt – sogar in die Arbeit mitnehmen: Wildgans, im März erst selbst wieder Vater eines Sohnes, Gottfried, geworden, hat Verständnis. Er erlaubt seiner jungen, umstrittenen Schauspielerin, René in einem seiner Direktionsräume zu stillen. Das ist 1921 progressiv. Immerhin gibt es noch keine Karenz im heutigen Sinn – Frauen müssen sich in der Regel bereits sechs Wochen nach der Geburt wieder zum Dienst melden. Die sozialdemokratische Frauenbewegung fordert daher von Betrieben, die Frauen beschäftigen, die Errichtung von Stillkrippen, wo „stillende Mütter in zwei halbstündigen Pausen ihre Kinder stillen können".[16] Ähnlich fortschrittlich wie der Burgtheaterdirektor zeigt sich in dieser Zeit übrigens auch Sigmund Freud, der im April 1924 einer Teilnehmerin am 8. Psychoanalytischen Kongress in Salzburg erlaubt, ihr eineinhalb-jähriges (!) Kind in einem eigenen Raum zu stillen, „falls dem Baby die Vorlesungen nicht gefielen."[17] Analog dazu war René Fuchs-Rosar also das Theaterbaby. In all den Wochen ist das Leben des Kindes ein einziges Mal in Gefahr: aber nicht infolge brennender Kostüme, herabfallender Scheinwerferteile oder donnernden Applauses, der den Säugling über die Maßen geängstigt haben könnte – es ist das Kindermädchen, dem das Baby im Stolpern vom Arm rutscht. Schauspielerkollege Georg Reimers, Stiefurgroßvater von Oscarpreisträger Christoph Waltz, steht günstig und fängt das fallende schreiende Kind gerade noch rechtzeitig auf. Annie kommt mit einem Schrecken davon.

Dabei sind ihre Tage an der ersten Bühne im deutschsprachigen Raum gezählt. Im August 1922 gibt es nämlich schon wieder einen neuen Direktor am Burgtheater – Anton Wildgans war als Unparteiischer wie schon sein Vorgänger an den auseinanderdriftenden Interessen einer radikalisierten Parteipolitik gescheitert. Dieser Neue ist Annie allerdings gar nicht wohlgesonnen: Es ist Max Paulsen, kein Geringerer als der Ehemann ihrer direkten Konkurrentin, Hedwig Bleibtreu. Paulsen ist juristisch verpflichtet, Annie weiterhin die vertraglich vereinbarten Gehälter auszubezahlen, aber er will sie gar nicht mehr auf der Bühne haben. Sie geht bei nahezu vollen Bezügen spazieren – eine finanziell außerordentlich positive Situation für die unausgelastete Burg-Heroin. Vergessen wir nicht, dass es ab 1920 Mutterschutz nur für Bundesbedienstete bzw. Frauen von Bundesbediensteten gibt, und zwar im Ausmaß von 75 % ihres Gehalts einen Monat vor und zwei Monate nach der Geburt des Kindes. Für alle anderen berufstätigen Frauen ist eine Schwangerschaft ein immenses ökonomisches Risiko – auch für Schauspielerinnen – denn sie bekommen nichts. Insofern hätte sich Annie ihre Umstände gar nicht besser aussuchen können. Sie widmet sich also ihrem Kind und ihrem Mann und ist jedenfalls bis 1923 von den Bühnen verschwunden.

Abb. 20: Mit Freunden an der Ostsee circa 1922.

Ihre aktuelle, sehr angenehme Wohnsituation hilft ihr, Theater und Publikum zumindest einige Zeit lang zu vergessen. Sehr bald nach ihrer Rückkehr aus Hamburg ist Annie schon 1918 in eine geräumige Wohnung in Währing gezogen. In dieser Gegend ist sie aufgewachsen, hier fühlt sie sich wohl. Zu dritt wird das Arrangement allerdings bald eng – man braucht ein Kinderzimmer, eine Schlafstelle für ein Stubenmädchen, das sich um alle häuslichen Angelegenheiten kümmert, und einen Platz für die Schwester, die die Schauspielerin bei der Kindererziehung unterstützt. Familie Fuchs-Rosar nimmt daher eine Nachbarwohnung dazu, und Annie ist neben ihrer neuen Rolle als Mutter auch mit der Einrichtung und Organisation ihres erweiterten Heims beschäftigt. Im Sommer fährt sie mit Sohn und Kindermädchen ans Meer, 1922 an die Ostsee, 1923 zum Lido nach Venedig. Laszy, wie Annie ihren Ladislaus liebevoll nennt, ist selten dabei.

Er bleibt in Wien und versucht, seine Geschäfte wieder anzukurbeln. Ein reger Briefwechsel zwischen den Eheleuten zeugt davon, wenn er berichtet, nach Czernowitz oder nach Triest fahren zu wollen oder zu müssen. So knapp nach dem Ende der Donaumonarchie sind die neuen Nationalgrenzen zwischen dem Rumpfstaat Österreich und den ehemaligen Kronländern kaum zu spüren. Die Briefe enthüllen aber auch Annies Sehnsucht nach Laszy und ihr Bedürfnis, die schönen Tage am Strand fernab des Alltags in Wien auch mit ihrem Mann verbringen zu wollen. Sie jammert.

Abb. 21: Annie mit ihrem Ehemann Ladislaus Fuchs und dem drei Monate alten René, 1921.

Hatten wir das nicht schon einmal? So wie während ihrer Ehe mit Max Walser ist Annie wieder allein am Meer, und das macht sie traurig. Immerhin tröstet sie diesmal der kleine René, und sie ist nicht so einsam wie seinerzeit in Italien. Sie schwelgt in Einkäufen für den kleinen Mann, Kinderwagen, Spielsachen und Kleidung, sodass Laszy sie zu mehr Contenance mahnen muss, was – kein Wunder – zu neuerlichem Verdruss bei ihr führt. Vielleicht auch deshalb kauft Ladislaus Fuchs 1923 einen benzinbetriebenen Wagen. Jetzt kann die kleine Familie jeden Sonnenstrahl an den Wochenenden auch außerhalb des großen Sommerurlaubs nutzen und René großräumig die Umgebung Wiens, den Wienerwald, die Wachau oder das Semmeringgebiet zeigen. Diese Monate zählen zu Annies glücklichsten überhaupt.

René entwickelt sich prächtig und wiegt nur drei Monate nach seiner Geburt schon 6 kg, ein Jahr später – das Kind ist 15 Monate alt – trägt seine Mutter 15,25 kg als Körpergewicht ein, mit 2,5 Jahren ist er 1,01 m groß und wiegt unfassbare 17,8 kg, was kaum nachzuvollziehen ist. „Er ist sehr kräftig und die Leute nennen ihn Breitbart „nach einem Artisten, der gegenwärtig in Wien Eisenstangen biegt und bricht" notiert Annie und ihr Stolz ist kaum zu überhören. Sein erstes Wort ist „Auto", erst danach kommt „Papa", und „Mama" sagt er angeblich erst mit 16 Monaten. Dafür läuft er in diesem Alter schon durch alle Zimmer der elterlichen Wohnung und scheint im Allgemeinen ein aufgewecktes Kind zu sein, das schon als ganz Kleiner keine Scheu vor Fremden hat und Gästen seiner Eltern, die rund um den Esstisch sitzen, ohne Aufforderung die kleine Hand zum Gruß reicht. Er kann, kaum den Windelhosen entwachsen, bereits bis zwölf zählen und bevorzugt, wenn er es sich aussuchen kann, die Gesellschaft älterer Kinder. Niemand will glauben, dass er erst zwei Jahre ist.

Selbst Dr. Wilhelm Knöpfelmacher, den Annie „für den hervorragendsten Kinderarzt" hält, fällt die außergewöhnliche Frühreife von René auf. Er empfiehlt dringend, die Entwicklung des Kleinen nach Möglichkeit zu bremsen. Ihm also ein halbes Jahr „keine neuen Bilderbücher kaufen, keine neuen Geschichten erzählen etc. Damit das Gehirnchen nur ja nicht zu sehr angeregt wird. – Er ist aber so unglaublich wissbegierig, dass es direkt schwer ist, dem immer fragenden Kinde Aufklärung und Antwort zu verweigern", folgt die Rosar gleichzeitig fasziniert und besorgt den Anweisungen des Mediziners.

Ladislaus Fuchs singt mit seinem Sohn von klein auf Kinderlieder, und es ist schwer zu sagen, wer von den beiden – die frischgebackene Mutter oder der bis dahin ebenso kinderlos gebliebene Vater – mehr in René verliebt ist und ihn natürlich als das schönste, liebste und klügste Wesen unter der Sonne sieht.

Lässt sich dieser wundervolle Zustand noch erweitern? Aus mütterlicher Sicht eindeutig: „Mein Glück über dieses Kleinod von einem Kinde ist unbeschreiblich. – Oft falte ich unwillkürlich die Hände und sage ‚lieber Gott, ich danke Dir. Er muss, wenn auch nicht gleich, doch noch ein Schwesterchen oder auch ein Brüderchen bekommen.'" Annie Rosar-Fuchs wird rasch, nur ein Jahr nach Renés Geburt, wieder schwanger, doch das Mädchen, das sie am 3. März 1923 zur Welt bringt, ist tot. Es ist vermutlich ihre 5. Schwangerschaft gewesen.

Laszy ist oft verreist und kann sie nur zeitweise trösten. Zum Kummer über den neuerlichen Verlust eines Kindes kommen diesmal auch Komplikationen während der Schwangerschaft dazu. Immer wieder hält die 35-Jährige fest, wie qualvoll das Heranwachsens des Embryos für sie gewesen ist und wie sehr sie sich fürchtet, noch einmal in anderen Umständen zu sein. So heißt es in ihren Aufzeichnungen zu Beginn der Herbstsaison 1923: „Jetzt sehne ich mich vorläufig danach, nach der vielen Beurlaubung und dem Versäumten ein paar schöne künstlerische Erfolge zu haben – dann will ich das Schwere nochmals auf mich nehmen."

Um es vorwegzunehmen: Annie Rosar wird nie wieder schwanger. Ob mithilfe natürlicher Verhütungsmethoden, wie sie in den Jahren nach Ende des Ersten Weltkriegs praktiziert worden sind oder weil es einfach nicht mehr geklappt hat – René bleibt ihr Ein und Alles im wahrsten Sinne des Wortes. Ihrem Tagebuch vertraut sie in diesen Tagen an: „Er wird ein guter, ein großer Mensch werden, das sieht man jetzt schon an seinen Anlagen, ich habe ihn in Freude, in Liebe und furchtlos getragen, trotzdem damals für mich Zeit schwerer Seelenkämpfe und Entschlüsse waren – was seine Mutter an Größe und etwas für die Menschheit sein vielleicht nicht mehr erreichen wird, weil sie eben zu sehr Mutter, Gattin und vor allem Weib ist, das soll und wird in ihm erblühen und reifen zur herrlichsten Entfaltung und meinem Alter Glanz und Segen geben."

Doch warum vergießt die Dame des Hauses bei all dem Familienglück hin und wieder ein paar Tränen, wie ihren Aufzeichnungen zu entnehmen ist? Weil sie die Vorstellung einer Kinderschar, die sie gemeinsam mit Laszy großzieht, ja selbst eines zweiten Kindes, fallen lassen muss? Oder weil sie sich von ihrem Ehemann alleingelassen fühlt – als Mutter des gemeinsamen Kindes und auch als Frau? Denn Sex gibt es nicht viel, oder zumindest zu wenig für Annie. „War es doch schon im Wochenbett so, wo Pappa durch mein Zimmer mit einem kurzen Gruß nur durchging, nicht einmal nach meinem Befinden frug, sondern zu dem Baby eilte und für mich kaum mehr sichtbar war." Früh schon scheint sich der Altersunterschied von 14 Jahren bemerkbar zu machen, weshalb sie bedauert: „Schade, dass ich soviel jünger bin als er und schmerzlichst Vernachlässigung empfinde." Oder schluchzt sie in schierer Verzweiflung, weil sie nicht weiß, wie sie Mutterschaft und Bühnenkarriere unter einen Hut bringen soll? Noch dazu vor den Augen eines Ehemannes, der so wie Vorgänger Max Walser seine Frau nicht gern mit der Bühne, den Theaterkollegen und dem Publikum teilt?

Anfang 1924 hat sie endlich wieder Auftritte am Theater, wenngleich es nur ein dreitägiges Gastspiel ist. Sie ist in Troppau, das mittlerweile zur Republik Tschechoslowakei gehört, einst das Kronland Böhmen. Schwester Hermine begleitet sie und die beiden freuen sich über die gemeinsame Zeit, zum ersten Mal seit ihrer Kindheit. Annie ist beschwingt und hofft auf weitere Möglichkeiten, in ihrem Metier wieder Fuß zu fassen. Da holt sie ihr Angetrauter wieder auf den Boden der Realität zurück, auf den Boden seiner Realität wohlgemerkt, in der sie sich auf ihr Dasein als Hausfrau und Mutter konzentrieren solle. Die Rosar fühlt sich nämlich bemüßigt, ihm am 4. Februar aus Troppau zu schreiben: „Ich werde Dir immer eine brave Frau sein, aber verlange nicht, dass ich ganz meine Kunst aufgebe. Du raubtest mir damit einen Teil meines Lebens!

Was Gott in mich gepflanzt, kann nicht schlecht und unrecht sein!!" Und in ihr Tagebuch schreibt sie parallel dazu: „Möge sein Pappa [Renés, Anm.] endlich mehr Verständnis für mich und meine Kunst aufbringen, dann wäre alles schön, gut und glücklich."

Das Déjà-vu, das die Künstlerin mit Laszy Fuchs hat, war zu erwarten: die wenigsten Männer, die nichts selbst Schauspieler, Dramaturgen oder Regisseure sind, wollen ihr Gespons Abend für Abend fernab des ehelichen Heims im Rausch der Gefühle – auch wenn es gespielte sind – mit anderen Männern sehen. Laszy ist konsequent: Er geht weiterhin nicht ins Theater, um das nicht mitanzusehen. Er versagt sich damit aber auch, seiner Frau ein liebevoller Kritiker zu sein, mit ihr ihre beruflichen Erlebnisse zu teilen und mitzuerleben. Kann Annie mit ihm über ihre Theatererfolge reden? Kann sie mit ihm besprechen, wie sie eine Rolle anlegen möchte? Oder ihm erzählen, wie das Ensemble diesmal hervorragend oder weniger gut zusammenwirkt? Unter diesen Umständen schwer vorstellbar.

Laszy macht das wenig aus. Die Situation entspricht dem traditionellen Wertekodex, in dem ein eigenständiger Berufsweg für die Ehefrau nicht vorgesehen ist und deshalb auch vom Ehemann so weit wie möglich negiert werden darf. Annie hingegen setzt das mehr zu. Sie braucht seine Aufmerksamkeit, generell und für ihren Beruf, und ist traurig, dass ihre Kunst bei ihm so völlig ihre Wirkung verfehlt.

Außerdem steht Annie Rosar gerade vor der entscheidenden Zäsur in ihrem Schauspielleben: vor dem Wechsel von der Heldin zur Komödiantin. Verantwortlich dafür ist der Gigant und Tausendsassa des deutschsprachigen Theaters, der nahe Wien geborene Max Reinhardt. Reinhardt hat seit 1902 in Berlin als Schauspieler und Regisseur gearbeitet und mit bis dahin unbekanntem Zusammenwirken von Bühnenbild, Musik und Schauspiel einen neuen Stil kreiert. Unter seiner Ägide sind 1911 Weltklassiker wie Hugo von Hofmannsthals „Jedermann" und Richard Strauss' „Der Rosenkavalier" uraufgeführt worden. Er ist in Deutschlands Hauptstadt Direktor und Inhaber mehrerer Theaterhäuser, und er hat 1920 die Salzburger Festspiele mitbegründet. Sein großer Wunsch allerdings, Direktor an der Burg in Wien zu werden, scheitert. Die Clique aus eingeschworener Burg-Belegschaft und Zeitungskritikern macht auch ihm einen Strich durch die Rechnung. Doch er findet einen anderen Weg zurück in die Hauptstadt des neuen, kleinen Österreich: sein Konzern, die Reinhardt Bühnen, kauft 1923 das Theater in der Josefstadt und drückt dem ehrwürdigen Haus, das seit seiner Eröffnung 1822 – Ludwig van Beethoven hat damals dirigiert – kaum verändert worden ist, binnen kürzester Zeit seinen Stempel auf. Zunächst erfolgt ein kompletter Umbau des Gebäudes, dann stellt Reinhardt ein Ensemble auf, das weit frischer, moderner und attraktiver ist als jenes der Burg. Das Publikum ist begeistert. So viele Neuinszenierungen! Es ist selbst für heutige Begriffe ein energetischer Kraftakt, den Reinhardt da hinlegt – der Begriff *workaholic* hätte glatt für ihn erfunden werden können: neben der Direktion in Wien bleibt er in Berlin weiterhin in leitender Rolle tätig. Sehr bald müssen ihn daher in der Josefstadt sogenannte Vizedirektoren vertreten. Der berühmteste unter ihnen ist von 1933–1935 Otto Preminger, der nachmals in Hollywood durch die Regie von Filmen wie „Fluß ohne Wiederkehr" oder „Stalag 17" berühmt werden wird.

Max Reinhardt sucht wie seinerzeit Josef Jarno nach interessanten Gesichtern und überraschenden Effekten und klopft schließlich bei Annie Rosar an, die er ja seit knapp zehn Jahren persönlich kennt. Zunächst einmal könne sie am 28. Mai 1925 in der Josefstadt als verführerische Henriette in Strindbergs Drama „Rausch" einspringen. Annie fühlt sich geschmeichelt und will bei dem großen Impresario Reinhardt unbedingt Fuß fassen. Dazu braucht sie allerdings eine gute Presse. In einem Akt besonderer Selbstüberwindung wendet sie sich daher an ihren größten Kritiker aus Burgtheatertagen, den immer noch einflussreichen Felix Salten: „Hochverehrter Herr Salten, ich wage Sie ja gar nicht zu bitten, selbst zu kommen, aber jedenfalls wollte ich Sie davon verständigen, vielleicht ergibt sich doch die Gelegenheit, mir ein bisschen Wohlwollen entgegen zu bringen, da jedenfalls Kritik geladen wird."[18] Salten ignoriert Annies Bitte, doch da macht ihr Max Reinhardt selbst ein unerwartetes Angebot: Ob sie nicht ins komische Fach wechseln wolle? Da könne er ihr immerhin ein paar Engagements versprechen. Alles geht dann sehr schnell. Ihre erste einschlägige Rolle ist noch im selben Sommer die der Kindeswärterin Frau Nanni in Johann Nestroys „Unverhofft". Die Kritiken sind wohlwollend, doch ist Annie todunglücklich, denn dieser Erfolg als Komödiantin kann im Schlepptau von Max Reinhardt endgültig die Abkehr vom tragischen Fach bedeuten. Dabei hat sie doch durch ihr Spiel den Menschen den Schauer der Ehrfurcht oder des Dramas über die Rücken jagen wollen! Ergriffen hätten die Leute sein sollen, wenn sie nach einem ihrer Auftritte nach Hause gehen! Gerührt und in eine andere, eine heldenhafte Welt entrückt – so hat sich die Rosar ihre Wirkung auf ihr Publikum erhofft. Und jetzt das! 15 Jahre nach ihrem ersten Auftritt in der „Goldenen Ritterzeit" ist sie drauf und dran, ein hochprofessioneller weiblicher Hanswurst zu werden! Sie „hat schweren und blutenden Herzens freie lustige Charakterrollen gespielt in so jungen Jahren, sie, die vom Burgtheater kam und dort hohe und höchste Tragödie spielte, Rollen wie Medea, Judith, Macbeth,

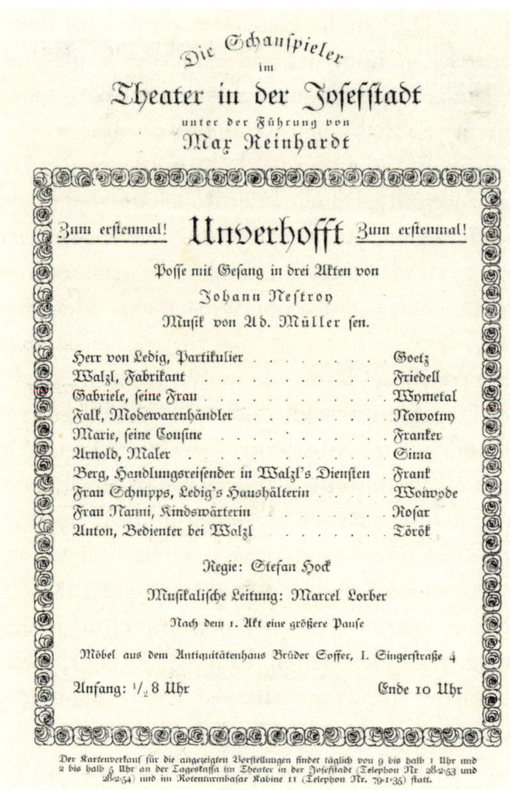

Die Schauspieler
im
Theater in der Josefstadt
unter der Führung von
Max Reinhardt

Zum erstenmal! **Unverhofft** Zum erstenmal!

Posse mit Gesang in drei Akten von
Johann Nestroy
Musik von Ad. Müller sen.

Herr von Ledig, Partikulier	Goetz
Walzl, Fabrikant	Friedell
Gabriele, seine Frau	Wymetal
Falk, Modewarenhändler	Nowotny
Marie, seine Cousine	Franker
Arnold, Maler	Sima
Berg, Handlungsreisender in Walzl's Diensten	Frank
Frau Schmipps, Ledig's Haushälterin	Woiwode
Frau Nanni, Kindswärterin	Rosar
Anton, Bedienter bei Walzl	Török

Regie: Stefan Hock

Musikalische Leitung: Marcel Lorber

Nach dem 1. Akt eine größere Pause

Möbel aus dem Antiquitätenhaus Brüder Soffer, I. Singerstraße 4

Anfang: 1/2 8 Uhr — Ende 10 Uhr

Der Kartenverkauf für die angezeigten Vorstellungen findet täglich von 9 bis halb 1 Uhr und 2 bis halb 5 Uhr an der Tageskassa im Theater in der Josefstadt (Telephon Nr. 28-2-53 und 28-2-54) und im Rotenturmbasar Kabine 11 (Telephon Nr. 79-1-35) statt.

Abb. 22: Max Reinhardt entdeckt Annie Rosars komisches Talent und holt sie für die Erstaufführung von Nestroys „Unverhofft" ans Theater in der Josefstadt, 1925.

Maria Stuart, Rosmersholm etc. Das tat sehr weh und sie trachtete eine Rückkehr in dieses Theater zu erreichen, was ihr aber trotz glänzender Beziehungen durch die trostlose materielle Lage der beiden Bundestheater misslang. Auch wohl durch den Umstand, dass so viele lebenslängliche Verträge da sind, so viele alteingesessene meines Fachs, was ja wohl mein Unglück war," moniert sie zum wiederholten Male.

Der Weg zurück ins Burgtheater bleibt ihr weiterhin versperrt, und so fügt sie sich pragmatisch in diese Chance, die Reinhardt ihr hier bietet. „Von der Stirne bis zur Nase magst Du wohl eine Tragödin sein, von der Nase abwärts bist Du ausgesprochen komisch",[19] soll Max Reinhardt festgestellt haben und es dauert eine Weile, bis sie den Fachwechsel internalisiert hat: „Habe mich lange nicht daran gewöhnen können, dass Menschen auch über mich lachen", schreibt sie noch im Winter 1926. Mittelfristig überwiegen aber die Vorteile: Das Presseecho auf die komische Annie Rosar bleibt konstant positiv, ob sie im klassischen Sinn hochgewachsen schön ist oder nicht, ist jetzt völlig egal und selbst das sogenannte Derbe, das einige Kritiker in ihrer Kunst meinten erkannt zu haben, ist nun im Zweifel gewünscht und passend.

Der Typ der ältlichen, etwas fülligen Frau aus dem Volk, die oft grantelt, aber doch das Herz am rechten Fleck hat, wird für die Ehefrau und Mutter 15 Jahre nach Beginn ihrer Theaterkarriere zum Wegbereiter ihrer zukünftigen Erfolge. „Erst später erkannte ich, was es für ein Segen ist, die Leute zum Lachen zu bringen", erinnert sich Annie anläßlich ihres 70. Geburtstags.

Die Zusammenarbeit mit Max Reinhardt ist verlässlich und verschafft ihr eine solide wirtschaftliche Basis. Sie kann nun die Erfüllung ihrer Wünsche selbst in die Hand nehmen. „Und ich bin über jedes Selbsterworbene selig und glücklich, denn von einem Manne abhängig zu sein, ist ja für eine so selbständige Frau wie mich ein sehr bitteres Gefühl und es gibt ja Männer, die leider gerade gegen die eigene Frau in diesem Punkte kleinlich, geizig und undelikat sind," gibt sich Annie Rosar als durchaus moderne Frau, die keine Lust mehr hat, sich ausschließlich nach den Bedürfnissen von Laszy zu richten.

Gesellschaftlich sind beide gut vernetzt, Ladislaus Fuchs ist engagierter Freimaurer, der im Namen seiner Loge sogar ein kleines Büchlein mit einschlägigen Reden herausbringt. Annie Rosar wiederum ist als Schauspielerin begehrte Gesprächspartnerin, wo immer sie erscheint. Familie Fuchs-Rosar ist zwar nicht reich, die galoppierende Inflation im Österreich nach 1918–1922 die die Papierkrone auf das 14.000stel des Wertes der Goldkrone hat sinken lassen, tangiert sie aber vorderhand kaum. Auch die Umstellung von Krone und Heller auf Schilling und Groschen 1924 geht fast spurlos an ihnen vorbei. Annie und Laszy verfügen bereits über ein Telefon – erst knapp über 100.000 Haushalte in Österreich genießen Mitte der 1920er Jahre dieses Privileg. Sie haben ein Auto, eine große Wohnung in einem der besseren Wiener Bezirke und Dienstpersonal, das sich um den Haushalt und um René kümmert.

Was Spielkameraden im selben Alter betrifft, wächst Annies Sohn allerdings ziemlich einsam auf. Die Kindergärten, die damals wie die Pilze aus dem Boden schießen, sieht er nur von außen, weiß vermutlich gar nicht, dass es sie gibt. Dabei vervierfacht sich die Zahl der Kindergärten zwischen 1922 und 1928 nahezu von 22 auf 85 im ganzen Stadtgebiet. Sie werden vor allem zur Unterstützung berufstätiger Frauen von den im Stadtparlament regierenden Sozialdemokraten unterstützt. Allerdings haben die Herren da unbestritten eher berufstätige Frauen aus den niedrigen Bevölkerungsschichten, Arbeiterinnen, Angestellte mit Mindesteinkommen, Alleinerzieherinnen o. ä. im Sinn. Eine gutverdie-

Abb. 23: Mit René und Kindermädchen am Markusplatz in Venedig, circa 1924.

nende Schauspielerin mit ebenso verdienendem Ehemann gehört zweifellos nicht zur Hauptzielgruppe. Annie und Laszy sehen das genauso. René zumindest temporär aus seinem Einzelkinddasein zu befreien und ihn in die Obhut einer Kindergärtnerin zu geben, fällt keinem der beiden ein. Kein Wort darüber ist in den privaten Aufzeichnungen oder Briefen zu finden.

René beunruhigt seine Eltern aber anderweitig: Ab seinem vierten Lebensjahr häufen sich in Annies Notizen die Berichte über seine Kränklichkeit: wochenlange Verstopfungen, lang andauernder Keuchhusten, regelmäßige Angina, Phasen von viertelstündlichen Erbrechens- und Erstickungsanfällen oder monatelanges Nachthusten. Auch wenn man ins Kalkül zieht, dass die Schauspielerin keinerlei medizinische Fachkenntnisse hat und wohl aus ihrer Überbesorgtheit heraus zur Übertreibung neigt, wenn es um ihren Sohn geht – René ist alles andere als ein Kind mit stabilem Gesundheitszustand. Nicht nur deshalb achtet Annie besonders darauf, dass ihr Kind viel Bewegung macht.

Sie will René außerdem alles geben, was sie selbst als Mädchen nicht bekommen hat, und Sport gehört dazu. In der jungen Republik kommt Sport zudem gerade als Massenphänomen in Mode. Zwar gibt es schon seit dem 19. Jahrhundert Leibesübungen als Unterrichtsfach in den Schulen und Sportverbände mit breiten Freizeitangeboten für die Erwachsenen, doch erst mit der Erfindung bzw. Einführung der sogenannten Turn- und Sportabzeichen – 1913 in Deutschland, 1921 in Österreich – geht hier die Post ab. Sich körperlich zu ertüchtigen, wird populär und ist zu diesem Zeitpunkt auch noch kaum ideologisiert. Es vergehen noch ein paar Jahre, bis sich die Nationalsozialisten diesen Trend für ihre Machenschaften politisch zunutze machen. Klein-René darf also jeden Sport einmal ausprobieren, und die Frau Mama macht alles mit. Mitte der Zwanzigerjahre hat das sehr gute Nebeneffekte, denn die Rosar geht auf die 40 zu und wird seit ihrer Schwangerschaft immer rundlicher. „Ich wurde auf diese Weise auch zu einer recht passablen Schiläuferin, Tennisspielerin, Schwimmerin etc. Und machte im Dianabad sogar mit meinem Sohn einen kleinen Boxkurs mit, der natürlich nicht über den Ball hinausging", schreibt sie in ihren Aufzeichnungen.

Annie und Laszy vergöttern ihren Sohn. Zwei Faktoren treffen hier aufeinander: Als Berufstätige haben wohl beide ein schlechtes Gewissen, dem kleinen Mann nicht genug Zeit geben zu können. Gleichzeitig sind beide aber auch späte Eltern – sie war 33, für damalige Zeiten eine Spätgebärende, er schon 47 – sie haben daher nicht mehr die Lockerheit und vielleicht auch Leichtlebigkeit deutlich jüngerer Eltern. Alles, was René betrifft, hat überdurchschnittliche Bedeutung. Er ist beider Augapfel, und darüber hinaus buhlen die Eheleute wechselseitig um die Gunst ihres Kindes. Was für den Buben erlaubt ist und was nicht, was gerade noch tragbar und was schon unverantwortlich ist – darüber sind sie sich meistens uneinig. Das zeigt sehr anschaulich folgender Ausschnitt aus einer längeren Tagebucheintragung im Sommer 1927 nach einem Ausflug im Süden Wiens. René ist wieder einmal nicht ganz fit und die besorgte Mutter macht aus ihren Gefühlen kein Hehl:

„Als sein Papa sich trotz meiner Bitten oder gerade deshalb wie immer mit dem bereits hochfiebernden Kinde bei sengender Mittagsglut bis zur Speckbacherhütte vorwagte, ein steiler felsiger weiter Weg bis zum Hotel oder zur Drahtseilbahn vor uns lag, das Kind mindestens 40 Grad Fieber hatte, keinen Schritt mehr gehen konnte, sich einfach ermattet, in das schattenlose Sonnenmeer setzte und eben keine Kraft mehr hatte, weiterzugehen. Wir beide waren ebenfalls gänzlich ermattet, wenn Laszy ihn 20 Schritt trug, setzte er ihn selbst wieder zur Erde, denn die Hitze noch dazu ungewohnt, war geradezu mörderisch. Ich wollte vorbeikommende Touristen bitten, uns Burli tragen zu helfen, aber auch das duldete sein Papa nicht. Ich fürchtete außerdem, dass das Kind der Hitzschlag trifft und wußte: so bald als möglich herunter, sonst sind die Folgen unabsehbar. Mein Seelenzustand ist nicht zu schildern. Wie immer hatte sein Pappa nur Hohn und Spott für meine ‚Überängstlichkeit‘ und erklärte, er werde das Kind, das ja damals bereits 30 kg wog, doch langsam bis zum Hotel tragen. Ich bat dann doch wenigstens direkt zur Drahtseilbahn, weil der Weg etwas kürzer dahin ist, aber er scheute die paar Schillinge, die es gekostet hätte, wenn ein Hausdiener unser Gepäck uns dorthin hätte bringen müssen. Mein Flehen, mein Versichern, ich zahle die 2–3 Schillinge, war nutzlos, er hatte keinen Sinn für die Gefährlichkeit unserer Situation oder aber er hörte eben einfach nicht hin, weil dieser Gedanke von mir und nicht von ihm kam!“ Die Rettung erscheint in Form eines Bergführers, der zufällig des Weges kommt. „Ich flößte ihm Tee ein und war selbst zu erregt, um auch nur eine Flüssigkeit zu meiner Stärkung zu mir zu nehmen, sein Papa hingegen ass seelenruhig Kalbsbraten mit Reis, trank einige Glas Bier dazu und nannte mich nur eine ‚exaltierte Nocken‘, einen Ausdruck, den er für mich während meinen 9-tägigen Mutterwehen um René geprägt hatte, wenn ich vor Schmerzen händeringend auf und ab lief.“ Laszy gibt dem Bergführer dann auch nur fünf Schilling quasi als Dankeschön, „während unnützes Spielzeug für das Kind zum Preise von mindestens 25–30 Schillingen an der Tagesordnung sind!“

Annie fühlt sich unverstanden und gekränkt. Verweichlicht sie das gemeinsame Kind tatsächlich? Oder geht sie Laszy einfach nur auf die Nerven mit ihrem ständig aufgeregten Getue? Sie schreibt: „Und je aufopfernder meine Pflege für das Kind, je größer mein Kummer, desto einsamer bin ich, desto schlechter werde ich von seinem Vater behandelt, ja der einzige Trost, den er mir während einer Krankheit des Kindes einmal gab, war der, dass wenn dem Kinde je etwas passiert, er auch von mir geht, da jede Ehe nur eine Berechtigung hat, solange Kinder da sind!“

Ladislaus Fuchs geht aber auch von ihr, ohne dass René etwas passiert wäre. Er klagt im August 1927 noch über ein unbestimmtes Stechen in der Magengegend. Es ist unangenehm, doch weder er noch Annie sind irgendwie besorgt. Er lässt sich im Wiener Sanatorium Hera aufnehmen und stirbt dort, völlig unerwartet, mit 53 Jahren an den Folgen eines an sich unspektakulären Eingriffs. In Annies Worten: „Am 11. September starb Renéchens Vater an einer Nierenoperation mit darauffolgender Magen- und Darmblutung! Jedes Wort der Klage, des Schmerzes ist banal – es ist so gräßlich, dass es mir in der Kehle würgt, ich kann nicht weiterschreiben, bis mehr Distanz mich bremst.“

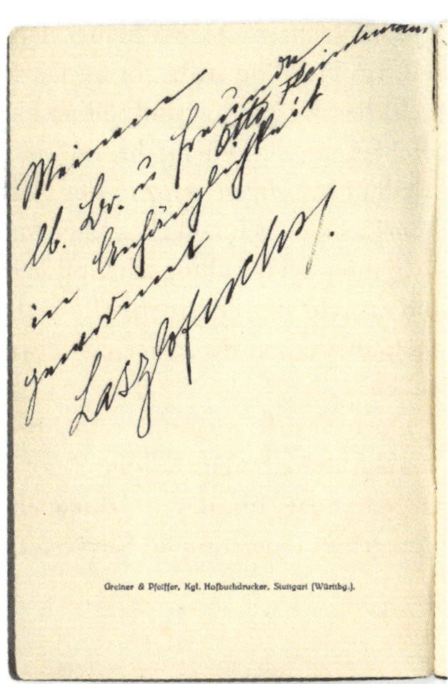

Abb. 24: Ladislaus Fuchs' Büchlein „Moderne freimaurerische Reden aus dem Tale des Nils" mit persönlicher Widmung an Otto Fleischmann, einem Schüler Sigmund Freuds.

Sie ist am Boden zerstört. Die Rosar ist noch nicht einmal 40, zweimal geschieden und nunmehr verwitwet, dabei Mutter eines sechsjährigen, stets kränkelnden Kindes. Wohl hat sie ihre regelmäßigen Engagements an der Josefstadt, wohl gibt es jetzt nun niemanden mehr, der an ihr herumnörgelt, sie möge mehr das Heim hüten und sich weniger auf den Brettern, die die Welt bedeuten, verwirklichen – doch insgesamt ist die Existenz für sie und den kleinen Buben nicht einfacher geworden.

Anders als erhofft, erwartet sie als Haupterbin der Verlassenschaft von Ladislaus Fuchs kein Vermögen mehr, das ihr und dem Kind zumindest ein paar ruhige Jahre gewährt hätte. Nur neun Tage nach der Hochzeit hatte Fuchs 1921 ein Testament aufgesetzt, das ihr ein Aktienvermögen im Wert von zehn Millionen Kronen (nach heutiger Kaufkraft ca. 328.000 Euro) zubilligt sowie zwei Beteiligungen und Provisionen an durch ihn zustande gekommenen Holzliefergeschäften, 49 Bildern altösterreichischer Meister[20] und etwas Schmuck. Doch die Aktien sind nach der Inflation und Währungsumstellung nur mehr einen Pappenstiel wert. Stattdessen sind nur mehr Schulden da, die abgetragen werden müssen, und ein paar Bilder, von denen Witwe Annie in den nächsten Jahrzehnten einige verkaufen wird, um zu etwas Bargeld zu kommen.

Weihnachten 1927 ist keiner der ihr nahestehenden Männer mehr am Leben. Im Frühling stirbt ihr 46-jähriger Bruder Hans, nachdem er im Erstem Weltkrieg verschüttet und seither herzkrank gewesen ist. Dann stirbt ihr Vater Michael im 78. Lebensjahr, und jetzt Laszy. Sie lässt alle drei am Sieveringer Friedhof beerdigen, ganz in der Nähe der Filmstudios, von wo sie die Gräber ihrer Lieben regelmäßig besuchen kann.

In ihrer Verzweiflung schreibt sie ihrem Ex-Mann Max Walser in die Schweiz und ersucht ihn um finanzielle Unterstützung. Dieser ist zwar wieder verheiratet, aber er hat ihr seinerzeit versprochen, in Not auch hinkünftig helfen zu wollen.

Doch zu spät: Als Annies Brief bei ihrer Nachfolgerin, Rosa Walser, einlangt, ist auch diese bereits Witwe. Max Walser ist eineinhalb Jahre vor Laszy, am 22. März 1926, mit nur 46 Jahren, ebenfalls nach einer wegen Magenblutungen induzierten Operation im Schwesternhaus zum Roten Kreuz in Rom gestorben.

4. „Wenn unser geliebter Führer uns eingliedert", 1927–1939

Für René, den aufgeweckten Sechsjährigen, ist der Tod des Vaters ein traumatisches Ereignis. Es bricht ihm nun nicht nur das gleichgeschlechtliche Vorbild weg – der Mann, den er bewundern und mit dem er feixen kann. Familie Fuchs-Rosar verliert mit Laszy auch die männliche Balance, jemanden, der Annie Rosar vom Theaterhimmel wieder zurück auf den Boden bringt. Die sowieso schon labile Gesundheit des Buben gerät im Zusammenleben mit der geliebten, aber ständig aufgeregten Künstlermutter vollends aus dem Gleichgewicht.

So fängt er sich nach einem Besuch am Grab des Vaters eine heftige Verkühlung ein, die sich über mehr als sechs Wochen zu einer massiven Lungenerkrankung ausweitet. In den Briefen und Tagebüchern Annie Rosars ist einmal von einer doppelseitigen Lungenentzündung, dann von einer Rippenfellentzündung und dann wieder von Tuberkulose die Rede. René muss stationär aufgenommen werden. Tagelanges Fieber um 40, 41 Grad schwächen ihr einziges Kind derart, dass mit dem Schlimmsten zu rechnen ist. Für ein paar Stunden liegt der Bub sogar in der Sterbekammer. „Er war ein kleiner Märtyrer", schreibt die verzweifelte Mutter. Sie holt ihn aus dem Spital und bringt ihn in eine Heilanstalt nach Grimmenstein, eine Autostunde von Wien entfernt. Dort erholt er sich wieder, wenn auch nur vorübergehend.

Dass der Halbwaise nahezu gleichzeitig eingeschult werden muss, erleichtert die Umstände nicht gerade. Zur latenten Sorge um Renés Gesundheitszustand gesellen sich ab sofort auch jene um seine schulischen Leistungen. Bald muss sich Annie auch wegen seines Betragens Gedanken machen: Erstklässler René fällt nämlich unangenehm auf, als er einen Schulkollegen einen Juden schimpft. Dessen Eltern beschweren sich, und die Schauspielerin muss sich in der Schule, es ist dies die evangelische Volksschule in Währing nächst ihrer Wohnung, für die verbalen Fehltritte ihres Kindes entschuldigen. Woher René das hat? Von Annie selbst? Von anderen Schulkameraden? Von den Lehrern? Und vor allem: Weiß

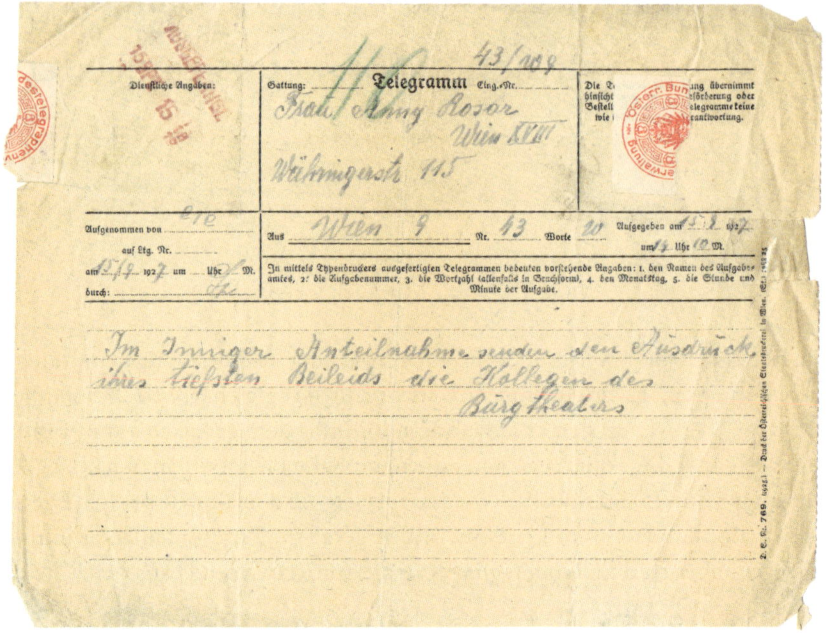
Telegramm
Frau Anny Rosar
Wien XVIII
Währingerstr 115
Aus Wien 9 Nr. 43 Worte 20
Im Inniger Anteilnahme senden den Ausdruck ihres tiefsten Beileids die Kollegen des Burgtheaters

Abb. 25: Beileidstelegramm der „Kollegen des Burgtheaters“ zum Tod von Ladislaus Fuchs, 1927.

er nicht, dass Ladislaus Fuchs aus einer jüdischen Familie stammt? Oder ist er gerade deshalb auf Juden wütend, weil ihn sein Vater allein zurückgelassen hat?

Die Rosar weiß jedenfalls nur eins: Das Leben muss rasch wieder lebbar werden. Es ist nicht nur ihre persönliche Situation durchwachsen, auch die Umstände um sie herum sind alles andere als rosig. Politisch sind die Zeiten unruhig. Spätestens mit dem Brand des Justizpalastes im Juli 1927 und den darauffolgenden Zusammenstößen verschärfen sich in Wien die Fronten zwischen der Polizei und den paramilitärischen Ablegern der Parteien, der Heimwehr auf Seiten der Christlichsozialen und dem Schutzbund bei den Sozialdemokraten. Auch wirtschaftlich erholt sich Österreich, an dessen Lebensfähigkeit nur so wenige in diesen ersten Jahren der Republik glauben, nicht. Der sogenannte Schwarze Freitag am 25. Oktober 1929, als die New Yorker Börse kracht und weltweit Millionen Arbeitsplätze mit einem Schlag vernichtet werden, beschleunigt Entwicklungen, die sich schon vorher abgezeichnet haben. 1931 ist die größte heimische Bank, die Creditanstalt, zahlungsunfähig.

Annie versucht daher nach Laszys Tod ihre ökonomische Lage in den Griff zu bekommen: Erstens reduziert sie ihre Fixkosten und verkauft einen Teil ihrer herrschaftlichen Wohnung. Sie lebt fortan mit René auf noch immer großzügigen 100 m^2 und gibt davon einen großen Raum zeitweise in Untermiete. René schläft dann im Schlafzimmer und sie am Diwan im Salon. Zweitens treibt sie ihre Karriere voran. Seit sie unter Max Reinhardt ins komische Fach gewechselt ist, sind ihre Kritiken fast durchgehend positiv. Als 40-Jährige geht sich das Fach der jungen Geliebten sowieso nicht mehr ganz aus. Deshalb verkörpert sie mit Grandezza ältere „Frauenspersonen" aus dem einfachen Volk, oft in dienenden Rollen. Die Rosar ist authentisch und lustig, wie man es von einer ehemaligen Heldendarstellerin der Burg nicht erwartet hätte. „Verblüffend war ihr Tonfall der Straße und ihre Gesten der Vorstadt" heißt es da in einer Kritik des Neuen Wiener Journals, als sie die Köchin Ernestine Puschek in Ferdinand Bruckners „Die Verbrecher" spielt, oder an anderer Stelle: „Die Dialekt-Dichtungen, da ist sie besonders gut, besonders natürlich!" Sie ist sehr gefragt und hat – wie in München – ab und an mehrere Aufführungen pro Tag, manchmal sogar zwei Engagements an einem Abend. Sie bewältigt diesen Stress mit Routine und verlässlichen Taxis, die sie von der Burg, wo sie vereinzelt noch einspringt, zur Josefstadt und wieder retour bringen. Zwei andere ständige Routen sind die von den Kammerspielen ins Johann Strauss-Theater[1] – dort wirkt sie im Februar 1929 als Pfarrersfrau bei der österreichischen Erstaufführung von Franz Lehars „Friederike" mit – und von dort in die Josefstadt. Wohl sind diese Häuser allesamt nur jeweils zehn Autominuten voneinander entfernt, aber oft ist der Zeitplan extrem eng. Annie muss sich dann im Auto umziehen.

Hugo Thimig, Hans Thimig, Attila Hörbiger, Rosa Albach-Retty, Adrienne Gessner, Paula Wessely, Hans Jaray – viele Größen des deutschsprachigen Theaters stehen mit ihr auf der Bühne. Die Hauptrollen kriegt die Rosar bei einer derartigen Besetzung dann zwar nicht immer, aber das ist angesichts der Prominenz ihrer Partner und der Qualität der Aufführungen verschmerzbar. Sie befindet sich damit auch in bester Gesellschaft: Selbst der große Egon Friedell verdingt sich während seiner Arbeit an der epochalen „Kulturgeschichte der Neuzeit" als Schauspieler in kleineren Rollen. In etlichen Komödien verleihen Annie und er, beide Ensemblemitglieder in der Josefstadt, gerade diesen Partien Pfiff und Charakter.

Doch gibt es in Max Reinhardts Wiener Theaterimperium einen Kollegen, der für Annies Karriere weit prägender werden wird als alle anderen: Hans Moser. Sie trifft ihn erstmals im ereignisreichen Jahr 1929. Auch Moser ist von Reinhardt selbst gerufen worden und rasch zu dessen Lieblingsschauspieler avanciert. Der älter wirkende 50-Jährige und die dralle, acht Jahre jüngere, aber auf ältliche Frauen spezialisierte Rosar, beide auf ihre unverwechselbare Art komisch – das ist ein Duo, das dem Publikum gefällt. Mit „Die Sachertorte" landen sie noch im selben Jahr am Neuen Wiener Schauspielhaus, wie das Kaiser-Jubiläums-Stadttheater mittlerweile heißt, einen Hit: Annie Rosar spielt Anna Sacher, die mittlerweile 70-jährige legendäre Chefin des weltberühmten Hotels, und Hans Moser gibt ihren Oberkellner. „Peinlich genau in der Nachgestaltung. Ausgestattet mit viel feinen eigenen Zügen"[2] – die Presse ist voll des Lobs für die Rosar. Immerhin: Es ist riskant, noch lebende Personen auf der Bühne so darzustellen, dass sie mit all ihren Stärken und Schwächen glaubwürdig wirken. Gleichzeitig soll aber doch dem Ansehen der Grand Dame der Hotellerie nicht geschadet werden. Diese Zurückhaltung – lieber auf einen Gag zu verzichten, als Frau Sacher zum Gespött zu machen – vermerken die Kritiker wohlwollend. Annie hat sich auch akribisch auf diese Rolle vorbereitet. Sie ist unangemeldet im Hotel erschienen und hat dort „die Frau Sacher" persönlich um ihre Unterstützung gebeten. Voller Stolz erzählt sie in Interviews, dass mittlerweile selbst Curt Goetz, der zukünftige Direktor des Lustspielhauses Berlin, sie engagieren will. Ein kleiner Seitenhieb auf die hiesige triste Gagenlage ist dabei taktisch einkalkuliert: „Es ist halt schwer – man bietet mir natürlich draußen im Reich ganz andere Gagen als hier und es ist leider schon so, daß unsereins immer erst von draußen kommen muß, um hier besser bezahlt zu werden."[3]

Letztlich verhelfen aber nicht so sehr internationale Engagements oder aufsehenerregende Aufführungen wie jene 1931 in der Wiener Staatsoper, als die Rosar in der Rolle der alten Tante neben Österreichs 1,95 m großem und 150 kg schwerem, gewaltigem Opernstar Leo Slezak in der Operette „Der Opernball" auftritt, zum angestrebten Gagensprung. Es ist der Siegeszug des Tonfilms ab dem Ende der 1920er Jahre, der Annie viel bessere Verdienstmöglichkeiten verschafft. Sie und Hans Moser profitieren beide überdurchschnittlich vom neuen Medium: Ihre Stimme und sein Nuscheln, Facetten ihrer jeweiligen Originalität, die bis dahin nur dem Theaterpublikum bekannt sind, kommen in den Kinos voll zur Geltung. Vergessen sind die Stummfilmchen, die noch abgedreht werden. – Annie spielt in „Glück bei Frauen" 1928, „Vater Radetzky" 1929 und „Die Tat des Andreas Harmer" 1930 und Moser 1928 in Streifen mit den vielsagenden Titeln „Spitzenhöschen und Schusterpech" oder „Die Lampelgasse". Danach gibt es für beide nur mehr „Talkies"[4]. Andere haben da weniger Glück. Vor allem Stummfilmstars mit starkem Akzent schaffen den Übergang in die neue Ära nicht: Im Bereich des deutschen Films ist das die Dänin Asta Nielsen, die ihre Laufbahn beenden muss, in Hollywood werden die EmigrantInnen Pola Negri und Emil Jannings wegen ihrer schlechten Aussprache von Native Speakern abgelehnt und kehren nach Deutschland zurück.

DIE BÜHNE

MEISTER der MASKE ANNY ROSAR

Auch Frauen können Maske machen

Photo Willinger.

. in Zivil (Brühlmeyer)

Anny Rosar als Ernestine Puschek in „Verbrecher"

. . . als Simons Weib in „Dantons Tod"

. . . als Abgeordnete Haubenschild in „Weekend im Paradies"

Links:

. . . als Mascha in „Der lebende Leichnam"

Rechts:

. . . als Negerin in „Regen"

12

Abb. 26: Eine Sonderseite für Annie Rosar in der 1924 gegründeten Theater-Fachzeitschrift „Die Bühne".

1933 stehen die beiden Publikumslieblinge Moser und Rosar erstmals gemeinsam vor der Kamera. In „Kurzschluß", einem Kurzfilm unter der Regie von Fritz Eckhardt, dem späteren Tatort-Kommissar und „Hotel Sacher"-Portier, prallen sie höchst vergnüglich als Elektriker und Wohnungsinhaberin aufeinander. Es ist dies eine mehrfache Premiere: 1. „Kurzschluß" ist der erste Tonfilm, der im ehemals größten und modernsten Studio der Stummfilmzeit, dem Vita-Atelier am Rosenhügel, gedreht wird. 2. Fritz Eckhardt, der bei Fritz Lang in Berlin als Assistent gearbeitet und dort das Regiefach gelernt hat, ist das erste Mal alleinverantwortlich für einen Film, und 3. was Annie besonders freut: René darf in einer kleinen Rolle mitspielen. Es geht ihr hier weniger darum, aus ihm einen großen Filmstar zu machen, sondern einfach mit ihm Zeit verbringen zu können und ihm gleichzeitig die Freuden und Mühen ihres Berufs zu zeigen. Dass der Boulevard den Zwölfjährigen gleich als „jüngsten Filmstar Wiens" bezeichnet[5] und mit ihm Interviews macht, ist der stolzen Mutter aber sicher recht. „Unter anderem muss ich Hans Moser auch aus einer vollen Badewanne herausziehen. Ich habe dabei so lachen müssen, dass die ganze Aufnahme verpatzt war," verrät der Schlingel den Zeitungen. 150 Schilling kostet der Filmproduktion Renés Lapsus – der Ärger des Regisseurs ist ihm gewiss, die LeserInnen seines Interviews finden die kleine Misere hingegen vermutlich putzig.

Wirkliche Kritik gibt es in diesen Jahren für Annie nur vereinzelt. Wenn überhaupt, dann nur für ihre Bühnenperformance, nicht für ihre Leistungen auf der Leinwand. 1930 heißt es etwa in einer Rezension zu Leo Perutz' „Die Reise nach Preßburg" in der Josefstadt: „[N]ur Frau Rosar hält unter dem Niveau der Gesamtheit." Genaue BeobachterInnen meinen auch zu bemerken, dass sie qualitativ dem direkten Vergleich mit Hans Moser nicht standhält. Wohl jubeln Medien und Publikum immer über beide, aber Moser ist zumindest den Kritikern fast immer noch einen Extrasatz des Lobs wert. Ist es Misogynie? Oder ist Annie Rosar tatsächlich eine Nuance weniger pointiert und ausdrucksstark? In ihren Notizen finden derartige Feinheiten vorläufig keinen Widerhall. Sie, die eigentlich mit Kritik zeitlebens schlecht umgehen kann, freut sich uneingeschränkt über ihre Popularität, die ihr die gemeinsamen Auftritte mit Hans Moser bescheren. Bis zu ihrem Tod 1963 spielt sie mit ihm erfolgreich in ca. 20 Filmen.

Für ihre ehemals berühmten Rezitationen antiker Tragödien ist in den 1930er Jahren keine Zeit. Das Interesse an solch schwerem Stoff ist geringer geworden. Annie sorgt sich daher nicht zu Unrecht, wenn sie schreibt: „Oh, ich spiele für mein Leben gern volkstümliche Gestalten, Bäuerinnen, Marktfrauen, dienstbare Geister – darum möchte ich aber doch nicht, dass man darüber auf die andere Rosar ganz vergißt."

Wie steht es um die Liebe? Annie Rosar ist vor ihrer Ehe mit Laszy Fuchs eine sexuell äußerst interessierte und aktive junge Frau gewesen. Auch wenn sie nun die Verantwortung als alleinerziehende Mutter zu tragen hat, so ist es doch unvorstellbar, dass sie sich nicht Abwechslung vom Alltag wünscht. Sehr wahrscheinlich holt sie sich zwischen ihren Erfolgen in Theater und Film ein Quäntchen Selbstwertgefühl auch über die Sexualität. Ein Jahr nach Laszys Tod ist eine kurze Liebschaft mit einem gewissen Dr. Oscar Ritter in ihren persönlichen Aufzeichnungen vermerkt.

Da macht sich eine neue Sorge in Annies Gedanken breit: „Wer weiß, ob die Männer nicht nur an meiner Prominenz interessiert sind?" Bekannter als je zuvor fürchtet sie, etliche Herren der Schöpfung könnten mehr am Rampenlicht der Künstlerin, als an ihr als Person interessiert sein. Glaubt nicht jeder potentielle Galan überdies, als Theater- und Filmstar schwimme sie in Geld? So wagt sie etwas, was sie mit ihren 42 Jahren noch nie getan und bisher auch nicht nötig gehabt hat: Sie meldet sich im Februar 1930 auf ein Zeitungsinserat in der Neuen Freien Presse. Vorsichtig verwendet sie zunächst einen Decknamen, jenen ihrer Schneiderin namens Herkner-Strohal. So lernt sie einen höheren Beamten kennen, der sich zu ihrer großen Freude nebstbei auch künstlerisch engagiert – er schreibt. Dr. Franz Josef Rebiczek ist mit 39 Jahren nur unwesentlich jünger als sie und laut Heiratsurkunde Bundeskommissär im Stadtschulrat. Er ist tief in der Sozialdemokratischen Partei verankert mit Freunden in den obersten Hierarchien. Deshalb ist auch niemand Geringerer als Karl Renner Trauzeuge bei Annie Rosars vierter Verehelichung. Renner hat als erster Staatskanzler 1918 bis 1920 entscheidend die Geschicke des neu entstandenen Rumpfstaates Deutschösterreich gestaltet und sitzt mittlerweile als einfacher Abgeordneter im Nationalrat. Auch der zweite Trauzeuge kommt aus den Reihen der SDAP (Sozialdemokratische Arbeiterpartei): Max Klein, Mitglied des Bundesrats. Am 17. Mai, an Annies Geburtstag, nur drei Monate nach dem Kennenlernen, findet die Hochzeit statt, diesmal aber wieder nur standesamtlich.

Der neunjährige René ist voller Vorfreude. Zwei Tage vorher, am 15. Mai 1930, schreibt er an seine Mutter: „Ich freue mich ja so sehr, dass ich wieder einen Vater habe und wir werden alle froh und glücklich sein." Was damals noch keiner ahnt: Es wird Annies längste, aber auch mit Abstand turbulenteste Beziehung, in der sie sich x-mal trennen und genauso oft wieder zusammenkommen, um ab Weihnachten 1954 endgültig Bett und Tisch voneinander zu separieren.

Doch noch ist natürlich alles eitel Wonne. Das Brautpaar ist euphorisch – anders lässt sich auch der ungewöhnlich rasche Schritt zum Standesamt nicht erklären. Es kommt im Zuge der Verheiratung sogar zu einem für damalige

Abb. 27: Annie Rosar heiratet an ihrem 42. Geburtstag, dem 18.5.1930, ihren vierten Ehemann Dr. Franz Rebiczek.

Begriffe höchst ungewöhnlichen Akt: Rebiczek nimmt den Namen seiner Frau zu dem seinen und firmiert ab sofort, genauso wie René und Annie unter dem Doppelnamen Rebiczek-Rosar. Weshalb? Um seine prominente Beziehung zu einer mittlerweile arrivierten Schauspielerin zur Schau zu stellen? Hat sich Annie nicht genau vor diesen Männern gescheut? Vor jenen, die sich in ihrem hart erarbeiteten Scheinwerferkegel mitsonnen wollen? Schrillen bei ihr nicht ganz leise und noch kaum wahrnehmbar die Alarmglocken? Drückt sie diese tiefste aller tiefen Urängste weg und will, indem sie sich selbst und ihrem Kind ebenfalls diesen Doppelnamen gibt, die reine, feine, heile Familie herbeibeschwören? Vielleicht. Vielleicht will die Rosar aber auch einfach nur zeigen, was ihr wichtig ist: Wir sind eine Familie, wir gehören zusammen, mein Sohn und ich, wir sind nicht allein. Mit einem Wort: jede/r in dieser kleinen dreiköpfigen Familie hat mit dem neuen gemeinsamen Familiennamen seinen/ihren ganz speziellen persönlichen Vorteil.

Franz Rebiczek kommt aus einer bürgerlichen tschechischen Familie, sein Vater war immerhin Bezirkstierarzt von Taus (tschech.: Domažlice) in der Nähe der Bierstadt Pilsen. Das heißt, auch wenn Rebiczek nur ein kleines Bundesbeamtengehalt erhält, ist es eine durchaus standesgemäße Heirat für die Schauspielerin. Doch es gibt ein neues Problem: eine böse Schwiegermutter. Erstmals

2936

GRUND NUMMER 0/8/3/1/140

EHESCHEIN

1 Österreichische Stempelmarke 1 Schilling

Von dem Magistrate der Bundeshauptstadt Wien

(Abteilung 50)

bestätigt, daß in dem hierämtlichen, über die Eheschließungen vor der weltlichen Behörde geführten Eheregister, Band XL, Jahrgang 1930, Seite 187, R. Z. 1064, der nachfolgende Eheschließungsakt wortgetreu enthalten ist.

Jahr, Monat und Tag der Eheschließung	*Eintausendneunhundert* unddreißig, *am* 17ten siebzehnten Mai (17. / V. *19* 30.)	
	des Bräutigams	der Braut
Vor- und Familienname, Geburtsort, Beschäftigung, dann Vor- und Familienname und Beschäftigung der Eltern	Dr. Franz Josef R e b i c z e k - R o s a r, zu Taus, Č.S.R., geboren, Bundeskommissär des Stadtschulrates, Sohn des Staatsobertierarztes Franz Řebiček und der Josefa geb. Scheidl.-	Anna F u c h s, getr. Walser, getr. Reinerth, geb. Rosar, zu Wien geboren, Schauspielerin, Tochter des Fragners Michael Rosar und der Agnes geb. Mikula.-
Wohnung	Wien, XVI. Bezirk, Thaliastraße 113/11.	Wien, XVIII. Bezirk, Währingerstraße 115.
Glaubensbekenntnis	konfessionslos	evangelisch A.B.
Geburtstag und -jahr	6. Februar 1891	17. Mai 1888
Stand	gerichtl. geschieden	verwitwet
Vor- und Familienname und Beschäftigung der Zeugen	Staatskanzler a.D. Dr. Karl Renner.	Bundesrat Max Klein.
Name und Dienstitel der Amtspersonen, vor welchen die feierliche Erklärung der Einwilligung zur Ehe abgegeben worden ist	Robert Jiresch, Ober-Magistratsrat.	Franz Lorenz, Vize-Inspektor.

Wien, am 10. November 1930.

Für den Abteilungsvorstand:

Magistrats-Sekretär.

Magistrat der Bundeshauptstadt Abteilung 50 Wien

ausgef.:
vergIch.:

Gem. Mag. Exp. Drucks. Nr. 278. — V. 9167. 30 IV. — S-Bücherp. Önorm A 4.

Abb. 28: Eheschein Dr. Franz Rebiczek-Rosar (sic!) und Anna Fuchs (sic!) am 17.5.1930. Ein Trauzeuge ist Dr. Karl Renner, Staatskanzler 1918–1920, Präsident des Nationalrats 1931–1933 und Bundespräsident 1945–1950.

hat neben Annie selbst eine zweite Frau großen Einfluss auf ihre Ehe. Franz Rebiczeks Mutter, die hochbetagt in Krems lebt, hat, wie Annie beschreibt „ein ungewöhnlich inniges Verhältnis zu ihrem einzigen Sohne". Das ist keine einfache Situation und kann jede eheliche Beziehung, ja die ganze Familienkonstellation extrem belasten. Annie schaut hier, ohne sich dessen bewusst zu sein, in ihre eigene Zukunft. Auch sie wird zu ihrem einzigen Sohn ein ungewöhnlich inniges Verhältnis aufbauen und wird sich schwertun mit ihrer Schwiegertochter. Sie wird diese als Rivalin ansehen, die sie nur duldet, weil sie die Mutter des geliebten Enkels ist.

Im Winter 1930 hat sich Renés Gesundheit wieder stabilisiert. Seine Mutter hat ihm einen Stiefvater „geschenkt", den sie ihm gegenüber immer nur „Vater" nennt. Sie ist glücklich, die Bürde der Verantwortung in jeder Hinsicht nicht mehr allein tragen zu müssen. Sie weiß auch, dass für den heranwachsenden Buben eine Vaterfigur wichtig ist. Sie spricht René gegenüber betont positiv von ihrem neuen Ehemann. Als Referent für Privat- und Kunstschulen im Stadtschulrat und als Dichter passe Rebiczek doch so wunderbar zu ihr und damit auch zu ihm, zu René. Damit liegt sie nicht grundsätzlich falsch: Franz Rebiczek ist ein angesehener Mann in Wiens linker Literaturszene. Er publiziert – teilweise auch unter dem Pseudonym Hannes Kernegger – Romane, hält Lesungen aus eigenen Werken und ist regelmäßiger Feuilletonist des SDAP-Parteiorgans, der Arbeiter-Zeitung. Seine Themen sind natur- und heimatbezogen, sein Werk hat aus heutiger Sicht eine überraschend konservative Note für einen Sozialdemokraten: „Waldviertler Waldwinter" oder „Der Wald des Blutes" so die Titel seiner Bücher. Er beschreibt Wanderungen und Touren in Niederösterreich sowie in den ehemaligen Kronländern. Er gibt zusammen mit dem Komponisten und späteren illegalen Nationalsozialisten Arthur Johannes Scholz die Volksliedsammlung „Es steht ein Schloß in Österreich" heraus. Wir dürfen annehmen, dass Annies Franzl dem rechten Flügel der SDAP zuzurechnen ist.

Gesellschaftlich tun sich für die Schauspielerin durch die neue Ehe aussichtsreiche Kontakte auf: Die Parteifreunde ihres Gatten bilden die stimmenstärkste Fraktion bei der Nationalratswahl 1930. Nur aufgrund des konservativen Blocks, bestehend aus Christlichsozialer Partei, Großdeutscher Volkspartei und dem ebenfalls deutschnationalen Landbund, stellen die österreichischen Sozialdemokraten trotz ihrer Mehrheit in der Regierung nicht den Bundeskanzler. In Wien selbst schreibt die SDAP erfolgreich Geschichte: Seit dem Ende der Monarchie kommt der Bürgermeister aus ihren Reihen – unter dem seit 1923 amtierenden Karl Seitz hat sich der Begriff „Das rote Wien" sogar zum Terminus technicus für eine moderne, soziale Kommunalpolitik entwickelt. Zu-

Abb. 29: Wanderausflug mit Mann und Kind am 1.5.1931 in Weidlingbach nahe Wien.

dem ist der antifaschistische Freundeskreis von Franz Rebiczek für Annie Rosar eine stimmige Fortführung ihrer Münchner Jahre: vom Münchner Stammtisch um Lion Feuchtwanger oder Heinrich Mann zu den Spitzenfunktionären der SDAP in Wien. Zu Silvester 1930 tummeln sich bei Rebiczek-Rosars rund 30 Personen mit linkem Hintergrund, darunter Trauzeuge Karl Renner sowie die Nationalratsabgeordneten Julius Deutsch[6] und Friedrich Austerlitz, letzerer nebstbei auch noch Chefredakteur der Arbeiter-Zeitung. Annie Rosar ist selig und blickt zuversichtlich ins neue Jahrzehnt.

Der Wermutstropfen: Die Zeit mit René gerät nun manchmal zu kurz. Während der Schulzeit ist er als Kind zweier Berufstätiger immer wieder in der Obhut fremder Leute. Die Sommer verbringt er mehrere Jahre hindurch in einem Kinder-Ferien-Erholungsheim in Bad Aussee. Dass es ihm dort gefällt, davon zeugen viele Ansichtskarten, die er nach Hause schickt. Trotzdem sehnt er sich nach seiner Mutter, die ihn allerdings nicht besuchen kommt. Das Filmen im Sommer, wenn die Theater geschlossen haben, sowie der neue Mann sind ihr Abwechslung und Anstrengung genug. Sie will genießen und setzt die Wünsche des Kindes in diesem Moment hintan.

1933 wird politisch zum Wendejahr in Deutschland wie in Österreich. Mit 30. Jänner proklamiert Reichspräsident Hindenburg den Führer der mit 33,1 % stimmenstärksten Partei, Adolf Hitler, zum Reichskanzler. Knapp einen Monat später erfolgt die Ausschaltung der Kommunisten: Zuerst wird ihnen fälschlicherweise der Reichstagsbrand vom 27. Februar angelastet, dann werden auf Basis einer Verordnung des Reichspräsidenten „zum Schutz von Volk und Staat" flächendeckend FunktionärInnen der KPD verhaftet – einer davon ist Erich Mühsam, Annies Bekannter aus Münchner Tagen. Er wird 1934 im KZ Oranienburg von der SS ermordet. Ob sie davon erfährt, wissen wir nicht. Zuletzt annulliert die NSDAP aufgrund der Abwesenheit der kommunistischen Mandatare das Stimmergebnis der neuen Wahl vom 5. März 1933 und verfügt nun über die absolute Mehrheit. Die „Verordnung zum Schutz von Volk und Staat" ebnet außerdem den Weg in das totalitäre Regime, indem sie Grundrechte wie Pressefreiheit, das Vereins- und Versammlungsrecht oder das Recht auf freie Meinungsäußerung abschafft und jede Willkür durch den Staat ermöglicht. Mithilfe der konservativen Parteien der Mitte erhält Adolf Hitler am 23. März 1933 im Zuge des sogenannten Ermächtigungsgesetzes die zentrale Macht. Alle Parteien außer der NSDAP werden verboten.

Anfang 1933 wird aber auch in Österreich ein totalitäres Regime vorbereitet: Fast parallel zu den Entwicklungen in Deutschland wird das Parlament durch den Rücktritt des Nationalratspräsidenten – seit zwei Jahren Freund und Trau-

Abb. 30: Postkarte von René an seine Mutti am 9.3.1931.

zeuge Karl Renner – sowie seiner beiden Stellvertreter aufgelöst. Auch in Wien schafft die christlich-soziale Regierung unter Bundeskanzler Engelbert Dollfuß mithilfe eines reaktivierten Ermächtigungsgesetzes aus 1917 die Grundrechte der BürgerInnen ab und verbietet alle Parteien außer der eigenen. Dass die NSDAP explizit am 19. Juni 1933 für illegal erklärt wird, macht nur kurzfristig Hoffnung.

Die neue politische Realität in beiden Ländern trifft KünstlerInnen besonders. Zunächst sind vor allem in Deutschland die Auswirkungen für jene, die die Nazis offen kritisieren bzw. der jüdischen Kultusgemeinde zuzurechnen sind, fatal. In Filmkreisen sind die Konsequenzen unmittelbar sichtbar: Die Ufa, Deutschlands größtes Filmstudio, entlässt nur sechs Tage (!) nach Inkrafttreten von Hitlers Ermächtigungsgesetz alle jüdischen KünstlerInnen ungeachtet ihrer Prominenz. Im Juli schon können bei der neugegründeten Reichsfilmkammer nur mehr „ArierInnen" oder Juden und Jüdinnen mit Sondergenehmigung Mitglieder werden, und im September durften jüdische KünstlerInnen nicht mehr in „arischen" Einrichtungen beschäftig sein. Lion Feuchtwanger, der nach einer Vortragsreise aus London Anfang 1933 gar nicht mehr nach Deutschland einreisen kann, flüchtet nach Südfrankreich. Er ist einer der Ersten, die ihren Beruf im Ausland ausüben und ihr Leben zu retten versuchen. Billy Wilder, gebürtiger Österreicher, der in Berlin tätig ist, geht nach Paris. Viele andere jüdische KünstlerInnen gehen nach Wien. Hier sind die Zeiten für die freie Kunst – Theater wie Film – vorerst noch besser, denn an der Donau wird 1933 noch niemand aus antisemitischen Gründen verfolgt.

Das plötzliche Überangebot an SchauspielerInnen auf der Suche nach einem Engagement lässt allerdings die Gagen in den Keller fallen und produziert Arbeitslose. Dazu kommt, dass in den Nachwehen der Weltwirtschaftskrise Theater und Kino für die meisten zu teuer geworden sind. Ganze Wirtschaftszweige sind vernichtet worden.

René Rebiczek-Rosar ist seit September 1931, nach Abschluss der Volksschule, in der Bundeserziehungsanstalt Traiskirchen, 20 km südlich von Wien, untergebracht. Doch den politischen Entwicklungen entkommt er genauso wenig. Im Gegenteil. Dort – so behauptet Annie Rosar später – ist „in seine 10-jährige Seele der Same zu nationalsozialistischem Denken und Führen gelegt" worden. Indizien sprechen dafür: Bis 1918 k. u. k. Artillerie-Kadettenanstalt ist die nachmalige Bundeserziehungsanstalt[7] wenige Jahre vor dem Krieg tatsächlich eine der Brutstätten nationalsozialistischen Gedankenguts. Mehrere Schüler verüben unter Duldung von zwei Vertretern des Lehrkörpers am 28. Juni 1933 um 1:00 Uhr nachts einen Bombenanschlag. Ziel ist die Badner Bahn, eine noch heute existierende regionale Straßenbahnlinie zwischen Wien und Baden – aufgrund des Tatzeitpunkts mitten in der Nacht kommt niemand zu Schaden. Auslöser für den Anschlag ist dabei der Ärger über das Verbot der NSDAP in Österreich, das die austrofaschistische Regierung unter Engelbert Dollfuß wenige Tage zuvor erlassen hat. Einerseits will sich Dollfuß politisch gegen eine befürchtete Übernahme durch Reichskanzler Adolf Hitler wappnen und andererseits – der eigenen totalitären Ideologie gehorchend – gegnerische Parteien im Land ausschalten. Der 19-jährige kurz vor der Matura stehende Hauptangeklagte, Ernst Natter, ist laut „Illustrierter Kronen-Zeitung" mit seinen Mitstreitern motiviert gewesen, „sich das Hitlerwort zu eigen zu machen, daß man ‚Terror' nur durch noch größeren Terror brechen könne". Im Juli desselben Jahres kündigt Unterrichtsminister Kurt Schuschnigg – er wird nach der Ermordung Dollfuß' ein Jahr später letzter Bundeskanzler vor dem Anschluss – „erbarmungsloses Eingreifen" in der Bundeserziehungsanstalt Traiskirchen an. Alle beteiligten SchülerInnen werden der Schule verwiesen, genauso wie involvierte Lehrer und „Lehrer, die, ohne an den Anschlägen beteiligt zu sein, durch Duldung das Heranwachsen eines staatsfeindlichen Geistes an den Schulen gefördert haben".[8]

Das ist für PatriotInnen und all jene, die jegliche Politisierung ihrer Kinder über Schulinstanzen ablehnen, die einzig richtige Konsequenz. René ist al-

Abschrift.

Bundeserziehungsanstalt für Knaben in Traiskirchen.

Katalog-Nr. 22.

L.S.
Stempelmarke
25 Groschen

J a h r e s z e u g n i s .

R e b i c z e k - R o s a r Ladislaus René, geboren am 30. Juni 1921 zu Wien in ---, evang. (A.B.) Religion, Schüler der zweiten A-Klasse des Realgymnasiums (Form A), erhält hiedurch über das Schuljahr 1932/33 nachstehendes Zeugnis:

Betragen: sehr gut

Verbindliche Lehrgegenstände	Leistungen	Gesamterfolg
Religion	sehr gut	Der Schüler ist vorzüglich geeignet, in die nächste Klasse aufzusteigen.
Deutsche Sprache	sehr gut	
Latein	gut	
Geschichte	sehr gut	
Geographie	sehr gut	
Naturgeschichte	gut	
Chemie	---	
Physik	---	
Mathematik (mit geometr. Zeichnen)	gut	
Zeichnen	sehr gut	
Schriftpflege	---	
Kurzschrift	---	
Handarbeit	gut	
Gesang	sehr gut	
Körperliche Uebungen	gut	

Freigegenstände: ---

Zahl der versäumten Lehrstunden: 8; davon ohne Rechtfertigung: 0.

Traiskirchen, am 1. Juli 1933.

L.S.

Dr. Adolf Watzke, eh.
Direktor.

Karl Schön, eh.
Klassenvorstand.

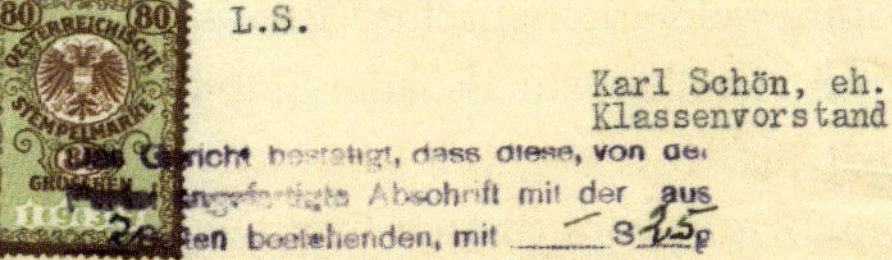

Notenreihe

Betragen:	sehr gut	gut	entsprechend	nicht entsprechend
Fortgang:	sehr gut	gut	genügend	nicht genügend

Abb. 31: Jahreszeugnis 1933 von René Rosar der Bundeserziehungsanstalt Traiskirchen.

lerdings schwer irritiert. Wir können davon ausgehen, dass der Bub von den Ereignissen rund um das Badner-Bahn-Attentat gewusst oder mindestens die angeklagten MitschülerInnen gekannt hat. Er selbst ist mit zwölf Jahren noch zu jung, um verstrickt gewesen zu sein. Sehr wahrscheinlich haben ihm aber die Attentäter imponiert, wie das oft so ist, wenn Halbwüchsige zu jungen Männern aufschauen und so sein wollen, wie sie. Zusätzlich ist Annies Sohn vielleicht auch Schüler des für den Bombenanschlag mitverantwortlichen Professors, Dr. Otto Pommer, gewesen. Wenn ja, dann hat dessen Nazi-Gedankengut im nahezu täglichen Unterricht sicher seinen Beitrag zu Renés politischer Sozialisierung geleistet. Leidenschaft für Adolf Hitler findet unter den Zöglingen in Traiskirchen rasch Resonanz. Falls René vor so manchem Mitschüler damit prahlt, schon in der Volksschule „Jude" als Schimpfwort verwendet zu haben, dann erntet er vermutlich sogar Bewunderung.

Die unter Schuschniggs Beobachtung stehende Schulleitung goutiert derartiges Verhalten natürlich nicht mehr. Er „konnte sich dem neuen Kurs nicht fügen, er wurde verschlossen und verstockt, war kein Vorzugsschüler mehr und GHr. Dr. Eisenbeisser drohte mir, ihn hinauszuwerfen", schreibt Annie kummervoll in ihren Kalender: „Er hätte schlechten Einfluß auf seine Mitschüler, alle hören nur auf ihn und er sei auch immer irgendwie in der Nähe, wenn man auf neue Schandtaten der Nazi käme."

René kann aber auch aus anderen Gründen so empfänglich für das Weltbild der NSDAP gewesen sein.

Ist es für ihn eine Art Abnabelung vom Elternhaus im bewussten Gegensatz zu seinem sozialdemokratischen Stiefvater? Noch dazu, wo sich Franz Rebiczek-Rosar mittlerweile nicht als jener Stabilitätsfaktor für ihn oder die Mutter entpuppt hat, als der er angepriesen worden ist?

Inzwischen ist vom trauten Familienleben keine Rede mehr: Am 9. November 1931, nur eineinhalb Jahre nach der glanzvollen Hochzeit im Beisein der politischen High Society, hat Franz Rebiczek-Rosar seine Schauspielergattin verlassen und bei Gericht eine Ungültigkeitserklärung die Ehe betreffend eingereicht. Er – Annie steigen die Grausbirnen auf – sei nämlich zum Zeitpunkt der Eheschließung 1930 noch verheiratet gewesen. Er argumentiert seinen Ehebetrug mit der Behauptung, eine Ehe zwischen mindestens einem Katholiken könne grundsätzlich gar nicht geschieden werden. Annie ist das sehr peinlich. Sie fühlt sich vor der ganzen Öffentlichkeit lächerlich gemacht. Ein halbes Jahr später, am 14. Mai 1932, macht Rebiczek-Rosar dann aber eine Kehrtwendung und zieht seinen Antrag auf Ungültigkeitserklärung wieder zurück. Zwei Jahre nach der Hochzeit leben die beiden zwar noch nicht wieder zusammen, aber sie beginnen erneut, Zeit miteinander zu verbringen. 1933 kauft sich Annie Rosar im Heimatort ihres Mannes, in Krems, auf dessen Anraten einen Weingarten. Dieser und all jene, die sie noch dazukaufen wird, werden in den nächsten Jahren nicht nur zu Refugien, sondern auch zu einem wichtigen Element ihrer Netzwerkaktivitäten mit Politikern, KollegInnen, TheaterdirektorInnen und FilmregisseurInnen. Annies selbstproduzierter Weißwein ist begehrt in der Branche. Gleichzeitig wird der Weingarten aber auch zum Ort der ewigen Streitereien zwischen den Eheleuten – am Ende muss die Immobilie gerichtlich geteilt werden. Die vierte Ehe von Annie Rosar ist ein ständiges Auf und Ab der Gefühle, in dem sich Verwünschungen und Verdammung des jeweils anderen sowie überschwängliche Zuneigungsbekundungen die Waage halten. Kann sie ihrem Franzl noch vertrauen? Annie legt, wie so oft, wenn es ihr seelisch schlecht geht, ordentlich an Gewicht zu und begibt sich wegen fortwährender Herzbeschwerden und flatternder Nerven in die Obhut zweier prominenter Wiener Ärzte: Prof. Julius Donath und Dr. Max Weißmann.

Diese instabile Situation belastet aber auch den Halbwüchsigen im Internat. Die familiäre Lage ist latent angespannt, in bedrückender Regelmäßigkeit steht die Scheidung seiner Mutter im Raum. Der pubertierende René gerät immer öfter mit seinem Stiefvater in Konflikt.

Die politische Gesinnung von Franz Rebiczek-Rosar stellt für ihn ein weiteres Problem dar. Was Mitschülern möglich ist – stolz vom Vater und dessen beruflichen Erfolgen zu berichten – ist dem Zwölfjährigen verwehrt: Der angeheiratete Vater ist Mitglied einer Partei, die soeben erst in Deutschland von Hitler verboten worden ist, der leibliche, Ladislaus Fuchs, ist tot und wäre als Jude aus dem Blickwinkel der Nationalsozialisten sowieso gesellschaftlich unerwünscht gewesen.

Oder will René „einfach" bei einer dynamischen, von Eifer und Fanatismus beseelten Untergrund-Ideologie dabei sein, weil das spannend ist und er sich so umso mehr für etwas Besonderes, ja etwas Besseres halten kann? Annie Rosar ist in dieser Zeit für ihren Sohn keine verlässliche Stütze, weder quantitativ noch qualitativ. Sie hat wenig Zeit und abseits ihrer Karriere gibt es wenig, wovon René seinen neuen Freunden über seine Mutter hätte erzählen können. Sie entspricht nicht dem Rollenmodell der deutschen Mutter: Als junge Ehefrau hat sie ihren Mann verlassen, weil ihr die eigene Berufstätigkeit wichtiger gewesen ist. Als junge Schauspielerin in München hat sie in Kreisen linksliberaler Intellektueller verkehrt und sogar Kommunisten zu ihren Freunden gezählt. Dann hat sie hintereinander zwei jüdische Männer geheiratet und ist auf Du und Du mit den höchsten österreichischen SDAP-Kreisen. In einer Lebensphase, in der sich heranwachsende junge Menschen sowieso ständig für ihre Eltern genieren, trifft René Rebiczek-Rosar ein aus seiner Sicht schweres Los.

Doch ist es Annies Prominenz zu verdanken, dass der junge Bursche mit dem Faible für Adolf Hitler nicht von der Schule fliegt.

Allerdings steht auch in Österreich die Demokratie kurz vor dem Aus. Die aus Deutschland geflüchteten KünstlerInnen sind in der Kulturmetropole Wien schon bald mit Ereignissen konfrontiert, die jenen im nationalsozialistischen Nachbarland ähneln: Von 12.–15. Februar 1934 stürzt Österreich in einen Bürgerkrieg und die SDAP wird verboten. Nun verlassen viele SozialdemokratInnen hastig Österreich und gehen nach Skandinavien, nach England oder in die USA. Es sind viele jüdische Parteianhänger dabei, denen die Nähe zu Nazideutschland zusätzliches Unbehagen bereitet. Der spätere Bundeskanzler Bruno Kreisky ist einer von ihnen. Auch ein Freund und gern gesehener Gast bei Rebiczek-Rosars, Julius Deutsch, flüchtet, mit ihm Otto Bauer, der stellvertretende Parteivorsitzende. Karl Renner, Theodor Körner oder auch das einfache Parteimitglied Franz Rebiczek-Rosar bleiben und verhalten sich unauffällig. Am 1. Mai 1934 verkündet Engelbert Dollfuß die autoritäre Maiverfassung und vollzieht damit die Umwandlung der Republik in einen faschistischen „Ständestaat". Dollfuß' Ermordung zehn Wochen später durch illegale Nationalsozialisten verschärft die politische Situation. Die bis dahin geltenden Ausnahmebestimmungen für ausländische DarstellerInnen werden eingeschränkt. Man verzichtet aber – typisch österreichisch – auf eine allzu strikte Handhabung dieses Inländerarbeiterschutzgesetzes, schließlich sollen umgekehrt die im Ausland beschäftigten österreichischen KünstlerInnen keine Nachteile erfahren. Schriftstellerin und Zeitzeugin Hilde Spiel erinnert sich in ihren Memoiren: „Deutsche Emigranten und gebürtige Österreicher kommen nach Wien, um Hitler zu entrinnen, Wiener gehen aus Abscheu vor dem heimischen Regime nach London oder Paris."[9]

Die mittleren 1930er Jahre sind auch für Annie Rosar schwierig, wenngleich sie nicht unter wirtschaftlichem Druck steht. Ihre Engagements an Theater und beim Film sind kontinuierlich. Not, wie sie so viele andere KünstlerInnen verspüren, kennt sie nicht. Auch wird sie weder aus politischen noch religiösen Gründen unter die Lupe genommen. Ihre Unsicherheiten sind eher emotionaler Natur: Die beiden wichtigsten Männer ihres Lebens, Sohn und Ehemann, haben zunehmend Probleme miteinander und sind ihr – jeder auf seine Art – immer wieder fremd. Das ständige Kämpfen um die von ihr eingeforderte bedingungslose Zuneigung und Anerkennung kosten Kraft. Als sich die politischen Verhältnisse um sie herum zu destabilisieren beginnen, sichert sich Annie beruflich ab und tritt mit 1. September 1934 dem Österreichischen Gewerkschaftsbund, der Gewerkschaft der Filmschaffenden Österreichs, (Mitgliedsnummer 1338) sowie sechs Wochen später, am 22. Oktober, der nationalsozialistischen Reichsfachschaft Film bei (Mitgliedsnummer 4277). Letzteres ist wohl als opportunistischer Akt einzustufen, denn verpflichtend ist es für österreichische KünstlerInnen erst nach dem „Anschluss" im März 1938, Mitglied in einer deutschen Interessensvertretung zu sein.

Eine der sieben Kammern der Reichskulturkammer (RKK) stehen zur Auswahl.

Für Annie Rosar kommen die Reichstheaterkammer oder die Reichsfilmkammer in Frage – sie entscheidet sich für die zweite. Das Aufnahmeverfahren ist in allen sieben Kammern dasselbe: Wer in dem Antragsfragebogen zu Vorstrafen, rassischer Abstammung, Religion oder einer Mitgliedschaft bei einer sozialistischen Organisation keine befriedigende Antwort geben kann, wird mit einem Berufsverbot belegt. Rund 3000 Filmschaffende verlieren auf diese Weise ihre Arbeit.

1935 werden die Nürnberger Rassengesetze verkündigt, die die „nichtarische" Bevölkerung ganz offiziell entrechten, und auch die Bedrohung für Österreich und seine BewohnerInnen wird immer größer. Noch hoffen hierzulande die meisten jüdischen BürgerInnen aller Berufsgruppen, das faschistische Italien mit Mussolini oder das restliche Europa würden der Regierung Schuschnigg im Falle einer deutschen Besetzung zu Hilfe kommen. Auch die meisten von Annie Rosars Freunden und Bekannten bleiben weiterhin im Land und warten ab.

1935 nimmt die Wiener Schauspielerin aber auch anderweitig in vielerlei Hinsicht her:

Das Wiener Volkstheater klagt Annie wegen Vertragsbruchs und außerdem hat sie einige negative Presse. Was ist passiert? Sie zieht keine klaren Grenzen zwischen ihren Engagements, will einerseits beim Theater sein und gleichzeitig keines der Filmangebote ablehnen. Aber auch eine Annie Rosar kann nur auf einem Kirtag tanzen. Als sich die Dreharbeiten in Budapest für „Kleine Mutti", eine unbedeutende Komödie mit Franziska Gaal in der Hauptrolle, verzögern, muss sie dem Volkstheater in Wien für das Stück „Ritterliche Affäre" kurzfristig absagen. Der Unmut ist groß: „Als ich nach Wien zurückkehrte, erfuhr ich, dass die ganze Kollegenschaft gegen mich empört sei, Hr. Dir. Jahn mir das Haus zu betreten verboten habe etc.", notiert sie in ihrem Tagebuch.

Ihre Reaktion ist symptomatisch. Sie gibt Gott und der Welt und vor allem den anderen die Schuld für die Misere: Vor ihrer Abreise nach Budapest haben die Zeitungen schon von einer Besetzungsliste in Wien ohne sie geschrieben. Da habe sie sich gedacht: Wenn das so ist, dann gilt mein Vertrag sowieso nicht. Allerdings hat sie selbst schlecht kommuniziert und nicht aktiv beim Volkstheater geklärt, ob sie nun im Volkstheater spielen solle oder nicht. Auch hat sie niemanden informiert, wo sie in Budapest erreichbar gewesen wäre. Es ist bezeichnend, dass an dieser Stelle besonders viele handschriftliche Korrekturen ihrer eigenen Notizen vorzufinden sind. Muss Annie – in ihrem Gedächtnis kramend – die für sie richtige Darstellung der Geschehnisse erst suchen? Ihre mittlerweile recht beachtliche Fangemeinde erfährt durch die Medien nun schon zum zweiten Mal nach der Burgtheater-Klage 1919, dass Verträge mit Annie Rosar in die eine wie die andere Richtung Probleme mit sich bringen können. Und diese Art von Schwierigkeiten sollen nicht die letzten in diesem Jahr sein.

Annie und ihr kongenialer Filmpartner Hans Moser sind kurz danach in einen schrecklichen Autounfall verwickelt, bei dem sie mit Glück beide glimpflich davonkommen: Unterwegs zu Nachtaufnahmen in den Rosenhügelstudios für den zweiten gemeinsamen Film „Die ganze Welt dreht sich um Liebe" wird ihr Taxi von einer Kutsche seitlich aufgespießt. Die Deichsel des Pferdefuhrwerks durchschlägt eine Fensterscheibe und wenn sich Hans Moser nicht geistesgegenwärtig geduckt hätte, hätte er wohl schwere Verletzungen davongetragen.[10]

Dann hat sie Unbill in der engsten Familie: Ihr 20-jähriger Neffe und Patensohn Erich, Sohn ihres verstorbenen Bruders Hans, wird als Anführer einer 44-köpfigen Diebsbande entlarvt und vor Gericht gestellt. Sehr raffiniert haben die jungen Männer zunächst Autos gestohlen und sind in Geschäften für Wäsche, Schuhe und Kleider eingebrochen. Anschließend haben sie getarnt als Lebemänner hübsche Mädchen zu Spazierfahrten auf die Höhenstraße eingeladen bzw. jenen, die als Dienstmädchen in herrschaftlichen Haushalten tätig sind, die Wohnungsschlüssel entwendet, um unbemerkt Einbrüche durchführen zu können. Der Gesamtschaden beläuft sich insgesamt auf 125.000 Schilling. Wieder keine gute Presse für die Rosar.

Zu guter Letzt findet in diesem anno horribili der 14-Jährige René eines Tages in einer unversperrten Schublade seines Stiefvaters pornographische Fotos und „entsetzlich erotische Briefe". Es ist ihr ungeheuer peinlich – weil sie den Ruf ihres gerade wieder einmal zurückgekehrten Franzls in Gefahr sieht, weil sie in Liebesdingen vermutlich viel konservativer ist als ihr Gemahl und weil Rebiczek-Rosar offensichtlich nicht nur sie allein im Fokus seiner Begehrlichkeiten zu haben scheint. Sie beschwert sich bitter: „[I]ch bin durch und durch Weib, das nur in den Armen des geliebten Mannes einschlafen konnte, das behütet,

Abb. 32: Pressefoto aus 1936 mit Annie Rosar aus dem Film „Liebe im ¾ Takt", Regisseur: Hubert Marischka.

beschützt von ihm sein sollte – ganz unmodern, ganz ekelhaft spiessbürgerlich, das nicht allein sein könnte, das nicht lebte, wenn der Geliebte fort war!"[11] Viel betroffener als Franz Rebiczek-Rosars erotische Phantasien macht aber, dass Annie Rosar hier erstmals von körperlicher Gewalt schreibt: von Würgen am Hals, von Verletzungen an beiden Händen. Ihr Franzl habe sie geohrfeigt und sie als dumm und stinkfaul beschimpft.

Die Nerven liegen bei beiden blank: Franz Rebiczek-Rosar ist nämlich aufgrund seiner Mitgliedschaft bei der verbotenen SDAP suspendiert worden. Wohl bekommt er weiterhin seine festen Bezüge vom Stadtschulrat, aber er hat sehr viel Freizeit. Ganz mit Blickrichtung auf die neuen Machtverhältnisse versucht er, sich im konservativen Milieu zu positionieren. Eine neue Aufgabe, die zwar nichts einbringt, aber ehrbar in diesen unehrenhaften Zeiten ist, bringt ihn unter anderem nach Friaul in Oberitalien. Als Vertreter eines Vereins österreichischer Soldaten des Erstem Weltkriegs nimmt er an Kranzniederlegungen in der Nähe seines ehemaligen Einsatzorts südlich von Tarvis teil. Eine schwierige Situation im Hause Rebiczek-Rosar: Eine erfolgreiche Frau und ein unterbeschäftigter Mann ohne Einkommen, beide als Künstler überdurchschnittlich dramatisch veranlagt und dabei voneinander in aufreibender Art emotional abhängig. Sie schenken einander nichts. Annie wird ihrem Franzl noch Jahre später im Zuge des Scheidungsverfahrens vorwerfen: „So wie Du mich immer beschimpftest, auch bis in die letzten Tage hinein, dass ich zur Regierung Schuschnigg nicht die nötigen Beziehungen suchte, um Dir zu helfen bei Deiner Wiedereinsetzung, so ungerecht und so uneinsichtig warst Du auf der anderen Seite gegen meine unmenschlich schwere Arbeit, im Erwerb und Brotverdienst, der mir im Theater wie auch im Film immer nur jüdische Brotgeber brachte!"

Ab 1936 scheint es wieder bergauf zu gehen, jedenfalls künstlerisch. In ihrem dritten gemeinsamen Film, dem Kassenschlager „Ungeküßt soll man nicht schlafen gehen", geben Annie Rosar und Hans Moser erstmals ein ständig streitendes und vor sich hin grantelndes Ehepaar. Ein neuer Archetyp des österreichischen Films, der untrennbar bis heute mit den Namen der beiden verbunden ist, ist geboren. Während Theo Lingen, Heinz Rühmann, Willi Forst bei den Männern bzw. Hedy Lamarr, Magda Schneider oder Marlene Dietrich bei den Frauen unerreichbar am Filmfirmament stehen, sind Hans Moser und Annie Rosar hingegen in den Augen des Publikums ‚einfach so wie wir'. KinobesucherInnen können beim Lachen mit und über die Rosar und „den Moser" für eine Weile die prekären politischen Umstände leichter vergessen.

Ein Jahr darauf trifft Louis B. Mayer im Zuge seiner Europareise auch in Österreich ein. Mayer, Mitbegründer der Metro-Goldwyn-Mayer Studios Inc. mit dem berühmten brüllenden Löwen als Markenzeichen, ist einer der mächtigsten Männer Hollywoods und in Kalifornien im inneren Kreis der Filmbranche für seine sexuellen Übergriffe auf Starlets bekannt. Für die meisten heimischen Darstellerinnen ist das 1937 zweitrangig. Mayer ist auf der Suche nach Talenten und neuen Gesichtern ad personam die Rettung für jene, die gehen wollen oder flüchten müssen. Er engagiert auf dieser Reise, die ihn auch nach Salzburg und Wien führt, nachweislich zwei SchauspielerInnen, die beide als Kinder jüdischer Eltern gefährdet sind: Hedwig Eva Maria Kiesler, die als Hedy Lamarr[12] die soeben jung verstorbene Jean Harlow ersetzen soll und von MGM zur schönsten Frau der Welt stilisiert wird, und Willy Eichberger, der unter dem Pseudonym Carl Esmond in Hollywood Fuß fassen kann. Louis B. Mayer interessiert sich aber während seines zwölfstündigen Wienaufenthalts – man glaubt es kaum – auch für Annie Rosar. Boris Pasternak, der Autor von „Doktor Schiwago", hat Mayer Preisträger der Biennale vorgeführt, und dabei „Frühlingsparade", einen Streifen, der für seine Musik von Robert Stolz ausgezeichnet worden ist, empfohlen. Annie, die in „Frühlingsparade" eine ältliche Bäckereibesitzerin spielt, gleicht in Aussehen und Art zu spielen der kürzlich verstorbenen

Mary Dressler, einer in Europa fast unbekannten US-Filmschauspielerin und Oscar-Preisträgerin aus 1931. Der Filmmogul zieht deshalb wohl kurzfristig die Rosar als Ersatz für „die Dressler" in Erwägung. „Was ist mit Hollywood? Frau Rosar" titelt das Fachjournal „Mein Film." in seiner 613. Ausgabe, denn das Gerücht eines möglichen Engagements im kalifornischen Film-Mekka macht sofort die Runde. Annie trifft Louis am Bahnhof und ist so nervös, dass ihr die einfachsten englischen Worte nicht einfallen. Mayer, 1884 irgendwo zwischen Belarus und der Ukraine geboren, wechselt auf Deutsch. „Der Stationsvorstand gab das Zeichen zur Abfahrt. Herr Mayer suchte sichtlich nach deutschen Worten, die mir sagen sollten, daß auch sein persönlicher Eindruck von mir ihn befriedige, er drückte mir die Hand und sagte nur: ‚Sie Liebe'! Ich war gerührt und fand in der Eile kein englisches nettes Wort für ihn, da sagte er noch vom Zuge aus: ‚Fleißig englisch lernen!' ‚Yes, I will be very dilligent' brachte ich endlich über meine Lippen." Annie macht sich Hoffnungen und sagt im Interview „Es gibt ja eigentlich nur eine Sprache, die auf der ganzen Welt verstanden wird, die Sprache des Herzens. Und wenn mir Hollywood Gelegenheit geben wird, Rollen zu spielen, wo ich diese Sprache sprechen kann, dann komme ich gern." Doch sie kommt nicht, denn Louis B. Mayer meldet sich nicht mehr. Jahre später stellt Annie Rosar es so dar, als ob sie ihn um Aufschub ihres US-Engagements bis zur Matura von Sohn René im Frühjahr 1938 gebeten hätte. Dann wären ihre Auswanderungspläne eben leider durch den Einmarsch Hitlers zunichte gemacht worden. Aber das stimmt so nicht und gehört zu Annies kleinen Geschichtsverfälschungen.

René hätte für die mütterlichen Auswanderungspläne vermutlich wenig Verständnis gehabt, noch dazu, wo gerade innerhalb der US-amerikanischen Filmindustrie aus bekannten Gründen besonders viele jüdische ImmigrantInnen zu finden sind. Der junge Mann hat sich inzwischen zum überzeugten Nazi entwickelt. 1937 wechselt er von Traiskirchen in die Albertus-Magnus-Schule in der Schopenhauerstraße, BRG 18, und kommt politisch vom Regen in die Traufe. Denn dieses Gymnasium ist laut seiner Mutter „von jeher als besonders nationalsozialistisch bekannt". Zu diesem Zeitpunkt scheint das Annie aber nicht mehr sonderlich zu stören, sonst hätte sie wohl eine andere Schule für René ausgesucht. Der Schulweg ist kurz. Das ist wichtig.

Gleich im selben Jahr tritt René dem Deutschen Schiverein und der Deutschnationalen Studentenverbindung bei. Er wird auch umgehend illegales HJ-Mitglied und damit aktiver Teil des nationalsozialistischen Systems. 1938, im Jahr des „Anschlusses", wird er sofort in den 1. Kurs der 1. HJ-Führerschule in Wien eingereiht und übernimmt als Schulführer[13] eine Sonderrolle unter seinen Klassenkameraden. Nach kurzer Zeit ist er Gefolgschaftsführer der HJ – immerhin der 8. Dienstgrad von 19, und eine stolze Frau Mama notiert im Sommer 1938: „Er ist seit einigen Tagen erst 17 Jahre alt, 185 cm gross, blond, breitschultrig und hat scheinbar auch sonst alle Qualitäten, die ihn befähigen, seinem Volke in besonderem Masse zu dienen." Adolf Hitler hätte wohl mit dem Spross der Wiener Schauspielerin seine Freude gehabt – optisch und ideologisch der Vorzeigedeutsche aus Wien-Währing.

Am 12. März 1938 endet mit dem Einmarsch der Wehrmacht der Traum von Österreichs Unabhängigkeit. Es ist anzunehmen, dass Renés Eltern, Stiefvater Franzl und Mutter Annie, bei der am 10. April 1938 pro forma angesetzten Volksabstimmung über den „Anschluss" Österreichs zu jenen 99,1 % gehören, die mit „Ja" gestimmt haben. Immerhin haben sogar die österreichischen Bischöfe und Karl Renner öffentlich dazu aufgerufen.

In Scharen flüchten nun all jene, die noch flüchten können. Jetzt erst sind viele darunter, die zum privaten oder beruflichen Bekanntenkreis des Ehepaars Rebiczek-Rosar gehören: Trauzeuge Max Klein emigriert sofort nach Palästina, Roda Roda geht in die Schweiz und setzt sich von dort in die USA ab. Dort landet auch Hans Jaray, nachdem er zunächst in Zürich und Paris Station gemacht hat. Max Reinhardt ist schon 1937 an die Ostküste der USA gegangen, Egon Friedell springt vor der nahenden Gestapo aus dem Fenster. Renés Kinderarzt Wilhelm Knöpfelmacher begeht ebenso Selbstmord – sechs Wochen nach dem „Anschluß", als man ihm Professur und Posten weggenommen hat. Julius Donath verliert seine Venia legendi und darf als Leiter des bis 1943 bestehenden Rothschild-Spitals nur mehr jüdische MitbürgerInnen behandeln. Heinrich Mann und das Ehepaar Werfel flüchten erst 1940 über Spanien und Portugal an die Westküste, ins sonnige Kalifornien. Fritz Eckhardt, dessen Vater 1942 im KZ ermordet wird, geht in den Untergrund und Hans Mosers Frau Bianca nach Ungarn, wo sie den Krieg in Budapest überlebt.

Zurückgeblieben, mit deutlich dezimiertem sozialen Umfeld wird Franz Rebiczek-Rosar zum Mitläufer: Als leidenschaftlicher Radfahrer wird er Vereinsführer der Radabteilung des ehemaligen Österreichischen Touringclubs und ist als solcher für die Überführung in den neuen Touringclub Ostmark zuständig. „Gegenseitiges Verständnis für die Interessen und Ziele, deren oberstes aber unser Heißgeliebtes Volk und sein Führer ist, wird es schon schaffen!" ist sein abschließender Appell im 1. Leitartikel unter seiner Führung in der Radfahrerzeitung.[14] Bei der Gedenkfeier zum zehnjährigen Todestag des deutschnationalen Dichters Otto Kernstock[15] gibt sich Rebiczek-Rosar für die Trauerrede her.

Annie nimmt unterdessen ein weit wichtigeres Projekt in Angriff: Sie muss Renés jüdischen Vater Ladislaus Fuchs aus seiner Biographie entfernen. Sie will ihr Kind, das so sehr eine nationalsozialistische Karriere machen möchte, unterstützen. Deshalb gibt sie ihren ersten Ehemann Max Walser, den über jeden „Juden-Verdacht" erhabenen Schweizer als eigentlichen Vater an. Sie gaukelt vor, sie hätte ihn bis kurz vor ihrem ersten Treffen mit Ladislaus Fuchs noch fallweise getroffen und dabei auch Geschlechtsverkehr gehabt. Sie geht mit Akribie und Weitsicht an die Sache heran: „Seit Jahren habe ich alle Beweise seiner arischen Abstammung zusammengetragen, um gerüstet zu sein, wenn unser geliebter Führer uns eingliedert", hält die Rosar in ihrem Tagebuch fest.

Den ersten Beweis für ihre neue Geschichtsschreibung organisiert Annie sich über ihren seinerzeitigen Gynäkologen Prof. Josef Halban, international anerkannter Frauenarzt und als Ehemann der Opernsängerin Selma Kurz ein Mitglied der sogenannten Wiener Gesellschaft. Ihn bittet sie bereits 1936 um eine Bestätigung, dass sie zum Zeitpunkt des Kennenlernens von Laszy Fuchs bereits schwanger gewesen sei. Und tatsächlich: 16,5 Jahre nach der Empfängnis tut ihr Halban den Gefallen und hält am 2. April 1937 offiziell fest, dass Annie Rosar am 21. Oktober ihre letzte Menstruation gehabt habe und somit Ende Oktober 1920 bereits in der vierten Schwangerschaftswoche gewesen wäre. Die Aktion erfolgt gerade noch rechtzeitig, denn Halban selbst erliegt drei Wochen später einem Herzinfarkt. Beweis Nummer zwei ist Zeuge Hauptmann Gross, jener Freund, durch den sie Laszy Fuchs kennengelernt hat. Auf Gross' Wort sei als getreuer Heimwehrmann Verlass und deshalb habe sie es auch bisher nicht für nötig gesehen, seine Aussage schon früher notariell beglaubigen zu lassen, beteuert sie auf Anfrage. Insgesamt sind beide Beweise de facto völlig unglaubwürdig. Zum einen hat Annie keinen nachgewiesenen Kontakt mit Max Walser mehr seit 1913. Zum zweiten ist Hauptmann Gross eine höchst zwielichtige Person: Ein abgehalfterter Automobilgroßhändler, der nach 1918 als Telepath mit hellseherischen Fähigkeiten aufgetreten ist, angeblich den großen Hanussen gekannt und reihenweise Frauen in Ekstase oder Hypnose versetzt hat. Und zum dritten will Annie Rosar hier glauben machen, sie habe von Anfang an die zeitliche Relevanz von Renés Zeugung erkannt. Aber: Dass die Nationalsozialisten von ihren BürgerInnen ab 1935 den Ariernachweis verlangen, hat sie weder bei der Machtübernahme Hitlers, geschweige denn bei Renés Zeugung 1921 bereits wissen können.

Die berühmte Komödiantin lügt auch, was ihre eigene Beziehung zu Juden anlangt. Sie gibt an, dass ihre Eltern, 1919 und 1921, als sie zweimal hintereinander jüdische Männer geheiratet hat, schon seit Jahrzehnten tot gewesen seien.

Sie habe daher als verlassene Waise (mit 31 bzw. 33!), nicht anders gekonnt, als sich in den durch das Ehegelübde besiegelten Schutz wohlhabender Juden zu begeben. Die Behörden hätten diese Angaben leicht überprüfen können. Mutter Agnes ist 1920, während der Halbzeit von Annies kurzer Ehe mit Robert Beinerth, und Vater Michael 1927 wenige Monate vor Laszy gestorben. Allerdings: Niemand stellt ihre Erklärungen von Amts wegen her in Frage. Als eine im Abstammungsbescheid erwähnte rassenkundliche Untersuchung, durchgeführt vom Anthropologischen Institut der Universität Wien, zusätzlich keinen Hinweis auf eine jüdische Abstammung aufweist, erhält René ungehindert den Kleinen Ariernachweis mit sieben Geburts- und Taufurkunden (seine eigenen, die der Eltern und die der vier Großeltern) sowie der Heiratsurkunden von Eltern und Großeltern. Damit ist mit Ausnahme einer Führungsposition innerhalb der SS, für die man den Großen Ariernachweis gebraucht hätte, eine gute Karriere im Deutschen Reich möglich.[16] Die Rosar hat ihr Ziel erreicht.

Ihr Sohn hat nun also vier Väter – einen leiblichen, Laszy Fuchs, einen angeblichen, offiziell von den Nazis anerkannten, Max Walser, einen formalen, Robert Beinerth, denn er ist, als René gezeugt wurde, noch mit Annie Rosar verheiratet gewesen, und einen Stiefvater, Franz Rebiczek-Rosar. Alle vier Ehemänner sind mit René verknüpft und spielen für dessen Identitätsfindung eine Rolle. Ein fast unmögliches Unterfangen! Dabei ist es evident, wie wichtig Väter seit jeher als Orientierung für Burschen und junge Männer sind.

Ein Jahr nach dem Anschluss maturiert Annies Sohn mit sehr überschaubarem Erfolg. In fünf Fächern weist das mit 14. März 1939 datierte Reifeprüfungszeugnis nur ein „Genügend" auf, im Fach Kunsterziehung schlagen dafür die Gene der Mutter durch: „Sehr Gut", es ist die einzige Bestnote hier. Zur Maturafeier geht René mit seinen Freunden in ein einschlägiges Nachtlokal in der Wiener Innenstadt, ins „Achmed Beh". Dieses Etablissement, das sich mit exotischen, halbnackten Tänzerinnen frivol und mit aus Nazisicht „artfremdem" Jazz weltoffen gibt, dient in Wirklichkeit der Gestapo zu Bespitzelungszwecken. Dorthin lädt man ausländische Gäste, um sie auszuhorchen – der ägyptischstämmige Inhaber soll sogar Hitlers „Mein Kampf" in das Arabische übersetzt haben. Annie Rebiczek-Rosar scheint von all dem nichts wissen zu wollen und schenkt ihrem Sohn zum Schulabschluss ein Auto, einen Steyr 50, liebevoll „Steyr Baby" genannt.[17]

Unmittelbar nach der Matura wird René im März 1939 zum RAD eingezogen und ist in Stadtoldendorf Abteilung 6/185 stationiert. Der RAD, eine politische Organisation, die der deutschen Wirtschaft genauso wie der nationalsozialistischen Erziehung und damit Propaganda dient, ist eine Maßnahme gegen die Arbeitslosigkeit nach der Großen Depression. Grundsätzlich gilt der dortige Dienst daher auch unabhängig vom Krieg für beide Geschlechter, wiewohl zunächst nur die Burschen betroffen und für sechs Monate verpflichtet sind. Sie bauen im ganzen Reich Straßen, kultivieren Felder oder stellen Arbeits- und Vernichtungslager auf. Wer nicht beim RAD dient, ist gemäß dem Gesetz für den Reichsarbeitsdienst von 1935 nicht zum Universitätsstudium zugelassen. Ab 1938 dient der RAD primär als Vorhut der Wehrmacht und errichtet militärische Objekte, die zukünftige aufmarschierende Truppen zum Erfolg führen soll.

Stadtoldendorf im damaligen Freistaat Braunschweig (heute Niedersachsen), wohin René mit kaum 18 Jahren als erstes gesandt wird, ist politisch tiefbraun: Hier hat man Hitler 1932 pro forma zum kommissarischen Bürgermeister machen wollen, um dem gebürtigen Österreicher über dieses Amt im öffentlichen Dienst ein Anrecht auf die Verleihung der deutschen Staatsbürgerschaft zu verschaffen. Sonst hätte er im selben Jahr nämlich gar nicht zum Reichstagspräsidenten kandidieren können.[18] 1933 hat der Freistaat Braunschweig das erste rein nationalsozialistische Parlament in Deutschland, und so ist es kein Wunder, dass die jüdische Gemeinde in Stadtoldendorf seitdem regelmäßig Boykotten ausgesetzt ist. Als in der Reichskristallnacht am 9./10. November 1938 die Synagoge und die letzten Geschäfte geplündert und zerstört werden, beschlagnahmt der RAD auch das örtliche, von einem jüdischen Bürger gestiftete Krankenhaus. Von dort beginnt René Rebiczek-Rosar im März 1939 einen intensiven Briefwechsel mit seiner Mutter. Annie sorgt sich, wie jede Mutter, um den Sohn, wenn er von fehlenden Socken, von Blasen auf den Füßen und von schwerer Arbeit im Dreck schreibt oder um Nivea-Creme und Zahnpasta bittet. Sie berichtet ihm, was sie bei einem Gastspiel in Bratislava, dem alten Preßburg, festgestellt hat und was ihm sicher Freude macht: „Alle wollen sie zu Groß-Deutschland und erzählten immer wieder, sie waren den Deutschen Soldaten schon entgegengeeilt – und wollen es heute noch nicht fassen, dass sie nicht ganz zu uns gehören, wo sie doch ¾ Deutsche sind!“[19]

Im April, nach einem knappen Monat schon, wird René nach Sachsen-Anhalt versetzt. Den genauen Ort gibt er seiner Mutter nicht bekannt, ihre Briefe gehen nach wie vor nach Stadtoldendorf und werden von dort umgeleitet. Nur einmal erwähnt der junge Arbeitsmann, dass in seiner Nähe eine Reichssegelflugschule gebaut wird – es muss sich also um einen Einsatz rund um Laucha an der Unstrut, ca. 40 km westlich von Leipzig, handeln.

Ganz offensichtlich fühlt er sich immer stärker den nationalsozialistischen Zielen verpflichtet, denn sein Ton gegenüber der betulichen Mutter verschärft sich. Beim Studieren des Briefwechsels wird nachvollziehbar, wie im Dritten

Reich innerhalb der Familien ideologische Fronten und Kluften entstanden sind. Es beginnt mit Warnungen, führt zu Geheimnissen zwischen Söhnen und Eltern, Brüdern und Geschwistern, Ehemännern und ihren Frauen, und kann bei der Denunziation der engsten Familienmitglieder gegenüber den Behörden enden. René Rebiczek-Rosar weist seine Mutter an, sie möge bestimmt nichts Negatives über den RAD in Wien herumerzählen, etwa, dass die Jungmänner wenig Freizeit haben. Vor allem wenn er zu den „anderen Arbeiten im Osten" versetzt werde, wo es dann gar keine Freizeit mehr gebe, solle sie keinerlei Kritik gegenüber anderen fallenlassen. Auch dass trotz deutscher Präzision in Planung und Logistik vereinzelt Missgeschicke und Unfälle passieren, solle sie lieber für sich behalten. Immerhin hat er ihr erst vor kurzem berichtet, dass eine Lokomotive auf der Fahrt ins Lager explodiert ist. Annie hält seine Zurechtweisungen für übertrieben und ist irritiert, dass ihr vergötterter Sohn sie ermahnt. Sie meint deshalb am 12. April: „Weder Deine noch meine Briefe werden zensuriert." Doch René wird deutlicher: „Bitte rede nichts von Sachen, die ich dir vielleicht schon geschrieben habe, in unachtsamer Weise. Die Strafen hierfür sind sehr hoch. Ich werde dir in Zukunft nur das Wichtigste schreiben und das eingeflochten. Passe daher beim Brieflesen auf."[20]

Eine ungewohnte und schwierige Situation für diese Mutter. Sie will keinen Streit mit dem Sohn und bemüht sich, nicht nur seine Bitten zu erfüllen, sondern ihm in ihren Briefen zu signalisieren, dass sie inhaltlich auf seiner Seite ist. Als Adolf Hitler am 17. April 1939 Krems, dem Standort der Rebiczek-Rosar'schen Weingärten, einen Besuch abstattet, meint sie: „Schade, dass ich nicht gerade dort war." Wenig später berichtet sie, wie herrlich sie ihren Balkon an Hitlers 50. Geburtstag, dem 20. April, geschmückt habe, und kurz darauf heißt es weiter: „Wir warten alle auf den 28. – auf Führers Rede – der alles richtig machen wird." Annie spielt hier auf eine für Freitag, dem 28. April 1939, großflächig angekündigte Rede Adolf Hitlers vor dem Berliner Reichstag an, die auf sämtlichen Frequenzen im Radio übertragen wird. Fast zwei Stunden braucht Hitler für seine wort- und dramareiche Replik auf einen Friedensappell des US-Präsidenten Franklin D. Roosevelt. Auch beim südlichen Nachbarn und in Übersee senden die nationalen Rundfunkstationen die Rede aus Berlin live – in Italien zuerst im Original und dann in italienischer Übersetzung, in den USA marginalisiert ein deutschstämmiger Moderator durch seine Zusammenfassungen auf Englisch Hitlers rhetorische Wirkung. Im Reich sind zwischen 12:00 und 13:30 Uhr alle Geschäfte geschlossen, damit alle deutschen BürgerInnen ungestört zuhören können. Annie erlebt diese Rede im Kreise ihrer KollegInnen im Deutschen Volkstheater, wie das Volkstheater seit dem „Anschluss" heißt.

Hitler polemisiert gegen die „Versailler Verbrecher" und deren Weltordnung, in deren Folge nach 1918 unter anderem die alte deutsche Handelsstadt Danzig an Polen verloren gegangen ist. Er bedauert die „unverständliche Haltung der polnischen Regierung". Sie habe sich nicht nur geweigert, seiner Forderung nach Wiedereingliederung Danzigs Folge zu leisten, sondern inzwischen auch teilmobilisiert. Friedensappelle wie jene Roosevelts weist der „Führer" als Einmischung von außen zurück und betont sein Interesse am Frieden. „Dieser herrliche, einmalige! Ihn hören und man ist gerne wieder zu jedem Opfer bereit!",[21] setzt die Rosar am Tag danach ihren Bericht an René fort. Und: „Es wird alles gut und richtig werden. Ich habe felsenfestes Vertrauen zu unserem Führer und zur gütigen Vorsehung. Und Du auch – das weiß ich."

Das ist allerdings Illusion. Hitler hat der Wehrmacht bereits mehr als zwei Wochen zuvor, am 11. April, die Weisung zur Ausarbeitung eines Kriegsplans gegen Polen gegeben. Er spielt ein doppeltes Spiel: Am selben Tag, an dem er gegenüber Roosevelt und der Welt Deutschlands Friedfertigkeit unterstreicht, kündigt er einseitig den erst 1934 geschlossenen deutsch-polnischen Nichtangriffspakt auf. Hitlers Ziel ist eindeutig: Es gilt, im Osten neuen/alten Lebensraum für die „deutsche Rasse" zu schaffen, und Nachbarland Polen, das mit Posen, Westpreußen und Oberostschlesien zu 16,8 % aus ehemaligen deutschen Gebieten besteht, muss als erstes daran glauben.

Ab Mitte April macht René gegenüber seiner Mutter erste Andeutungen über eine weitere Versetzung, die aus historischer Sicht bedeutsam ist. Denn seine eingestreuten Bemerkungen zeigen deutlich, wie langfristig eine Provokation an der deutsch-polnischen Grenze durch das Hitlerregime geplant ist. Krieg ist von vornherein einkalkuliert. „Sollten wir hier wegkommen, zu anderen Arbeiten im Osten, bekommen wir vielfache Löhnung, aber keine Freizeit",[22] schreibt der junge Rebiczek-Rosar mehr als vier Monate vor Kriegsausbruch. Oder: „dann auf nach Schlesien […] das wird eine Murkserei", und: „Gönne Dir nur recht viel, wer weiß, wie lange das noch geht." Oder: „Na, in drei Jahren ist sicher schon alles vorbei, dann bin ich ganz sicher bei dir. Rede nicht viel, tue mir aber den Gefallen und beruhige meckernde Bekannte."[23]

Dass irgendetwas im Busch ist, könnte Annie zur selben Zeit auch noch durch einen anderen Hinweis schlussfolgern. Gerade im April besucht sie Göttergatten Franzl (es ist gerade wieder einmal gut um die Ehe bestellt), der in der Verwaltung des Fliegerhorsts in Brünn eine neue Aufgabe gefunden hat. Als das Ehepaar Rebiczek-Rosar im Hause seines Vorgesetzten, des späteren Generalleutnants der Luftwaffe Karl Angerstein, zum Abendessen eingeladen ist, erfährt Annie von bevorstehenden geheimen Operationen. Sie zählt aber nicht Zwei und Zwei zusammen. „Bei Oberstleutnant von Angerstein wurde nicht politisiert, obwohl gerade ihm für die nächsten 6 Monate alle Absichten des Führers bekannt sind, darf er nicht darüber sprechen.- Nicht einmal mit seiner Frau, die sehr traurig ist, dass der ganze Horst nach Brünn versetzt wurde und sie aus dieser herrlichen Wohnung wieder weg muss. Und im Oktober kommen sie auch von Brünn weg, wer weiss wohin," schreibt sie René im Frühling 1939 voll naiver Begeisterung nach Stadtoldenburg. Angerstein weiß vermutlich bereits von Hitlers Befehl zur Ausarbeitung eines Kriegsplans gegen Deutschlands östlichen Nachbarn. Rechtzeitig vor Ausbruch des Kriegs verlässt er den unbedeutenden Schauplatz in Mähren und nimmt als Kommandant des Kampfgeschwaders 77 am Überfall auf Polen teil.

Noch genießt Annie Rosar unbeschwert in Brünn „herrliche Tage voll Glückes.- Immer eingeladen und geehrt – vom Propagandaamt ein ganz grosses Souper gegeben, ich am Ehrensitz, darüber muss ich Dir noch viel schreiben. Es ist herrlich, wie der NS-Staat seine Künstler behandelt!" Sie lässt sich blenden.

In unmittelbarer Nähe von Karl Angerstein hat Franz Rebiczek-Rosar ein gutes Ausgedinge mit Dienstauto und uniformiertem Chauffeur. Schon allein vor diesem Hintergrund rät Annies Anwalt zum momentanen Zeitpunkt dringend davon ab, jetzt die Scheidung einzureichen. Was hingegen niemand weiß: Die Gestapo beobachtet den ehemaligen Sozialdemokraten genau. Gerade während seiner Zeit in Brünn denunziert ihn ein hoher lokaler NSDAP-Funktionär, Josef Leopold, der schon vor dem „Anschluss" als „illegaler Gauleiter" sein Unwesen getrieben hat. In Rebiczek-Rosars Heerespersonalakt findet sich als Aktenstück Nr. 43 eine „Bestätigung", ausgestellt am 24. April 1939 mit folgendem Wortlaut: „dass Hauptmann Dr. Rebiczek-Rosar mir von Krems nur als Sozialdemokrat und (!) Kommunist bekannt ist, dass er sich stets vom Zusammenbruch der alten Armee bis zur Heimkehr der Ostmark ins Reich schriftstellerisch nur im jüdisch-liberalen Sinne betätigt hat. Ich bestätige weiter, dass er nie mit mir in Verbindung stand, sondern bei Begegnungen auf der Strasse, in der Bahn oder sonst in der Gesellschaft mir auffälligst feindlich verhalten hat. Er hat nie für die illegale NSDAP oder auch nur im Sinne des Nationalsozialismus irgendwie gearbeitet."

Endlich schwant Annie Böses. „Nie wieder Krieg!" war ihr doch seit mittlerweile über 20 Jahren ein Herzensanliegen, und nun droht das Gräuel noch einmal und noch dazu mit ihrem einzigen, geliebten Kind als begeistertem Soldaten an vorderster Front! Das muss sie doch verhindern können! Ob sie nicht bei seiner kommenden Versetzung intervenieren solle, damit er näher bei ihr, näher bei Wien sei? René lehnt ab.

ANATOMISCHES INSTITUT DER UNIVERSITÄT WIEN

I. Kurs

PRÄPARIERSCHEIN

Herr Frl. Frau Rebiczek-Rosar René geb. Wien 30. 6. 19..

hat im Herbst-Tri.-Semester 1939/.. den

ersten Präparierkurs regelmäßig und mit Erfolg besucht.

E. Pernkopf

Unterschrift des Instituts-Vorstandes

Abb. 33: Eine der wenigen Lehrveranstaltungen die René Rebiczek-Rosar als Student der medizinischen Fakultät besucht hatte, war der vom überzeugten Nationalsozialisten Prof. Eduard Pernkopf geleitete Präparierkurs am Anatomischen Institut. Teilnahmebestätigung Herbst 1939.

Auch ihr nächster Versuch ist nicht erfolgreich: Aufgeregt schreibt sie, sie habe von Offizieren in Brünn gehört, wie man ehrenhaft und den nationalsozialistischen Werten „für Führer, Volk und Vaterland" gehorchend, dennoch kommenden Kriegsgefahren ausweichen könnte: René solle doch Militärarzt werden. Damit würde man ihn sofort aus dem RAD entlassen und auf vier Jahre auf die Militärärztliche Akademie in Berlin schicken. Das Medizinstudium habe ihn, so Mutter Annie, doch sowieso schon immer fasziniert, und sie selbst würde sich dann mehrheitlich nach Berlin engagieren lassen. Doch vor allem: „Wenn es mit Polen wirklich zu etwas Ernstem kommen sollte, werdet Ihr wohl kaum dorthin kommen, denn dann wird ja der Arbeitsdienst zurückgezogen und Militär vorausgeschickt. – Aber wir hoffen zu Gott, dass wir mit unserem gottgesandten Führer weiter den Frieden haben werden!"

Doch er will nicht Arzt werden, schreibt der junge Nazi René am 7. Mai 1939, sondern Offizier. Und überhaupt wolle er nicht in Berlin sein, sondern an vorderster Front eingesetzt, genauso wie eben jetzt beim RAD. Doch bockig wie er ist auch die Mutter. Kaum auf seinen Widerstand eingehend, appelliert sie an ihn, er müsse sich an den Wehrkreisarzt mit einem Gesuch wenden, dann könne er zumindest Sanitäter werden. Annie läuft die Zeit davon. Nur zweieinhalb Wochen noch, dann ist die von ihr ausgetüftelte Militärarzt-Variante rein rechtlich gar nicht mehr möglich. Sie schreibt sicherheitshalber das ganze Gesuch gleich selbst und legt es ihrem Schreiben an René bei. Sie riskiert viel, denn René könnte das als Bevormundung und Einmischung verstehen und sie auf Distanz halten. Das ist normalerweise das Letzte, was sie will. Doch in diesem Fall gelten andere Maßstäbe. Lieber ein verärgerter Sohn, der ihren Rat vielleicht doch aufgreifen könnte, als ein verwundeter, traumatisierter, geschweige denn im Kampf gefallener Sohn.

Allein: Es nutzt nichts. René ist tatsächlich ungehalten und meint patzig, sie solle mit den Vorwürfen aufhören. Ob sie den Führer kritisieren wolle? Oder nur ihn traurig machen? Es gehe immerhin nicht um ihr oder sein persönliches Interesse, sondern um Größeres, und wenn sie das nicht verstehe, werde sie ihn seelisch verlieren. „Es lieben andere Mütter ihre Söhne auch, meine Liebe, und diese Söhne sind, nicht viel älter als ich, in Spanien[24] gefallen oder bei einem Manöver verunglückt usw! Du bist also nicht die allein und ewig Leidende, wie du dir das so gerne vormachst. Und du trägst das Parteiabzeichen!"[25]

Annie Rosar weint.

Wieder zurück in Wien versucht sie sich über die Frühlings- und Sommermonate hinweg abzulenken. Beruflich ist sie sowieso sehr eingesetzt, und in ihrer freien Zeit nimmt sie neuerdings Fahrstunden und macht als 51-Jährige den Führerschein. Immerhin steht Renés „Steyr Baby" ungebraucht vor der Tür. Auch Tennis entdeckt sie nach Jahren der Pause als Hobby wieder.

Mit Mai beginnt dann die Propagandamaschinerie des Dritten Reichs, perfekt geölt und ungeachtet ihrer verabscheuungswürdigen Inhalte, hochzufahren. Ziel ist es, die deutsche Bevölkerung emotional gegen die Polen aufzubringen und damit den Krieg zu legitimieren. Im Juni und Juli berichten die zentralgelenkten Medien von Meuchelmorden an VertreterInnen der deutschen Minderheit auf polnischem Staatsgebiet aufgrund „blindwütigen Hasses" und von Beschlagnahmungen ehemaliger deutscher Verwaltungsgebäude in Tarnowitz (poln.: Tarnowskie Góry), dem Sitz verschiedener deutscher Verbände. Die Grenzziehung von 1922 wird als „sinnlos" und „unmöglich"[26] bezeichnet. Vor allem der Verlust der Industriestandorte Kattowitz (poln.: Katowice) und Königshütte (poln.: Chorzów) an die neugegründete Republik Polen erbittert die Nationalsozialisten. Noch dazu, wo sich damals eine Mehrheit in einer Volksabstimmung für den Verbleib bei Deutschland ausgesprochen hat. Ab Mitte August häufen sich die verzerrten, völlig aus der Luft gegriffenen Berichte: über polnische Polizisten, die im Grenzgebiet tätige deutsche Arbeiter schikanieren würden, und über einen ansteigenden Strom von Deutschen auf

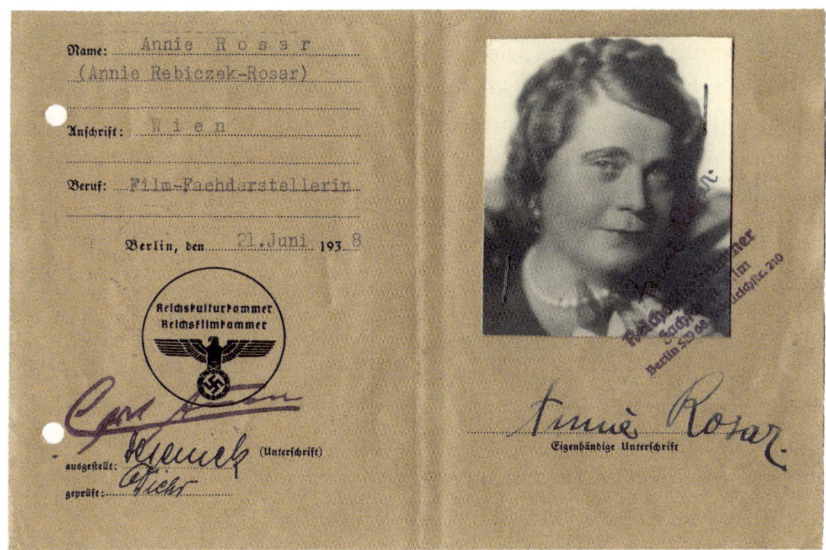
Name: Annie Rosar
(Annie Rebiczek-Rosar)
Anschrift: Wien
Beruf: Film-Fachdarstellerin
Berlin, den 21.Juni 1938
Reichskulturkammer
Reichsfilmkammer
(Unterschrift)
ausgestellt:
geprüft:
Eigenhändige Unterschrift

Abb. 34: Ausweis der Reichskulturkammer Berlin, ausgestellt am 21.6.1938.

der Flucht über die grüne Grenze „heim ins Reich". In der Republik Polen wären sie angeblich zunehmend dem Tod ausgesetzt: „Es sind dies die wütendsten Deutschenhasser."[27] Gar keine Frage also, dass es deshalb mehr Grenzpolizei auf deutscher Seite geben müsse. Am 19. August ist bereits von „bestialischer Grausamkeit", einem „Martyrium der Volksdeutschen", der „moralischen Minderwertigkeit der Polen" oder von Deutschen, die „dem Hungertode preisgegeben" sind, die Rede. Im Countdown vor Kriegsbeginn steigert man noch die Wortwahl: Am 21. August titelt der Völkische Beobachter mit „Terror kennt keine Grenzen: Kinder als Blutopfer" oder „Entmenschte polnische Horden" oder spricht von einem auf „viehische Weise" ermordeten deutschen Kind. In Beuthen sollen 14.000 Menschen, im benachbarten Hindenburg 10.000 die Grenze überschritten haben. Einen Tag später, am 22. August heißt es: „Polen hetzen Hunde auf Deutsche!" Die Polen seien unruhig, Kriegsvorbereitungen, wie das Ausheben von Schützengräben, seien zu beobachten und Deutsche in einer Jauchegrube ertränkt worden. „Deutsche immer vogelfrei" knallt eine Schlagzeile am 23. August. Am 26. August berichten die Innsbrucker Nachrichten von Kopfprämien für Deutsche, von in Flammen stehenden Gehöften der Deutschen im Korridor zwischen Pommern und Ostpreußen, von einem mit deutschen Soldaten überfüllten Danzig und von niederträchtigen Polen, die bereits Ortstafeln mit den polnischen Bezeichnungen für Beuthen, Hindenburg (poln.: Zabrze) und Gleiwitz (poln.: Gliwice) produziert hätten und bereithielten. Kein Deutscher, so Goebbels' Agenda, soll von der angeblichen Niedertracht der Polen unberührt bleiben. Ende August schildern die Medien die nächtlichen Aufmärsche deutscher Soldaten an der polnischen Grenze – die dort bereits stationierten zusätzlichen Grenzpolizisten brauchen Unterstützung. Am 31. August 1939 kommt es laut deutschen Medien zu Grenzübertritten polnischer Uniformierter.

Was das alles mit Annie Rosar zu tun hat?

René ist in Beuthen. Jedenfalls seit der zweiten Augusthälfte. Er ist in der Einheit 2. Bau-Bataillon 105 erfasst,[28] die bei der Mobilmachung am 26. August im Wehrkreis VIII in Schlesien aufgestellt ist. 24 Stunden vor Kriegsbeginn schreibt Annie, die unverbesserlich Naive: „Ich lasse mir meine Zuversicht, dass es keinen Krieg geben wird, immer noch nicht nehmen.“

In derselben Nacht überfallen polnische Soldaten angeblich die Städte Beuthen, Gleiwitz und Hindenburg.

Am 1. September trägt Annie Rosar in Wien: „Krieg!!!!“ in ihr Tagebuch ein. Und die Berliner Bevölkerung wird aufgerufen, alles zu verdunkeln.

5. „So lang dauert der ganze Krieg ja nicht mehr!“

1939–1943

„Unbeschreiblich entsetzliche Tage – René – Krieg – Scheidung“ – so lautet die Tagebucheintragung von Annie Rosar am 7. September 1939. Soeben hat sie die Nachricht bekommen, ihr Sohn liege seit sieben Tagen im Spital von Groß-Strehlitz (poln.: Strzelce Opolskie), knapp 40 km nahe Gleiwitz. Diagnose: Diphterie, eine Infektionskrankheit, die selbst heute noch eine sofortige Einlieferung ins Krankenhaus mit sich zieht und den Behörden umgehend zu melden ist. 1939 ist Diphterie lebensgefährlich. Zwei Tage nach dieser Hiobsbotschaft erfährt Annie aus den Medien von den Kriegserklärungen Frankreichs und Großbritanniens in direkter Reaktion auf den deutschen Überfall auf Polen. Wenn sie sich in diesem Moment an die ersten Augusttage des Jahres 1914 erinnert, dann hat sie ein Déjà-vu. Sie weiß, was das bedeutet: Ein neuer Weltkrieg steht bevor. In dieser trüben Stimmung reicht sie noch am selben Tag, am 9. September 1939, die Scheidung von Franz Rebiczek-Rosar ein. Die vor kurzem noch geschilderte Idylle in Brünn ist schon wieder passé. Sie vermutet ein Verhältnis mit Mali Wollner, der Tochter jenes pensionierten jüdischen Medizinalrats, dem sie nach Laszy Fuchs' Tod die Hälfte ihrer Wohnung verkauft hat. Ihr Ehemann mit dem Mädel des Nachbarn – das ist zu viel.

Annie macht sich mit ihrer Scheidungsklage das in der Ostmark erst seit zwei Monaten geltende Gesetz zur Vereinheitlichung des Rechts der Eheschließung und Ehescheidung zunutze. Bis dahin ist es dem betrogenen Teil nur im übrigen Reichsgebiet möglich gewesen, einseitig die gesetzliche Auflösung der Ehe zu beantragen. Aber jetzt, unter Adolf Hitler, muss sich niemand mehr im ehemaligen Österreich mit Affären von EhepartnerInnen abfinden. Die Rosar konstatiert in ihren Notizen ganz pragmatisch: „Ich danke dem nationalen Staat, dass ich gegen solche Gemeinheiten nicht mehr wehrlos dastehe. Seine sozialen Ausschreitungen haben nun an Gemeinheit, Perversität und Unverfrorenheit Mengen erreicht, die mir endlich die Handhabe geben, auf sein restloses Verschulden die Scheidung zu erwirken. Sonst hätte ich ihn nie losgebracht.“

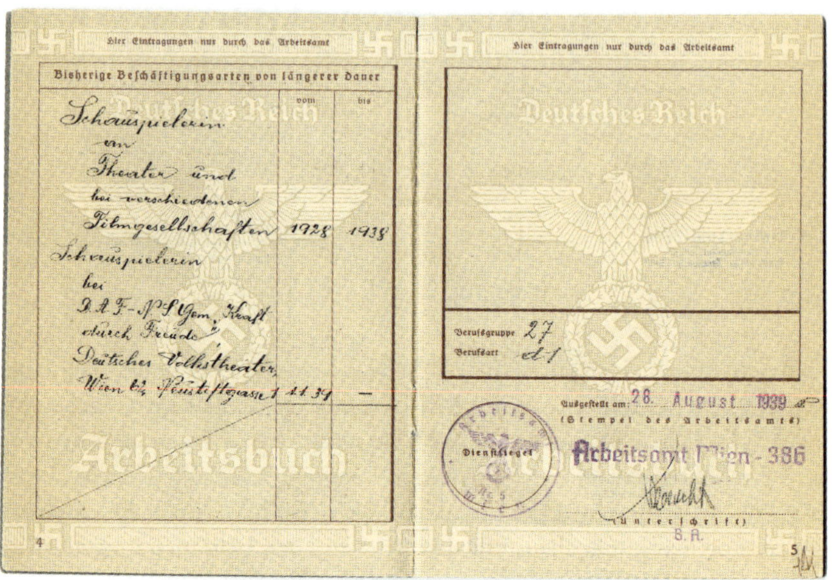

Hier Eintragungen nur durch das Arbeitsamt

Bisherige Beschäftigungsarten von längerer Dauer

	vom	bis
Schauspielerin am Theater und bei verschiedenen Filmgesellschaften	1928	1938
Schauspielerin bei D.A.F.-NSGem. „Kraft durch Freude", Deutsches Volkstheater, Wien 7, Neustiftgasse 1	1.1.39	–

Arbeitsbuch

4

Hier Eintragungen nur durch das Arbeitsamt

Deutsches Reich

Berufsgruppe 27

Berufsart A 1

Ausgestellt am: 28. August 1939

(Stempel des Arbeitsamts)

Dienstsiegel

Arbeitsamt Wien - 386

(Unterschrift)

5

Abb. 35: Annie Rosars Arbeitsbuch der NSDAP, 1939.

Dann fährt sie los zu ihrem todkranken Kind.

René fiebert bis zu 39 und 40 Grad und kann seit mehreren Tagen keine feste Nahrung mehr aufnehmen. Annies Chef, Walter Iltz, Direktor des Deutschen Volkstheaters in Wien, hat ihr angesichts der dramatischen Lage sofort Urlaub gegeben und 24 Stunden später kommt sie nach einer sehr anstrengenden Zugfahrt durch die Tschechoslowakei und Schlesien, beides Gegenden, in denen man den Krieg und die Gefahr schon „sehr spürt", in Groß Strehlitz an. 93.621 Einwohner stark und überwiegend katholisch hat die Stadtbevölkerung in der Reichskristallnacht, zehn Monate vor Annies Eintreffen, Häuser und Geschäfte der 120 jüdischen MitbewohnerInnen zerstört und die Synagoge demoliert.

In dieser Stadt, 1939 besetzt von Militärs, fällt die Frau aus Wien auf. Sie fragt sich durch, bis sie ihren Sohn gefunden hat und setzt ihre Prominenz gepaart mit Präpotenz ein, um auch die Erlaubnis für einen Besuch am Krankenbett zu bekommen. Der Anblick, der sich ihr bietet, ist entsetzlich: „René […] hat mindestens 10–12 kg abgenommen, sieht grauenhaft elend aus. Ist 4 Tage auf staubigsten Strassen marschiert, mit 39–40 Fieber ohne Nahrung, die er nicht mehr schlucken konnte, nur den abenteuerlichen schwarzen Kaffee und Bier trinkend, da er ja keine Milch haben konnte, wurde bei Nacht ohne dass der Wagen Abdunkelung besaß – also ohne Licht ins Krankenhaus transportiert – Fahrer versagte, wollte nicht weiter, … alles vollkommen abgedunkelt – setzt sich der Hochfiebernde ans Steuer und fuhr den Wagen just in einen See."

Annie Rosar ist empört. Ihrer Meinung nach haben die Ärzte vor Ort völlig versagt und ihr sowieso bereits geschwächtes Kind durch eine falsche Behandlung fast umgebracht. Ihre Aufzeichnungen klagen an: „4 Tage … bewußtlos da – ohne gegen Diphterie das Serum zu bekommen, da man es für Angina hielt!!! – Heute kam ich hier an – und sah, dass er in den 12 Tagen, die er hier nur 2 Mal Stuhl hatte (sogar notiert am Krankenbett) und die Schwester ist nicht energisch eingeschritten – René selbst sagte naiv: Ich habe ja auch nichts gegessen!!! – Der Junge ist ganz heruntergekommen – dieser Arbeitsdienst, diese physische Überanstrengung, dazu 4 Monate Unterernährung 450 Kal. Pro Tag – diese Strapazen, […] Anstrengung und Wirrwarr des Kriegsbeginns hier direkt an der Grenze – keine Nacht mehr im Bett – immer Alarm – er schon physisch herunter – und nun hat er keine Geduld zur Rekonvaleszenz!"

René will Hitler ein guter Soldat sein und ist unruhig, weil sich sein Zustand nur sehr langsam bessert. Annie versucht ihn zu beruhigen, befindet sich aber selbst phasenweise am Rande der Erschöpfung. Als die akute Lebensgefahr bei ihrem Sohn gebannt ist, kommt sie endlich dazu, sich umzusehen. Jetzt erst registriert sie, wo sie da gelandet ist: ganz offensichtlich in einem Zentrum der Macht. Hohe und prominente Nationalsozialisten, wohin sie schaut. Sie wohnt im Hotel Deutsches Haus, wo sich auch die engsten Vertrauten des Führers aufhalten: Hans Baur, seit 1932 Hitlers persönlicher Pilot, wechselt in der Hotellobby sogar ein paar Worte mit ihr. Außerdem erspäht sie den Generalleutnant der Waffen-SS Brigadeführer Johannes Schäfer,[1] und sogar den Chef der Luftwaffe Hermann Göring, Propagandaminister Josef Goebbels und Außenminister Joachim von Ribbentrop. Die Rosar ist aufgeregt. die Nazi-Elite hat ihr Hauptquartier hier in Groß Strehlitz im Schloss Castell aufgeschlagen. Angeblich ist auch der „Führer" selbst vor Ort, der mit seinem Tross am 3. September Berlin Richtung Ostfront und Pommern verlassen hat, aber sie bekommt ihn nie zu sehen. Die regimetreue Familie, deren Oberhaupt, Carl Fürst zu Castell-Castell, schon 1933 der NSDAP beigetreten ist, hat den hochrangigen Nationalsozialisten den eigenen Wohnbereich zur Verfügung gestellt. Die später berühmt gewordenen fixen Führerhauptquartiere Wolfsschanze in Ostpreußen oder Werwolf in der heutigen Ukraine sind damals noch nicht in Verwendung. Adolf Hitler setzt im Feldzug gegen Polen auf mobile Befehlsstellen und lässt sich entweder mit dem sogenannten Führersonderzug oder eben mit Hans Baurs Flugzeug von Front zu Front bringen.

Mehrfach notiert die Schauspielerin ihre Beobachtungen in ihr Tagebuch und in ihren Kalender. So nahe ist sie der Reichsspitze noch nie gewesen – und das ganz ohne künstlerischen Einsatz. Immer öfter verwendet sie dabei ihre Geheimschrift, mit der sie bereits als junge Frau gearbeitet hat. Für Außenstehende ist diese Geheimschrift völlig unlesbar: Es handelt sich um eine Mischung aus Stenographie (vermutlich die 1924 amtlich anerkannte Deutsche Einheitskurzschrift, DEK) und Annies eigenen persönlichen Kürzeln. Doch ein Wort, mittendrin in klassischer, lesbarer Schreibschrift festgehalten, fällt auf: „Tannenberg“.[2] „Unternehmen Tannenberg“ war 1939 der Deckname für gleich zwei schändliche Unterfangen: Einerseits für den vorgetäuschten Überfall auf den Sender Gleiwitz und andererseits für die Operation von fünf Einsatzkommandos, die mit Kriegsbeginn mindestens 20.000 Mitglieder der polnischen Inteligencja exekutieren. Kopf von „Tannenberg“ ist niemand Geringerer als der Leiter des Reichssicherheitshauptamtes, Reinhard Heydrich, der 1943 in seiner späteren Funktion als stellvertretender Reichsprotektor in Böhmen und Mähren einem Attentat zum Opfer fällt.

Die Kernfrage, die sich stellt, ist: Wieso erfährt die Mitläuferin und politisch wenig interessierte Wiener Schauspielerin von dieser geheimen Reichssache? Von René? Und wenn ja, woher weiß er davon? Ist er als kleiner Arbeitsmann des RAD direkt involviert? Es gibt aber noch eine andere, weniger spektakuläre Interpretation für diese Tagebucheintragung „der Rosar“: In Tannenberg steht am 27. August 1939 die 25-Jahrfeier des ersten großen Siegs der kaiserlichen Truppen im letzten Weltkrieg bevor. 150.000 Teilnehmer werden erwartet – das ist eine wunderbare Gelegenheit, ohne Aufsehen Menschen und Material in größerem Maßstab an die Grenze Polens zu karren. Der RAD ist womöglich offiziell zur Unterstützung bei dieser logistischen Herausforderung eingesetzt worden. René und die anderen Arbeitsmänner müssen gar nichts Konkretes über den geplanten Überfall auf Polen gewusst haben. In seiner Wochenendbeilage vom 26.–27. August 1939, die vorproduziert und daher nicht tagesaktuell erscheint, schreibt das Teltower Kreisblatt bezugnehmend auf den bevorstehenden Jahrestag: „Wir Deutsche feiern seine Wiederkehr in einer Zeit, die uns endlich die Erfüllung unseres großdeutschen Sehnens bringt, der auch Polen sich nicht mehr in den Weg stellen kann.“ Doch dann wird diese gewaltige Erinnerungskundgebung kurzfristig „angesichts der gespannten politischen Lage abgesagt“. Waffen und Truppen sind ja bereits dort, wo sie aus Sicht des Regimes hingehören: nahe der deutsch-polnischen Grenze. Nach Kriegsbeginn dringt der RAD jedenfalls in Verbund mit den Einsatzkommandos zügig weiter auf polnisches Territorium vor. Mit Diphtherie ans Bett gefesselt versäumt René diese Manöver zur Gänze.

Am 17. September, also nach einer ganzen Woche Aufenthalt an der polnischen Grenze, verlässt die resolute Annie Rosar die Front wieder und fährt nach Wien zurück. Es ist kein angenehmes Heimkommen: In ihre eigene Wohnung kann und will sie nicht, denn da lebt noch immer ihr Angetrauter Franzl. Dieser hat sich zwar nur zwölf Tage nach Kriegsbeginn und fünf Tage nach dem Scheidungsantrag seiner Frau, am 12. September 1939, als Freiwilliger gemeldet, doch man hat ihn abgelehnt. Sein Versuch, auf diese Weise den privaten Querelen entgehen zu können, scheitert vorerst. Möglicherweise wird Rebiczek-Rosar aufgrund des Vermerks in seinem Heerespersonalakt aus dem Frühling, in dem er als Sozialdemokrat und Kommunist denunziert worden ist, als nicht verlässlich genug eingestuft. Bis Ende 1940 bleibt sein Angebot, „Führer", Volk und Vaterland aktiv zu verteidigen, jedenfalls unberücksichtigt.

Deshalb wohnt Annie zunächst ein paar Tage bei Schwester Hermine. Dort hat sie allerdings kaum Ruhe, weil „mein Schwager die ganze Nacht stöhnte". Otto Ellminger leidet nach einer nicht näher definierten Operation an unsäglichen Schmerzen und kommt nicht mehr auf. Er wird seinem Zustand einen Monat später selbst ein Ende bereiten. Todesursache: „Erhängen und Schuss in Kopf und Brust" steht im Totenschein – ein auch für die Gerichtsmediziner außergewöhnlicher Selbstmord, bei dem der Suizidant auf Nummer sicher gegangen ist.

Diesmal scheint es nicht übertrieben, wenn die Rosar in ihrem Tagebuch von „schwerster beruflicher Belastung" spricht. Wie soll man bei derartigen Umständen Bühnentexte lernen? Als sie eine Hauptrolle in Heinrich Spoerls „Der Maulkorb" im Volkstheater ablehnt, schreibt ihr ein Vertrauensarzt ein Attest, aufgrund dessen sie sich in ein Sanatorium zurückziehen kann. Ihre verwitwete Schwester nimmt sie gleich mit. Fünf Wochen leben die beiden zusammen – die eine vom Schicksal geschlagen, die andere in ständiger Sorge um den Sohn und inmitten eines neuerlichen Rosenkriegs, der diesmal aber ernstere Ausmaße annimmt als die Zwistigkeiten und die zeitweilige Trennung von 1931/32. Als das Sanatorium schließlich zu teuer und die Schicksalsgemeinschaft mit Hermine zu deprimierend wird, erwirkt Annie bei Gericht, dass Franz Rebiczek-Rosar die eheliche Wohnung verlassen muss. Allerdings: Bis er wirklich draußen ist, dauert es noch eine Weile. Sie muss, als sie Ende Oktober wieder in der Währinger Straße einzieht, ganze 14 Tage mit diesem Mann unter einem Dach wohnen. Die Stimmung ist am Boden. Sie ärgert sich gleich am ersten Tag, als sie ein Trinkglas mit Lippenstiftspuren in der Küche vorfindet und meint, auch ihr Bett wäre trotz des abgesperrten Zimmers benutzt gewesen. Inzwischen kommt ihr außerdem zu Ohren, dass ihr Franzl sich der gemeinsamen Haushälterin unsittlich genähert habe. Diese hat daraufhin gekündigt und nun entwickelt sich der Haushalt Rebiczek-Rosar zunehmend in Richtung sanitären Übelstand. Keiner kocht, keiner räumt auf, keiner kümmert sich um irgendetwas.

Trotzdem kämpft Annies Mann, auch nachdem er längst ausgezogen ist, um seine Ehe. Insgesamt schreibt er in diesem Herbst 1939 elf Briefe und zwei Ansichtskarten, in denen er immer wieder seinen Willen zur Aufrechterhaltung der Ehe beteuert und sich gleichzeitig als Opfer darstellt, dem unrecht getan wird. Wie viel Gefühl hinter seinen Bemühungen steckt oder wie viel Berechnung – er verdient immerhin als Kommissär des Stadtschulrats, wohin er nach seinem Brünner Engagement Ende Mai wieder zurückkehrt, mit 325 RM nur knapp ein Sechstel von Annies Gehalt von rund 2.000 RM im Monat – bleibt offen.

Parallel dazu wird der nach fast vier Wochen Krankenlager wieder genesene René Ende September 1939 nach Hierlshagen (poln.: Ostaszów), nordwestlich von Breslau, versetzt. Hierlshagen ist ein Prestigeprojekt des RAD, wo sich seit 1934 Tausende Arbeitsmänner abmühen, ein riesiges Moorgebiet landwirtschaftlich nutzbar zu machen. Als Annies Sohn kurz nach Kriegsbeginn eintrifft, sind dort gerade vier RAD-Abteilungen stationiert. Wieder sollen weitere Landstriche trockengelegt und mit Deichen versehen werden. Der junge Arbeitsmann freut sich darauf. Sein Feuereifer ist ungebrochen, keine noch so schwere Arbeit ist ihm zu minder. Doch er hat die Rechnung ohne den Wirt, das heißt, ohne seine Mutter gemacht.

Die glaubt nämlich jetzt an die Gunst der Stunde. Sie wärmt die alte Idee mit dem Medizinstudium auf, das René vor dem Einsatz an der Front bewahren könne. Doch zuvor muss sie ihren Sohn noch aus dem bestehenden RAD-Verhältnis herauslösen. Das geht nicht so einfach. Man muss schon die richtigen Leute kennen. Wer hat diese Kontakte in ihrem Umfeld? Ironie des Schicksals: Der Mann, von dem sie sich scheiden lassen will. Annie bittet also um Renés Willen den Gatten um Hilfe, und dieser ist dabei durchaus erfolgreich. Über seine aus Brünn stammenden Verbindungen in der Luftwaffe erwirkt Franz Rebiczek-Rosar eine Entlassung für René. Das Schreiben wird dem Luftgaukommando VIII Breslau, zuständig für Hierlshagen, am 6. Oktober zugestellt. Als Grund für die Entlassung wird der Beginn des Universitätssemesters angegeben. So kehrt der 18-Jährige widerstrebend nach Wien zurück, um – kaum angekommen – eine typische Folgeerkrankung der Diphtherie, eine Gaumensegelentzündung, auszubrüten. Hierlshagen rückt in weite Ferne.

Während der Bursche noch rekonvaleszent mit seinen Kräften haushalten muss, inskribiert die übereifrige Frau Mama ihn für das Medizinstudium und stellt ihn damit vor vollendete Tatsachen. René macht gute Miene zum für ihn bösen Spiel und belegt unter den vielen Vorlesungen jene, die ihn als glühenden Nazi am meisten ansprechen: „Vererbungslehre" bei Prof. Eberhard Geyer, einem gleichfalls fanatischen NSDAP-Anhänger und seines Zeichens Leiter des Anthropologischen Instituts Wien. In seinem Unterricht ist „Vererbungslehre" ein Euphemismus für die Prinzipien nationalsozialistischer Rassenhygiene. Die zweite Lehrveranstaltung, die Annies Sohn als Medizinstudent belegt, ist nicht minder politisch einschlägig: Es ist ein Präparierkurs am II. Anatomischen Institut unter Eduard Pernkopf. Auch Pernkopf ist ein überzeugter Sympathisant von Adolf Hitler: Im April 1938 hat er seine Antrittsrede als Dekan der Medizinischen Fakultät in SA-Uniform (!) gehalten.

Doch glücklich ist René Rebiczek-Rosar nicht. Er hadert. Er hadert mit seiner schwachen Gesundheit, und er hadert mit seiner Mutter, mit ihrem chaotischen Privatleben, das auch negative Auswirkungen auf ihn hat, und ihren seiner Meinung nach egoistischen Motiven, ihn von der Front zurückzuhalten. Das Vaterland ruft! Der „Führer" befiehlt! Was will sie denn nur von ihm? Dass er als Feigling und Schwächling dasteht? Er macht ihr große Vorwürfe, dass sie ihn über seinen Kopf hinweg an der Universität eingeschrieben hat und meldet sich – ein Albtraum für Annie – am 21. Oktober 1939 freiwillig an die Front. Von nun an wird die Rosar bis Sommer 1942 immer wieder, nahezu jedes Semester, versuchen, ihren Sohn doch noch zum Medizinstudium zu überreden. Immer wieder wird sie es mit Schmeicheln, mit Argumenten, mit Bitten, mit großem Drama, mit unbeschreiblicher Verzweiflung probieren, um ihr einziges Kind von den Kriegsschauplätzen fernzuhalten. Es wird ihr nicht gelingen, ihr Kampf wird immer aussichtsloser. Denn je mehr Soldaten an der Front ihr Leben lassen, desto verbissener will René sich den Plänen seiner Mutter widersetzen und seinen Beitrag zum „Endsieg" Adolf Hitlers leisten.

Knapp vor Weihnachten 1939 geht Franz Rebiczek-Rosar, nachdem all seine Bemühungen inklusive seiner Hilfe bei Renés Entlassung nicht zur Rücknahme der Scheidungsklage durch Annie geführt haben, zum Gegenangriff über. Er reicht seinerseits am 12. Dezember 1939 die Scheidung ein und versucht, seine Ehefrau politisch in Verruf zu bringen. Ganz bewusst spielt der Wortgewandte mit antisemitischen Ressentiments und bezichtigt Annie der Judenfreundlichkeit. Er schreibt in den offiziellen Papieren, die an das Gericht gehen, von den „rassejüdischen Ehemännern" der Annie Rosar und versucht, sie durch Nennung einiger ihrer Freunde, „den jüdischen Großkaufmann Sachs, den jüdischen Landesgerichtsrat Ornstein, Wien, den jüdischen Theaterdirektor Charle", zu diskreditieren. Das ist niederträchtig, denn hat nicht auch Rebiczek-Rosar selbst Kontakte mit jüdischen Bekannten, wie etwa dem geflüchteten Julius Deutsch, gepflegt? Oder will er unterstreichen, dass er trotz einstiger SDAP-Zugehörigkeit rassistischem und nationalistischem Gedankengut viel abgewinnen kann? Immerhin hat er inzwischen als ständiger freier Mitarbeiter beim Völkischen Beobachter angeheuert und verdient sich dort mit literarischen Beiträgen ein kleines Zubrot.

Endgültig verspielt er aber alles, was bei Annie noch an Rest-Gefühl vorhanden gewesen sein könnte, als er René in das Scheidungsverfahren hineinzieht und ihn in ähnlicher Weise anprangert. René, so Franz Rebiczek-Rosar, sei nämlich das Kind eines Juden. Nicht umsonst habe Annie nach dem „Anschluss" 1938 alle Fotos des verstorbenen Laszy Fuchs aus der Wohnung entfernt, nicht umsonst habe sie sich so bemüht, einen „arischen" Vater für ihren Sohn zu finden. Alles sei Lug und Trug. Der Kleine Ariernachweis sei Schimäre, René Rebiczek-Rosar ein Halbjude nach NSDAP-Diktion, so der Stiefvater weiter. Die verstörte Mutter weiß genau, wenn sie nicht sofort dagegen anhält, ist nicht nur Renés angestrebte Karriere innerhalb des Naziregimes dahin, sondern sie und er hätten beide wegen Dokumentenfälschung arge Probleme. Sie klagt also Franz zusätzlich auf Verleumdung und beantragt eine Frist, bis zu der er beweisen muss, dass René nicht das Kind von Max Walser sei. Einen Beweis, den er nicht antreten kann.

Die erste Tagsatzung im März 1940, bei der ehemaliges und bestehendes Personal sowie Bekannte von beiden Seiten als Zeugen befragt werden, wird nach dreieinhalb Stunden vertagt. Entscheidendes, was das Pendel in die eine oder andere Richtung gelenkt hätte, kommt nicht zur Sprache – da sind Verfahrensprotokoll und die dazugehörenden Dokumente eindeutig. Es ist eher ein öffentliches Waschen ehelicher Schmutzwäsche. Annie wirft ihrem Mann vor Gericht sexuelle Abartigkeit vor. Er wolle Geschlechtsverkehr zu dritt, während sie von sich bei der Scheidungsverhandlung sagt: „Ich bin normal veranlagt und genügte dem Beklagten bei seiner perversen Veranlagung nicht." Rebiczek-Rosar wiederum bezichtigt sie der Theatralik – „Meine Gattin betrachtet eben wie ihr Vorleben aufschlußreich zeigen wird, alle Ehen wie ein schauspielerisches Engagement, das man nach Opportunität kauft oder lässt." Er beklagt sich, dass sie ihn wegen jeder Kleinigkeit, etwa wenn er ihr „beim Aussteigen von der Strassenbahn vergass, die Hand zu reichen", „erbärmlich beschimpft". Sie habe ihn über all die Jahre vernachlässigt, der Haushalt sei verwahrlost und müsse wegen Wanzen „vergast" werden. Gutes Essen lasse Annie nur dann kochen, wenn Sohn René im Haus sei, und dann speisen die beiden ohne ihn. Er, der Haushaltsvorstand, sei gezwungen gewesen, in diesen Tagen ständig allein zu essen. „Schuft R." nennt ihn Annie in ihren Briefen, und schreibt mit mehrfachen Ausrufezeichen versehen „Lüge“ und „Frechheit“ oder „Niederträchtig“ in die Abschrift seiner Stellungnahme vor Gericht. Im Akt heißt es weiter, Annie habe kein gutes Verhältnis zu ihrer Schwiegermutter gehabt, Franzl sich dafür beim Personal über mangelnden Sex mit seiner Frau seit deren letzter Operation beklagt. Haushälterin Amalia Faulhammer selbst gibt an, Rebiczek-Rosar habe überhaupt kein Verständnis für die Bedürfnisse einer Person vom Theater an den Tag gelegt. Er habe seine Frau vor wichtigen Premieren sinnlos aufgeregt, habe sie beim Memorieren gestört, habe jähzornig das Geschirr mitsamt den Speisen vom Tisch gerissen und trotz winterlicher Kälte die Fenster geöffnet, als die Rosar mit Fieber im Bett gelegen sei. Der Gescholtene betont wiederum, dass schon Annies Ehe mit Laszy Fuchs „tumultös“ gewesen sei, woraufhin ihm die Gegenseite vorwirft, „Judenbengel“ über René gesagt und seine eigene betagte Mutter geschlagen zu haben. Zu beweisen ist nichts von alldem, und irrelevant das meiste zusätzlich.

Einen Tag nach der Verhandlung erfährt Annie von einem Naheverhältnis zwischen dem Richter und einem von Franz genannten Zeugen und vermutet mögliche Absprachen. Nur mit großem Aufwand kann ihr Anwalt die fast panische Frau davon abbringen, einen Richterwechsel zu beantragen, der ihr seiner Erfahrung nach nur noch viel mehr Probleme einbringen würde.

Unterdessen hat sich René Rebiczek-Rosar entschlossen, Offizier in der deutschen Wehrmacht zu werden. Seine Chancen für eine derartige Karriere sind mit anhaltendem Krieg gestiegen, und er will sie nutzen. Das Reich braucht Führungspersonal. Die Machthaber der NSDAP weichen daher die Kriterien für zukünftige Offiziere auf: Zum einen wird der Dienst beim RAD als Militärzeit angerechnet – René kann sich damit die nötigen sechs Monate Grundausbildung gutschreiben lassen. Zum anderen fallen die bisher verlangten Basis-Qualifikationen für eine Offizierskarriere wie Führungsfähigkeit oder Charakterstärke weg, als einzige Vorbedingung reicht die „Bewährung vor dem Feind“ nunmehr aus.[3] Das heißt, jeder Deutsche ab 18 Jahren, der seinen Mut und seine Einsatzbereitschaft für Adolf Hitler in den Krieg zu ziehen, glaubhaft machen kann, ist potentiell zur Offizierslaufbahn zugelassen. Renés „Bewährung vor dem Feind“ ist sein Einsatz in Schlesien im Rahmen des RAD. Seine Vorgeschichte als illegales HJ-Mitglied ist sicher zusätzlich so viel wert wie ein positives Leumundszeugnis. 14–16 Monate Ausbildung sehen die neuesten Regelungen[4] vor. Nach der Grundausbildung sind das drei Monate Einsatz an der Front, dann drei Monate Offiziersausbildung, und zwar in den jeweiligen Waffenschulen im Heimatort des Anwärters, und noch einmal zwei bis vier Monate an der Front. Irgendwann im ersten Halbjahr 1941 kann René Rebiczek-Rosar, wenn alles klappt, frühestens Offizier sein.

Am 11. März 1940, in derselben Woche, in der seine Eltern ihre Scheidung erstmals vor Gericht verhandeln, tritt er im Wiener Arsenal an. Dort, in einem nach dem Revolutionsjahr 1848 errichteten und bis heute bestehenden Kasernenkomplex, leistet Renè zwei Wochen später den Eid auf den „Führer". Jetzt ist er Soldat. Endlich. Schon nach zwei Monaten wird er verschickt: Die Westfront bei Calais ist sein Einsatzort, er ist der 2. Batterie der schweren Artillerie-Abteilung 768, Feldpostnr. 03935 zugeteilt.

Ganz in der Nähe bei Dünkirchen findet gerade, als er ankommt, eines der wesentlichen Manöver des ganzen Kriegs statt: Franzosen wie Engländer evakuieren innerhalb von neun Tagen fast 340.000 Mann großteils unbeschadet über den Ärmelkanal – eine logistische Meisterleistung. Abgeschnitten von allen Rückzugsmöglichkeiten zu Land und eingekreist von Wehrmachtstruppen wären die Alliierten sonst wohl aufgerieben worden. Dass „das Wunder von Dünkirchen" in dieser Form gelingt, liegt aber auch an den Deutschen. Auf Hitlers persönlichen Befehl vom 24. Mai 1940 halten die Truppen an und holen nicht zum entscheidenden Schlag aus, mit dem sie 85 % der britischen Berufsarmee in Gefangenschaft gebracht hätten. Walther von Brauchitsch, Oberbefehlshaber des Heeres, tobt, aber ihm sind die Hände gebunden. Den Feind ziehen zu lassen – selbst Winston Churchill und viele andere Militärexperten stehen vor einem Rätsel. Tatsächlich sind alle im deutschen Oberkommando von den raschen Erfolgen der Armee überrascht gewesen. Außerdem herrscht Uneinigkeit, was zu tun sei. Vermutlich vertraut der österreichische Gefreite mit geringer militärstrategischer Erfahrung an der Spitze des Deutschen Reichs aber auch zu sehr auf die großspurigen Ankündigungen Hermann Görings. Die Luftwaffe, so deren Oberbefehlshaber, werde Briten und Franzosen dann eben von oben erwischen. Weit gefehlt. Mit zweiwöchiger Verspätung besetzt die Wehrmacht Dünkirchen, am 14. Juni zieht sie in Paris ein. Die gesamte Küste bis hinunter nach Biarritz und der Norden Frankreichs sind in deutscher Hand. Nach der Kapitulation der französischen Armee wehen in allen großen Städten des besetzten Teils Hakenkreuzfahnen.

René Rebiczek-Rosar ist wieder einmal ganz nahe am Brennpunkt der Geschichte. Zu seinem Bedauern wird er aber noch nicht eingesetzt. Er vertreibt sich gemeinsam mit den Kameraden die Zeit mit viel Alkohol, französischem Wein und importiertem deutschen Bier. Und er hofft, bald dranzukommen. Der Schutz der Atlantikküste ist die Aufgabe seiner Batterie.

„Entsetzlichste, grauenhafteste Einsamkeit – unerträglich bis Selbstmordgedanken" schreibt indessen seine Mutter in ihr Tagebuch. Anläßlich ihres zehnten Hochzeitstages am 17. Mai 1940 formuliert sie gegenüber Franz Rebiczek-Rosar: „Und wenn Du mir immer drohtest, Du würdest mich im Falle einer Scheidung zugrunde richten, so lächelte ich nur dazu im Bewußtsein meiner Unantastbarkeit und hätte trotz allem, was ich bereits mit Dir erlebt, doch nie und nimmer geahnt, dass Du so ein menschgewordener Teufel bist!“ Sie fühlt sich von allen verlassen und allein: Der Sohn weg, der Mann weg und in dieser Situation muss sie trotzdem auf der Bühne oder vor der Kamera brillieren und für heitere Stimmung sorgen.

Dabei ist ihre berufliche Lage keinesfalls schlecht: Sie bekommt am Volkstheater diesmal sogar einen Zweijahresvertrag und ist somit bis 1942 finanziell abgesichert. Walter Iltz, der ihr zu Kriegsbeginn erlaubt hat, alles liegen und stehen zu lassen, und zu René nach Groß Strehlitz zu fahren, ist noch immer Direktor. Unter seiner Leitung kann sie sich künstlerisch wie menschlich geborgen fühlen.

Iltz ist bestimmt auch nicht unbeteiligt, als Annie Rosar im Juli 1940 als Teil eines ausgewählten Ensembles des Volkstheaters auf Gastspielreise nach Frankreich geschickt wird. Ziel ist es, den siegreichen Soldaten zu huldigen und sie zu belustigen. Dass es ausgerechnet ein österreichisches Theaterensemble ist, das zu den Truppen an die Front entsandt wird, hat nicht allein mit dessen Qualität oder mit einer patriotischen Gefühlsregung Hitlers für Kunst aus seiner alten Heimat zu tun. Das Deutsche Volkstheater in Wien hat seinen Stellenwert im Reich. Es ist tatsächlich das größte Sprechtheater im NS-Staat und 1938 als erstes Theater in das Freizeitprogramm „Kraft durch Freude“ integriert gewesen. Adolf Hitler weiß um die Wichtigkeit dieser Bühne und lässt sich im Volkstheater sogar ein eigenes „Führerzimmer“ für spontane Besuche einrichten.

Annie freut sich. Ihre Koffer sind schnell gepackt. Die Tournee nach Frankreich hilft bestimmt gegen die Einsamkeit. Außerdem könnte sie vielleicht René bei seiner Truppe besuchen. Die Anreise ist zunächst beschwerlich – in zwei Autobussen geht es über München, Würzburg und Köln in das ehemalige Feindesgebiet. Die Theatergruppe ist dabei verstörenden Bildern ausgesetzt: zerstörte Häuser, devastierte Gegenden, obdachlose Menschen. Niemand hat so etwas je gesehen – schließlich haben die Bomben des Ersten Weltkriegs Städte wie Wien, München oder Berlin nie erreicht. Annie Rosar gehen die Eindrücke zu Herzen. Sie macht Fotos. Zurück in Wien wird sie der Rückseite eines Bilds, das das zerbombte Lille zeigt, ihre Abscheu vor diesem Krieg anvertrauen: „Grauenhaft Zerstörtes – unsere Soldaten noch trunken als Sieger.“

Start der Tournee ist am 10. Juli 1940 in Lille. Auf dem Programm steht Otto Bielens „Das kleine Bezirksgericht“, ein für diese Zeit überraschend poli-

Abb. 36: Zerstörtes Lille 1940, Privatfoto Annie Rosar, während der Tournee nach Frankreich.

tik- und ideologiefreies Lustspiel. Dorothea Neff, Karl Skraup und eben Annie Rosar spielen die Hauptrollen. Der Andrang von Seiten der Frontsoldaten ist so groß, dass das Ensemble meistens zweimal täglich, manchmal auch an zwei verschiedenen Orten innerhalb von zwölf Stunden, auftreten muss. Steht keine Theaterbühne zur Verfügung, müssen Kino- oder Rathaussäle herhalten. Neben Lille macht der Tross auch noch in Arras und Roubaix, aber auch in Calais und Wimereux an der Küste Station. Spätestens hier erhofft sich Annie ein Wiedersehen mit René. Sie sitzt vor und nach der Vorstellung in ihrer Garderobe und wartet darauf, ihn plötzlich in der Tür stehen zu sehen. Da sein genauer Einsatzort nicht bekannt oder geheim ist, kann sie ihn schriftlich nicht erreichen, um ihn über ihren Aufenthalt in Frankreich zu informieren. Sie rechnet allerdings fest damit, dass er die Berichterstattung rund um diese Tournee auch unabhängig von ihr bemerkt. Doch René kommt nicht. Kann er nicht, weil er in seiner Einheit unabkömmlich ist? Oder will er nicht, weil er sich den Auflauf mit seiner Mutter ersparen möchte? Irgendwann reicht es Annie und mithilfe eines Stabsoffiziers sucht sie ihr Kind. Sie vermutet ihn bei einem Sondergeschütz in der Nähe von Calais. Bis 2:00 Uhr früh klappern sie alle jeweils umliegenden Stationen ab und fragen so lange, bis sie ihn endlich finden. Wie erfreulich oder

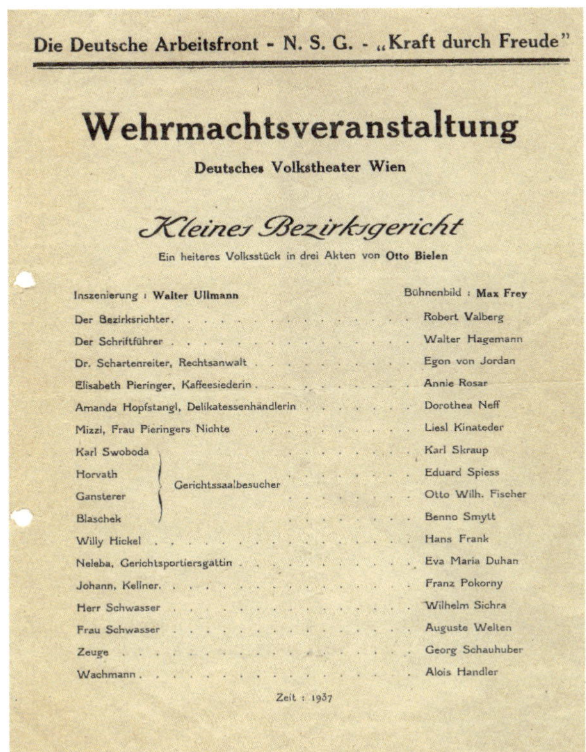

Die Deutsche Arbeitsfront - N. S. G. - „Kraft durch Freude"

Wehrmachtsveranstaltung

Deutsches Volkstheater Wien

Kleines Bezirksgericht

Ein heiteres Volksstück in drei Akten von **Otto Bielen**

Inszenierung : **Walter Ullmann**	Bühnenbild : **Max Frey**
Der Bezirksrichter	Robert Valberg
Der Schriftführer	Walter Hagemann
Dr. Schartenreiter, Rechtsanwalt	Egon von Jordan
Elisabeth Pieringer, Kaffeesiederin	Annie Rosar
Amanda Hopfstangl, Delikatessenhändlerin	Dorothea Neff
Mizzi, Frau Pieringers Nichte	Liesl Kinateder
Karl Swoboda (Gerichtssaalbesucher)	Karl Skraup
Horvath (Gerichtssaalbesucher)	Eduard Spiess
Gansterer (Gerichtssaalbesucher)	Otto Wilh. Fischer
Blaschek (Gerichtssaalbesucher)	Benno Smytt
Willy Hickel	Hans Frank
Neleba, Gerichtsportiersgattin	Eva Maria Duhan
Johann, Kellner	Franz Pokorny
Herr Schwasser	Wilhelm Sichra
Frau Schwasser	Auguste Welten
Zeuge	Georg Schauhuber
Wachmann	Alois Handler

Zeit : 1937

Abb. 37: Programmzettel zu einer der Wehrmachtsveranstaltungen des Deutschen Volkstheaters in Frankreich, 1940.

vielleicht sogar unangenehm dieses Wiedersehen verlaufen ist, wissen wir nicht – es existiert keinerlei Aufzeichnung darüber.

Anfang August treten die Theaterleute wieder die Heimreise an. Daheim in Wien ist das Regime daran interessiert, anhand einer möglichst fröhlichen Berichterstattung deutsche wie ostmärkische Jungmänner und deren Familien für den Krieg zu begeistern. Zwei Mitglieder der Frankreich-Tournee lassen sich instrumentalisieren: Schauspielerkollege Robert Valberg, ein Nazifunktionär, in Wien auch Landesleiter der Reichstheaterkammer, der der „Kleinen Volkszeitung" ein Interview gibt, und Annie Rosar. Sie verfasst für den Völkischen Beobachter einen langen Artikel über dieses Gastspiel. Unter dem Titel „Es war das Größte, was ich je erlebt habe" schildert sie in der Ausgabe vom 3. August 1940 ihre Eindrücke. Hier äußert sie sich ganz anders als in ihren privaten Aufzeichnungen. Statt „unsere Soldaten noch trunken als Sieger" erfahren die LeserInnen des NS-Parteiorgans: „Dort im besetzten Gebiet zeigt sich der deutsche Soldat in seiner ganzen Größe […] Nie gebärden sich unsere Feldgrauen

Abb. 38: Privatfoto Annie Rosar während ihrer Tournee nach Frankreich, 1940.

als Sieger, stets sind sie hilfsbereit und bewahren dabei aber doch Distanz. Sie haben es nicht vergessen, dass man sie vor nicht langer Zeit als Boches hinzustellen wagte.“ Die Rosar erfüllt ihre Aufgabe gut. Sie sei „glücklich darüber, auserwählt unter Millionen Müttern, mit eigenen Augen gesehen zu haben, wie unsere Lieben dort leben, wie ihnen ihre Vorgesetzten Väter und Freunde zugleich sind, und welche wundervolle Kameradschaft dort besteht“,[5] sagt sie in einem bekannten Frauenblatt. Als René kurze Zeit später für ein paar Tage auf Heimaturlaub nach Wien kommt, lässt sie sich mit ihm beim Durchblättern des Fotoalbums aus Frankreich fotografieren. Gemäß der Parteilinie heißt es dann in dem Beitrag, Annies Sohn könne „stolz sein auf seine Mutter, die sich bis in die vorderste Linie gewagt hat. Sie und alle, die an den Wehrmachtsveranstaltungen teilgenommen haben, und die unseren Soldaten so nahe gewesen sind“.[6] Wie aus einem Brief an Direktor Walter Iltz vom 23. August hervorgeht, hat sie in vorauseilendem Gehorsam agiert und selbst dafür gesorgt, dass derartige Artikel in den Medien gebracht werden: „Das ist aber Alles meine eigene Initiative – wir haben ja leider an unserem Theater Niemanden, der das anregt."

Zurück an der Front wird der junge Rebiczek-Rosar im August 1940 nach Hardelot, einen kleinen Ort südlich von Calais, versetzt. „Als wir ankamen, hatte man uns eine heillose Wirtschaft hinterlassen. Wer auch hier gehaust hat, Engländer oder Franzosen, es waren Säue! Alles war voll Mist und Dreck, das Geschirr war angepatzt und stehengelassen, Badezimmer und Küche waren unbeschreiblich", schreibt er angewidert an die Mutter nach Wien. Schon vor längerer Zeit ist die dortige Bevölkerung fortgezogen und hat ihre Häuser und alles, wie es gewesen ist, zurückgelassen. Die Deutschen machen es sich dort so gemütlich wie möglich. René selbst wohnt im Haus des ehemaligen Dorf-Fotografen – die Wände sind mit hübschen Bildern des aufstrebenden Touristenorts dekoriert. Langweilig ist es aber, denn die englische Flotte, gegen die man kämpfen will, lässt sich nicht blicken. Stattdessen sieht sich die Mannschaft zunehmend nächtlichen Fliegerangriffen ausgesetzt, für deren Abwehr sie nicht ausgerüstet ist. Renés Einheit buddelt also Tag für Tag Löcher in den Küstensand, damit sich die Soldaten darin eingraben und so die Wirkung herabfallender Bomben minimieren können. Der Erfolg ist überschaubar: Viele junge Männer verlieren ihr Leben. Von Renés Klassenkollegen aus der Albertus-Magnus-Schule sind bis auf ihn selbst und einen zweiten Kameraden in wenigen Tagen bereits alle gefallen. Doch das nimmt der junge Wehrmachtssoldat stoisch zur Kenntnis. Er ist vom Leben an der Front geblendet – „Schön sind die feindlichen Flüge in der Nacht" – und glaubt felsenfest an einen deutschen Sieg: „Die Engländer sind gut ausgerüstet, die Flugzeuge haben Rolls-Royce-Motoren, die Fallschirme sind fabelhaftes Material, aber die Ausbildung und die Führung scheinen kräftig zu versagen. Außerdem sind unsere Flugzeuge viel schneller, die Piloten sind kühn und gut geschult noch dazu zahlenmäßig überlegen. Das ausschlaggebende Übergewicht ist aber unsere Führung. Eine derartige Organisation ist sicher noch nie da gewesen und muss selbst den stärksten Gegner zermahlen."[7] Renés Beschreibungen führen in die Irre, denn sie halten der Realität nicht stand. Insgesamt verlieren die Deutschen in den sechs Wochen des Frankreichfeldzugs rund 49.000 Soldaten. Dass Annie Rosars Sohn in diesem Sommer an der Kanalküste ein recht lockeres Leben hat, so sehr, dass uns „der Alkohol schon zum Hals herausgestanden ist", wirkt vor diesem Hintergrund bizarr. Der erwartete deutsche Erfolg in der Luft entpuppt sich als völlige Fehleinschätzung. Die von September 1940 bis Mai 1941 geführte Luftschlacht um England geht verloren – militärisch durch verfehlte strategische Vorstellungen, schlechte Einsatztaktik des Oberkommandos der Wehrmacht (OKW), aber

Seite 8 Das Kleine Frauenblatt Folge 1/I Folge

„Die Wiener hätten mi[…] liebsten abgebusse[…]

Annie Rosar erzählt ihre schönste Er[…] an das Jahr 1940

Lichtbilder: Scherz-Wauer (2), Weltbild (2), Bl[…]

KdF. hat sogar eigene Zelttheater eingerichtet, die mit allen Schikanen ausgestattet sind und nichts von der alten herumziehenden Schmiere an sich haben. Sie sind rasch aufgebaut und rasch beweglich, so daß sie überallhin, in die entlegensten Gegenden Freude und Unterhaltung bringen können

„Was hast du denn für Hosen ...?" Ein kleiner Scherz an der Kanalküste

Frau Rosar als glückstrahlende Urlaubermutter zeigt ihrem Sohn die Bilder von ihrer Gastspielreise an die Front. (Eines davon — im Badekostüm — sehen wir unter dem Titel unseres Berichtes)

„Prosit Neujahr!" Um die Mitternachtstunde klingen die Gläser aneinander, und blitzartig zieht das Jahr 1940 im Geist an uns vorüber. Weil das Leben aber bekanntlich Licht- und Schattenseiten hat, wollen wir in der Neujahrsnacht die dunklen Punkte im Tal der Vergessenheit begraben und uns nur an alles Liebe und Schöne erinnern. Denn so ungerecht ist das Schicksal nicht, daß es den einen oder anderen ganz übersehen hätte. Es kommt viel darauf an, daß wir selbst das Gute nicht übersehen.

„Prosit Neujahr!" sagt man und denkt gern an mancherlei zurück. Erinnerung kann auch ein Band sein, das in der Silvesternacht fühlbar von einem zum anderen geht, am fühlbarsten aber Heimat und Front miteinander verbindet. Auch die heitere Muse, die neben der ernsten im Deutschen Volkstheater einen Ehrenplatz bekleidet, hat Beziehungen zu unseren Soldaten an der Westfront, sogar recht heftige, hochsommerliche Beziehungen. Es war im Juli als Generalintendant Ilz zu der Überlegung kam: Wenn der Prophet nicht zum Berg kommt, muß der Berg zum Propheten kommen. Nach gründlichen Vorbereitungen startete das Ensemble des Deutschen Volkstheaters mit dem heiteren Volksstück von Otto Bielen „Kleines Bezirksgericht" zu einer Reise nach dem Westen. Und dieses schöne Erlebnis wird zur Jahreswende, wenn der Vierziger sich in einen Einundvierziger verwandelt, allen, die mit dabei waren, als unvergeßliche Erinnerung auftauchen.

„So ist wohl noch nie ein reisendes Theater begrüßt worden", erzählt Frau Annie Rosar, „mit solchem Jubel, mit solcher Begeisterung. Die Reise in den Autobussen hat uns zwar, begleitet von eingebauten Radioapparaten, beinahe die Seele aus dem Leib gebeutelt, aber das alles war vergessen, wie wir mit den ersten Soldaten zusammengetroffen sind. Die Ostmärker, und besonders die Wiener, hätten uns alle am liebsten der Reihe nach abgebusselt, wie sie unsern Dialekt gehört haben. Die anderen aber, denen unser Wienerisch ein bisserl spanisch vorgekommen ist, die haben gemeint: »Menschenskinder, wir müssen lachen, wenn ihr man bloß den Mund aufmacht, auch wenn wa nicht gleich alles verstehen.« Alle miteinander haben anfangs gar nicht fassen können, daß wir gekommen sind und daß wir uns wochenlang draußen an der Kanalküste herumtreiben wollen. Aber es war so. Das Ensemble des Deutschen Volkstheaters ist sozusagen auch »unter die Soldaten« gegangen und war während der Zeit der Tournee mit Mann und Maus, mit Haus und Hof, einschließlich dem Lastauto, das die Kulissen beförderte, der Wehrmacht unterstellt.

Im Augenblick aber bin ich höchstpersönlich der Wehrmacht in wahrsten Sinn des Wortes »unterstellt«." Frau Rosar schaut zärtlich auf ihren Urlauber, der seine „kleine Mutti" um mindestens zwei Kopflängen überragt und gern zuhört, wenn Frau Rosar von den Vorstellungen der Truppe in Calais, Lille, Montreux, Roubaix und noch vielen anderen kleinen und größern Orten erzählt. „Weißt, René", meint sie, „ihr Soldaten seid ja ein so begeisterungsfähiges und ein so liebes Publikum. Da vergißt man ganz, daß eine so weite Reise ja auch allerhand Strapazen mit sich bringt. Neben hocheleganten Unterkünften hat es manchmal auch ganz primitive gegeben, unsere Garderobe ließ sich einmal in einem Zelt nieder und unsere Vorstellungen spielten sich, mit Ausnahme von Calais, wo uns ein herrliches Theater zur Verfügung stand, meist in Kinosälen ab. Da war

Das Kleine Frauenblatt Seite 9

die Wiener ..." — das will sich
sen, da will jeder dabei sein

Oben: Ein so begeistertes Publikum wie unsere Soldaten hat der kleine Kinosaal wohl noch nie gesehe

Kulissen natürlich ein Gfrett. Aber
it den Frauen, die sich bemühten,
unsere Souffleuse Frau Radl-
, der Reisemarschall, hält diesem
n Lob seines eigenen Geschlechtes
aben sich wirklich als gute Kame-
rungen, wo es gerade nötig war:
ktriker. So hat alles immer tadel-
tbühne ist stolz darauf, gewisser-
weit vorgedrungen zu sein. Flak-
egserlebnis, wie denn überhaupt
n gewesen ist. Angefangen hat es
ert, die zufällig mit der Heimkehr
eich zusammentraf. Da gab es
grüßungen, wir wurden umjubelt,
-gewartet. Selbstverständlich war
ungen groß, und unser »Kleines

Bezirksgericht« hat in den verschiedenen Kinosälen sehr zur Lust und Freude unserer Feldgrauen »amtiert«."

In den Pausen gab es dann manch gemütlichen Plausch zwischen Militäristen und Zivilisten, manch nette Zusammenkunft, denn die Wehrmachtsveranstaltungen weit draußen an der Kanalküste brachten den Soldaten nicht nur einen vergnügten Abend, sondern darüber hinaus auch ein Stück Heimat und das Gefühl, daß wir hier immer an sie denken, immer bei ihnen sind. Auch in der Nacht der Jahreswende, wenn die Gläser zu einem „Prosit!" zusammenklingen. Dem Künstlerensemble des Deutschen Volkstheaters hat die Sommerreise ans Meer eine bleibende Erinnerung geschenkt und unzählige Photos haben dieses Zusammentreffen festgehalten. Und wenn der Soldat René Frau Rosars Sohn, jetzt während seines Urlaubes die Bildchen ansieht, kann er stolz sein auf seine Mutter, die sich bis in die vorderste Linie gewagt hat. Sie und alle, die an den Wehrmachtsveranstaltungen teilgenommen haben, und die unseren Soldaten so nahe gewesen sind. E. L.

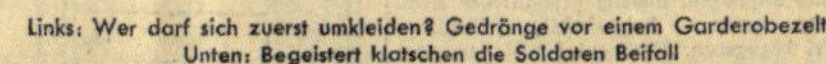

Links: Wer darf sich zuerst umkleiden? Gedränge vor einem Garderobezelt
Unten: Begeistert klatschen die Soldaten Beifall

Abb. 39: Die Berichterstattung über die Frankreich-Tournee muss Annie Rosar vor der Entnazifizierungskommission nach dem Krieg erklären. Zu sehr hätte sie darin die Wehrmacht und damit das Hitlerregime unterstützt. Das kleine Frauenblatt Folge 1, Seite 8–9, 1940.

auch aufgrund mangelhafter Geheimdienstarbeit. Görings Fliegerasse verlieren fast 70 % ihrer eingesetzten Flugzeuge. Vor allem aber scheitern die Deutschen moralisch: Über 40.000 Opfer in der britischen Zivilbevölkerung infolge des deutschen Bombenhagels kann nicht einmal Propagandagenie Goebbels als Erfolgsnarrativ verwenden. Liveberichte aus London über das Desaster unterstützen jenseits des Atlantiks die Befürworter einer US-amerikanischen Kriegsbeteiligung: Die bis dahin in den USA vorherrschende isolationistische Stimmung, nach der man Europa nicht schon wieder zu Hilfe eilen will, beginnt sich zu verändern.

Was Annie ihrem Sohn während seines Heimaturlaubs nicht anvertraut hat, ist ein Eingriff am Gebärmutterhals, den sie mitten im Hochsommer vornehmen lassen muss. Die Diagnose Krebs steht im Raum und sie meint, sie müsse vielleicht bald sterben. Am Abend vor der Operation schreibt sie prophylaktisch einen angsterfüllten, aber auch pathetischen Abschiedsbrief an René an die französische Front: „Ungefähr habe ich ja meine Lebensaufgabe erfüllt: Du kannst Dir jetzt schon allein weiter helfen. Du bist ein herrlich geratener ganzer Mensch, der etwas im Leben leisten wird, wenn er heil heimkommt." Und, „Hätte ich in meinem Leben nur einmal einen Mann gefunden von der Festigkeit und dem Edelsinn, wie Du jetzt schon bist – ich wäre die glücklichste Frau gewesen. Seit ich Dich empfangen, habe ich nur Dir gelebt– warst Du mein ganzes Glück, das Reinste und Schönste, das mir die Vorsehung bescherte – was ist dagegen jeder Erfolg in der Kunst!" „Nun sehe ich vor Tränen nichts mehr, Lebe wohl mein Kind [...] werde glücklicher als Deine Mutter"[8] Das entnommene Gewebe ist gutartig – Annie kann aufatmen und sie stürzt sich wieder in ihre Arbeit. Dreharbeiten in Berlin stehen an. Daneben – das Wintersemester 1940/41 an den heimatlichen Universitäten beginnt in wenigen Wochen – verfolgt sie von neuem den Plan, ihren Sohn zur Wiederaufnahme seines Studiums zu motivieren. Der denkt aber nach wie vor gar nicht daran, der Mutter zu gehorchen, und teilt ihr das auch ziemlich unverblümt mit. Das soldatische Leben im besetzten Frankreich ist eigentlich ganz fidel für einen 19-Jährigen: Essen gibt es genug, selbst Datteln, die er per Feldpost nach Wien schickt, wo so etwas schon länger nicht mehr angeboten wird, und zu trinken...! „Langsam naht das Verhängnis: wir haben Frankreich leer getrunken! Bier hat man ja hier nie ordentlich bekommen, das musste aus Belgien geholt werden. Jetzt bekommt man aber fast keinen Wein mehr, geschweige Sekt oder Likör. Es gibt nur mehr Cognac in genügender Menge. Auf den bekommt man aber furchtbaren Kater" – kein Wunder, dass Annie beim Lesen dieser Zeilen bekümmert ist. Der Lebenswandel ihres Sprösslings behagt ihr verständlicherweise ganz und gar nicht. Auch in der Beschaulichkeit Wiens hätte sie René bestimmt zur Mäßigung angehalten – doch wie gefährlich und unbedacht ist sein Verhalten an der Atlantikküste, wenn er umringt von grölenden Kameraden, mitten im Krieg, latent den Bombenangriffen der Engländer ausgesetzt ist?

An einer ganz anderen Front gibt es dafür im November 1940 gute Neuigkeiten: „Vollständige Versöhnung mit Franzl" notiert die Schauspielerin in ihrem Tagebuch. Die beiden Streithähne, diese Hauptdarsteller der innerfamiliären Seifenoper, sinken einander in die Arme und schwören ewige Liebe. Vielleicht ist es ja das letzte Mal! Zwei Tage später ist Franz Rebiczek-Rosar bereits Richtung Rumänien, das seit Oktober von der Wehrmacht besetzt ist, unterwegs. Spät, aber doch scheint sein Engagement für den Völkischen Beobachter Früchte getragen zu haben. Endlich ist seiner Meldung als Freiwilliger stattgegeben worden. Seine Fähigkeiten in der Administration können der neueingerichteten Heeresmission unter Generalleutnant Erik Hansen dienlich sein. Von Bukarest aus soll diese Kommandobehörde nicht nur die rumänischen Ölgebiete vor dem Zugriff der Alliierten schützen, sondern auch im Falle eines Kriegs mit der Sowjetunion eine gute Position für einen Einsatz der Wehrmacht vorbereiten.

Franzl ist also wieder ihr Franzl. Dafür beginnt Annie Rosar der geliebte Sohn zu entgleiten. Die Abfuhr, die sie erhält, als sie vor Beginn des Sommersemesters 1941 wieder mit der Option Medizinstudium auf René zugeht, ist deutlicher als zuletzt. Der junge Soldat meint, es sei sowieso bald vorbei und dann werde er – natürlich – durchaus mit Interesse wieder Studiosus sein. Bis dahin möge sie ihn als Mutter aber mit ihren Ideen in Frieden lassen. Er schreibt unmissverständlich: „Bei allem guten Willen deinerseits schadest du mir mehr, als du mir nützt. Schließlich muss ich ja doch wahrscheinlich später einmal in die Rossauerkaserne, und die Herren, deren Zeit du jetzt in Anspruch nimmst, werden vielleicht meine Vorgesetzten. Ich betone nochmals, dass ich zur Zeit nicht die Absicht habe, zur Sanität zu gehen und zu studieren, da dies unzweckmässig ist. Unterlasse bitte Siegerehrung und Laufereien und telefonieren. Wenn es für mich Zeit ist und Wert hat, derartige Schritte zu unternehmen, werde ich dich darum bitten und mich vor allem selbst darum kümmern! Tu aber bitte nichts über meinen Kopf hinweg."

Jetzt reicht es Annie aber. Sie will mittlerweile nicht mehr in seine euphemistische Betrachtung der Geschehnisse einstimmen. Sie hat selbst die Zerstörungen in Frankreich gesehen, hat zwischen Bombenalarmen in Berlin gefilmt und nicht zuletzt vom wieder geliebtem Noch-Ehemann Franzl erfahren, dass Renés

Schilderungen von Ruhe und Frieden in Frankreich so gar nicht stimmen. Sie ist verärgert: „Aber Du willst immer päpstlicher sein als der Papst und willst wohl als Einziger wissen, dass der Krieg in ein paar Monaten zu Ende ist."[9]

Wie bringt man einem Verblendeten bei, dass er verblendet ist? So verblendet, dass er – wie viele andere deutsche Soldaten auch – jegliche Kritik und jeglichen Zweifel am Endsieg brüsk zurückweist. René bezichtigt die WienerInnen und vor allem seinen Stiefvater der wilden Gerüchtemacherei und meint – er, der erst 1921 geboren ist! – nonchalant, die Leute „benehmen sich wie 1918".[10] Dabei nimmt er Bezug auf die Dolchstoßlegende, jene Verschwörungstheorie, die von der Obersten Heeresleitung nach der Niederlage von 1918 ins Leben gerufen worden ist, um von ihrer eigenen Verantwortung abzulenken. Demnach habe die siegreiche Armee im Feld durch blödes Gerede und vaterlandsverratende Friedenstümelei der oppositionellen Zivilisten daheim einen Dolchstoß von hinten erhalten und so den Krieg verloren.

Annies Nerven liegen blank. Will ihr Sohn sterben? Warum ist ihm der Kampf an der Front wichtiger als nach Hause zu kommen, als die ihm gebotenen Möglichkeiten zu nutzen und dem Krieg ganz legal und hochangesehen auszuweichen? Ist sie lange Zeit so stolz auf den engagierten jungen Soldaten gewesen, so wirft sie nun ihren ganzen moralischen Stellenwert als Mutter ins verbale Scharmützel und schreibt ihm im Jänner 1941: „Du vergißt um Deinen Ehrgeiz für das Vaterland ja auch um Deine Mutter. Es ist eben als ob Du Dich mit Gewalt gegen das Schicksal stemmen wolltest."

Als René für den 19. März in Wien endlich zum Heimaturlaub angekündigt ist, setzt sie alles in Bewegung, ihm daheim einen schönen Empfang zu bereiten. Allein: Der junge Mann erscheint nicht. Er meint, bei seinen Kameraden bleiben zu müssen. Vermutlich will er ihr eine Lektion erteilen bzw. eine Grenze ziehen. Viel zu spät informiert er die bitter enttäuschte Mutter, die postwendend wieder in „schwerste seelische Depression" fällt, dass er nicht kommt.

René hängen diese ewigen Diskussionen mit der Frau Mama beim Hals heraus. Was hat sie schon für eine Ahnung, was ihm wichtig ist? Weiß sie eigentlich, wie unglücklich er ist? Und überhaupt: Was will sie denn von ihm, wo sie sich doch mit dem Mann, der ihn zu denunzieren versucht hat, wieder im wahrsten Sinn des Wortes ins Bett legt? Sein Enthusiasmus an der französischen Atlantikküste ist jedenfalls nicht verflogen – und noch immer ist sein erster Kriegseinsatz nicht absehbar. Er meldet sich nun sogar freiwillig zu einer völlig neuen besonders gefährlichen Waffengattung, der Sturmartillerie, nur um doch möglichst rasch an die Front zu kommen. Dort lehnt man ihn aber glatt ab. Er wäre mittlerweile zu sehr Spezialist für Küstenabwehr, man würde ihn doch dort brauchen. Frustriert schreibt er nach Hause: „Aber ich habe schon ein eigenartiges Pech. Während des Polenkriegs lag ich im Lazarett, während des Frankreichfeldzug wurde ich ‚spezialausgebildet', kam natürlich zu spät und jetzt kann es wieder passieren, dass ich hier Küstenwache schiebe, während alle anderen nach England kommen. Wenn das eintritt, komme ich nach Hause studieren, dann ist sowieso alles wurscht."

Und dann das: Im April 1941, er ist mittlerweile immerhin nach Polen versetzt worden, verletzt er sich unbestimmten Grades an der rechten Hand und liegt schon wieder im Lazarett, diesmal in Leslau (poln.: Włocławek). Leslau ist seit 14. September 1939, also fast seit Kriegsbeginn, von den Deutschen besetzt und gehört zum Reichsgau Wartheland. „Schusswunde re. Unterarm"[11] – diese Diagnose aus Renés Personalakte macht ihn abermals kampfuntauglich. Annie ist erleichtert, René frustriert. So viel hat er sich vom neuen Einsatzort an der Ostfront erwartet. Zwei Wochen kommt er im Mai 1941 nach Hause, um sich auszukurieren. Als er anschließend seine Mutter wieder verlässt, erleidet die Rosar einen schweren Herzanfall. Seine nächste Stellung ist Russland.

Russland – Albtraum aller europäischen Soldaten mit seinen endlosen Weiten, harten Wintern und unerschöpflichen Menschenressourcen. 1708 hat erstmals Schwedens König Karl XII. versucht, Moskau zu erobern – seine Hauptarmee wird völlig aufgerieben. 1812 ist die Grande Armée unter Napoleon vorgerückt – das Manöver mündet in eine der größten militärischen Katastrophen der Geschichte. Dass dasselbe nicht auch den Mittelmächten Deutschland und Österreich-Ungarn im Ersten Weltkrieg passiert ist, liegt nur am Desinteresse der Bolschewiken an der Weiterführung des Kriegs nach dem Ausbruch der Revolution und der Vertreibung und Ermordung des Zaren. Adolf Hitler hingegen hat von vornherein die Eroberung des Ostens in seinen Plänen vorgesehen. Da er aber zunächst noch einen Zweifrontenkrieg verhindern muss, hat er wenige Tage vor dem Überfall auf Polen mit der Sowjetunion ein Freundschaftsabkommen abgeschlossen, das ihm den Rücken für den Westfeldzug freihält. Außenminister Ribbentrop und sein sowjetisches Pendant Molotow haben diesen geheimen Pakt am 23. August 1939 unterzeichnet. Seitdem sind die beiden totalitären Staaten dabei, Osteuropa unter sich aufzuteilen: Die Deutschen haben seit dem 28. September Westpolen besetzt sowie im November 1940 neben Rumänien auch Ungarn, die Slowakei, Jugoslawien und Bulgarien gezwungen, dem Dreimächtebund zwischen dem Reich, Italien und Japan beizutreten. Die Sowjets haben sich umgekehrt bereits im Frühling desselben Jahres die baltischen Staaten und Teile Finnlands einverleibt. Doch knapp vor Weihnachten 1940 gibt Hitler Befehl, einen Überraschungsangriff gegen Stalin bis Mai 1941 vorzubereiten. Deckname: „Unternehmen Barbarossa". Ziel ist eine Besetzung fast des gesamten europäischen Teils der Sowjetunion. Wer Hitlers Programmschrift „Mein Kampf" gelesen hat – 1941 gibt es bereits rund 7,5 Mio. Exemplare in deutschen und österreichischen Amtsstuben bzw. Haushalten – der/dem sind diese Intentionen des „Führers" klar. Die konkreten Kriegsvorbereitungen gegen Russland hingegen bleiben bis kurz vor den ersten Fliegerangriffen auf sowjetische Städte im Dunkeln. Da verzögert ein Putsch in Jugoslawien die Aufmarschpläne der Wehrmacht im Osten: Die Offiziere in Belgrad, die viel lieber auf Seiten der Alliierten stehen wollen, übernehmen kurzfristig die Macht – Hitler muss zuschlagen, will er nicht von Süden her eine offene Flanke bieten. Zeitgleich gehen deutsche Truppen auch gegen Griechenland vor, wo Verbündeter Mussolini nicht weitergekommen ist. Mit sechswöchiger Verspätung greift Hitlerdeutschland Stalins Sowjetunion an. 3,3 Millionen deutsche Soldaten stehen anfangs 5,3 Millionen russischen gegenüber, und es ist klar: Wenn hier nicht ein zweiter Blitzkrieg gelingt, marschiert die Wehrmacht den bekannten, entsetzlichen Auswirkungen des russischen Winters entgegen.

„Kriegserklärung an Russland!!! Mein armer armer René, bin ganz gebrochen." schluchzt Annie Rosar daher am 22. Juni 1941 in ihr Tagebuch. Ihre schlimmsten Befürchtungen sind wahr geworden: Ihr Sohn ist an einer aktiven Front gelandet. Wie viel gäbe sie jetzt, würde er im Westen an der Atlantikküste sitzen? Sie träumt schlecht, sieht René allein auf seinem Motorrad fahren und ihr zurufen, sie solle durchhalten, das würde sein Leben retten. Fünf Tage nach dem deutschen Überfall auf den ehemaligen Verbündeten Sowjetunion erhält sie die erste Nachricht, die alles andere als beruhigend ist. René sei tagelang von seiner Truppe getrennt gewesen und allein umhergeirrt. Einzig von rohen Eiern habe er sich ernährt. Was da genau schiefgelaufen ist, lässt sich nicht mehr eruieren. Er ist im August 1941 vor Smolensk, gerade dort, wo die heftigsten Gefechte während der sogenannten Kesselschlacht stattfinden. Die Nachrichtenlage ist schlecht. Nur wenige Briefe sind aus dieser Zeit von beiden Seiten erhalten, und wenn in diesen wenigen Briefen René dann von den „hartnäckigen Russen" berichtet, dann kann die Rosar vor Angst um ihr Kind kaum schlafen.

Da endlich eine Frohbotschaft für die geplagte Mutter: René kommt in den Offizierskurs und wird die nächsten drei Monate in Jüterbog, südlich von Berlin, verbringen. Zuvor kommt er aber noch auf Stippvisite nach Wien. Er ist sehr abgemagert und hat „unendlich viel Grauenhaftes gesehen und erlebt. Aber nun brauche ich drei Monate nicht um ihn zittern!", hält Annie für sich fest. Sie feiern nachträglich seinen 20. Geburtstag und sind dabei in ihren jeweiligen Hoffnungen diametral voneinander entfernt. Der junge Soldat träumt von einer

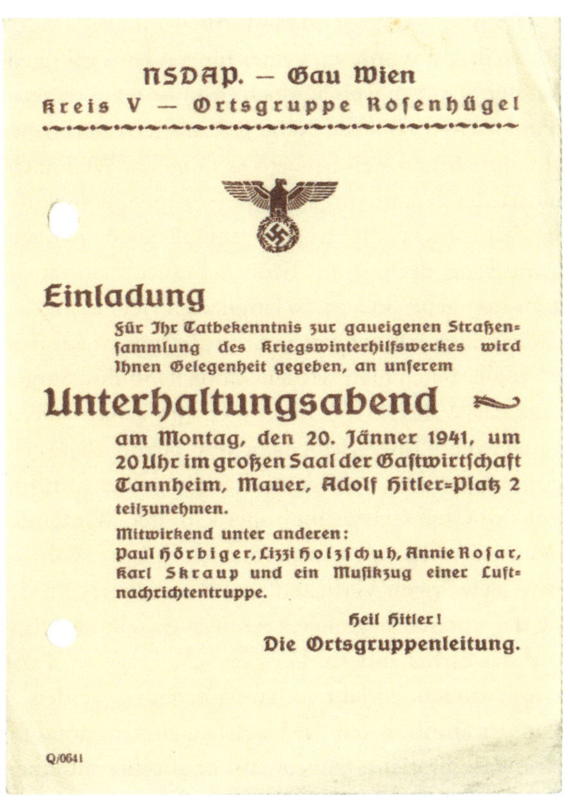

NSDAP. – Gau Wien
Kreis V – Ortsgruppe Rosenhügel

Einladung

Für Ihr Tatbekenntnis zur gaueigenen Straßensammlung des Kriegswinterhilfswerkes wird Ihnen Gelegenheit gegeben, an unserem

Unterhaltungsabend

am Montag, den 20. Jänner 1941, um 20 Uhr im großen Saal der Gastwirtschaft Tannheim, Mauer, Adolf Hitler=Platz 2 teilzunehmen.

Mitwirkend unter anderen:
Paul Hörbiger, Lizzi Holzschuh, Annie Rosar, Karl Skraup und ein Musikzug einer Luftnachrichtentruppe.

Heil Hitler!
Die Ortsgruppenleitung.

Q/0641

Abb. 40: Im Dienst des Reiches: NSDAP Unterhaltungsabend mit Annie Rosar und Paul Hörbiger am 20.1.1941.

baldigen Rückkehr an die Front, die mittlerweile 53-jährige Mutter davon, dass sich doch noch ein Wunder ereignen werde, das ihn zurück in Wien oder zumindest weit weg vom Kampfgebiet hält.

Am 23. August 1941 fährt René Rebiczek-Rosar mit dem Zug über München nach Landsberg an der Lech und meldet sich in der dortigen Artilleriekaserne. Von dort geht es weiter in die berühmte Artillerieschule Jüterbog zum Lehrgang für angehende Offiziere. Hier haben schon die Preußen unter Wilhelm II. 1890 eine einschlägige Ausbildungsstätte gegründet. Jüterbog ist ein sehr traditionsbehafteter Ort, der allein dadurch jungen Soldaten von vornherein Respekt abnötigt. Aus diesem Spätsommer 1941 existiert überhaupt keine Korrespondenz zwischen René und seiner Mutter. Auch in ihren Tagebüchern und Kalendern findet sich erstaunlich wenig. Verliebt scheint er sich zu haben, der 20-Jährige, in eine Bayerin namens Susi. Sogar von Heirat ist die Rede, aber das zerschlägt sich wieder. Die Rosar lernt diese präsumtive Schwiegertochter auch gar nicht kennen. Doch ist sie guter Dinge, denn die Liebelei des Sohns hat sie auf eine neue Idee gebracht: Wenn sie schon als Mutter den Wettbewerb gegen Adolf Hitler nicht gewinnen kann, vielleicht würde dies einer jungen Frau gelingen? Die Überlegung ist nicht von der Hand zu weisen, doch sie muss noch reifen.

Im Herbst sehen sie einander zweimal – die Nähe Jüterbogs zu Berlin, wo Annie immer wieder zu Filmaufnahmen weilt, macht es möglich. Weihnachten 1941 verbringen sie sogar wieder gemeinsam als Familie, Annie, Franzl und René. Es ist als habe man die Zeit zurückgedreht. „Sehr sehr glücklich, unsagbar schöner H.[eiliger] Abend mit René, der mit mir Baum schmückt" notiert sie am 24. Dezember, bevor sie zu Bett geht. So fein, so familiär, so viel Freude!

Am Heiligedreikönigstag des neuen Jahres fährt René wieder zurück zur Ausbildung, und der alte Trott hat alle Beteiligten wieder. Annie kann ihre Sorgen angesichts der brisanten Lage des Winterkriegs nicht mehr im Zaum halten. Ganz offensichtlich ist der angestrebte Blitzkrieg gescheitert. Schon über sechs Monate dauert der Feldzug im Osten. Das unwegsame Terrain an der Ostfront gepaart mit Eiseskälte – minus 50 Grad Celsius im bisher kältesten Winter der Geschichte – und völlig verausgabte Truppen fordern ihren Tribut. Wohl ist selbst in der Propaganda von „gewaltigen Verlusten" die Rede, aber: „An der planmäßigen Durchführung der unseren siegreichen Armeen gestellten Aufgaben für das nächste Jahr wird das nichts ändern. Die russische Frage wird von der deutschen Wehrmacht im kommenden Jahr endgültig bereinigt werden."[12] Nicht der geringste Zweifel an der Sinnlosigkeit des Unterfangens darf aufkommen. Doch so einfältig ist Annie Rosar nicht. Ungebremst bricht ihre Bitterkeit hervor. Sie ist verzagt, sie ist böse auf ihren widerspenstigen Sohn, der partout nicht einsehen will, dass es wichtiger ist, sein Leben zu retten als es zu opfern: „Du hast Dich aber in diese unselige Idee verrannt, weil Du dachtest, der Krieg ist in absehbarer Zeit aus und nun glaubst Du, konsequent sein zu müssen, obwohl immer wieder Verordnungen kommen, wonach es sogar Deine Pflicht ist, weiter zu studieren."[13] Die mütterlichen Vorwürfe kommen bei dem 20-Jährigen nicht gut an. Er würde, schreibt er postwendend retour, nicht von der Front weichen wollen, selbst wenn man alle Mediziner vom Schlachtfeld nach Hause zurückbeorderte.

Die heimischen Medien berichten in diesen ersten Wochen des neuen Jahres 1942 vom asiatischen Kriegsschauplatz, von Hongkong, Manila oder Nanking, von den Verleumdungen der Briten, von den Gräueltaten der Sowjets und vom neuen transatlantischen Gegner, den USA. Mit dem japanischen Überfall auf Pearl Harbour in Hawaii am 7. Dezember 1941 hat der Kongress in Washington dem Reich der aufgehenden Sonne den Krieg erklärt. Präsident Roosevelt hat einen Tag danach verkündet, dass sich sein Land folglich auch mit den Faschisten Italiens und damit auch mit dem Deutschen Reich im Krieg befindet. Was Hitler hat verhindern wollen, ist nun eingetreten: Ein Zweifrontenkrieg mit den beiden Weltmächten Sowjetunion und USA. „Zusammenhalten" ist angesichts dessen nun die besondere Parole im NS-Staat. Der Völkische Beobachter berichtet auf mehreren Titelseiten über die große Sammlung an Winterkleidung für die frierenden Soldaten. Insgesamt sammeln die BürgerInnen des Deutschen Reichs sage und schreibe 67.232.686 Stück an Pelzen, Schals, Wollunterhosen u. a. Mit launigen Unterhaltungsabenden bedankt sich die Partei bei der Bevölkerung und lokale Künstlerprominenz wirkt eifrig mit. Annie Rosar ist genauso wie Paul Hörbiger oder Karl Skraup dabei.

Wie schlecht es militärisch um die eigenen Streitkräfte tatsächlich steht, darüber wird Stillschweigen bewahrt. Kein Wort über die Dezemberoffensive durch Stalins Armee, die die Wehrmacht beinahe völlig vernichtet hat. Als die Rosar dann am 16. Jänner 1942 davon hört – der Sohn einer Freundin hat ungleich ehrlicher als René von der Front darüber berichtet, ohne von der Zensur abgefangen zu werden –, kann sie sich nicht mehr halten. Mit starken Worten weist sie noch am selben Tag Renés unverdrossen positive Sicht der Kriegssituation zurück: „[…] und nicht nur ich sehe, dass Du in Deinem zu grossen Idealismus falsche Wege gehst, die Dir und dem Vaterland nichts nützen und mich zugrund richten, wie im Falle der Verweigerung der Fortsetzung Deines Studiums und des Drängens an die möglichst gefährlichste Stelle der kämpfenden Front." Sie merkt, dass es eng wird. Vorbei die Euphorie, der Stolz auf den Sohn, die Freude über seine Freude – sie weiß, dass ab jetzt jederzeit die Nachricht vom Soldatentod ihres einzigen Kinds eintreffen kann.

Es ist eine Phase, in der ihr die Schuppen von den Augen fallen. Nicht nur, dass Soldaten mit schwersten Erfrierungen von der russischen Front nach Hause kommen, und von unmenschlichen Bedingungen und ungeheuren Verlusten erzählen. Von einem Bekannten, der mit substantiellen körperlichen und seelischen Verletzungen nach acht Monaten aus dem KZ zurückkehrt, erfährt sie, „wie es in Dachau zugeht". Das Lager im bayerischen Dachau, bereits 1933 gegründet, hat vorerst zur Abschreckung und zur Anhaltung politischer Gegner gedient. 1942 jedoch ist man dort dazu übergegangen, an Insassen medizinische Experimente durchzuführen. Tausende von geistig behinderten, arbeitsunfähigen oder sonst wie unliebsamen Häftlingen werden ab dann von Dachau zur Tötung ins oberösterreichische Hartheim geschickt. „Bin mehr als entsetzt", schreibt Annie Rosar an den nazitreuen Sohn. Ihre Abscheu wirkt glaubhaft. Von René ist keine direkte Reaktion darauf bekannt.

In Wien ist der Winter auch bitterkalt. Mit 29,1 Grad Minus hält der 24. Jänner 1942 noch immer den Kälterekord der Bundeshauptstadt, knapp einen Monat später, am 17. Februar gibt es innerhalb von 24 Stunden 50 cm Neuschnee – ein nur noch einmal, 1963, erreichter Spitzenwert. Man sieht wenige Menschen auf den Straßen, die „feinsten Leute selbst schleppen Kohlensäcke" notiert Annie mit klammen Fingern, wenn es überhaupt noch Kohle zum Heizen gibt. Viele Geschäfte sind außerdem wegen Einrückung, Krankheit oder Deportation des Inhabers bzw. der Angestellten geschlossen. Das trägt zusätzlich zu einer spürbar morbiden Atmosphäre in der Hauptstadt der Ostmark bei. Die Theater müssen tageweise schließen, „wegen Kohlenersparnis geschlossen", heißt es dann in den Zeitungen. Vier Wochen lang bekommt Annie nichts Warmes in den Magen, sie probt gerade für die Premiere von G. B. Shaws „Frau Warrens Gewerbe" in der Komödie, einer Kleinkunstbühne, die seit 1941 dem Volkstheater und der Kraft-durch-Freude-Aktion angeschlossen ist.[14] Sie spielt darin die Hauptrolle, eine Puffmutter, die um die Liebe ihrer Tochter kämpft, ihr allerdings verheimlicht, wer ihr Vater ist. Parallelen zu Annies wirklichem Leben sind eindeutig. Zwistigkeiten im Vorfeld mit dem Regisseur Walter Ullmann wegen unterschiedlicher Rollenauffassungen drücken Annie aufs Gemüt, doch der Erfolg ist so umwerfend, dass alles davor vergessen ist: „‚Frau Warrens Gewerbe'" musste aufgeführt werden, damit wir sehen, was wir an der Rosar haben", feiert sie das Neue Wiener Tagblatt. Das Vereinigte Königreich kommt in diesem Stück des englandkritischen und deutschlandfreundlichen Iren George Bernard Shaw gar nicht gut weg. Nicht zuletzt deshalb darf Shaw auch als einer der wenigen ausländischen Autoren unter den Nazis nach wie vor gespielt werden. Baldur von Schirach, seit August 1940 Gauleiter und Reichsstatthalter in Wien, schickt Annie Rosar nach einer dieser erfolgreichen Vorstellungen „herrliche Orchideen".[15] Dass derselbe von Schirach auch für die Deportationen von ca. 65.000 Wiener Juden in die Vernichtungslager verantwortlich ist – 45 Züge verlassen Wien zwischen Februar 1941 und Oktober 1942, nur wenig mehr als 2.000 überleben das Ende des Kriegs – kümmert sie nicht, weiß sie nicht oder will sie nicht wissen. Mit der *Frau Warren* ist Annie Rosar jedenfalls den ganzen Frühling über beschäftigt – eine konstante Bestätigung ihrer Kunst in sonst deprimierenden Zeiten.

Privat befindet sie sich wieder einmal auf der Hochschaubahn der Gefühle. Die Fernbeziehung mit Franz Rebiczek-Rosar, der für seine Tätigkeiten in Rumänien von der Wehrmacht wie der deutschen Gesandtschaft gelobt wird, hat mehr als ein Jahr ganz gut funktioniert. Die Streitereien des Alltags sind ausgeblendet, und so können die beiden Eheleute sich regelmäßig in eine heile Welt

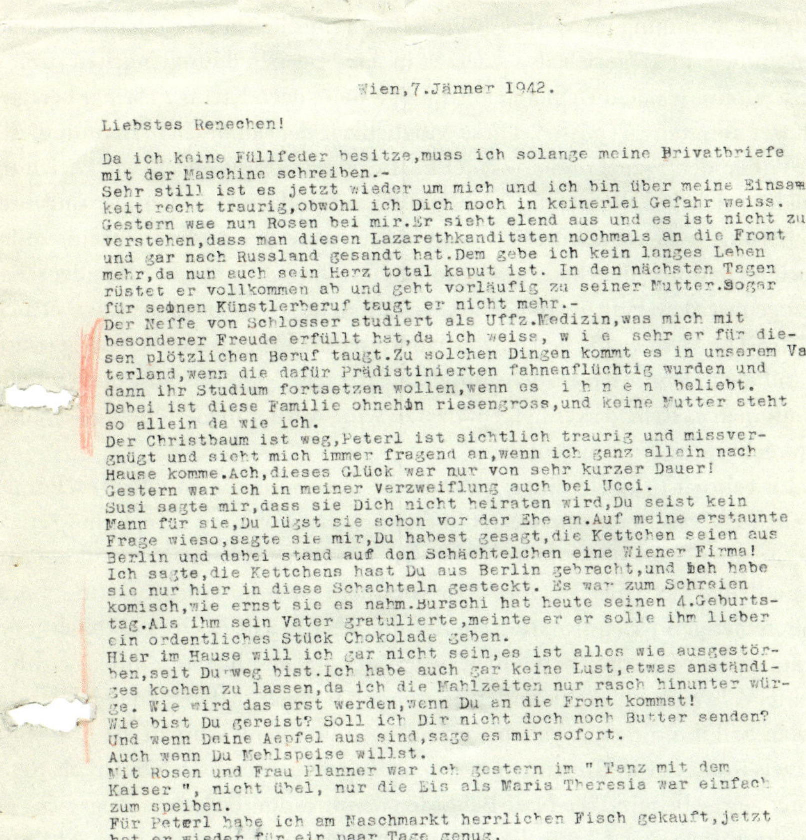

Wien, 7. Jänner 1942.

Liebstes Renechen!

Da ich keine Füllfeder besitze, muss ich solange meine Privatbriefe mit der Maschine schreiben.-
Sehr still ist es jetzt wieder um mich und ich bin über meine Einsamkeit recht traurig, obwohl ich Dich noch in keinerlei Gefahr weiss.
Gestern wae nun Rosen bei mir. Er sieht elend aus und es ist nicht zu verstehen, dass man diesen Lazarethkanditaten nochmals an die Front und gar nach Russland gesandt hat. Dem gebe ich kein langes Leben mehr, da nun auch sein Herz total kaput ist. In den nächsten Tagen rüstet er vollkommen ab und geht vorläufig zu seiner Mutter. Sogar für seinen Künstlerberuf taugt er nicht mehr.-
Der Neffe von Schlosser studiert als Uffz. Medizin, was mich mit besonderer Freude erfüllt hat, da ich weiss, w i e sehr er für diesen plötzlichen Beruf taugt. Zu solchen Dingen kommt es in unserem Vaterland, wenn die dafür Prädistinierten fahnenflüchtig wurden und dann ihr Studium fortsetzen wollen, wenn es i h n e n beliebt.
Dabei ist diese Familie ohnehin riesengross, und keine Mutter steht so allein da wie ich.
Der Christbaum ist weg, Peterl ist sichtlich traurig und missvergnügt und sieht mich immer fragend an, wenn ich ganz allein nach Hause komme. Ach, dieses Glück war nur von sehr kurzer Dauer!
Gestern war ich in meiner Verzweiflung auch bei Ucci.
Susi sagte mir, dass sie Dich nicht heiraten wird, Du seist kein Mann für sie, Du lügst sie schon vor der Ehe an. Auf meine erstaunte Frage wieso, sagte sie mir, Du habest gesagt, die Kettchen seien aus Berlin und dabei stand auf den Schächtelchen eine Wiener Firma!
Ich sagte, die Kettchens hast Du aus Berlin gebracht, und ich habe sie nur hier in diese Schachteln gesteckt. Es war zum Schreien komisch, wie ernst sie es nahm. Burschi hat heute seinen 4. Geburtstag. Als ihm sein Vater gratulierte, meinte er er solle ihm lieber ein ordentliches Stück Chokolade geben.
Hier im Hause will ich gar nicht sein, es ist alles wie ausgestörben, seit Du weg bist. Ich habe auch gar keine Lust, etwas anständiges kochen zu lassen, da ich die Mahlzeiten nur rasch hinunter würge. Wie wird das erst werden, wenn Du an die Front kommst!
Wie bist Du gereist? Soll ich Dir nicht doch noch Butter senden?
Und wenn Deine Aepfel aus sind, sage es mir sofort.
Auch wenn Du Mehlspeise willst.
Mit Rosen und Frau Planner war ich gestern im " Tanz mit dem Kaiser ", nicht übel, nur die Eis als Maria Theresia war einfach zum speiben.
Für Peterl habe ich am Naschmarkt herrlichen Fisch gekauft, jetzt hat er wieder für ein paar Tage genug.
Gebe Gott, dass ich wieder leichter Deine Abwesenheit ertragen lerne als jetzt - da würde ich im Irrenhaus enden.
Ich küsse Dich innigst und hoffe Dich wohlauf!

Mutti.

Hast Du das Päckchen mit Deiner Füllfeder schon erhalten?

Abb. 41: Einer der unzähligen Briefe Annie Rosars an die Front, 7.1.1942, ausnahmsweise auf Maschine geschrieben.

flüchten, wenn Franzl wieder einmal in Wien auf Besuch ist. Außerdem hat er sich eine Wohnung im Weinort Grinzing am nördlichen Rand der Donaustadt genommen. Er kann sich also jederzeit in seine eigenen Räumlichkeiten zurückziehen, ohne gleich die eineinhalbstündige Reise nach Krems zu seiner betagten Mutter antreten zu müssen. Diese Möglichkeit der räumlichen Trennung, dieser Puffer, den Franzl immer wieder in Anspruch nimmt, macht die Beziehung wieder prickelnd. Rebiczek-Rosars passen auf und sind vorsichtiger mit ihren Äußerungen zueinander. Die wenigen Momente des Zusammenseins sollen doch nicht durch unachtsame wie unliebsame Zwischentöne in Mitleidenschaft gezogen werden. Franzls 50. Geburtstag fällt in diese Zeit, und die Rosar ersucht sogar René, dem wenig geschätzten Stiefvater doch zu diesem Feiertag extra zu gratulieren, denn: „Ich brauche ihn doch jetzt sehr – Du verstehst mich schon." Kann man es René da verdenken, dass er seine Mutter in Gefühlsangelegenheiten nicht mehr ernst nimmt?

Im Februar 1942 allerdings, inmitten des Jubels um die *Frau Warren*, kommt Franz Rebiczek-Rosar unerwartet in die eheliche Wohnung zurück und verlässt sie für einige Tage nicht mehr. Er hat seine Stellung in Rumänien verloren, ein neuerlicher Tiefschlag für ihn, aber vor allem auch für Annie. Denn in einer so schwierigen Kriegssituation, in der die Wehrmacht doch tatsächlich jeden braucht, ist es besonders peinlich, wenn der eigene Ehemann mit einem Mal keine Verwendung mehr findet, ja scheinbar sogar in Ungnade gefallen ist. „Man will ihn nirgends haben", schreibt Annie ihrem Sohn an die Front. Rebiczek-Rosar hat in Rumänien in einem Fragebogen Ladislaus Fuchs als Renés Vater angegeben und die Nazi-Behörden damit vermutlich unter Zugzwang gebracht: Entweder gehen sie der Sache nach und „enttarnen" den jungen Offizier als „Mischling", oder sie stellen Rebiczek-Rosar als Lügner dar. Sie entscheiden sich für letzteres und zwingen ihn zum Austritt aus der Wehrmacht. Dass zur gleichen Zeit René seine Offiziersausbildung beendet und Leutnant geworden ist, geht in all der Aufregung fast unter.

Kaum sind die harten Wintertage vorbei, zieht es Annies Franzl dann aber doch vor, wieder in Krems in den Weingärten zu sein. Dort sind als Unterstützung für Gewerbetreibende und Weinbauern französische Kriegsgefangene zum Arbeitseinsatz verpflichtet worden. Seite an Seite mit ihnen steht er zwischen den Reben, und es funktioniert so gut, dass „wir uns wahrscheinlich doch einen Gefangenen ständig halten werden", kündigt die Rosar René im Frühling 1942 an.

Derweilen kippt die Stimmung in Wien „unter null". Adolf Hitlers mehr als einstündige Rede vor dem Deutschen Reichstag am 26. April hat unüberhörbar die Schwierigkeiten des Kriegs zur Sprache gebracht. Der volle Wortlaut ist wie immer, wenn der Diktator spricht, über mehrere Seiten in allen wichtigen Zeitungen abgedruckt und so allen BürgerInnen zugänglich gemacht worden. „Ich erwarte mir daher einiges", hat der Führer nach einer ausführlichen Darstellung der aktuellen Lage gesagt, „Daß mir die Nation das Recht gibt, überall dort, wo nicht bedingungslos im Dienste der größeren Aufgabe, bei der es um Sein oder Nichtsein geht, gehorcht und gehandelt wird, sofort einzugreifen und dementsprechend selbst handeln zu dürfen."[16] Hitler verlangt nichts weniger als das uneingeschränkte Durchgriffsrecht auf alles und jede/n. Der Reichstag folgt seinem Wunsch mit einem entsprechenden Beschluss in Form eines Ermächtigungsgesetzes für die Dauer der Kriegszeit. Dieses Scheinparlament, in dem die NSDAP die einzige Fraktion stellt, ist von 1939 bis 1942 nur sechsmal einberufen worden, deaktiviert sich nun von selbst. Das Führerprinzip ist endgültig Realität geworden. Die erste reguläre Parlamentssitzung (West-)Deutschlands wird erst wieder am 7. September 1949 unter der neuen Bezeichnung „Sitzung des Deutschen Bundestags" in Bonn stattfinden.

Zuversicht, dass der große Krieg an diesen vielen Fronten noch gewonnen werden kann, gibt es im Frühling 1942 nur mehr wenig. Die einen glauben, dass der Krieg bis zum Ende des Jahrzehnts, also noch jedenfalls sieben oder acht Jahre dauern könne, die anderen üben sich im Denunzieren von allem und jedem, was ihnen für den Endsieg abträglich zu sein scheint. In Annies Haus schreit ein Nachbar: „Lauter Mischlinge sind in diesem Haus, […] Der Sohn von der Rosar ist auch ein Mischling!"[17]

René meldet sich im März erneut zur Sturmartillerie und wird diesmal – er ist sehr glücklich – endlich genommen. Weiß Annie Rosar, dass sich ihr Kind damit ganz bewusst in überdurchschnittliche Gefahr begibt, und zwar völlig unabhängig vom Einsatzgebiet? Schon Mitte der 1930er Jahre hat General Erich von Manstein neue militärische Unterstützung für Infanterie und Artillerie gefordert, um die gegnerischen Stellungen besser und nachhaltiger ausschalten zu können. 1937 ist dann der erste Prototyp für vier Mann Besatzung vorgestellt worden. Erstmals eingesetzt werden die StuGs, die Sturmgeschütze, dann im Westfeldzug 1941. Dort hat René sie auch kennengelernt, beobachtet und sich besonders für ihre Verwendungsmöglichkeiten interessiert. Einiges war an dieser neuen Waffengattung attraktiv für ihn: 1. Ist die Sturmartillerie im Feld besonders erfolgreich, vor allem bei der Panzerabwehr. 2. Sind die Einsätze hier besonders risikoreich, gleich ein Viertel aller Geschütze geht allein 1941 verloren, die Verluste der Besatzung sind entsprechend. Der junge Rebiczek-Rosar ist sich dessen voll bewusst und setzt deshalb auch am 20. April

1942, an Hitlers Geburtstag, sein erstes Testament auf. Er vermacht alles zu 100 % seiner Mutter. 3. Gilt die Sturmartillerie als innovative Waffengattung als etwas Besonderes. Bis 1943, bis zur Niederlage in Stalingrad, können sich die Verantwortlichen daher auch die besten Soldaten unter Heerscharen von Freiwilligen aussuchen. Renés Einheit ist die Sturmgeschütz-Abteilung 667. Lang währt die Freude für den jungen Leutnant aber nicht. Nur zwei Monate später lässt ihn seine Gesundheit wieder einmal im Stich, und er kommt neuerlich ins Lazarett nach Neisse. Eine schwere Halserkrankung, eine Art Angina, zwingt ihn diesmal aufs Krankenlager. Sehr ärgerlich für den nach Kriegseinsätzen und Heldentaten strebenden Offiziersanwärter. Mutter Annie vermutet, dass für diese neuerliche Krankheit von schlechter Luft in den Panzern bis hin zu Viren in den Baracken alles Mögliche verantwortlich sein könnte. Fast zwei Monate ist er nicht einsatzfähig und muss sich schonen, erst dann kann er wieder gegen die Rote Armee kämpfen.

Aus dem August 1942 ist ein Brief der Wiener Schauspielerin an ihren Sohn erhalten, in dem sie erstmals (und vielleicht auch das einzige Mal – zumindest sind keine anderslautenden Briefe erhalten) ihren Sohn unmissverständlich ermahnt: „Und lass nie Hass in Dein Herz kommen – wir sind alle Kinder Gottes, und erinnere Dich stets daran, was für prachtvolle und edle Menschen wir unter den jetzt so schmählich behandelten ‚Juden' hatten – wenn die ‚deutschen' – hoffentlich nicht wir Österreicher – einmal dafür werden büßen müssen – was diese Menschen an ihnen verbrochen – dann wird es schrecklich werden. Und so sind auch die Menschen."[18] Aber es geht nicht nur um JüdInnen, auch der Gegner am Schlachtfeld, „der Feind", ist ihr plötzlich die Frage wert „Was hat Dir ein Russe getan?"

Was ist geschehen? Hat René in einem Brief von der Front über Konzentrationslager berichtet? Hat er sich rassistisch geäußert? Wir wissen es nicht. Was wir aber sehr wohl nachweisen können, ist das Wüten der Wehrmacht in den besetzten Gebieten im Osten. Rund 2000 Juden sind allein im Umfeld von Neisse seit Kriegsbeginn ermordet worden. Vielleicht hat René Rebiczek-Rosar in einem nicht mehr erhaltenen Schreiben auf diese Verbrechen seiner Kameraden angespielt, und Annie hat hier repliziert.

Bemerkenswert jedenfalls, dass die Zensur einen Brief dieses Inhalts überhaupt durchgelassen hat. Schon 1939 hat Annie René gegenüber geäußert, er brauche sich keine Sorgen zu machen, ihre und seine Briefe würden nicht zensuriert werden. Später haben sich Mutter und Sohn darauf verständigt, Annies schon jahrelang praktizierte Geheimschrift zur Kodierung heikler Textstellen zu verwenden. Hier kritisiert sie unzweifelhaft die Diskriminierung der jüdischen MitbürgerInnen, die mittlerweile sehr öffentlich gehandhabt wird: Alle JüdInnen müssen seit 19. September 1941 einen gelben Stern tragen. Auch Wohnungen, in denen JüdInnen leben, müssen in Wien mit einem solchen Stern gekennzeichnet sein. Über den Sommer 1942, in vielen Einzelschritten, verlieren jene, die noch nicht deportiert sind, kontinuierlich Rechte: Sie dürfen keine Tabakwaren, keine Eier und keine Frischmilch mehr kaufen, müssen Elektrogeräte abgeben und dürfen mit der Straßenbahn nur mit polizeilicher Erlaubnis fahren, jüdischen Kindern ist der Besuch jeder Art von Schule verboten. Vielleicht hat die Rosar ihren Brief einem Freund Renés mitgegeben – das ist eine häufige Praxis von Angehörigen und Soldaten selbst, um der Zensur zu entgehen.

Was sie noch in diesem brisanten Brief schreibt, will Renés „arische" Herkunft untermauern: „Wie unendlich gerne hätte ich es jetzt, wärest Du wirklich ein ‚Mischling' gewesen – dann müßtest Du nicht ins Feld, nicht in das gefürchtete Rußland…" Sie irrt hier, denn „Mischlinge" ersten Grades können sehr wohl weiterhin Mitglied der Wehrmacht bleiben, allerdings nur im Falle außerordentlicher Tapferkeit – und mit Hitlers höchstpersönlichem Placet – Führungspositionen einnehmen. René hätte also in jedem Fall an die Ostfront geschickt werden können. Auch die Offizierslaufbahn wäre ihm, wenn Ladislaus Fuchs weiterhin offiziell als sein Vater gegolten hätte, nicht zwingend verwehrt geblieben. Er gehört ja zu den Tapfersten und Eifrigsten seiner Truppe. Sein vorbildhaftes Verhalten bei Überlegenheit des Feindes bringt ihm am 9. September 1942 seine erste Auszeichnung: das Eiserne Kreuz Erster Klasse. 17 oder 23 russische Panzer gehen auf sein Konto – hier widersprechen die Eintragungen einander. Jedenfalls sind es auszeichnungswürdig viele. Doch das alles hat seinen Preis: Nur zwei Tage später liegt René Rebiczek-Rosar schon wieder im Lazarett. Ein Granatsplitter am Oberschenkel bzw. im Gesäß setzt ihn außer Gefecht. Seine mit Blut befleckte Ausweistasche, die er an diesem Tag in der Hosentasche getragen hat und die vermutlich die Wirkung des Splitters abschwächt, wird seiner Witwe im Zuge der Verlassenschaft zugestellt werden.

Das Heereskommando weiß sich bei Soldaten à la René gebührend zu bedanken, und so erhält Annies Sohn noch im selben Monat gleich zwei weitere Orden: das Verwundetenabzeichen in Schwarz, das ihm für ein- oder zweimalige Verwundungen durch Feindeinwirkung zusteht, und das Sturmabzeichen, eine Art Tapferkeitsmedaille.

Der Verwundete wird zuerst nach Polen und dann ins Reservelazarett Nagold im Schwarzwald gebracht, bis ihn seine Mutter mit viel Aufwand nach Wien in ein Reservelazarett holt. Das Gesuch unterzeichnet sie mit „Heil Hitler". Sie weiß, dass es so auf jeden Fall schnell und problemlos erledigt werden wird.

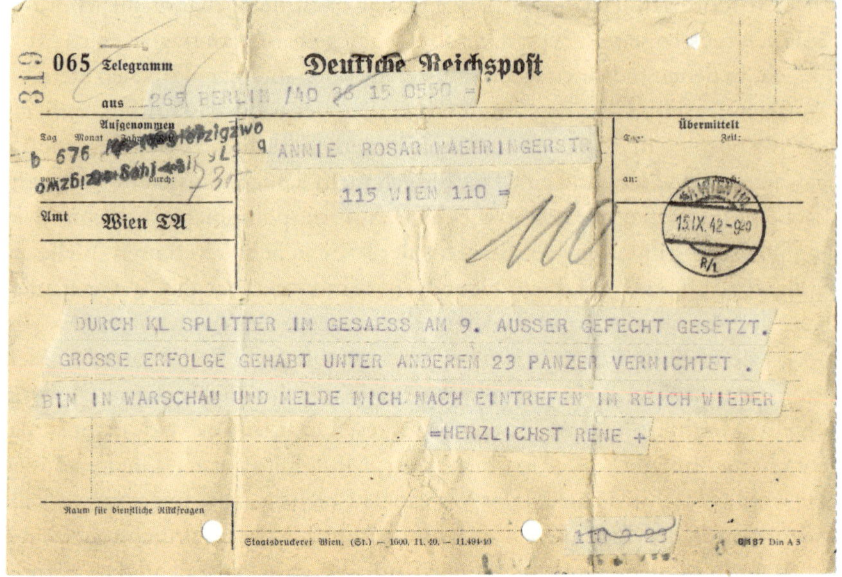

319 065 Telegramm Deutsche Reichspost

aus 265 BERLIN /40 26 15 0550 =

Aufgenommen Tag Monat Jahr Zeit

von: durch:

Amt Wien TA

9 ANNIE ROSAR WAEHRINGERSTR

115 WIEN 110 =

Übermittelt Tag: Zeit:

an: durch:

15.IX.42

DURCH KL SPLITTER IM GESAESS AM 9. AUSSER GEFECHT GESETZT.
GROSSE ERFOLGE GEHABT UNTER ANDEREM 23 PANZER VERNICHTET .
BIN IN WARSCHAU UND MELDE MICH NACH EINTREFFEN IM REICH WIEDER
=HERZLICHST RENE +

Raum für dienstliche Rückfragen

Staatsdruckerei Wien. (St.) – 1600. 11. 40. – 11.491-40 C 187 Din A 5

Abb. 42: Telegramm von Renés Verletzung am Gesäß.

Was zu diesem Zeitpunkt keiner ahnt: Insgesamt wird es sechs Monate brauchen, bis René von dieser scheinbar lächerlichen Verwundung vollständig genesen ist. Schon wieder dauert es auffallend lang, für ihn unerträglich lang, bis er wieder völlig einsatzfähig ist. Drei Operationen sind nötig, um Oberschenkel bzw. Gesäß wieder zur Gänze herzustellen. Der ungeduldige Patient tritt mit seinen direkten Vorgesetzten, Hauptmann Vagedes (Anm. Vorname unbekannt), Kommandeur der Sturmgeschütz-Abteilung 667, sowie Rudolf Zettler in Kontakt. Man möge ihn doch gleich wieder anfordern, sowie er wieder fit sei. Welch großes Interesse beide Offiziere an der Rückkehr des jungen Rebiczek-Rosar haben, beweisen ihre Antwortschreiben. „Ihre Bitte, Sie wieder anzufordern, werde ich erfüllen, da ich Sie für meine Abteilung nicht verlieren möchte“,[19] beruhigt Vagedes „im Felde“, während Zettler ganz im Sinne gelungener Mitarbeitermotivation vom erfolgreichsten Tag der Batterie berichtet. Renés Verlangen nach rascher Rückkehr an die Front soll mit detailgetreuen Kampfschilderungen gefüttert werden: „Endlich konnte ich noch einen Rest eines Batl. nach vorne führen. Bei der Rückfahrt zum Gefechtstand sah ich dann plötzlich von Süden ganze Schwärme Infanterie auf mich zu kommen. Da ich sie für zurückgehende eigenen Truppen hielt, fuhr ich mit dem Beikrad

Abb. 43: Gesäßtasche mit Blut von Renés Schussverletzung, 1942.

auf sie los[,] um sie wieder nach vorne zu treiben. Erst als ich schon auf 150 m dran war, erkannte ich, dass es sich um Russen handelt und haute wieder ab. Zufällig kam am Bahndamm gerade ein eigenes Batl. in panischem Schrecken zurück, teilweise allerdings bereits ohne Waffen, Koppel und Munition. Diese Burschen habe ich mir schnell geschnappt und mit der Pistole nach vorne den Russen entgegengetrieben.....Insgesamt ist die Abschussziffer inzwischen auf 139 gestiegen.“[20]

Da macht Annie Rosar einen Schachzug, dem sie seit der Affäre ihres Sohns mit der bayerischen Susi gewisse Erfolgschancen einräumt. Sie versucht René zu verkuppeln und ihn eben dadurch von der Front fernzuhalten: Hauptfigur ihres Plans ist eine junge deutsche Krankenschwester, Tochter einer preußischen Familie, die jetzt in Wien lebt. Annie selbst hat sie, als sie sich im Sommer ein Myom hat entfernen lassen, im Krankenhaus kennengelernt und war recht angetan: blond, blauäugig, mit einem regimetreuen Nazi als Vater. So eine könnte doch ihr Renéchen interessieren. So schlägt die prominente Wienerin Fräulein Ursula Stahn in einem erhaltenen Brief vor, doch einmal ihren verwundeten Sohn im Lazarett zu besuchen.

Die junge Frau tut das auch wirklich und steht eines Tages im Oktober 1942 im Krankenzimmer Renés. Und tatsächlich: Diesmal geht die Rechnung der Mutter auf. Der junge Leutnant verliebt sich in Ursula.

Zeitgleich schließt Annie Rosar erstmals einen Jahresvertrag mit der Wien-Film ab. Mit der langfristigen Vereinbarung ist sie im Zentrum der heimischen Filmindustrie noch besser verankert. Auch finanziell ist das Arrangement lukrativ: 500 RM werden ihr für jeden Aufnahmetag zugesichert, 21.000 RM bekommt sie unabhängig von der tatsächlichen Anzahl der Aufnahmetage im Jahr fix. Politisch eindeutig positioniert gehört die Wien-Film seit 1938 den Nationalsozialisten. Im Zuge des „Anschlusses" ist die bis dahin größte österreichische Filmproduktionsgesellschaft, die Tobis-Sascha-Filmindustrie, über eine Treuhandgesellschaft in den Besitz der deutschen Reichsfilmkammer gekommen. Propagandaminister Joseph Goebbels höchstpersönlich hat das Motto der Wien-Film unterschrieben: „Wetteifernd mit den übrigen Künsten solle der Film gestalten, was Menschenherzen erfüllt und erbeben läßt, und sie durch Offenbarung des Ewigen in bessere Welten entrückt." Kostümstreifen, die kitschig, harmlos und mit Augenzwinkern altösterreichische Geschichte in Szene setzen, sind daher die Markenzeichen des Unternehmens. Eine perfekte Strategie, um die deprimierenden Nachrichten vom Krieg zu verdrängen. Nicht umsonst ist der erste große Film dieser Studios dem Leben von Walzerkönig Johann Strauss Sohn gewidmet: Paul Hörbiger spielt Johann Strauss Vater, Fred Liewehr den Titelhelden und Hans Holt dessen Bruder Josef.

Im Reich stürmen die Daheimgebliebenen die Kinos, während an allen Fronten die jungen Männer sterben. Allein in Wien verzeichnen die Lichtspieltheater zwischen 1937 und 1942 Umsatzzuwächse von mehr als 400 %, von 15 Mio. RM auf 71 Mio. RM.[21] Die Wien-Film wickelt fast die gesamte Filmproduktion der Ostmark in den Wiener Studios in Sievering und am Rosenhügel ab. Annie Rosar hat dort immer wieder die verschiedensten Streifen gedreht.

Einer von Annies großen Erfolgen ist in Prag entstanden. Veit Harlans „Die goldene Stadt", ein Film, der von der Filmprüfstelle mit dem Prädikat „künstlerisch wertvoll" ausgezeichnet wird und angeblich 31 Millionen ZuseherInnen in die Kinos gezogen hat. Am 12. Dezember, wenige Tage vor Weihnachten, erleben Regisseur und Mitwirkende nach der Premiere einen wahren Triumph. „Die Leute haben geklatscht, unsere Namen gerufen, mit den Füßen gestampft und uns beim Hinausgehen die Blumen von den Sträußen gezupft, damit sie ein Andenken haben", verrät Annie Rosar Tage danach in einem Interview.[22] Der Inhalt ist tendenziös. Braves Mädchen vom Land wird von durchtriebenem slavischem Verwandten aus der Großstadt geschwängert und ins Unglück gestürzt. Die schauspielerischen Leistungen von Harlans Ehefrau Kristina Söderbaum, Eugen Klöpfer, NSDAP-Mitglied seit 1937, und eben Annie in den Hauptrollen sind überzeugend und treffen den politischen Nerv des NS-Staats. Außerdem ist „Die goldene Stadt" nach „Frauen sind doch bessere Diplomaten" mit Marika Rökk und Willy Fritsch erst der zweite deutsche Farbfilm. Die ungewohnte Farbpracht auf der Leinwand beeindruckt auch, wo doch sonst alles düster und grau ist. Für die Rosar ist es ihre „bisher schönste" Arbeit, Veit Harlan sei ein „Gigant". Anfang 1943 geht Annies Erfolgssträhne im Film gleich weiter. Sie erhält nach der Premiere von „Wen die Götter lieben", eine Mozartbiographie, in der sie Wolfgang Amadeus' Schwiegermutter, Cäcilie Weber, spielt, wieder ausgezeichnete Kritiken.

Währenddessen ist René, wenngleich noch nicht ganz ausgeheilt, wieder an der Front. Wieder in Russland, diesmal im mittleren Abschnitt der Ostfront bei Rschew, 200 km westlich von Moskau. Stalins Armeen laufen Sturm gegen die deutschen Truppen, Annies Sohn berichtet, die Verluste der Gegner seien das zehnfache der eigenen. Das stimmt zwar nicht ganz, aber die Verluste sind dennoch dramatisch für die Sowjetarmee: mit rund 500.000 russischen und rund 80.000 deutschen Gefallenen sind die Schlachten um Rschew vermutlich die verlustreichsten im Osten. Während sich 1.200 km entfernt, in Stalingrad, eine der größten militärischen Katastrophen für die Wehrmacht anbahnt, halten Hitlers Soldaten hier die Stellung. Im März 1943 geben die Deutschen auch diese Frontlinie auf und weichen ca. 230 km zurück.

In dieser entbehrungsreichen, schwierigen Zeit entwickelt sich zwischen der deutschen Krankenschwester und dem jungen Wiener eine Beziehung, die bis zu Renés Tod Ende 1943 in insgesamt 153 Briefe fast lückenlos dokumentiert ist. Zunächst noch zögerlich mit seinen Gefühlen, entflammt René Rebiczek-Rosar für Ursula Stahn dann umso rascher. Seine Leidenschaft ist hemmungslos und schon kurz nach dem Jahreswechsel 1942/43 spricht er vom Heiraten. Vergessen sind die kleineren oder größeren Liebeleien, die es in seinem Leben schon gegeben hat. Ursula ist hingegen nicht so begeistert. Für sie, die auch schon vorher Männerbekanntschaften hat, geht das alles zu schnell. Schlussendlich willigt sie doch ein. Am 8. Mai 1943 um 10:30 Uhr heiratet René in einer kleingehaltenen Zeremonie seine Ulli, wie er seine neue große Liebe nennt, in Wien. Gleich anschließend verbringen die Flitterwöchner ein paar Tage in Dürnstein, einer Art Wallfahrtsort für Romantiker bis zum heutigen Tag. Interessant: Als Vater des „gottgläubigen"[23] René ist hier, fünf Jahre nach Annies Bemühungen, Max Walser als biologischen Vater behördlich anerkennen zu lassen, Ladislaus Fuchs angegeben. Offensichtlich haben die Behörden Renés Geburtsschein als Basis für die Hochzeitsurkunde hergenommen, denn Annie, die mittlerweile längst Rebiczek-Rosar heißt, wird hier sogar noch als Anna Fuchs angegeben. Dass Ladislaus Fuchs ein evangelisch getaufter Jude ist, fällt niemandem auf.

Inmitten von Weinbergen liegt auf einer Anhöhe die Ruine Dürnstein. Sie ist berühmt durch den englischen König Richard Löwenherz, der dort am Rückweg vom dritten Kreuzzug gefangen gehalten wird und erinnert an die düsteren Zeiten des Mittelalters, als Raubritter die Ufer nördlich und südlich der Donau beherrscht haben. Auch der kleine Ort, der zu Füßen der Ruine liegt, kann seine mittelalterliche Entstehungsgeschichte nicht verleugnen: Kleine Gässchen gibt es da und enge, versteckte Winkel, daneben aus einer späteren Zeit jahrhundertealte stattliche Häuser der Winzer, eine mächtige Kirche und ein Schloss mit Hotel, in dem die Brautleute auch vier Tage bleiben. Fast bleibt die Romantik ungestört, hätte sich nicht die frischgebackene Schwiegermutter Annie gleich am zweiten Tag dem jungen Ehepaar aus freien Stücken angeschlossen. René wie Ursula sind verärgert. Merkt die Rosar nicht, wie überflüssig sie hier ist? Nein. Sie ist so außer sich vor Freude, dass sie völlig vergisst, dass gar nicht sie in Dürnstein die Hauptperson ist. Endlich ist ihr Plan aufgegangen. Endlich ist René vor dem wahrscheinlichen Tod an der russischen Front gerettet. Ganz bestimmt, so denkt die Schauspielerin, wird es bald Nachwuchs geben, und spätestens dann wird ihr Renéchen wissen, wo die wirklichen Prioritäten im Leben liegen: bei der Familie. Aufgezwirbelt ist sie und erzählt wie ein Wasserfall eine Theateranekdote nach dem anderen. Mit einem Wort: Sie stiehlt dem Brautpaar die Show.

Nur zehn Tage nach der Trauung verlässt René vom Wiener Nordbahnhof aus die heimatlichen Gefilde und fährt wieder zu seiner Einsatztruppe. Wieder ist er im schlesischen Neisse nahe der tschechoslowakischen Grenze, wie schon zu Beginn des Jahres. Als 22-Jähriger ist er dort der älteste Batterie-Offizier. Von Neisse aus meldet er sich, kaum angekommen, bei seiner jungen Ehefrau und reflektiert schriftlich in typisch nationalsozialistischer Diktion die momentane militärische Lage. Hat ihm die neue Rolle als Ehemann jetzt schon die Augen geöffnet? Denn erstmals klingen Zweifel am Endsieg zwischen den Zeilen durch:

„Es ist sehr wahrscheinlich, daß unser nächster Gegner farbig sein wird, nachdem wir uns in diesem Kriege mit dem Judentum auseinander gesetzt haben. Leider ist es nicht sicher, daß wir diesen Gegner schon jetzt vernichten." Japaner, seit Jänner 1942 Verbündete des Deutschen Reichs, nennt René „anspruchslos" und die „schlechten Preußen des Ostens, da sie alle Unterworfenen vor den Kopf stoßen, wenn auch unbeabsichtigt". Die Unschlagbarkeit der weißen „Rasse" wäre dahin, liest Ursula Rebiczek-Rosar, doch „Wir werden jedoch, wie seit 2500 Jahren auch diese Gefahren meistern, das ist mein Glaube. Wie, das wird sich schon weisen."

Weit weg von der Front schreibt Annies Sohn nahezu täglich nach Hause. Nur ist mit „zu Hause" nicht mehr unumschränkt die Mutter gemeint, sondern vor allem Ursula. „Süßichen", „geliebtes Ullichen", „Bauxi", wie René sie zärtlich nennt, erfährt alles, was den jungen Mann bewegt. Kaum eine Alltagskleinigkeit fällt unter den Tisch, René gibt wie noch nie Einblick in seine Gefühle.

Sie sind großteils innig, schelmisch und einander neckend. René ist – das hat er wohl von der Frau Mama – recht oft belehrend und besserwisserisch, „Onkeln" nennen die beiden dieses Verhalten, und er will es sich schleunigst abgewöhnen. Ursula ist sowieso nicht mit großem Selbstbewusstsein ausgestattet – da braucht sie nicht auch noch einen Ehemann, der ihr regelmäßig ungefragt gute Ratschläge gibt. Was Ursula für die neue gemeinsame Wohnung zu berücksichtigen habe und wie die Begehrlichkeiten von Mutter Annie im Zaum gehalten werden können, wird genauso schriftlich besprochen, wie Renés Wünsche bzgl. Socken, Rasierklingen oder Lebensmitteln, die er vor Ort in Neisse nicht bekommt.

Der junge Rebiczek-Rosar übernimmt in seiner Korrespondenz mit seiner Ehefrau eine Tradition, die er von seiner Mutter kennt und mit ihr selbst jahrelang praktiziert hat: die Verwendung eines Codes in den Briefen. Der einzige Unterschied ist, dass es sich hier um einen Liebescode und nicht um die Verschlüsselung von politischen oder militärischen Informationen handelt. „20" schreiben einander René und Ursula teilweise mehrfach in jedem ihrer Briefe. Das soll „Liebe" heißen oder „Ich liebe Dich", vielleicht steht es aber auch für „Ich will mit Dir schlafen." Weder die genaue Bedeutung noch wieso die beiden gerade diese Zahl gewählt haben, lässt sich nicht mehr ermitteln.

Ein Brief jagt jedenfalls den anderen. Die Zustellung der Post funktioniert offensichtlich trotz des Kriegs hervorragend. Es vergehen kaum zwei Tage vom Absenden bis zum Einlangen des jeweiligen Schreibens. Anfang Juni, also nur einen Monat nach der Hochzeit, weiß Ursula bereits, dass sie schwanger ist. Geburtstermin ist der 13. Februar 1944, und die beiden beginnen mit wechselseitigen Vorschlägen, wie denn das Baby heißen könne. René gefällt Ilse, Hannelore und Susanne oder – wenn es ein Bub werden sollte – Wolfgang, Günther und Fritz. Er ist durchaus gewillt, die Vorschläge der werdenden Mutter ebenso in Betracht zu ziehen, meint aber „Bedenke bei deiner Auswahl 1. ob dir der Name gefällt, 2. ob er zu Rebiczek-Rosar, 3. ob er zu Rosar paßt und ob er 4. nett zu sprechen, also als Rufname zu gebrauchen ist." René freut sich sehr über das Baby – etliche Passagen in seinen Briefen zeugen von seiner Phantasie, als Studierender nach dem Krieg „ein kleines Menschenkind auf den Knien"[24] zu haben.

Annie Rosar fällt es währenddessen schwer, die neue Rolle in der zweiten Reihe zu akzeptieren. Denn die 55-Jährige braucht trotz all ihrer Erfolge noch immer Aufmerksamkeit wie einen Bissen Brot – dass sie den Sohn an eine Frau „verliert", macht der Schauspielerin mehr als anderen Müttern zu schaffen. René weiß das. Er bittet daher Ursula um Verständnis, dass er nicht nur von ihr,

Auswahl gebräuchlicher Vornamen

A Vornamen deutschen oder germanischen Ursprungs

Männliche

Adalbert
Adelbert
Adolf
Alarich
Albert
Albrecht
Alfons
Alfred
Alois
Alwin
Anselm
Armin
Arnold
Arnulf

Balduin
Baldur
Baldwin
Benno
Bernd
Bernhard
Bertold
Bertram
Bodo
Bruno
Burckhard

Dagobert
Detlef
Dietger
Dietmar
Dietrich

Eberhard
Eckhard
Edgar
Edmund
Eduard
Edward
Edwin
Egbert
Eginhard
Egon
Einhard
Eisenhard
Emmerich
Engelbert
Erdmann
Erhard
Erich
Ernst
Erwin
Ewald

Falk
Falko
Ferdinand
Frank
Franz
Friedel
Friedolin
Friedrich
Fritz
Frowein
Fürchtegott

Gebhard
Gerald
Gerd
Gerfried
Gerhard
Gero
Gisbert
Godecke
Gottfried
Gotthard
Gotthelf
Gotthold
Gottlieb
Gottwald
Götz
Guido
Gundolf
Günter
Guntram
Gustav

Hagen
Harald
Harro
Hartmann
Hartmut
Hartwig
Heinrich
Heinz
Helmuth
Henning
Herbert
Hermann
Hildebrand
Hilmar
Hinz
Horst
Hubert
Hugo
Humbert

Ingbert
Ingo
Iwein

Karl
Knut
Konrad
Kraft
Kunibert
Kuno
Kurt

Lambrecht
Landhelm
Landolf
Lebrecht
Leonhard
Leopold
Leuthold
Lienhard
Lothar
Ludolf
Ludwig
Luitpold
Lutz

Manfred
Markward
Meinhard
Meinrad

Neithard
Norbert
Norfried
Notker

Odo
Odilo
Olaf
Ortwin
Oskar
Oswald
Oswin
Otmar
Otto
Ottokar
Ottomar

Rainer
Ralf
Randolf
Reimund
Reiner
Reinhard
Reinhold
Richard
Robert
Roderich
Roger
Roland
Rolf
Rudolf
Rupert
Ruprecht

Schwerthelm
Sebald
Siegbert
Siegfried
Siegmar
Siegmund
Siegward
Sigisbert
Sigismund
Sigurd
Sturmhard

Tassilo
Tasso
Teja
Theodebald
Theoderich
Timm
Traugott
Tuisko

Udo
Ulrich
Utz

Volkbert
Volker
Volkhard
Volkmar
Volkrad
Volkwin

Waldemar
Walter
Warmund
Werner
Widukind
Wieland
Wilfried
Wilhelm
Willi
Willibald
Winfried
Wolf
Wolfgang
Wolfhard
Wolfram
Wittich
Wulf

Weibliche

Ada
Adda
Adele
Adelgard
Adelgund
Adelheid
Adeltraut
Adolfine
Alberta
Albertine
Aloisia
Alrun
Altrud
Alwine
Amalie
Anselma

Bernhild(e)
Berta
Berthild(e)
Bertraud
Borghild
Brita
Brunhild(e)

Dagmar

Edelburg
Edelgard
Edeltr(a)ud
Edith
Ehrengard
Eiltraut
Elfriede
Ella
Ellen
Ellengard
Elvira
Elvire
Emma
Engelberta
Engelgard
Erdmute
Erika
Erna
Ernestine

Ferdinande
Frieda
Fried(e)=gard
Friedegund
Friederike
Friderun
Frigga

Genoveva
Gelmut
Gerburg
Gerda
Gerharde
Gerhild(e)
Gerlind(e)
Gesine
Gertraud
Gertrud
Gisa
Gisela
Gisel=tr(a)ud
Gislinde
Gudrun
Gunhild
Gunthild(e)

Hadmut
Hedda
Hedwig
Heide
Heilburg
Helga
Helgard
Helma
Helm=tr(a)ud

59

Abb. 44: Deutsches Einheitsfamilienstammbuch der NSDAP 1943, Auswahl empfohlener Namen für Kinder deutscher Staatsbürger.

Ehemündigkeit bedeutet die Erreichung des zur Eheschließung erforderlichen Alters. Das ist beim Mann das 21., bei der Frau das 16. vollendete Lebensjahr. Das Vormundschaftsgericht kann hiervon Befreiung bewilligen; dem Mann aber nur dann, wenn er das 18. Lebensjahr vollendet hat und nicht mehr unter elterlicher Gewalt oder Vormundschaft steht. Hat er seine Arbeitsdienst- oder Wehrpflicht noch nicht erfüllt, so ist die Befreiung zu versagen, wenn die zuständige Dienststelle Bedenken erhebt.

Ehescheidung s. Scheidung der Ehe.

Eheschließung Die Ehe kann nur vor einem Standesbeamten geschlossen werden. Zuständig ist jeder Standesbeamte, in dessen Bezirk einer der Verlobten seinen Wohnsitz oder seinen gewöhnlichen Aufenthalt hat. Mit schriftlicher Ermächtigung des zuständigen Standesbeamten kann auch ein anderer Standesbeamter die Ehe schließen. Wegen des Aufgebots s. das.

Der Standesbeamte soll die Trauung in der Weise vornehmen, daß er in Gegenwart von zwei Zeugen an die Verlobten einzeln und nacheinander die Frage richtet, ob sie die Ehe miteinander eingehen wollen und, nachdem die Verlobten die Frage bejaht haben, im Namen des Reiches aussprechen, daß sie nunmehr rechtmäßig verbundene Eheleute seien. Er soll ferner die Eheschließung in das Familienbuch eintragen. Durch diese Eintragung wird die Eheschließung bewiesen. S. auch Nichtigkeit der Ehe. Ist ein Verlobter Ausländer, so muß er das Ehefähigkeitszeugnis (s. daselbst) oder die Befreiung davon vorlegen. Die Inländerin, die einen Ausländer heiratet, verliert die deutsche Staatsangehörigkeit; ob sie zugleich diejenige ihres Mannes erwirbt, hängt von dem Gesetz des Landes ab, dem der Mann angehört. Wegen der Wirkungen der E. s. unter Ehe.

Ehestandsdarlehen müssen vor Eingehung der Ehe bei der Gemeindebehörde beantragt werden. Das Standesamt hat die Beteiligten bei Bestellung des Aufgebots darauf aufmerksam zu machen.

Ehetauglichkeitszeugnis ist eine Bescheinigung des Gesundheitsamtes, daß ein Ehehindernis des Ehegesundheitsgesetzes nicht vorliegt und daß aus der Ehe eine die Reinerhaltung des deutschen Blutes gefährdende Nachkommenschaft nicht zu erwarten ist (siehe Blutschutzgesetz). Es ist vorgesehen, daß künftig vor jeder Eheschließung ein Ehetauglichkeitszeugnis vorgelegt wird.

Ehevertrag Der Ehevertrag ist ein gerichtlicher oder notarieller Vertrag zur Regelung der Güterrechtsverhältnisse der Ehegatten, abweichend vom gesetzlichen Güterrecht (s. das.).

Einbenennung s. Namenserteilung.

Elterliche Einwilligung zur Eheschließung kommt nur insoweit in Betracht, als einem Elternteil die gesetzliche Vertretung seines Kindes oder die Sorge für dessen Person zusteht.

Elterliche Gewalt Sie umfaßt das Recht und die Pflicht, für die Person und das Vermögen des Kindes zu sorgen.

Die elterliche Gewalt steht dem Vater zu. Ist dieser gestorben oder für tot erklärt, so geht sie auf die Mutter über. Das Gesetz sieht noch weitere Fälle vor, in denen die elterliche Gewalt auf die Mutter übergeht oder von ihr ausgeübt wird. Der Mutter ist in bestimmten Fällen zu ihrer Unterstützung ein Beistand zu bestellen; sie verliert die elterliche Gewalt, wenn sie sich wieder verheiratet.

Das Recht der Sorge für die Person des Kindes steht mit gewissen Einschränkungen der Mutter auch dann zu, wenn sie nicht die elterliche Gewalt hat. Dieses Sorgerecht ist für den Fall der Ehescheidung besonders geregelt.

Uneheliche Kinder erhalten einen Vormund. Der Mutter steht aber das Recht und die Pflicht der Sorge für die Person des Kindes zu, ohne daß sie zu dessen Vertretung berechtigt ist.

Empfängniszeit Als E. gilt die Zeit von dem 181. bis zu dem 302. Tage vor der Geburt des Kindes, unter Einschluß dieser beiden Tage.

Entmündigung Für die E. ist das Amtsgericht zuständig. Wer wegen Geisteskrankheit entmündigt wird, ist geschäftsunfähig. Wer wegen Geistesschwäche, Verschwendung oder Trunksucht entmündigt ist, ist beschränkt geschäftsfähig (s. Geschäftsfähigkeit).

Erbfolge Mit dem Tode einer Person geht deren Vermögen durch Erbgang auf eine oder mehrere Personen über. Wer als Erbe in das Vermögen folgt (Erbfolge), wird entweder durch letztwillige Verfügung (Testament, Erbvertrag) bestimmt, oder ergibt sich in Ermangelung eines solchen aus dem Gesetz. Gesetzliche Erben sind:

51

sondern weiterhin auch von seiner Mutter – absichtlich – Kleidung, Süßigkeiten oder Ähnliches für die Front erbittet. Sie soll sich nach wie vor „gebraucht" fühlen und genießen, dass sie so hilfreich für ihn sein kann. Annie freut sich tatsächlich wie ein kleines Kind, als es ihr durch zwei persönliche Vorsprachen im Rathaus gelingt, die Wohnungsfindung für das junge Ehepaar zu beschleunigen. Doch alles hat seinen Preis: Als Ursula/Ulli sich nicht sofort gebührend bedankt, ist Annie beleidigt und beschwert sich bei ihrem Sohn. René verteidigt seine junge Frau. Er kennt seine Mutter nur zu gut und tröstet Ulli: „Jetzt ist sie ganz böse und will für immer mit mir brechen. Das ist aber ebenso wenig bis zur letzten Auswirkung ernst gemeint wie die betreffenden Bemerkungen." Er weiß, wie er sie wieder herumkriegen kann: „Ich versuche[,] sie zu versöhnen, indem ich ihr einen Jammerbrief schicke über mein böses Schicksal betreffs Neisse, Feldabstellung und so fort. Sie bekommt dadurch das Gefühl, dass ich sie zum Trost brauche und das versöhnt sie."[25] Und etwas später: „Das ist fast schon gemein, aber man muß sie eben wie ein Kind behandeln [...] Der heutige Brief wird schwer an ihre Tränendrüsen greifen und sie wird zu der einzig versöhnenden Erkenntnis kommen, daß ich sie in Anbetracht meines seelischen Zusammenbruchs dringend als moralische Stütze brauche, dann ist sie wieder glücklich und stolz, kommt sich als ergreifende Heldin vor und die Sache dürfte beigelegt sein."

René beherrscht die Kunst der Manipulation. Doch wer ist hier der/die bessere ManipulatorIn? Annie ist ihm jahrelang ein Vorbild gewesen. Von klein auf hat sie ihrem Buben vermittelt, er solle, damit es ihr gut gehe, ein Gedicht aufsagen, sein Nachtmahl essen, in der Schule brav sein und studieren statt Soldat sein. Jetzt spiegelt er ihr Verhalten und tut Dinge, die ihr gefallen, auch wenn er mit dem Herzen ganz woanders ist. Gleichzeitig verbietet er seiner Mutter aber, ihn weiterhin mit ihrer überschwänglichen Liebe förmlich zuzuschütten. Hat er sich als Kind nicht dagegen wehren können, setzt René jetzt Grenzen: Er will keine Geschenke zu seinem 22. Geburtstag haben. Sie seien ihm peinlich und berühren ihn unangenehm. Der frischgebackene Ehemann und angehende Familienvater hat genug von dem Kult, den Annie in früheren Jahren zu seinem Festtag betrieben hat. In seiner eigenen kleinen Familie möchte er das anders handhaben. Ruhiger. Unaufgeregter.

Am 18. Juni kommt René nach Wischau, 170 km nördlich von Wien, wo die Nationalsozialisten nach Räumung von insgesamt 33 tschechischsprachigen Dörfern ab 1940 rund um eine deutsche Sprachinsel einen Truppenübungsplatz errichtet hatten. Wischau ist für Annies Sohn bereichernd. Er übt sich mit den anderen Soldaten im Scharfschießen, „Wald- und Ortsgefechten", sich in der

Nacht im Gelände zu bewegen oder ein Biwak anzulegen. Die Nähe zu Frau und Mutter erleichtert die Logistik erheblich und von Ende Juni bis Mitte Juli schafft es der junge Ehemann sogar, wöchentlich auf ein oder zwei Tage nach Hause zu kommen. Doch das Furchtbare wird Annie immer klarer: Der fanatische Wehrmachtssoldat denkt, obwohl er Vaterfreuden entgegensieht, keine Sekunde daran, sein Leben weniger zu gefährden als bisher. René imponieren Kampfeinsätze und er genießt die Zeit mit den Kameraden – „fast lauter prächtige Kerle" – besonders dann, wenn sie einander an langen Abenden von ihren Einsätzen erzählen. Da wird er sentimental. „Es ist schon etwas Herrliches, deutsche Männer zu führen. Noch dazu im Felde", schwelgt er gegenüber Ursula. Längst ist wieder vorgesehen, dass er zurück nach Russland kommt. Er bricht sogar mit seinem Vorgesetzten einen kleinen Disput vom Zaun, weil er sich zu lange in der Ersatztruppe gehalten fühlt. Doch weil seine eigentliche Truppe einstweilen genug Offiziere hat, kann ihn Hauptmann Zettler, der inzwischen sein Kommandeur geworden ist, gar nicht anfordern. Makaber sei das, meint René: „Ich bin in der unangenehmen Lage warten zu müssen, bis ein Kamerad eine verpasst bekommt."[26]

Die Schwierigkeiten der deutschen Armee sind ihm Ansporn, und er artikuliert sie auch gegenüber Ursula recht eindeutig: Während Hitlers Soldaten an der Ostfront im Einsatz gewesen sind, haben Briten und US-Amerikaner aufgerüstet. Dadurch haben sie nach Rommels Sieg bei Tobruk Nordafrika zurückgewonnen, dadurch sei es immer öfter zu Luftangriffen auf Reichsgebiet gekommen und dadurch seien die Alliierten insgesamt immer mehr in die Offensive gegangen. Mag sein, dass René nicht mehr an den „Endsieg" glaubt. Doch trotzdem zweifelt er keine Sekunde lang an der Sinnhaftigkeit des Sterbens für das Vaterland, geschweige denn am „Führer" und der Richtigkeit seiner Befehle. Geschichten, die Ursula und Annie nach dem Krieg verbreiten – dass René nämlich im Juli 1943 bei seinem letzten Aufenthalt in Wien weinend zusammengebrochen sei und den Krieg verdammt habe – lassen sich nicht verifizieren.

Im Gegenteil: Renés persönliche Erfolgserlebnisse – „6 Panzer fehlen uns noch auf 1000, aber der Iwan hat jetzt fast keine mehr" – motivieren ihn über die Maßen. Er berichtet zwar von immer heftiger werdenden Kämpfen, von einem „wahren Hunnensturm", von „Spezial-Regimenter Steppen-Horden", von „schweren Wochen" – aber der 22-Jährige ist zuversichtlich. Kleine Verletzungen oder Unpässlichkeiten – ein Schnitt am Finger, ein Furunkel am Bein, tagelanges Fieber oder eine Splitterwunde am Kopf – die René Rebiczek-Rosar im Rhythmus von zwei bis drei Wochen in seinen Einsätzen einschränken, sind lästig, aber sonst nicht der Rede wert.

Als seine Ehefrau moniert, warum er denn keinen Fronturlaub beantrage, antwortet er ihr am 20. November liebevoll und doch mit spürbarer Gefühlskälte: „Meine liebe, kleine Frau, ich habe dir immer gesagt, daß du es an meiner Seite nie leicht haben wirst. Du wirst es auch dann nicht leicht haben, wenn ich wieder da bin. Natürlich ist es jetzt besonders schwer, wo ich noch dazu stets mein Leben einsetze. Ich bitte dich herzlich, zuversichtlich und guten Mutes zu sein." Pausenlose Kämpfe, Kälte, mangelhafte Ernährung, der tägliche Verlust von Kameraden und wenig Schlaf fordern trotzdem ihren Tribut – nicht mental, aber körperlich. Alkohol schmeckt René nicht mehr, dafür raucht er wie ein Schlot, hat Blasen auf den Füßen und Pickel am Rücken, die nicht abheilen wollen. Aber: „So lange dauert der ganze Krieg ja nicht mehr! Wir sind soeben dabei, ihn aus zu machen", schließt René diesen Novemberbrief ab.

Daheim erlebt Annie Rosar die zweite Jahreshälfte 1943 ambivalent. „Die goldene Stadt" ist so erfolgreich, dass „ganz gleich, wo sie sich aufhält, in Wien, in Krems, in Berlin oder in Retz, überall wird sie ausgiebig beguckt, überall sucht man sie aufzuhalten".[27]

Walter Iltz lässt sie am Volkstheater in der „Komödie" in „Diana im Bade" eine resolute 75-Jährige spielen – die Medien feiern auch dieses Ereignis gebührlich. Franzl ist gerade wieder an ihrer Seite. Sie verbringen relativ harmonische Tage in der Steiermark. Als ihr Theo Lingen am 14. Juli entschuldigend mitteilt, sämtliche Szenen mit ihr wären in seinem neuen Film herausgeschnitten worden, ist sie daher entspannter als sonst bei solchen Rückschlägen.

Inzwischen zieht sich die Schlinge bei der Zivilbevölkerung des Deutschen Reichs immer mehr zu: Ab 23. August und ab 18. November wird Berlin jeweils tagelang von den Alliierten bombardiert – die Zerstörungen sind verheerend. Annie erfährt davon in Briefen von Freunden und spürt die Druckwellen der Einschläge am eigenen Leib, wenn sie sich in Deutschlands Filmmetropole zum Drehen aufhält. Zeitgleich mit Berlin wird das 50 km südlich von Wien gelegene Wiener Neustadt fast vollständig in Schutt und Asche gelegt. Warum? Weil Wiener Neustadt über kriegsentscheidende Rüstungswerke verfügt: Hier wird in großen Mengen das Standardjagdflugzeug der Luftwaffe, die Messerschmitt Bf 109, produziert, hier entwickeln sich die Raxwerke zu Deutschlands größter Schlepptenderfabrik, hier stellt man Munition und Artilleriegeschosse her, hier befindet sich der größte Feldflughafen des Reichs mit großer strategischer Bedeutung für den südosteuropäischen Kriegsschauplatz. Wien selbst bleibt vorerst noch verschont – das schlechte Wetter lässt kein gezieltes Bom-

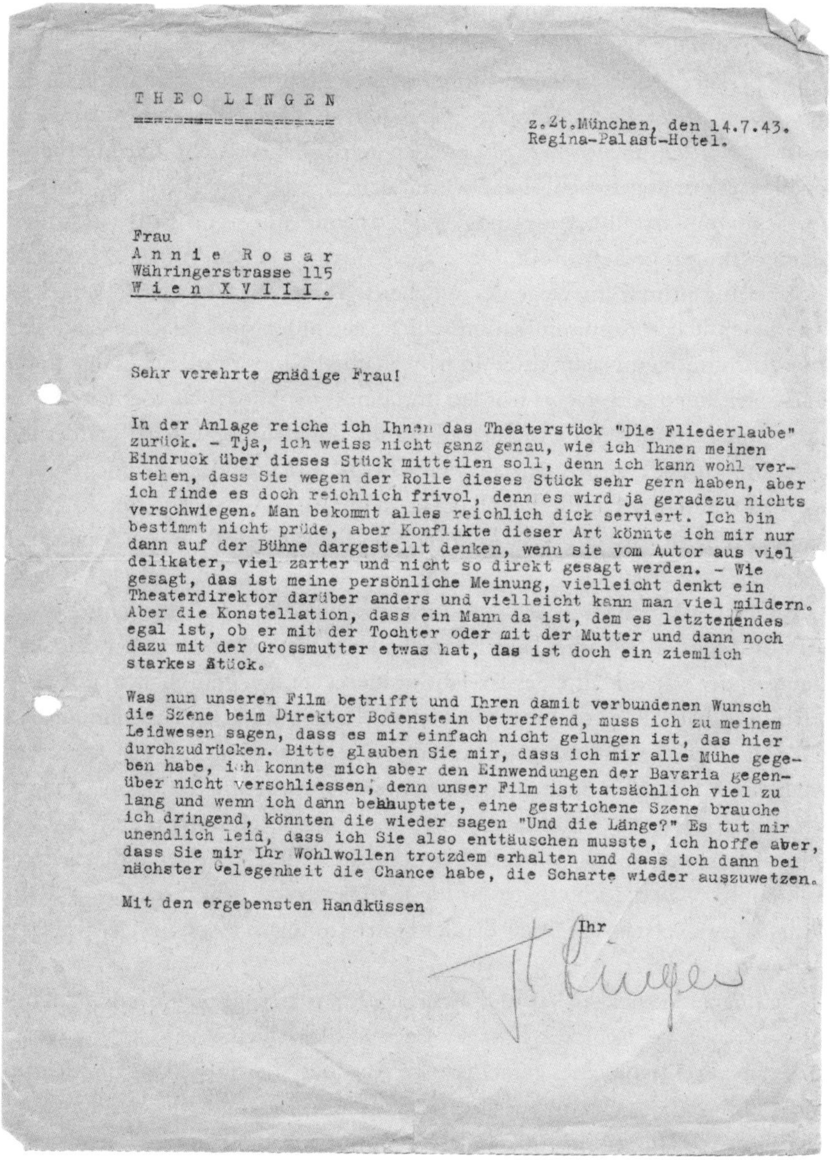

THEO LINGEN

z.Zt.München, den 14.7.43.
Regina-Palast-Hotel.

Frau
Annie Rosar
Währingerstrasse 115
Wien XVIII.

Sehr verehrte gnädige Frau!

In der Anlage reiche ich Ihnen das Theaterstück "Die Fliederlaube" zurück. - Tja, ich weiss nicht ganz genau, wie ich Ihnen meinen Eindruck über dieses Stück mitteilen soll, denn ich kann wohl verstehen, dass Sie wegen der Rolle dieses Stück sehr gern haben, aber ich finde es doch reichlich frivol, denn es wird ja geradezu nichts verschwiegen. Man bekommt alles reichlich dick serviert. Ich bin bestimmt nicht prüde, aber Konflikte dieser Art könnte ich mir nur dann auf der Bühne dargestellt denken, wenn sie vom Autor aus viel delikater, viel zarter und nicht so direkt gesagt werden. - Wie gesagt, das ist meine persönliche Meinung, vielleicht denkt ein Theaterdirektor darüber anders und vielleicht kann man viel mildern. Aber die Konstellation, dass ein Mann da ist, dem es letztenendes egal ist, ob er mit der Tochter oder mit der Mutter und dann noch dazu mit der Grossmutter etwas hat, das ist doch ein ziemlich starkes Stück.

Was nun unseren Film betrifft und Ihren damit verbundenen Wunsch die Szene beim Direktor Bodenstein betreffend, muss ich zu meinem Leidwesen sagen, dass es mir einfach nicht gelungen ist, das hier durchzudrücken. Bitte glauben Sie mir, dass ich mir alle Mühe gegeben habe, ich konnte mich aber den Einwendungen der Bavaria gegenüber nicht verschliessen, denn unser Film ist tatsächlich viel zu lang und wenn ich dann behauptete, eine gestrichene Szene brauche ich dringend, könnten die wieder sagen "Und die Länge?" Es tut mir unendlich leid, dass ich Sie also enttäuschen musste, ich hoffe aber, dass Sie mir Ihr Wohlwollen trotzdem erhalten und dass ich dann bei nächster Gelegenheit die Chance habe, die Scharte wieder auszuwetzen.

Mit den ergebensten Handküssen

Ihr
Th. Lingen

Abb. 45: Brief von Theo Lingen an Annie Rosar am 14.7.1943 mit Absagen zu zwei Filmprojekten.

bardement zu. Reichsstatthalter Arthur Seyß-Inquart lässt die Bunker in Wien ausbauen, um für den Fall eines Fliegerangriffs besser gewappnet zu sein.

Die prekäre Situation in der ostmärkischen Hauptstadt hat natürlich auch Auswirkungen auf die Theater: Seit 1942 schon sind keine Programmhefte mehr gedruckt worden. Inzwischen gibt es auch keine Plakate mehr. Die kunstaffine Bevölkerung ist angehalten, sich über die Zeitungen entsprechend zu informieren. Seyß-Inquart gibt Anweisung, jedes Theater müsse im Ernstfall binnen sieben Minuten geräumt sein. Über das Kriegsgeschehen informiert sich die Bevölkerung primär im Wege der Wochenschauen, die für Josef Goebbels zu einer wesentlichen Kommunikationsschiene geworden sind. Seit 1939 sind diese rund 20-minütigen Nachrichten in nahezu allen Kinos des Reiches den jeweiligen Spielfilmen vorgelagert worden und damit für pünktliche BesucherInnen Zwangsprogramm. Seit dem Überfall auf die Sowjetunion erschallt außerdem zu Beginn immer eine Sequenz aus Franz Liszts „Les Préludes". Seit der Niederlage von Stalingrad hat die Bevölkerung keine legale Chance mehr auf Nachrichten aus dem Ausland. Das Abhören von feindlichen Radiosendern ist seit Kriegsbeginn verboten.

In New York geht zu dieser Zeit mit dem Tod Max Reinhardts eine Epoche zu Ende. Sechs Jahre vorher ist der wohl bedeutendste Theatermacher deutscher Zunge in der ersten Hälfte des 20. Jahrhunderts vor den Nationalsozialisten geflohen und hat sich mit seiner Frau Helene Thimig zunächst nach Hollywood, später dann an die Ostküste zurückgezogen. 1940 hat er sogar die Staatsbürgerschaft der Vereinigten Staaten angenommen. Er stirbt am 31. Oktober 1943 an den Folgen mehrerer Schlaganfälle, die wiederum ein Hundebiss ausgelöst hat. Reinhardt ist gerade 70 geworden. Die deutschen Medien negieren dieses Ereignis komplett – und doch erfährt die hiesige Theaterwelt sehr rasch davon. Reinhardts Witwe verständigt ihren Bruder Hans Thimig in Wien und so erfährt es auch Annie Rosar.

Weihnachten rückt näher und einen Monat später, Ende November, hängt der Haussegen bei Rebiczek-Rosars wieder einmal schief. Wie René von Ursula hört, haben während eines gemeinsamen Ausflugs Stiefvater Franz und Mutter Annie in ihrer Gegenwart neuerlich lautstark und leidenschaftlich miteinander gestritten. Vor lauter Wut rutscht der 52-Jährige aus und fällt in die nasse Erde. Als er daraufhin erbost das Weite sucht und die zwei Frauen allein im Grünen stehenlässt, scheint er sich außerdem despektierlich über das Regime geäußert zu haben. René ist darüber so aufgeregt, dass er kaum schlafen kann. „Was würden meine Männer sagen, wenn sie erführen, daß der Stiefvater ihres Batterie-Führers öffentlich vor Zorn in den Dreck fiel?"[28] Seine Verachtung gegenüber

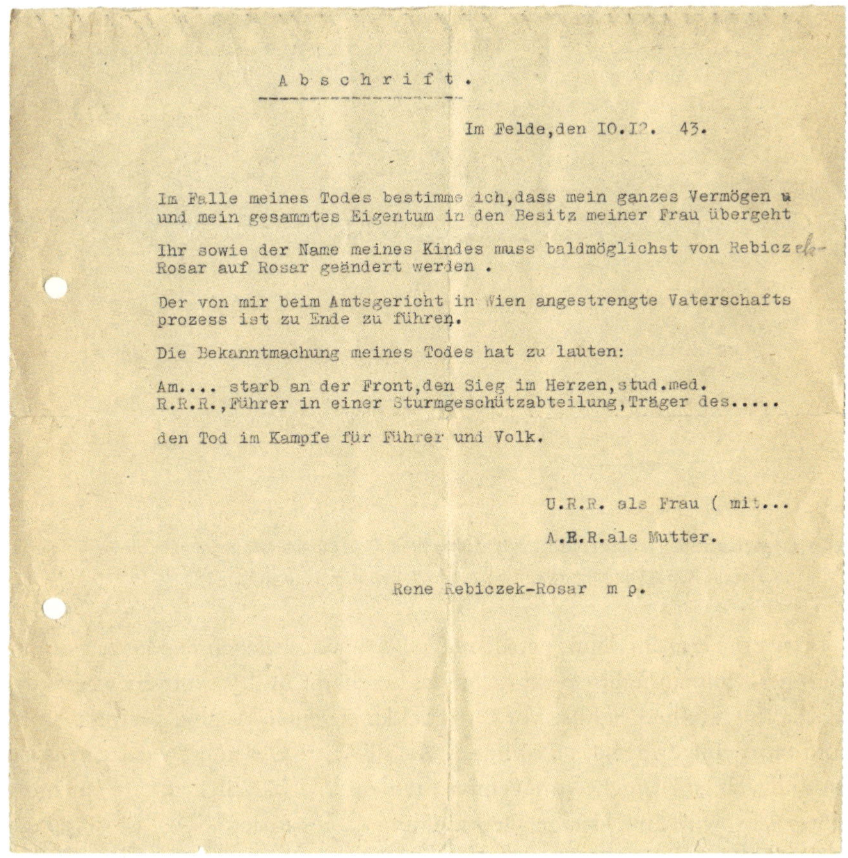

Abschrift.

Im Felde, den 10.12. 43.

Im Falle meines Todes bestimme ich, dass mein ganzes Vermögen u und mein gesammtes Eigentum in den Besitz meiner Frau übergeht

Ihr sowie der Name meines Kindes muss baldmöglichst von Rebiczek-Rosar auf Rosar geändert werden .

Der von mir beim Amtsgericht in Wien angestrengte Vaterschafts prozess ist zu Ende zu führen.

Die Bekanntmachung meines Todes hat zu lauten:

Am.... starb an der Front, den Sieg im Herzen, stud.med. R.R.R., Führer in einer Sturmgeschützabteilung, Träger des.....

den Tod im Kampfe für Führer und Volk.

U.R.R. als Frau (mit...

A.R.R. als Mutter.

Rene Rebiczek-Rosar m p.

Abb. 46: Abschrift von René Rebiczek-Rosars letztem Willen vom 10.12.1943.

Franz Rebiczek-Rosar wird durch solche Ereignisse nicht weniger. Darüber hinaus will René seine Frau, die im 7. Monat schwanger ist, vor derartigen Aufregungen beschützen. Er ist zornig, dass seine Mutter seinen Forderungen nicht Folge leistet, und ein so erwartbares unliebsames Erlebnis vor den Augen von Ursula nicht zu verhindern weiß: „Denn ich ahne und weiß, dass es in Ursulas Gegenwart zu ebenso lächerlichen wie widerlichen Szenen kam und dass du, sie und ich einmal mehr bloßgestellt sind. Ich habe für diesen Brief 2 ¼ Stunden gebraucht. 2 ¼ Stunden von 4 möglichen Stunden Schlaf. In etwas über 1 ½ Stunden geht es wieder nach vorn. Ich will diesen Brief nicht so abschließen, aber was soll ich dir schreiben? Die Kämpfe hier sind besonders schwierig, aber das interessiert dich ja nicht."

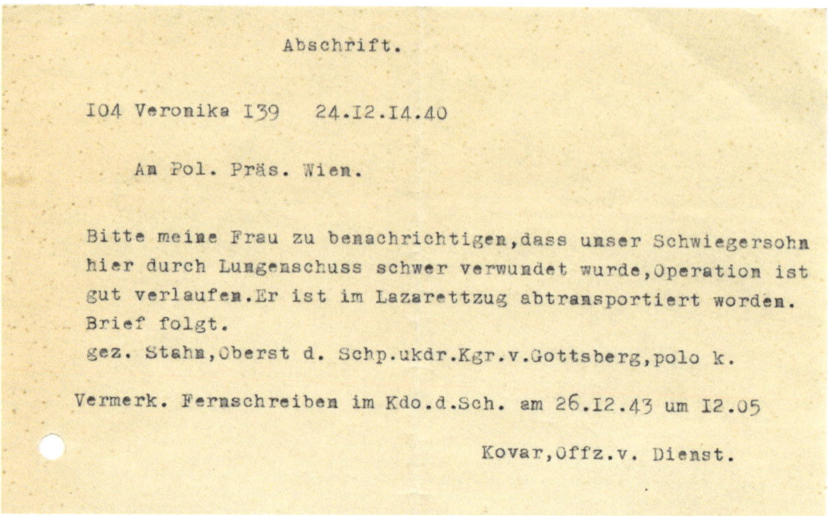

Abschrift.

104 Veronika 139 24.12.14.40

Am Pol. Präs. Wien.

Bitte meine Frau zu benachrichtigen,dass unser Schwiegersohn hier durch Lungenschuss schwer verwundet wurde,Operation ist gut verlaufen.Er ist im Lazarettzug abtransportiert worden. Brief folgt.
gez. Stahn,Oberst d. Schp.ukdr.Kgr.v.Gottsberg,polo k.

Vermerk. Fernschreiben im Kdo.d.Sch. am 26.12.43 um 12.05

Kovar,Offz.v. Dienst.

Abb. 47: Richard Stahn zögert die Nachricht über Renés Tod hinaus. Hier lanciert er die Falschinformation, Renés Operation wäre gelungen. Telegramm vom 26.12.1943.

Der Brief erreicht Annie gerade noch, bevor sie wieder einmal ins zerbombte Berlin zu Filmaufnahmen fährt. Sie ist beschämt und zerknittert wegen der Vorhaltungen ihres Sohns. Vor Ort erleidet sie einen Angina-Pectoris-Anfall und muss einige Tage das Bett hüten. Als sie Mitte Dezember wieder in Wien ist und sich eine Woche vor Weihnachten einer fachärztlichen Untersuchung unterzieht, wird eine Herzgefäßerkrankung diagnostiziert. Sonst ist sie, so der Befund, altersgemäß gesund. Dabei ist sie so in Sorge wie schon lange nicht mehr. Seit mehreren Tagen schon hat René nicht mehr von sich hören lassen. Auch ihre junge Schwiegertochter, die bis zum 10. Dezember fast täglich einen Brief von der Front bekommen hat, wird nervös. Ursula schreibt verzweifelt an ihren Ehemann: „Mir ist nämlich schon sehr bange um Dich, René. Ich kann mich einer Unruhe nicht verwehren und wollte, Du wärest schon hier.“ Keine Antwort. Am 23. Dezember schreibt Ursula noch einmal, Annie am 24.

Bei Witebsk verstärken die Sowjets um den 21. Dezember ihren Druck. Die Wehrmacht liefert sich „mit steigender Heftigkeit“ eine Abwehrschlacht mit schweren Verlusten auf beiden Seiten. Der Völkische Beobachter berichtet darüber täglich und meistens gleich auf der Titelseite. Am Weihnachtstag ist die Notiz kürzer als sonst: „Im Abschnitt von Witebsk beschränkte sich der Feind gestern auf örtliche Angriffe, die abgeschlagen wurden.“[29] René Rebiczek-Rosar verliert den Kampf um sein Leben einen Tag davor und wird 24 Stunden später neben dem deutschen Hauptlazarett in Witebsk zu Grabe getragen. 2011 werden seine Gebeine zusammen mit allen anderen dort beerdigten deutschen Soldaten ausgegraben und zur Analyse nach Bobruisk gebracht. Seit Frühling 2020 hat er seine letzte Ruhe im neu angelegten Soldatenfriedhof von Schtschatkowo, inmitten einer stimmungsvollen friedlichen Waldlichtung, gefunden. Das ehemalige Hauptlazarett in Witebsk ist heute ein heruntergekommenes Kinderspital, der ehemalige Friedhof ein kleiner Park mit Apfel- und Birnbäumen.

6. „Es ist offensichtlich, dass Frau Rosar nur mit allen Kräften bemüht war, den Anschein zu erwecken, eine begeisterte Anhängerin des NS-Regimes zu sein."

1944–1947

71 Telegramme, Briefe, Trauerkarten und handgeschriebene Visitkarten von TheaterkollegInnen, FreundInnen, dem Hauswart in der Währinger Straße, GeschäftspartnerInnen und wildfremden Menschen, die von ihrem Schicksalsschlag einzig aus der Zeitung erfahren haben, sind erhalten geblieben. Annie ist mit dem Beantworten und Sammeln der Kondolenzschreiben noch nicht fertig – da steht ihr die nachhaltigste und freudigste Ablenkung ins Haus: Sie wird Großmutter.

In einem Privatspital, das bis heute existiert und von außen eher einer überdimensionierten Herrschaftsvilla mit Park als einem Krankenhaus ähnelt,[1] wird Ursula am 26. Jänner 1944 von einem gesunden Buben entbunden. Es ist ein Moment, wie ihn das dramatischste Drehbuch nicht besser erfinden hätte können: „Um 3 Uhr früh vor 10 Jahren klingelte das Telefon und eine Stimme sagte: Der Wolfgang ist geboren! Hören Sie ihn schreien? Ich hörte Dich! Du schriest wie 10 Buben auf einmal und ich weinte vor Glück. 5 Wochen früher war Dein herrlicher Vater in Rußland gefallen", erinnert sich Annie Rosar 1954 in einem Brief an ihren Enkel.

Wer es nicht besser weiß, könnte glatt glauben, die Welt der Schauspielerin sei vollkommen in Ordnung. Auf der gedruckten Geburtsanzeige Wolfgang-Renés wird sein Vater René Rebiczek-Rosar ohne irgendeinen Zusatz oder ein kleines Kreuz hinter seinem Namen als Leutnant der Reserve angeführt. Dass Annies Sohn bereits tot ist (34 Tage sind es ganz genau), wird verschwiegen. Nur im Völkischen Beobachter, wo sie und Ursula die Geburt des kleinen Buben zusätzlich zur Kenntnis bringen, steht hinter Renés Namen „gefallen in Sowjetrussland am 23. Dezember 1943".

Anlage zu Nr. 583

Kol. 4 Mag. III

Fahrtnummer: 65

Abgefertigt nach … über …

Nr der Frachtkarte

Wehrmacht-Frachtbrief (1)

(Frachtberechnung u. Abrechnung nachträglich zu den vereinbarten Sätzen)

Deutsche Wehrmacht 0899

Wagen (2)			
Gattung	Nummer	Eigentumsmerkmal	Achsenzahl
58299	28 Feb. 1944		

An Herrn Lt. Rene Rebiczek

in Wien – XVII / 111

Strasse und Hausnummer Dahringerstr. 115

Bestimmungsbahnhof Wien Westbf.

Bei Sendungen nach dem Ausland auch Bestimmungsland

Etwaige Vorschrift über Weiterbeförderung (3)

Andere Erklärungen (4)

Ursprünglicher Absender 33628 C

Posen 1 41020

Die Frachtkosten fallen dem Wehrmachthaushalt zur Last, daher Wehrmachttarif.

Dienststempel (5)

Warschau, den 19. FEB. 1944

(Wehrmachtstelle, Unterschrift, Dienstgrad)

Hauptmann und Dienststellenleiter

Anschrift oder Zeichen und Nummer (6)	Anzahl	Art der Verpackung	Bezeichnung des Gutes	Wirkliches Rohgewicht kg
Bei Rückäuss.angebe… 1/4/ 14. 2. 44	1	Kiste	Eigensachen Verwundeter	45
Anschr…				Zollfrei

Warschau, den 19. FEB. 1944

Weiterleitungsstelle 15 Absender: I. A. … Uffz

Stempel des Versandbahnhofs	Wiegestempel	Stempel des Bestimmungsbahnhofs
Posen Hbf. 25 36033 Nr. 53. 21. 2. 44 … Zollüberwachungsgebühr	–30 M	Wien Westbf. 31 31002 29. 2. 44. V

Anmerkungen (1) bis (6) siehe Rückseite

Kr. Kart. u. Verm.-Amt Warschau

Abb. 48: Mit diesem Wehrmacht-Frachtbrief vom 19.2.1944 wurden die „Eigensachen" des gefallenen René Rebiczek-Rosar an seine Witwe retourniert.

Doch neues Ungemach ist im Anmarsch. Das Neugeborene auf dem Arm lässt sich Ursula vom Spital in die Rathausstraße bringen. In jener Wohnung, in der sie mit René ihre gemeinsamen Kinder hat großziehen wollen, fühlt sich die junge Witwe geborgener und freier als in der Währinger Straße. Mit der Schwiegermutter unter einem gemeinsamen Dach zu leben, ist auch unter besseren Bedingungen eine Herausforderung – in Kriegszeiten mit einer zwar liebevollen, aber auch anstrengenden, emotional bedürftigen und schnell beleidigten Annie Rosar wäre es umso mehr ein hochbrisantes Unterfangen geworden. Ursulas Eltern schlagen in dieselbe Kerbe. Richard Stahn schreibt noch von der Front an seine Tochter: „Bleibe in deinem Heim, und lasse dich viel von der Schwiegermutter besuchen. Halte gute Freundschaft mit ihr, wie mit allen Verwandten. Über dich und dein Kind bestimmst du allein und handelst so, dass du es vor René verantworten kannst. Er soll dir in seinen Entschlüssen richtungsgebend sein." Er argumentiere so, formuliert der Oberst weiter, „weil ich dabei an René denke, dessen Opfertod für uns alle Vorbild und insbesondere Verpflichtung ist. Mit dem Augenblick, wo du seine Frau wurdest, hat er dich vor seine Mutter gestellt. Das ist richtig und natürlich. Und jede Mutter muss sich damit abfinden."[2] Mitnichten tut das Annie Rosar. Bereits drei Tage später kommt es zu einer unerquicklichen Aussprache zwischen den beiden Frauen. Ursula versucht klarzumachen, dass sie – bei allem Respekt – ihr eigenes Leben führen möchte. Annie wiederum fällt in der leeren Wohnung – kein Sohn, kein Mann, keine Schwester, keine Schwiegertochter, kein Enkelkind – die Decke auf den Kopf. Wie immer in solchen Momenten sieht sie sich als Opfer des Schicksals, das undankbar und grausam zu ihr ist. Hat sie nicht ihrem Sohn und ihrer Schwiegertochter 1.000 RM zu Weihnachten geschenkt? Hat sie sich nicht um einen ordentlichen Gynäkologen für die Entbindung gekümmert und diesen auch bezahlt?

Aufgewühlt schreibt Annie ihrer Schwiegertochter am selben Abend. Noch scheint sie versöhnlich: „Du bist und wirst eine gute Mutter sein, davon bin ich überzeugt", ihr Besitzanspruch auf den kleinen Wolfgang lässt sich aber unheilvoll schon zwischen den Zeilen herauslesen, wenn sie Gottes Segen auf dieses Kind herabfleht, „mit dem René auch mich beglücken und trösten wollte. Es grüßt Dich Renés Mamma".

Der nächste Schritt ist nun, die Rechtslage nach Renés Tod zu klären. Annie Rosar konsultiert ihre Anwälte – wer hat das Testament ihres Sohns zu vollstrecken und wer ist eigentlich Wolfgangs Vormund? Ursula ist in dieser Phase überfordert und zwischen ihrer Loyalität zu den eigenen Eltern und den Ansprüchen ihrer Schwiegermutter hin- und hergerissen. Sie bietet Annie die gemeinsame Vormundschaft an, zieht diesen Vorschlag aber sofort zurück, als ihre Eltern dringend davon abraten: „Sie (Anm.: Annie Rosar) ist eine Frau, die im Charakter nicht zu dir und uns passt. Auch nicht mit dir denken kann und es vor allem nicht ehrlich meint. Bedenke ihr Vorleben, das besagt eigentlich alles."[3] Hält sich da eine deutsche Offiziersfamilie gegenüber der viermal verheirateten Schauspielerin mit dem parteipolitisch instabilen Ehemann für sozial und moralisch überlegen? Annie Rosar kommt es so vor. Sie fühlt sich, spätestens als Ursula daran denkt, mit dem Baby ganz zu ihren Eltern nach Hietzing zu ziehen und die von ihr mit Aufwand und Beziehungen requirierte Wohnung in der Innenstadt aufzugeben, verhöhnt. „Meine arme, liebe, kleine Ulla", schreibt sie am 26. Februar 1944, „was ist in Dich gefahren??" Die unentschlossene Ursula geht auf Distanz und bereits im März sind die Fronten verhärtet: „Nun wünsche ich mir nicht mehr, dass mein geliebter Sohn auf unser Tun herabsieht – sonst müßte ich freiwillig diese Welt verlassen, um ihn trösten zu können!" Annie ist sehr verletzt. „Oder glaubst Du, dass er Deine und Deiner Familie Handlungsweise an seiner armen, einsamen Mutter billigen würde?"

Unter diesem Druck beugt sich die junge Witwe denn doch und mit 30. März 1944 erhält Wolfgang-René Rebiczek-Rosar von Amtswegen zwei Vormünder: seine Mutter und seine Großmutter. Die Rosar schickt überglücklich am 5. April ein Sparbuch als Geschenk für den Neugeborenen und unterzeichnet erstmals mit dem Namen, unter dem sie noch Jahrzehnte nach ihrem Tod innerhalb der Familie bekannt sein wird: „Oma Annie".

Während Wien seit dem ersten Bombenalarm am 17. März den Krieg immer stärker zu spüren bekommt, wird René posthum zum Oberleutnant der Reserve befördert. Für seine Mutter ist es eine kleine Freude, für seine Witwe eine minimale Verbesserung ihrer finanziellen Situation: Statt 220,12 RM wird Ursula ab Herbst dann 222,95 RM pro Monat erhalten. Annie lässt jetzt, wo die Bäume blühen und die Sonne immer öfter zum täglichen Spazieren einlädt, ihre Schwiegertochter in ihrer Wohnung in Krems wohnen. Am 1. Juni, kurz vor Ende der Saison, erlebt man sie bei einer Premiere: „Gudruns Tod", ein vor Pathos triefendes Drama aus der germanischen Mythologie, das „Treue über alles" beschwört, wird im Deutschen Volkstheater erstmals aufgeführt. Der Autor ist Gerhard Schumann, ein hoher NS-Kulturfunktionär, der zum Zeitpunkt der Wiener Aufführungen als Mitglied der SS-Freiwilligen-Panzergrenadier-Division „Horst Wessel" im Einsatz ist. Annie spielt die Königinmutter Gerlinde und bekommt auch in dieser Rolle gute Kritiken. Dass wenige Tage später, am 6. Juni, die Invasion der Alliierten an der französischen Küste begonnen hat und

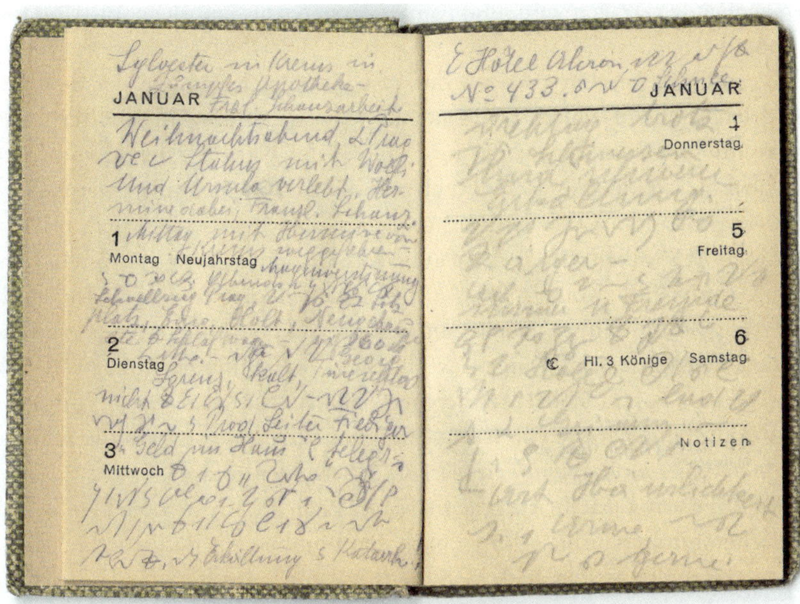

Abb. 49: Annie Rosars Kalender vom Jänner 1945 mit ihren Aufzeichnungen. Sie verwendet hier teilweise – wie schon in all den Kriegsjahren zuvor – eine Geheimschrift.

die Wehrmacht sich seither innerhalb Europas von West wie Ost auf dem Rückzug befindet, tangiert sie kaum. Die Front ist weit weg.

Die Sommermonate ist sie in Bad Gastein und erholt sich dort zusammen mit KollegInnen vom Film. Auch das Attentat auf Adolf Hitler nur sechs Wochen später, am 20. Juli, findet in keiner von Annies sorgsam verwahrten Schriftstücken oder Aufzeichnungen irgendeine Erwähnung. Es sind Anrufe von Agenten, Regisseuren und sonstigen Vertragspartnern, die sie notiert. Auch ihre regelmäßigen Plaudereien mit dem Generaldirektor der Wien-Film, Kurt Hirt, der seinen Urlaub mit Ehefrau auch im Gasteiner Tal genießt, hält sie schriftlich fest. Die Rosar sucht immer wieder die Nähe des leidenschaftlichen Nationalsozialisten – man will doch im Gespräch bleiben.

Sorgen braucht sie sich zwar keine zu machen, dennoch: Ein richtiger Topstar ist sie nicht – bei den wirklich großen Rollen kommt sie selten zum Zug. Annie Rosar fehlt zwischen 1939 und 1945 fast gänzlich auf den Besetzungslisten nationalsozialistischer Propagandafilme. Auch ihr Status als Publikumsliebling der kleineren Rollen mag dabei ausschlaggebend gewesen sein: NS-Ideologie, die auf der Leinwand von Pathos, Antisemitismus oder der Verachtung für Andersdenkende getragen wird, und Annies Archetyp als komische Alte sind nicht kompatibel.

Sie spielt in keinem einzigen der 42 nach dem Krieg von der deutschen Friedrich-Wilhelm-Murnau-Stiftung als Vorbehaltsfilme eingestuften Machwerke und auch in keinem der fünf „Filme der Nation", denen von Joseph Goebbels das Prädikat „staatspolitisch und künstlerisch besonders wertvoll" verliehen worden ist: „Ohm Krüger" 1941 und „Die Entlassung" 1942 mit Emil Jannings, „Heimkehr" 1941 mit Paula Wessely, „Der große König" 1942 mit Otto Gebühr und „Kolberg" 1945 mit Heinrich George in den Titelrollen. Bei nur zwei von 176 Filmen, deren Aufführung von den Alliierten 1945 verboten werden, hat Annie Rosar mitgewirkt: in einer Zwei-Minuten-Rolle in „Mutterliebe", einem von Goebbels gepriesenen Plädoyer für das deutsche Mutterbild aus 1939 unter der Regie von Klimt-Sohn Gustav Ucicky, und in der schon erwähnten größeren Partie in Veit Harlans „Die goldene Stadt".

Ab August 1944 dreht sie regelmäßig in Prag, wohin sich ein Großteil der deutschen FilmschauspielerInnen nach den Bomben auf Berlin geflüchtet hat. Fliegeralarm gibt es aber auch hier: die Royal Air Force hat die nahegelegenen Škodawerke in Pilsen (tschech.: Plzeň), die während des Kriegs Teil der deutschen Rüstungsindustrie sind, im Visier. Bomben fallen auf Prag zwar noch nicht, aber trotzdem ist die Situation während der Dreharbeiten bedrohlich. Wenn die Sirenen heulen, gehen die SchauspielerInnen hinaus ins Freie und beobachten die feindlichen Flugzeuge, die über ihren Köpfen kreisen.

Kein Wunder, dass Annies Nerven angegriffen sind. Sie kann nachts kaum einschlafen. Sie ist deprimiert, denn sie ist im selben Hotelzimmer untergebracht, wo René sie während ihrer letzten Dreharbeiten besucht hat. Jeder Winkel des kleinen Zimmers ruft Erinnerungen wach, die weh tun. Außerdem vergeht kein Tag, an dem sie nicht auf René angesprochen wird. Wieder und wieder muss sie erzählen, dass ihr einziges Kind an der Ostfront gefallen und begraben ist.

Darüber hinaus ist Annie wegen der Situation zu Hause besorgt: „im Zusammenhang mit der Verkündigung des totalen Kriegs"[1] sind seit 1. September alle deutschen Theater geschlossen. Damit entfällt für sie eine wichtige Einkommensquelle – sie und mit ihr alle BühnenkollegInnen sind nun wirtschaftlich umso mehr auf Engagements bei Filmproduktionen oder Aufnahmen im Reichssender angewiesen. Doch damit nicht genug: Alle KünstlerInnen im Deutschen Reich, sofern sie nicht gerade bei Dreharbeiten beschäftigt sind, müssen ab sofort Rüstungseinsatz leisten: „Es geht um unser Leben, um unsere Kultur und unsere Kunst. Nur was der direkten Verteidigung dieser Güter dient, hat heute Geltung, alles andere muss jetzt in der Endphase dieses Schicksalskampfes zurückstehen. Der Künstler und die Künstlerin treten nunmehr in die Reihen der Kämpfenden und Schaffenden für den Sieg",[5] wird in den Medien proklamiert. Für Männer kann das eine Zwangsverpflichtung zum Einsatz an der Front bedeuten, Frauen werden in Werkstätten der Rüstungsindustrie oder anderer zur Aufrechterhaltung des zivilen Lebens relevanter Einrichtungen benötigt. Ausgenommen von diesen Regelungen sind nur 1.041 SchauspielerInnen, SchriftstellerInnen, MusikerInnen, Komponisten, Dirigenten oder Architekten, die von Adolf Hitler und Joseph Goebbels als unverzichtbar eingestuft worden sind. Sie sollen weder gefährdet noch den Mühen eines Arbeitsdiensts ausgesetzt sein – dafür müssen sie verstärkt für die Kulturpropaganda herhalten. Bereits 1939 hat das Reichsministerium für Volksaufklärung und Propaganda 378 KünstlerInnen expressis verbis als „gottbegnadet" und damit als Personen mit speziellem Wert für das Deutsche Reich eingestuft. Hedwig Bleibtreu, die alte Rivalin Annies aus Burgtheaterzeiten, ist auf dieser Liste und auch Paula Wessely. 1944 werden weitere 663 Kunstschaffende als unabkömmlich für den Wehrdienst kategorisiert. Auf der sogenannten Filmliste finden sich nun Namen wie Attila und Paul Hörbiger, Hans Albers, O.W. Fischer oder Heinz Rühmann – und Annie Rosar. Aber weiß sie auch davon? Offensichtlich nicht, denn was sonst motiviert sie, sehr wohl kleine Arbeiten in einer zugewiesenen Werkstätte zu verrichten und letztlich infolgedessen bei den Behörden noch im Herbst um Befreiung vom Rüstungseinsatz anzusuchen? Doch auch die BeamtInnen sind nicht auf dem letzten Stand: statt eines freundlichen Briefs, dass ihr Begehr aufgrund der neuen Filmliste überholt sei, erhält Annie postwendend einen abschlägigen Bescheid. Sie schreibt daraufhin direkt an Reichsfilmintendanten Hans Hinkel in Berlin und schildert ihm ihre Kränklichkeit sowie die Strapazen der Dreharbeiten, die sie mit 56 Jahren nicht mehr so leicht aushalte wie früher. „Um nicht wieder in der Verdacht einer ‚ostmärkischen Sentimentalität' zu kommen und besonders auch um die letzte Bitte meines Sohnes: ‚Sei groß und stark' zu erfüllen, beendete ich einige Tage nach Erhalt seiner Todesnachricht den Film ‚Warum, lügst Du Elisabeth', obwohl mich Hr. Prof. Risak schon seit Langem an einem ‚total erschöpftem Zustand meines Nervensystems' behandelt." Sie argumentiert geschickt: „und darum ersuche ich Sie, in meiner drehfreien Zeit an Stelle von Kriegseinsatzarbeiten mich um meine Weingärten kümmern zu dürfen, damit diese nicht ganz zugrunde gehen und wir überdies auch ablieferungspflichtig sind."[6] Auch Hinkel ist mit der neuen Filmliste nicht vertraut. In einem einseitigen Brief gibt er Annie Rosars Gesuch statt und verpflichtet sie „unbeschränkt der deutschen Filmproduktion und im Falle meiner

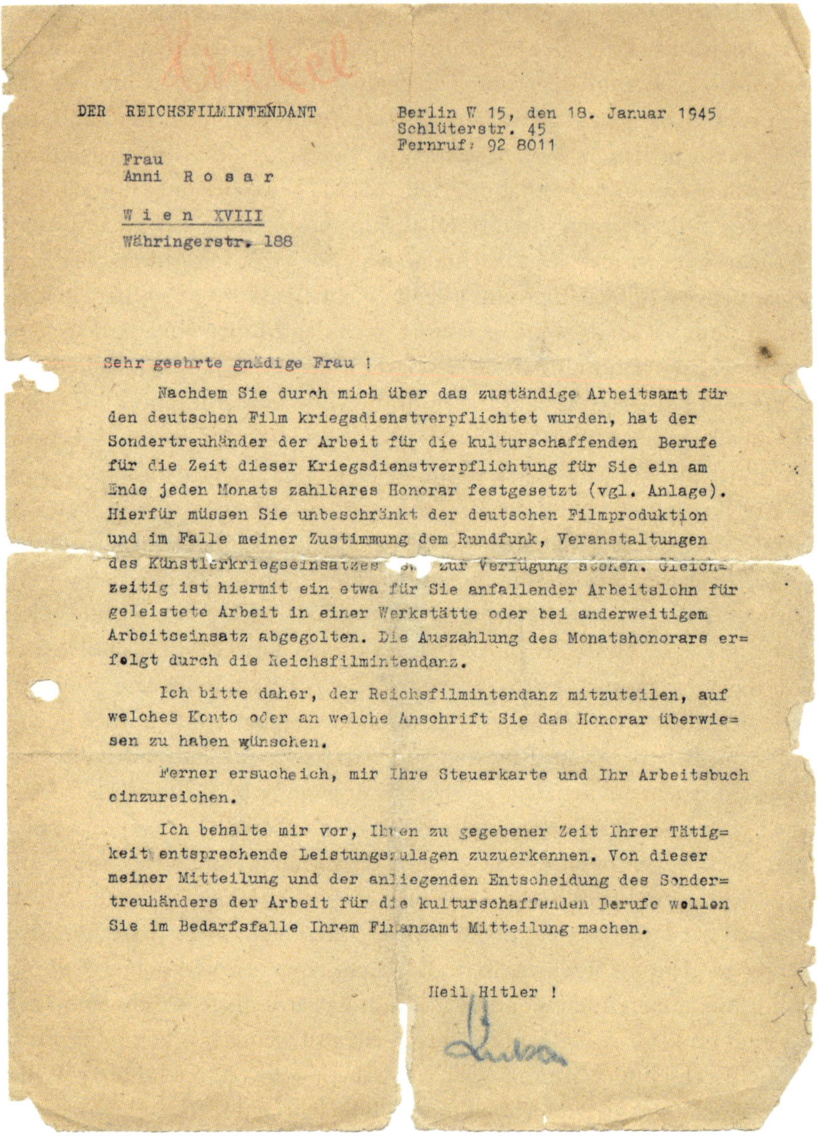

Hinkel

DER REICHSFILMINTENDANT

Berlin W 15, den 18. Januar 1945
Schlüterstr. 45
Fernruf: 92 8011

Frau
Anni R o s a r

W i e n XVIII
Währingerstr. 188

Sehr geehrte gnädige Frau !

Nachdem Sie durch mich über das zuständige Arbeitsamt für den deutschen Film kriegsdienstverpflichtet wurden, hat der Sondertreuhänder der Arbeit für die kulturschaffenden Berufe für die Zeit dieser Kriegsdienstverpflichtung für Sie ein am Ende jeden Monats zahlbares Honorar festgesetzt (vgl. Anlage). Hierfür müssen Sie unbeschränkt der deutschen Filmproduktion und im Falle meiner Zustimmung dem Rundfunk, Veranstaltungen des Künstlerkriegseinsatzes usw. zur Verfügung stehen. Gleichzeitig ist hiermit ein etwa für Sie anfallender Arbeitslohn für geleistete Arbeit in einer Werkstätte oder bei anderweitigem Arbeitseinsatz abgegolten. Die Auszahlung des Monatshonorars erfolgt durch die Reichsfilmintendanz.

Ich bitte daher, der Reichsfilmintendanz mitzuteilen, auf welches Konto oder an welche Anschrift Sie das Honorar überwiesen zu haben wünschen.

Ferner ersuche ich, mir Ihre Steuerkarte und Ihr Arbeitsbuch einzureichen.

Ich behalte mir vor, Ihnen zu gegebener Zeit Ihrer Tätigkeit entsprechende Leistungszulagen zuzuerkennen. Von dieser meiner Mitteilung und der anliegenden Entscheidung des Sondertreuhänders der Arbeit für die kulturschaffenden Berufe wollen Sie im Bedarfsfalle Ihrem Finanzamt Mitteilung machen.

Heil Hitler !

Abb. 50: Brief von Reichsfilmintendant Hans Hinkel an Annie Rosar am 18.1.1945 in Beantwortung ihres Ansuchens um Befreiung vom Rüstungseinsatz.

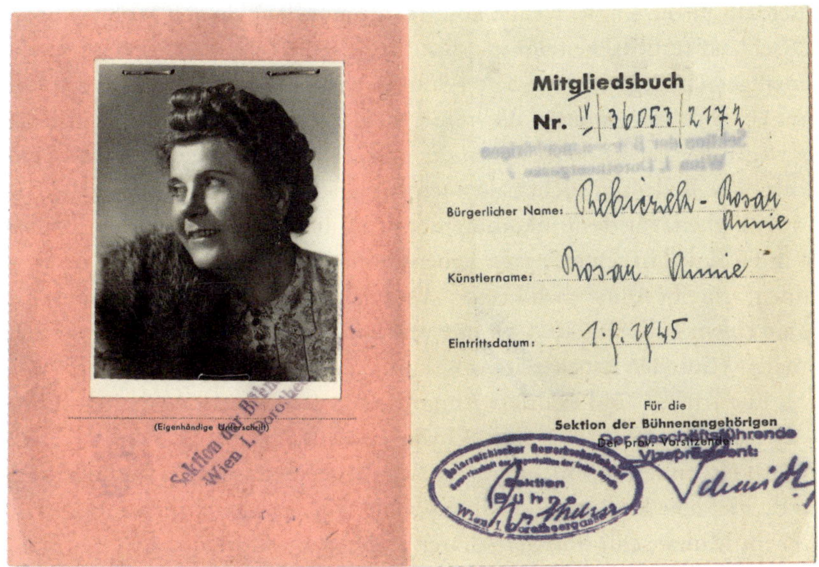

Mitgliedsbuch

Nr. IV/36053/2172

Bürgerlicher Name: Rebiczek-Rosar Annie

Künstlername: Rosar Annie

Eintrittsdatum: 1.9.1945

(Eigenhändige Unterschrift)

Für die
Sektion der Bühnenangehörigen
Der prov. Vorsitzende:

Abb. 51: Mitgliedsbuch Nr. IV/36053/2172 des ÖGB, Sektion Bühne, ausgestellt am 1.9.1945. Die Mitgliedschaft ist allerdings bis zum Abschluss des Entnazifizierungsverfahrens nur provisorisch.

Zustimmung dem Rundfunk, Veranstaltungen des Künstlerkriegseinsatzes usw. zur Verfügung zu stehen".[7] Sogar ein Honorar für bisher geleistete Arbeiten in der Werkstätte wird ihr überwiesen – man ersucht um Bekanntgabe ihrer Kontonummer. Nur mehr 400 km trennen die vorrückende Sowjetarmee von Berlin, doch an gewissen Stellen der Verwaltung funktioniert die Bürokratie noch immer prächtig.

Als nächstes ist Annie wegen ihrer Wohnung in Wien beunruhigt. Ist sie noch intakt? Dreimal täglich lässt sie ihren eigenen Telefonanschluss anrufen, doch ihre Haushälterin meldet sich nicht. Die vergnügt sich, wie sich später herausstellt, mit einem Liebhaber in der Wohnung der Schauspielerin. Franz Rebiczek-Rosar, der einmal nach dem Rechten schauen will, findet den guten Mann in Badehose vor. Dann macht der Schauspielerin die unübersichtliche Lage in Krems zu schaffen, vor allem nach dem Großangriff vom 10. September, als 350 US-Flugzeuge ihre Bomben abwerfen und 791 Menschen ums Leben kommen. Während in Annies Garten das Obst auf den Bäumen verfault, weil sich niemand um die Ernte kümmern kann, gibt es in Prag nichts als Bier, trockene Kartoffeln und Gurkensalat, wie sie in einem Brief an Ursula klagt.

Außerdem ist die Angst, Ursula könnte mitsamt dem kleinen Wolfgang nach Deutschland zurückgehen, ihr ständiger Begleiter: „[D]enn was ist denn so eine ehemalige Schwiegermutter, deren Sohn nicht mehr lebt." Noch dazu ist die Rosar eine Schwiegermutter, die immer wieder wochenlang weg ist – im Sommer wegen der Ferien, sonst wegen der Arbeit. „Aus den Augen aus dem Sinn" – trifft diese Redensart nicht bald auch auf Ursula zu? Gespalten zwischen der Notwendigkeit, für das Einkommen der Familie zu sorgen und dem Bedürfnis, ihren Enkel in seinen ersten Lebensmonaten so oft wie möglich sehen zu können, schreibt Annie nach Hause: „Und dabei fühle ich mich auch sonst hier wie auf einem Pulverfaß, und wir hier verlieren durch die täglichen Alarme auch immer 3–4 Stunden Arbeitszeit, sonst könnte ich schon früher kommen!"[8]

So übertrieben und exaltiert Annie Rosars emotionales Verhalten immer wieder zu sein scheint: Was ihre Schwiegertochter anbelangt, zeigt sie durchaus Realitätssinn. Noch nicht einmal zwei Jahre kennt sie Ursula, diese junge, blonde, zierliche Berlinerin, die ihren Sohn ganze 13 Monate gekannt und davon acht Monate mit ihm verheiratet gewesen ist. Wäre da nicht der kleine Wolfgang-René, würde selbst Annie Rosar an einen Spuk glauben: So schnell ist Renés Liebe aufgetaucht und durch seinen Tod auch wieder verglüht. So aber ist der Enkel eine Art Reinkarnation ihres Sohnes. „Wolfi ist Er. Äußerlich und innerlich", weiß Annie und versucht, besonderes zu leisten, um Ursula mit dem Baby in Wien zu halten.

In jeder freien Drehminute rennt die Schauspielerin durch die Prager Altstadt und versucht, Spielzeug für ihren Enkel zu ergattern. Sogar ein Schaukelpferd hat sie bekommen. Können Geschenke für den Kleinen Ursula umstimmen, die im Raum stehende Übersiedlung nach Berlin gemeinsam mit ihren Eltern abzusagen? Annie klammert sich jedenfalls an diesen Strohhalm und berichtet in jedem Brief an ihre Schwiegertochter ausführlich von ihren Bemühungen zum Wohle des Kindes.

Doch es ist schon ausgemacht: Stahns übersiedeln zu Weihnachten wieder nach Brandenburg. Dort, so argumentieren sie gegenüber „der Rosar", seien sie geschützter vor all den Kriegsgräueln. Welch Verirrungen in dieser Familie! Richard Stahn glaubt unverbesserlich noch immer an den Sieg Deutschlands: „Es ist zwar anstrengend, aber man will doch auch irgendwie am Siege mithelfen. Ruhe gibt es dann im Alter auch genug."[9]

Des einen Freud, des anderen Leid. Für Annie sind es entsetzliche Aussichten auf das diesjährige Fest der Familie. Schon 1943 ist Weihnachten ein Albtraum gewesen, der 24. Dezember 1944 droht zu einem neuerlichen Fiasko zu werden. „Der Fremdkörper Annie Rosar wird den Frieden Eurer schönen Familien-

Weihnacht mit 4 Enkerln in keiner Weise bedrohen. Und wenn der Herrgott Erbarmen mit mir hat, dann holt er mich bis dahin zu meinem Sohne", weint die 56-Jährige ihre Schwiegertochter an.

Immerhin läuft beruflich noch alles am Schnürchen. Die Rosar ist nach wie vor gefragt, und die Zugfahrten von Wien nach Prag sind Routine, auch wenn die Umstände Anfang 1945 immer bedrückender werden. In zugigen Waggons und mit 25 Kontrollen ist „Die Fahrt hierher [...] das Fürchterlichste, was ich erlebt. Die Heizung im ganzen Waggon kaputt – die Türe nicht zu schließen, und so zog es die ganze Nacht eiskalt auf mich hin und den ganzen anderen Vormittag! Nicht einmal Notbeleuchtung gab es!"[10] Weiter nach Berlin darf man sowieso nur mehr mit Ausnahmegenehmigung reisen. Die Züge von Norden kommend sind voll mit Flüchtlingen, Verwundeten, Verzweifelten. Wer Prag verlässt, muss eine Bestätigung besitzen, mit der man unbehelligt in seinen Heimatort zurückkehren kann. „Und trotz dieser Bestätigung war es ein wahres Wunder, dass ich noch mit dem einzigen Dienstzug mitkam, dessen Türen aber in Prag fast nicht mehr geöffnet werden konnten, so vollgeräumt von Flüchtlingen mit Kleinkindern, die bereits halb erfroren waren, Verwundete etc. Ich habe nicht die Kraft, diese Fahrt zu schildern. Fieses Wehgeschrei der Kinder mit erfrorenen Gliedmassen – die hungrigen Mütter und Familien, die oft bereits 6 Tage mit rein nichts unterwegs waren, die aus den Lazaretten flüchtigen Verwundeten, worunter ein Bauchschüssler bereits 24 Stunden stehen musste! Dabei schneite es jämmerlich in den Waggon hinein – auch ich stand im Korridor und es war nicht einmal eine Möglichkeit, in das Klosett zu gelangen." Ursula wiegt ihren Sohn in den Schlaf, während sie die ernüchternden Zeilen von Oma Annie liest. Wird ihr jetzt klar, welch Fehlentscheidung die Übersiedlung nach Brandenburg gewesen ist?

In den letzten Kriegsmonaten ist Annie gleich bei drei Filmen in der Geburtsstadt Kafkas beschäftigt, die entweder gar nicht oder viel später als geplant in die Kinos kommen und deshalb einen speziellen Platz in der Geschichte der bewegten Bilder einnehmen:

Da ist zunächst der Streifen „Leuchtende Schatten" mit der NS-staatlichen Prag-Film, der nie vollendet wird. Ganze sechs Monate hat die SS Regisseur Géza von Cziffra aus dem Verkehr gezogen, nachdem dieser sich gegen einen vom Propagandaministerium zur Seite gestellten kriminalpolizeilichen Berater gewehrt hat. Als von Cziffra am 19. April freikommt, ist der Krieg so gut wie vorbei und an die Fertigstellung des Films nicht mehr zu denken. Ärgerlich für Annie, die diesmal unter besonders anstrengenden Umständen während der

Filmaufnahmen zu leiden hat: „[D]ie Luft des Ateliers, dass man meint erbrechen zu müssen, so stinkt es – die Garderoben auf dreckigen Gängen, überall Zugluft – entweder glühend heiss – daneben eiskalt."

In einer ganz anderen Produktion, „Geld ins Haus", spielt die Rosar wieder einmal an der Seite von Hans Moser im Auftrag der Bavaria Film. Es ist eine harmlose, auf den nuschelnden Protagonisten zugeschnittene Geschichte. Zu Kriegsende befindet sich das gedrehte Material gerade in der Musiksynchronisation. Erst zwei Jahre später, zu Beginn 1947, kommt der Film unter dem Titel „Der Millionär" ins Kino.

Annies dritter Film des Jahres 1945, „Shiva und die Galgenblume", bleibt völlig unbearbeitet in den Studios liegen. Dabei ist er aus mehreren Gründen cineastisch spektakulär: 1. Aufgrund des Titels, der mehr nach Bollywood als nach Deutschland unter Adolf Hitler klingt. 2. Wartet der Film mit 52 (!) Hauptrollen-Stars auf. Hans Albers, Elisabeth Flickenschildt, Grethe Weiser und O. W. Fischer führen die Besetzungsliste an. Das beeindruckt selbst die Rosar: „Jedenfalls steht man staunend und bewundernd vor solchen Filmvorhaben, während Großstädte zur Front werden", schreibt sie in ihrem Tagebuch. 3. Durch den Tod des Regisseurs Hans Steinhoff, eines nationalsozialistischen Mitläufers. Er stirbt, als er versucht, mit der letzten Lufthansamaschine Berlin in Richtung Madrid zu verlassen. Vermutlich wird die Maschine von der Roten Armee abgeschossen. 4. Wegen des Zeitpunkts seiner Vorführung gilt „Shiva" als der letzte Film des Dritten Reichs. 38 Jahre nach Kriegsende wird er 1993 nachverfilmt, ergänzt und erst dann erstmals in den Kinos gezeigt.

Annie kränkelt während der „Shiva"-Dreharbeiten und muss zwischendurch einmal mehr ins Deutsche Krankenhaus in Prag. Da schon alles für die anderen beiden Filme im Kasten ist, darf sie als eine der ersten vom Set die Stadt an der Moldau wieder verlassen, um sich in Wien auszukurieren. Dort wartet allerdings nur eine leere Wohnung auf sie: „Wenn ich nur sterben könnte, aber so ist es ein immerwährendes Dahinvegetieren, und wenn ich jetzt zurückkomme, ist wieder niemand da, der mich ein bißchen pflegt."[11] Letztlich muss die Schauspielerin ihr Engagement in „Shiva" aber zur Gänze absagen. Ihr Jammer bezüglich ihrer angegriffenen Nerven ist nicht Theater. Sie hat Polyneuritis, eine entzündliche Erkrankung des peripheren Nervensystems, und eine diagnostizierte schwere Allgemeinneurose – an Arbeit ist in diesem Zustand tatsächlich nicht zu denken.

Zur selben Zeit ist Ursula in Finowfurt nordöstlich von Berlin, wo die Wehrmacht einen Flughafen betreibt, angekommen. Dort feiert sie im Kreis ihrer Familie den ersten Geburtstag ihres Sohns. Zwei Monate später lässt Renés Witwe ihr Kind evangelisch taufen. Schwester Inge und Mutter Herta Stahn fungieren als Patinnen, Oma Annie ist nur aus der Ferne dabei.

Da die Post nicht mehr zu funktionieren scheint, weiß sie wochenlang gar nichts über den Verbleib ihrer Schwiegertochter und ihres Enkels. Geht es ihnen gut? Leben sie überhaupt noch? Eines ist jedenfalls klar: Die ersehnte Ruhe fernab der Front ist für die junge Frau und ihren kleinen Sohn so nahe der Reichshauptstadt eine Illusion. Immer schneller rücken die sowjetischen Truppen nach Westen vor, Berlin ist stärker umkämpft als je zuvor und die Infrastruktur am Zusammenbrechen. Wären die beiden doch nur in Wien geblieben! Nun sind sie mitten im Kampfgeschehen gelandet! Die Rosar ist verzweifelt. Keiner ihrer Briefe wird beantwortet. Sie selbst verbringt die meiste Zeit in ihrer Wohnung in Krems, wo es mittlerweile auch nahezu täglich Fliegeralarm gibt. Sie überlegt, eine zu ihren Gärten gehörende Weinhauerhütte zu einer Wohnung herrichten zu lassen. Die Hütte ist nur 5 km von Krems in einem kleinen Ort namens Imbach entfernt und liegt sehr entlegen. Wer weiß, ob man nicht demnächst ein solches Versteck brauchen wird, wenn die alliierten Truppen einmarschieren?

Einmal, Anfang März, rafft sie sich auf und fährt mit dem Zug nach Wien. Beruhigt stellt sie fest, dass das Haus mit Ursulas Wohnung gleich neben dem Rathaus noch steht, aber sonst ist sie sehr gedrückt wegen der Zerstörungen in der ganzen Stadt. Die elektrische Straßenbahn verkehrt nicht mehr zwischen den Außenbezirken und dem Zentrum – sie kann also nicht mehr in gewohnter Weise vom Burgtheater in die Währinger Straße fahren. Telefonieren hat sich aufgrund der kaputten Leitungen auch fast aufgehört. Dabei steht Wien am 12. März 1945, also nur wenige Tage nach Annies Besuch, der schwerste Luftangriff, erst bevor. Weite Teile des Stadtzentrums und damit auch das Parlament oder die Staatsoper werden dabei getroffen. Die Stahn'sche Wohnung in der Hietzinger Wattmanngasse ist ebenfalls schwer beschädigt. Schwester Hermine sitzt ohne Gas, Licht, und Wasser zu Hause und friert. Sie will dort, wenn es nötig ist, untergehen und weigert sich jedenfalls zu ihrer Schwester nach Krems zu kommen. Wo ist in all dem Chaos eigentlich Annies Noch-Immer-Ehemann, Franz Rebiczek-Rosar, geblieben? Angeblich bei Schanzarbeiten im Burgenland, aber genau weiß sie es nicht. Einzig positiv in diesen Tagen ist die Versorgungssituation: Ihr Garten trägt Früchte, und anders als im Jahr davor, kann sie ernten. So nahe bei den Bauern ist es außerdem nicht schwierig, an Fett und Fleisch zukommen.

Im April taucht Annies Franzl auf, nur um gemeinsam mit ihr in die Hütte nach Imbach aufzubrechen. Oberstes Ziel für ihn ist es, dem Volkssturm zu entkommen, jener im Oktober 1944 gegründeten Formation, die in einem letzten Aufbäumen gegen die drohende Niederlage alle waffenfähigen Männer im Alter von 16 bis 60 Jahren zwangsrekrutiert. Rebiczek-Rosar, Jahrgang 1891, ist als Mitglied des „letzten Aufgebots" nicht nur für Sicherungsarbeiten in Krems selbst vorgesehen. Er weiß: Mit etwas Pech kann er auch für sechs Wochen irgendwo im Reich an einer Heimatfront eingesetzt werden. Schlecht ausgerüstet und mangelhaft ausgebildet wäre sein Einsatz beim Volkssturm so knapp vor Kriegsende ein nahezu sicheres Todesurteil. Doch die Flucht aus Krems gelingt – in Imbach halten sich Annie und Franz Rebiczek-Rosar in den allerletzten Wochen des Kriegs erfolgreich versteckt.

Wien fällt am 13. April. Eine der ersten Aktivitäten der siegreichen sowjetischen Armee ist es, politische Funktionen und Verwaltungsposten mit ideologisch Nahestehenden zu besetzen. Sie rekrutieren das Personal aus einheimischen Kommunisten und Sozialdemokraten.

Theodor Körner, der 1924 wegen seines Beitritts zur SDAP als General des Ersten Weltkriegs zwangspensioniert worden ist, ist der erste von den Sowjets eingesetzte österreichische Politiker: Bereits am 17. April wird er zum provisorischen Wiener Bürgermeister ernannt. Zehn Tage später bestellt das Oberkommando der sowjetischen Truppen den ersten Staatskanzler der Ersten Republik, Dr. Karl Renner, 1930 Annies Trauzeuge, zum provisorischen Bundeskanzler der Zweiten Republik. Renner hat schon Anfang April, als Wien noch heftig umkämpft gewesen ist, mit der Roten Armee Kontakt aufgenommen und seine Dienste um eine mögliche Neugründung Österreichs „dessen Zukunft unfraglich dem Sozialismus gehört" angeboten. Schmeichelnd hat er sich in einem Brief sogar an Stalin selbst gewandt. Die Rechnung ist aufgegangen: Der erfahrene österreichische Politiker wird mit der Bildung einer provisorischen Regierung beauftragt. Einzige Bedingung: Ein Drittel aller Regierungsmitglieder ist mit Kommunisten zu besetzen.[12] Sofort, am 27. April 1945, erklärt Renner Österreichs Unabhängigkeit von Nazideutschland. Eine skurrile Situation, denn noch immer werden weite Teile des Landes – Krems gehört dazu – von der Wehrmacht verteidigt.

Was von Annie Rosar in ihrem Versteck unbemerkt bleibt – jedenfalls finden sich dazu keinerlei Eintragungen in ihren Tagebüchern und keine Bemerkung in ihren Briefen dieser Zeit – sind die dramatischen Ereignisse in den letzten Kriegswochen in und um Krems. Am Ostermontag legen US-amerikanische Kampfflieger das Bahnhofsviertel in Schutt und Asche, und nur wenige Tage später kommt es zur berüchtigten „Kremser Hasenjagd". Hat die Rosar gewusst, dass die Heimatstadt ihres Franzls eine Brutstätte des Nationalsozialismus ist?

Schon 1887 (!) ist bei einem Turnfest ein „Arierparagraf" zur Anwendung gekommen, der sich gegen die damals zahlreichen jüdischen Mitglieder richtet. Das hiesige Gymnasium hat seit Jahrzehnten den Ruf, Kaderschmiede antisemitischer Gruppierungen zu sein – viele Getreue Georg von Schönerers, den Hannah Arendt später als „geistigen Vater Hitlers" bezeichnen wird, sind hier zur Schule gegangen. 1932 ist hier, in der lieblichen Wachau mit ihren Weinhängen, Burgruinen, Donauwellen und Marillenbäumen, der erste nationalsozialistische Bürgermeister Österreichs angelobt worden. Mit dem Anschluss wird Krems zur Gauhauptstadt von Niederdonau und verleibt sich analog zu Wien die umliegenden Gemeinden ein. 1945 ist Hugo Jury, ein einheimischer Arzt und unbeirrt fanatischer Anhänger Adolf Hitlers, Gauleiter. Er trägt die Verantwortung für das Massaker, das Anfang April nach der Entlassung der Häftlinge aus der nahegelegenen Strafanstalt Stein mit seiner Billigung verübt wird: Vertreter von Wehrmacht und SS, die die bevorstehende Niederlage nicht wahrhaben wollen, exekutieren den Gefängnisdirektor und mehrere Aufseher, sodann 229 Häftlinge, die sich noch im Areal der Strafanstalt befinden und weitere rund 300–400, die wie Hasen über Stock und Stein in der Umgebung gejagt werden. Jury inszeniert noch am 6. Mai, zweieinhalb Wochen nach dem Fall von Wien, sechs Tage nach dem Selbstmord des Diktators im Berliner Bunker und zwei Tage vor der bedingungslosen Kapitulation durch Admiral Dönitz, eine Gedenkveranstaltung für Adolf Hitler: „Du, mein Führer, starbst uns nicht und wirst uns auch niemals sterben."[13]

Währenddessen haben jedoch am anderen Ufer der Donau die Sowjettruppen bereits Stellung bezogen. Als die letzten Nazitreuen die Donaubrücken in die Luft sprengen, setzen die Russen mit Booten über. Am 8. Mai 1945 ist Krems wieder frei. In der Nacht begeht Gauleiter Hugo Jury Selbstmord.

Am selben Tag erlässt Karl Renners provisorische Regierung das Verbotsgesetz, das die NSDAP und alle ihre zugehörigen Organisationen auflöst und jede Wiederbetätigung unter Strafe stellt. Gemäß diesem Gesetz haben sich ehemalige Mitglieder der NSDAP zu registrieren und sind je nach Schweregrad der Belastung unbeschränkt oder zeitlich limitiert sühnepflichtig, z. B. über höhere Lohn- und Einkommenssteuern oder durch den sogenannten Arbeitseinsatz. Für Registrierte gelten Berufsverbote bei Bund, Land und öffentlich-rechtlichen Körperschaften sowie auch in der Privatwirtschaft. Doch es gibt ein Schlupfloch: § 27 sieht Ausnahmebestimmungen zugunsten ehemaliger Parteimitglieder vor, die ihre „Zugehörigkeit zur NSDAP oder einem ihrer Wehrverbände (SS, SA, NSKK, NSFK) niemals mißbraucht" haben und aus ihrem „Verhalten noch vor der Befreiung Österreichs auf eine positive Einstellung zur unabhängigen Republik Österreich mit Sicherheit geschlossen werden kann".[14] Formulierungen mit viel Interpretationsspielraum – Probleme sind vorprogrammiert. Wer in den Genuss dieser Ausnahmebestimmungen kommt und damit von der Registrierungsliste gestrichen wird, liegt allein in der Macht der Regierung. Staatssekretär Adolf Schärf hat diese Regelung vorgeschlagen und durchgebracht. Er will damit seinem behandelnden Arzt, Freund und Vertrauten Univ.-Prof. Dr. Leopold Schönbauer, an dessen Institut, der Ersten Chirurgischen Universitätsklinik im Wiener AKH, während des Kriegs Zwangssterilisierungen vorgenommen worden sind, den Weg in die sofortige Entnazifizierung ebnen. Schönbauers Verhalten lasse am Ende des Tages doch „auf eine positive Einstellung" zu Österreich schließen, so die Argumentation: Er habe während der Schlacht um Wien zuerst die flüchtenden Soldaten Hitlers und anschließend die anrückenden Sowjettruppen davon überzeugt, das AKH nicht zur Kampfeszone zu erklären. Mithilfe des sogenannten Schönbauer-Paragrafen entkommt der Mediziner – im Krieg Mitglied der NSDAP und förderndes Mitglied der SS – einer Registrierung und aller damit verbundener Einschränkungen. Heftig diskutiert, aber vorerst unangetastet bleibt dafür eine andere Auflage für ehemalige NSDAP-Mitglieder: das aktive und passive Wahlverbot für die im Herbst geplanten ersten Nationalratswahlen. Karl Renner sieht unter den Ehemaligen großes Wählerpotential für die SPÖ, wie die ehemalige SDAP nunmehr heißt, und empört sich parteiintern. Hitler sei ein Engel gewesen im Vergleich zu jenen, die sich für ein Wahlverbot der Nationalsozialisten einsetzten.[15]

Der Krieg ist vorbei. 1,2 Mio. österreichische Soldaten haben für Adolf Hitler gekämpft, davon sind, je nach Quelle, zwischen 250.000 und 380.000 gefallen oder vermisst. 65.000 Wiener JüdInnen und weitere 16.000 Häftlinge sind in Konzentrationslagern ermordet worden, außerdem 35.000 Zivilisten infolge von Kampfhandlungen und Bombardements umgekommen. Ein Großteil der Infrastruktur ist vernichtet, in Wien fast ein Drittel aller Gebäude zerstört. „Es läuten die Glocken, hochbewegte Menschenmassen strömen ins Freie, ein einziger Jubelruf durchschallt die Welt: der Friede ist da!", schreibt am 10. Mai die erste heimische Zeitung, „Neues Österreich", die von den wiedergegründeten Parteien SPÖ, ÖVP und KPÖ schon im April aus der Taufe gehoben worden ist.

In Krems tritt nun Franz Rebiczek-Rosar wieder auf die Bühne. Auch er profitiert wie Renner und Körner und andere Sozialdemokraten von den Postenbesetzungen durch die Sowjets. Er wird provisorisch zum stellvertretenden Bezirkshauptmann in Krems ernannt. Das Glück ist ihm gleich ein zweites Mal hold: Man weist ihm, nachdem in den allerletzten Kriegstagen seine Kremser

Bleibe doch noch durch einen Bombentreffer beschädigt worden ist, eine neue, eine herrliche Wohnung zu. Vier Zimmer, Badezimmer, Telefonanschluss, Terrasse und Blick auf die Donau – Rebiczek-Rosars wähnen sich im siebenten Himmel und freuen sich auf den bevorstehenden Sommer.

Wie immer nach politischen Umstürzen ist für das Gros der Bevölkerung aber nun Abgrenzung vom früheren Regime angesagt. Das provisorische Verbotsgesetz ist vorderhand nur im von den Sowjets besetzten Osten des neuen Österreich gültig. Klar ist trotzdem bis nach Vorarlberg oder Kärnten: Etwaige Berührungspunkte mit den Nationalsozialisten müssen tunlichst heruntergespielt werden. Auch Annie steht vor diesem Problem. Wohl hat sie nachweislich nie zum engeren Kreis von Goebbels' FilmfavoritInnen gezählt, doch ganz ungefährlich ist die Situation auch für sie nicht. Jede Art von Sühne, aber vor allem ein Karriereknick und eine mögliche gesellschaftliche Ächtung muss verhindert werden. Sie will deshalb einer Registrierung als ehemaliges Mitglied der NSDAP unbedingt zuvorkommen und § 27 des Verbotsgesetzes für sich geltend machen. Bereits am 8. Juli 1945 schickt sie eine Sachverhaltsdarstellung an die „verehrliche prov. Staatsregierung der Republik Österreich" vulgo Familienfreund Karl Renner, in der sie um Unterlassung ihrer Registrierung ersucht. Ihre Argumente: Einzig und allein auf Drängen ihres verstorbenen Sohns habe sie 1939 einen Antrag auf Parteimitgliedschaft gestellt. Ziel sei es gewesen, „uns all den Aufregungen und Bedrängnissen zu entziehen", die mit den Gerüchten um Renés angeblich jüdischen Vater einhergingen. „Judenmensch" sei sie, Annie Rosar, einmal sogar von einem Beamten des Gausippenamts genannt worden. 1942 habe sich dann herausgestellt, dass ihr Antrag bei den Behörden verloren gegangen sei. Als sie daraufhin aufgefordert worden ist, alles noch einmal einzureichen, sei sie dem gar nicht mehr nachgekommen. Damit sei doch klar, dass sie eben kein Nazi gewesen sei und deshalb gar nicht Parteimitglied habe sein können! Sie habe doch darüber hinaus damals wirklich andere Sorgen gehabt. Das stimmt zwar tatsächlich, doch ihre Behauptung „Ich hatte jedenfalls nie etwas mit dem Nationalsozialismus zu tun und war begreiflicherweise eine erbitterte Gegnerin, was ich in mutigster Weise auch nicht verschwieg,"[16] stimmt allerdings nicht. Die Sachverhaltsdarstellung langt Mitte Juli bei den Behörden ein, aber vorerst passiert nichts. Die amtlichen Mühlen mahlen langsam und auch von Renner selbst erhält die Rosar keine Reaktion auf ihr Ansuchen. Zumindest nicht offiziell, denn nur wenige Tage später setzt der Schwager von Karl Renners Tochter Poldi für sie eine Art Leumundszeugnis auf. Annies jüdische Ehemänner sind jetzt dienlich. „Ich bestätige insbesondere, dass sie wegen ihrer nichtarischen Versippung in der Nazizeit den schwersten Verfolgungen und Gefährdungen ihrer Berufsausübung ausgesetzt war."[17] Eine glatte Lüge. Doch der Autor dieser Zeilen ist gut gewählt: Es ist niemand geringerer als Paul Deutsch, der stellvertretende Chefredakteur des Neuen Österreich und SPÖ-Repräsentant in der Blattleitung, der selbst 1934–1945 ein Arbeitsverbot gehabt hat und damit höchste Glaubwürdigkeit genießt.

Annie befindet sich mit ihrem Ansuchen um Unterlassung auf Registrierung in „bester" Gesellschaft: Bis Ende August landen allein in Wien 63.000 ähnliche Ansuchen, die sich auf den § 27 beziehen, bei den Behörden.[18] Bei 70.000 gleichzeitig angemeldeten Registrierung bedeutet das, dass 90 % (!) der ehemaligen NSDAP-Mitglieder der Meinung sind, ihre Zugehörigkeit zur Hitler-Partei sei entschuldbar. Am Ende sind es nur die hochrangigen Nazi-Funktionäre ohne Chance auf Nachsicht, die es gar nicht erst probieren. Sie sind um Verwischung ihrer Spuren bemüht: Sie flüchten ins Ausland oder tauchen unter, nehmen falsche Namen an oder versuchen unauffällig zu bleiben und mit den neuen Verhältnissen zurechtzukommen. Etliche begehen Selbstmord. Die, deren man von Seiten der Besatzer habhaft wird, kommen zu Verhören in Lager in der britischen Besatzungszone in Kärnten. Manche, bei denen kein Verdacht auf Kriegsverbrechen besteht, werden nach einiger Zeit freigelassen, manche Schwerbelastete von den neuen Behörden den jeweiligen Gerichten überstellt.

Auf der Suche nach ehemaligen NationalsozialistInnen ist man immer wieder auf die Mithilfe der Bevölkerung angewiesen. Die Motive sind jedoch nicht überall lauter, immerhin sind die meisten selbst MitläuferInnen gewesen. Da zeigen Nachbarn, KollegInnen oder sonstige Bekannte einander an. Das Denunziantentum ist wie 1938 weit verbreitet, nur in die politisch andere Richtung. „Es ist beängstigend, mit welcher Gewissenlosigkeit manche Leute sich gegenseitig ‚ankreiden' unter der scheinheiligen Meinung, damit weiß Gott was Gutes zu tun", stellt selbst ein konservatives Blatt wie die Salzburger Nachrichten fest und zitiert einen US-amerikanischen Anklagevertreter, der meint: „Ich war schon in vielen Ländern, aber ich bin der Ansicht, Österreich ist das Land, wo man am schnellsten über jemanden schlecht spricht."[19] Annie Rosar hat sich diesen Artikel rot angestrichen und in ihren Dokumenten aufgehoben.

Oberflächlich betrachtet kehrt aber das alte Leben ganz langsam zurück. Ist nicht vor kurzem noch Krieg gewesen? Die Marillenernte hat jedenfalls keinen Schaden erlitten und Annie beginnt, Vorräte von selbsteingekochter Marmelade anzulegen. Auch das geliebte Tennisspielen – kaum zu glauben, wenn man an das nur 80 km entfernte zerbombte Wien denkt – gehört wieder zum Alltag. Die Rosar beantragt die Mitgliedschaft bei der neugegründeten Bühnengewerkschaft und wird – so wie alle anderen auch – als provisorisches Mitglied aufgenommen. Reguläre Mitgliedschaften vergibt die Gewerkschaft zu diesem Zeitpunkt wenige. Man will und muss aufgrund des Verbotsgesetzes doch diverse ins Haus stehende Entnazifizierungsverfahren abwarten. Der 1. September 1945 ist ein besonderes Datum: Da werden in Österreich und Wien nicht nur offiziell die Besatzungszonen für Russen, US-Amerikaner, Briten und Franzosen eingerichtet, da öffnen am selben Tag auch wieder die Theater in gewohnter Weise zur Saison. Annie Rosar ist mit einer Hauptrolle an der Seite von O.W. Fischer und Guido Wieland von Anfang an dabei: Im Wiener Bürgertheater „einem der wenigen Theater, die ganz geblieben sind"[20] spielt sie in einem Pariser Volksstück namens „Im sechsten Stock". Franz Stoß, der neue Theaterdirektor, inszeniert höchstpersönlich und macht das Bürgertheater zu einer volkstümlichen Zweigstelle der Josefstadt. Die Zugverbindungen von Krems nach Wien sind wieder intakt, und so kann die Rosar auch zwischendurch ohne logistische Einschränkung das eine oder andere Engagement beim Radio, das inzwischen in vier Sender entsprechend den vier Besatzungsmächten aufgefächert ist, annehmen.

Alles paletti? Weit gefehlt. Noch immer hat sie keine offizielle Reaktion auf ihr Gesuch um Nichtregistrierung als Parteimitglied, da kommen ihr Beschuldigungen aus dem KollegInnenkreis zu Ohren: Sie sei sehr wohl Mitglied der Partei gewesen! Sie habe das Parteiabzeichen offen getragen und regelmäßig über ihr Dienstmädchen die Mitgliedsbeiträge eingezahlt. Auch habe sie während des Kriegs eine besonders hohe, parteifreundliche Medienpräsenz gehabt und ihr Sohn, den sie zum Nazi erzogen habe, sei zudem bei der SS gewesen. Im Herbst 1945 wird sie bei der Staatspolizei angezeigt und muss Rede und Antwort stehen. Doch die Ermittlungen ergeben nichts.

Die nächste Aufregung betrifft die Zukunft ihrer Familie. Nach Kriegsende fehlt nämlich von ihrer Schwiegertochter und Wolfi jede Spur. Annie sucht Ursula über alle ihr möglichen Kanäle: über das Rote Kreuz, über Radio Berlin, wo sie sie ausrufen lässt, und über Briefe. Insgesamt 20 Briefe schickt sie los. Briefe, die einander sehr ähneln, manche Textpassagen sind nahezu wortident. Verständlich: Verzweifelt weiß sie doch von Mal zu Mal nicht, ob Ursula je einen ihrer bisherigen Briefe erhalten hat. Die Post zwischen Österreich und Deutschland ist 1945 auf das Niveau des Mittelalters zurückgeworfen worden: Wie weiland dem reitenden Boten steckt man auch jetzt wieder Briefe oder Karten Personen zu, die sich von Wien aus über die Grenze aufmachen. Freunde bzw. Freunde von Freunden wie der US-amerikanische Ehemann von Karl Renners Enkelin Franziska und manchmal auch gänzlich Unbekannte mutieren so zu BriefträgerInnen der besonderen Art: „In einer Pause meines Auftretens schreibe ich Dir in aller

Eile, weil ich höre, dass jemand morgen nach Berlin fährt, und ich auch diesen Versuch mache, um Dir Nachricht zukommen zu lassen", so Annie an Ursula im Oktober 1945 aus der Garderobe des Bürgertheaters. Besonders betont sie: „[D]ie Ehe ist glücklich, seit Franzl in gehobener Stellung ist und eben auch Betätigung gefunden hat und sehr anerkannt wird."[21] Sie will doch zumindest posthum Renés Wunsch, seiner Frau eine harmonische Familie zu bieten, entsprechen.

Da endlich: ein Lebenszeichen von Ursula. Sie ist in Fitzlar, nördlich von Frankfurt, doch ihre Lebensumstände sind bedrückend. Ihr wird von der Familie für sich und ihr Kind ein winziger Raum zugewiesen. Mehr ist nicht möglich. Sie ist niedergeschlagen und kränkelnd. Ihr Vater wird als ehemaliger hoher Nazi gesucht. Er versteckt sich in der Heimat seines Schwiegersohns Hans, wo dieser mit Inge, der um vier Jahre älteren Schwester von Ursula, und seinen Kindern lebt. Es ist ein belastendes Leben – die Nachbarn munkeln. Richard Stahn kann sich nicht frei bewegen. Erst mit dem Beitritt Deutschlands zur NATO 1949 wird die Suche nach SS-Offizieren, denen persönlich keine direkte Beteiligung bei Kriegsverbrechen nachgewiesen werden kann, eingestellt. Opa Richard wird zeitlebens keine Pension zugebilligt werden – die bescheidensten Verhältnisse, in denen die Stahns unmittelbar nach Kriegsende leben, werden im Laufe der nächsten Jahre nur unmerklich besser.

Für Annie Rosar ist Ursulas trister Bericht Öl ins Feuer, um ihre Anstrengungen zu intensivieren: Schwiegertochter und Enkel sollen nach Wien zu ihr zurückkommen und unter ihrer Obhut ein gutes Leben haben. Von überall aus dem ehemaligen Reich kehren Gestrandete, die bis 1938 einen österreichischen Pass besessen haben, in Scharen heim. Warum also nicht auch die Witwe nach ihrem Sohn und dessen einziges Kind?

Die Inhalte ihrer Briefe sind dabei unmissverständlich: „Hier habt Ihr alles – sieh nur zu, dass Ihr so bald als möglich kommt, ich zähle die Tage!!!" Österreich sei, so Annies Grundtenor, in jeder Hinsicht ein wunderbares Pflaster: Die Wohnungen seien intakt, es gebe Platz, genug zu essen, für Wolfi habe sie ein schwarz-weißes Kätzchen angeschafft und eine „süße, seidene Steppdecke". Sie habe auch wieder eine Hausgehilfin, ein 17-jähriges Mädchen, eine Reichsdeutsche aus Oberschlesien, eine Heimatlose also, weil doch Oberschlesien mittlerweile zu Polen gehört. Und dass Franzl dank seiner Position in der Kremser Bezirkshauptmannschaft über einen Dienstwagen mit Chauffeur verfügen könne, sei doch sicher für Ursula, aber vor allem für Klein-Wolfi ein unvergleichlicher Luxus. Auch langfristig sei es doch viel besser, wieder zurückzukommen, denn sowohl sie selbst als auch Franzl würden sich danach sehnen, ihr Hab und Gut jemandem zu vererben. „1000 Bussi. Mamma" unterschreibt Annie.

Das zusätzliche Problem bei der ganzen Sache: Die Einreise nach Österreich ist Einzelreisenden unmittelbar nach dem Krieg nur von Seiten der westlichen Alliierten erlaubt. In die sowjetische Besatzungszone, die das nordöstliche Oberösterreich, ganz Niederösterreich und das Burgenland umfasst, dürfen HeimkehrerInnen nur im Zuge von Sammeltransporten[22] immigrieren. Die strengen Kontrollen an den Demarkationslinien zwischen US-Amerikanern (im Westen) bzw. Briten (im Süden) und Russen sind bald bekannt. Doch wer nach Wien will, muss sie in Kauf nehmen. Eine zeitnahe Besserung der Verhältnisse ist nicht in Aussicht: Die Stimmung unter den sowjetischen Besatzern, die den Osten Österreichs befreit und mit 17.000 gefallenen Soldaten bei der Schlacht um Wien im April den höchsten Blutzoll zu verzeichnen gehabt haben, ist ambivalent. Zwar hat mit Herbstbeginn „ihre" provisorische Regierung unter Karl Renner endlich die Zustimmung der anderen drei Besatzungsmächte erhalten, doch bei den ersten Parlamentswahlen nach dem Krieg am 25. November 1945 kommen entgegen den hohen Erwartungen des Kreml die österreichischen Kommunisten nur auf karge 5,42 % der ausgezählten gültigen Stimmen. Das bedeutet nur mehr einen KPÖ-Vertreter unter insgesamt 18 Kabinettsmitgliedern und einen sehr eingeschränkten sowjetischen Einfluss innerhalb der neu zu bildenden Bundesregierung. Dort, wo die Sowjets noch immer bestimmen können, etwa an den Grenzen zu den anderen Besatzungsmächten, sind angesichts dessen politische Lockerungen nicht denkbar.

Das ist Pech für Ursula, Wolfi und Annie, deren Schalmeienklänge zur Situation in Wien in Fitzlar schön langsam auf fruchtbaren Boden fallen. „Aber Du musst bedenken, dass ich ein schwerfälliger Mensch bin und mich durchringen muss. Die Heimat und die Familie spielt in jedem Leben eine grosse Rolle," gibt sich die 25-Jährige in einem Brief an ihre Schwiegermutter noch zögerlich. Endlich, Anfang Dezember, hat Ursula sich entschieden. Sie will zurück nach Wien. Dabei habe sie keinerlei Hilfe für die Reise, schreibt sie. Außerdem sei sie ängstlich geworden und unsicher, so ganz ohne Begleitung. Aber, so versichert sie, sie würde sich schon auf Wien freuen. Oma Annie ist selig und liest mit Tränen in den Augen diese Passage immer wieder und immer wieder: „Er ist René so ähnlich. Wenn ich ihn aber frage: Bist du mein kleiner René?, dann schüttelt er ganz ernsthaft den Kopf und sagt: ‚Nein'. ‚Nein' sagt er überhaupt viel. Heute war der Krampus da. Da hat er ordentlich Respekt gehabt. Er saß dann den ganzen Abend wie eine Puppe da."[23]

Hat der Herrgott sie schlussendlich doch noch erhört?

Nun gilt es, die Schwiegertochter bei der Heimkehr zu unterstützen. Annie Rosar schreibt und schreibt. Unaufhörlich und mit immer neuen Informationen, an wen genau sich Ursula wenden soll. Die Initiative muss nämlich – das sind die Voraussetzungen für einen erfolgreichen Heimtransport – von Ursula ausgehen. Die Österreichischen Repatriierungskomitees, die nur von einigen Städten in Deutschland aus organisiert werden, haben nicht die Kapazitäten, proaktiv nach Heimkehrern zu suchen. Dabei ist die junge Frau doch so unselbstständig! Und so schlecht im Organisieren! Die Energie, aber auch die Hilflosigkeit, die in den Briefen aus Wien spürbar werden, erinnern an Annies vergebliche Versuche, René seinerzeit vom Medizinstudium abseits der Front zu überzeugen. Von Wien aus versucht die Schauspielerin zu recherchieren und ihre Kontakte spielen zu lassen. Sie bemüht sich, ihrer Schwiegertochter jeden kleinen organisatorischen Schritt bis ins letzte Detail zu beschreiben.

Diesmal gelingt die familiäre Unternehmung: Zwar nicht so schnell, wie es Oma Annie gern gesehen hätte – gleich zu Weihnachten, um so auch gemeinsam Renés Todestag zu gedenken – aber die Verzögerung nimmt nur fünf Monate in Anspruch.

Von Augsburg, wo das für Ursula und Wolfi zuständige Repatriierungskomitee sitzt,[24] ist der nächste Transport nach Wien im Frühling geplant. Es ist ein erfahrenes Komitee, das immerhin bis Dezember 1945 bereits 18.000 ÖsterreicherInnen auf dem Weg nach Hause unterstützt hat. Die Zeit bis zur Abreise nutzt Ursula, um nachzuweisen, dass René Österreicher gewesen ist und sie als seine Witwe Anspruch auf die Mitnahme hat. Annie Rosar lässt die Wohnung in der Rathausstraße desinfizieren und neu herrichten. Sie schwelgt in Vorfreude. Nun hat es sich doch ausgezahlt, dass sie ihre Beziehungen zur SPÖ seit Kriegsende hat spielen lassen und die Wohnung für ihre Schwiegertochter hat erhalten können. Das sei, so Annie im März, „wohl die größte Tat, die mir in diesen Zeiten geglückt ist".[25] Ein Privileg angesichts der prekären Wohnsituation in der Bundeshauptstadt. Nicht umsonst hat Bürgermeister Körner mit der ersten amtlichen Verordnung in der 2. Republik das gesamte Wohnungswesen der Stadt unter behördliche Kontrolle gestellt. Täglich langen im Wiener Rathaus 2.500–3.000 Anträge bzw. Anfragen von Wohnungssuchenden ein, und der Wiederaufbau steht erst am Anfang. Mietwohnungen müssen von daher normalerweise zurückgegeben werden, wenn sie nicht dem Eigennutzung dienen oder überhaupt leer stehen.

Am 30. April 1946, auf den Tag genau ein Jahr nach Hitlers Selbstmord im Berliner Führerbunker, trifft Annies Schwiegertochter mit Wolfgang-René in einem der speziell für HeimkehrerInnen aufgestellten Züge in Wien ein. Ihre neue Aufenthaltsbestätigung der hiesigen Behörden ist mit 4. Mai datiert.

Ursula Rebiczek-Rosar, die Tochter eines Hitlertreuen deutschen Obersts, kehrt in ein Wien zurück, dessen Alltag und Atmosphäre vom Umgang mit

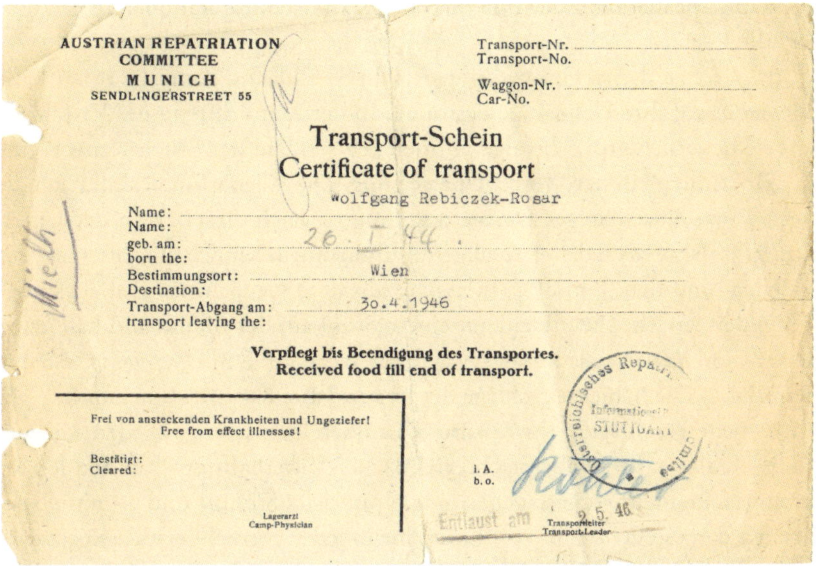

AUSTRIAN REPATRIATION COMMITTEE
MUNICH
SENDLINGERSTREET 55

Transport-Nr.
Transport-No.
Waggon-Nr.
Car-No.

Transport-Schein
Certificate of transport

Name: Name: Wolfgang Rebiczek-Rosar
geb. am: born the:
Bestimmungsort: Destination: Wien
Transport-Abgang am: transport leaving the: 30.4.1946

Verpflegt bis Beendigung des Transportes.
Received food till end of transport.

Frei von ansteckenden Krankheiten und Ungeziefer!
Free from effect illnesses!

Bestätigt:
Cleared:

Lagerarzt
Camp-Physician

i. A.
b. o.

Entlaust am 2. 5. 46

Transportleiter
Transport-Leader

Abb. 52: Transport-Schein des Austrian Repatriation Committees in München für Wolfgang Rebiczek-Rosar, ausgestellt am 30.4.1946.

den ehemaligen NationalsozialistInnen auf unterschiedlichen Ebenen geprägt sind.

Das offizielle Österreich hat erst kurz vor Ursulas Ankunft, am 30. März 1946, die sogenannten „Grundsätze der Entnazifizierung aufgrund der Parteienverhandlung zwischen ÖVP, SPÖ und KPÖ" veröffentlicht und den Entwurf eines Bundesverfassungsgesetzes über die „Behandlung von Nationalsozialisten" vorbereitet. Es ist dies die erste österreichweit geltende Bestimmung zum Thema. Zufrieden sind die Besatzungsmächte allerdings trotzdem nicht: Die vorgesehenen Maßnahmen seien zu geringfügig, der Kreis, der zu Belangenden zu klein definiert – insgesamt seien Österreichs Gesetzgeber aus Alliiertensicht zu großzügig gegenüber Nazis. Doch auch wenn an Grundsätzen und Gesetz noch gearbeitet werden muss, Anzeigen wegen angeblicher oder tatsächlicher Mitgliedschaft bei der NSDAP gibt es schon genug. Als Ursula aus dem Zug steigt, ist ihre Schwiegermutter gerade genau deshalb denunziert worden – von der Schwester der ersten Frau von Laszy Fuchs! Der Ehrenrat der Bühnengewerkschaft leitet ein Verfahren gegen sein provisorisches Mitglied Annie Rebiczek-Rosar ein und lässt sie prophylaktisch über die russische Kommandantur für den Film sperren.

Nur am Theater kann sie vorderhand weiterspielen, Rezitationen halten oder im Radio lesen.

Qualitativ ist dieses Filmverbot gar nicht so schlecht, denn die Rosar kann sich wieder auf ihre Ursprünge besinnen. In der Zeit während des Verfahrens feiert sie neuerlich große Erfolge mit den „Persern" in der Feuchtwanger- und den „Troerinnen" in der Werfel-Übersetzung. Die WienerInnen sind nach der langen Pause einschlägiger Darbietung hungrig nach dieser Form der Unterhaltung. 30 Jahre nach der erstmaligen Aufführung in München rezitiert sie den Aischylos- und den Sophokles-Klassiker aus dem Gedächtnis. Dabei sitzt sie im dunklen langen Abendkleid auf einem Stuhl auf der Bühne und hält ganze Theater- und Konzertsäle mit der Magie des Wortes und mit wenigen Gesten in ihrem Bann. Die Schicksalsschläge der letzten Jahre haben sich in Annies Spiel positiv niedergeschlagen: Ihr Ausdruck ist noch intensiver geworden, sie wird in den Medien sehr gelobt, nach „viel flacher Unterhaltung"[26] in den letzten Jahren. „Nein, nicht vorgetragen, sondern mit tiefer Stimme und unmittelbarer Wirkung dargestellt, wie sie sonst nur eine in jeder Hinsicht erstklassige, szenische Aufführung auszuüben vermag. Dieses Wunder vollbringt die Rosar ohne alle äußerlichen Hilfsmittel durch die Magie ihrer Kunst,"[27] zollen ihr die Medien berechtigten Beifall. Wer sich die heute auf YouTube oder LP verfügbare Aufnahmen der „Perser" anhört, kann kaum glauben, dass diese eindringliche Stimme mit dem rollenden „r" der fülligen, ältlichen Schauspielerin aus den großteils kitschigen Filmkomödien vor und nach dem Krieg gehört.

Auch am Theater sind es immer häufiger dramatische Rollen – dramatische Mutterrollen natürlich – die Annie Rosar angeboten werden und die sie mit Hingabe spielt. So brilliert sie neben ihren Auftritten im Bürgertheater in „Familienaffären" im nahegelegenen Künstlertheater[28] als „eine Mutter, die ihren totgeglaubten Sohn nach fünfzehn Jahren Trennung plötzlich vor sich im Zimmer sieht."[29] Renés Tod findet in ihrer schauspielerischen Meisterschaft seinen Widerhall, und „der reiche Beifall steigerte sich zu stürmischen Ovationen für Annie Rosar".[30] Unter den Applaudierenden bei der Premiere im Wiener Künstlertheater: Karl Renner, der alte Freund.

Die Kritik der Alliierten an der Großzügigkeit der österreichischen Legislative gegenüber ehemaligen NationalsozialistInnen zieht weitere Verhandlungsrunden nach sich, in denen die neuen politischen Parteien um die Verschärfung des Gesetzes ringen. Währenddessen macht sich dort, wo es überhaupt zu Entnazifizierungsverfahren kommt, Harmlosigkeit breit. Mangels rechtsverbindlichen Rahmens scheuen sich die eingesetzten Gremien vor einer klaren Haltung. Man tagt und prüft und tagt und prüft, aber selbst bei angeblich abgeschlosse-

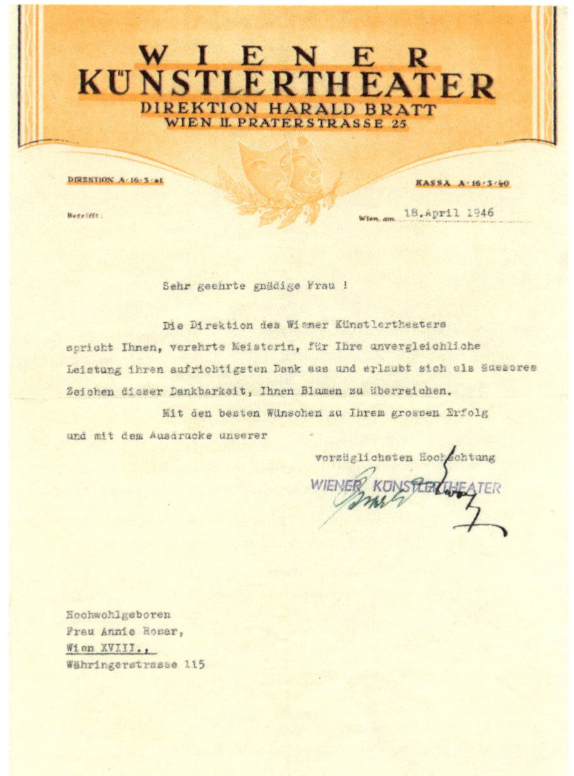

WIENER
KÜNSTLERTHEATER
DIREKTION HARALD BRATT
WIEN II. PRATERSTRASSE 25

DIREKTION A-16-3-41 KASSA A-16-3-40

Betrifft: Wien, am 18.April 1946

Sehr geehrte gnädige Frau !

Die Direktion des Wiener Künstlertheaters spricht Ihnen, verehrte Meisterin, für Ihre unvergleichliche Leistung ihren aufrichtigsten Dank aus und erlaubt sich als äusseres Zeichen dieser Dankbarkeit, Ihnen Blumen zu überreichen.

Mit den besten Wünschen zu Ihrem grossen Erfolg und mit dem Ausdrucke unserer

vorzüglichsten Hochachtung

WIENER KÜNSTLERTHEATER

Hochwohlgeboren
Frau Annie Rosar,
Wien XVIII.,
Währingerstrasse 115

Abb. 53: Dankesschreiben des Wiener Künstlertheaters an Annie Rosar vom 18.4.1946 nach der umjubelten Premiere von „Familienaffären".

nen Fällen gibt es kaum endgültige Entscheidungen. Was hier genau bearbeitet wird, weiß im Übrigen keiner – die Ergebnisse werden nicht veröffentlicht. Transparenz ist ein Fremdwort. Auch die Verantwortlichkeit, welche SchauspielerInnen beschäftigt werden sollen und welche nicht, ist nicht eindeutig definiert. Da gibt es einerseits die Entnazifizierungsgremien, dann die Theaterdirektoren selbst und zu guter Letzt die Besatzungsmächte, die ein Veto einlegen können. Die USAF (United States Armed Forces) etwa hat bereits im November 1945 eine schwarze Liste jener KünstlerInnen veröffentlicht, die jedenfalls in ihrem Sektor nicht auftreten dürfen. Darunter sind Attila Hörbiger, Emil Jannings, Werner Krauss oder Gustav Ucicky, der Regisseur von „Heimkehr". Im Zweifel – so der allgemeine Tenor unter den ÖsterreicherInnen – sei jedenfalls bei Minderbelasteten sehr individuell zwischen Wirkung einer gerechten Sühne und dem mit einem Auftrittsverbot einhergehenden „kulturellen Verlust für Österreich"[31] zu entscheiden. Mit dieser Einstellung kann der Ehrenrat der Filmge-

…n - F i l m
…esellschaft m.b.H.

Direktion
Direktor Karl H a r t l

Wien VII. 13.Mai 1946

B e s t ä t i g u n g

Frau Anni R o s a r ist mir durch ihre wiederholte Tätigkeit während der letzten Jahre bei der Wien-Film bekannt und besonders durch ihre Mitarbeit an dem Mozartfilm " Wen die Götter lieben ", den ich selbst inszenierte, hatte ich Gelegenheit, durch viele Wochen hindurch im Atelier mir ihr zusammen zu sein.

Es war mir nie bekannt, dass sie in einer Beziehung zur NSDAP stand und schon dieser Umstand mag dafür sprechen, dass sie nie in Äusserungen oder gelegentlichen Unterhaltungen für diese Ideologien eintrat. Im Gegenteil, soweit ich mich zu erinnern vermag, konnte man in ihrer Gegenwart ruhig seine persönliche Einstellung gegen diese Partei äussern.

Frau Rosar hat auch wiederholt in der dringlichsten Weise vorgesprochen, in Wien beschäftigt zu werden, dass sie nur äusserst ungern den verschiedenen Aufforderungen Berlins, Filme in Berlin zu machen, gegenüberstand. Dies mag ein Beweis dafür sein, dass sie stets an ihrer Heimatstadt Wien hing.

Es ist mir auch kein Fall bekannt, dass Frau Rosar jemals irgend jemandem geschadet hat.

Erst im vergangenen Jahre, September 1945, gelangte es mir vom Hörensagen - der Anlass ist mir nicht mehr gegenwärtig - zur Kenntnis, dass Frau Rosar Anwärterin zur Mitgliedschaft bei der NSDAP gewesen sein soll.

Hartl mp.

Abb. 54: Bestätigung Karl Hartls vom 13.5.1946 an den Ehrenrat in Sachen Annie Rosar. Der Wien-Film-Direktor ist ein wichtiger Zeuge zu ihren Gunsten im Entnazifizierungsverfahren.

werkschaft selbst an Gustav Ucicky nichts Negatives finden. Er wird im Februar 1947 anstandslos als ordentliches Mitglied aufgenommen. Herbert von Karajan, der gleich zweimal in die NSDAP eintrat, 1933 in Salzburg und 1938 in Aachen, darf in Österreich sogar schon 1946 wieder auftreten (in Deutschland erst 1950). Dass man angesichts der unterschiedlichen Regelungen der Besatzungsmächte nichtsdestotrotz spielen kann, beweist Paula Wessely. Als eine ehemalige „Gottbegnadete" darf sie zwar vorerst nicht im Theater an der Josefstadt auftreten, das im US-amerikanischen Sektor liegt, dafür aber in Innsbruck. Die dort verantwortlichen französischen Besatzungsbehörden haben kein Problem und sehen sie nur als „Minderbelastete", die sofort zu Saisonbeginn wieder spielen soll.

Trotz bescheidener Wirksamkeit ist der bürokratische Aufwand für die einzelnen Entnazifizierungsverfahren beträchtlich. Für österreichische SchauspielerInnen sind gleich fünf (!) Einrichtungen zuständig: zwei Sonderkommissionen im unter kommunistischer Führung stehenden Unterrichtsministerium, je eine Kommission im Burgtheater bzw. in der Staatsoper sowie der Ehrenrat der Sektion der Bühnenangehörigen im Österreichischen Gewerkschaftsbund.

Das Verfahren ist entfernt mit einem regulären Gerichtsprozess vergleichbar. Der/die Beschuldigte hat Parteienstellung und kann Zeugen benennen, dafür fehlt die Staatsanwaltschaft als eigene Instanz. Es ist der Ehrenrat selbst, bestehend aus fünf Mitgliedern und einem Vorsitzenden, der die Zeugen der Anklage definiert. Wer sagt auf Wunsch des Ehrenrats gegen Annie Rosar aus? Schauspielerkollege Hans Frank vom Volkstheater, Staatsoperndirigent Wilhelm Loibner, ein Blockwart aus ihrem Viertel und ein Nachbar, ein ehemaliger Filmausstatter namens Stetter, der als Nazi-Sympathisant selbst unter Druck gekommen ist. Annie berichtet, dass entsprechend seiner Zeugenaussage „man m i r und nicht ihm den Schrebergarten wegnehmen müsse, da er ein unschuldsvoller Engel und ich eine ganz gewaltige „Nazin" sei!"[32] Es sei widerwärtig, bekräftigt sie im Verfahren, dass „dieselben Menschen, die damals die Nazi vor mir warnen zu müssen glaubten, bis zum Ehrenrate meiner Standesorganisation" vordringen und dort auch Gehör finden. Kurzum: Diese Vier sind ein sehr buntes Grüppchen, dessen Schlagkraft und Glaubwürdigkeit nicht vollends überzeugt: Hans Frank, der behauptet, Annie habe beim Betriebsausflug mit dem Volkstheater 1939 das Parteiabzeichen getragen, muss einlenken. Es kann nachgewiesen werden, dass sie auch ein Symbol der Kirche, eine Weihkerze, getragen habe, womit ihr Bekenntnis zur NSDAP relativiert wird.[33] Wilhelm Loibner erzählt eine Geschichte nur vom Hörensagen: Annie habe sich einmal gegenüber einer Kollegin antisemitisch geäußert. Beide Vorkommnisse sind Einzelfälle – da ist wenig Substanz für eine Verurteilung dabei. Blockwart Richard Laske

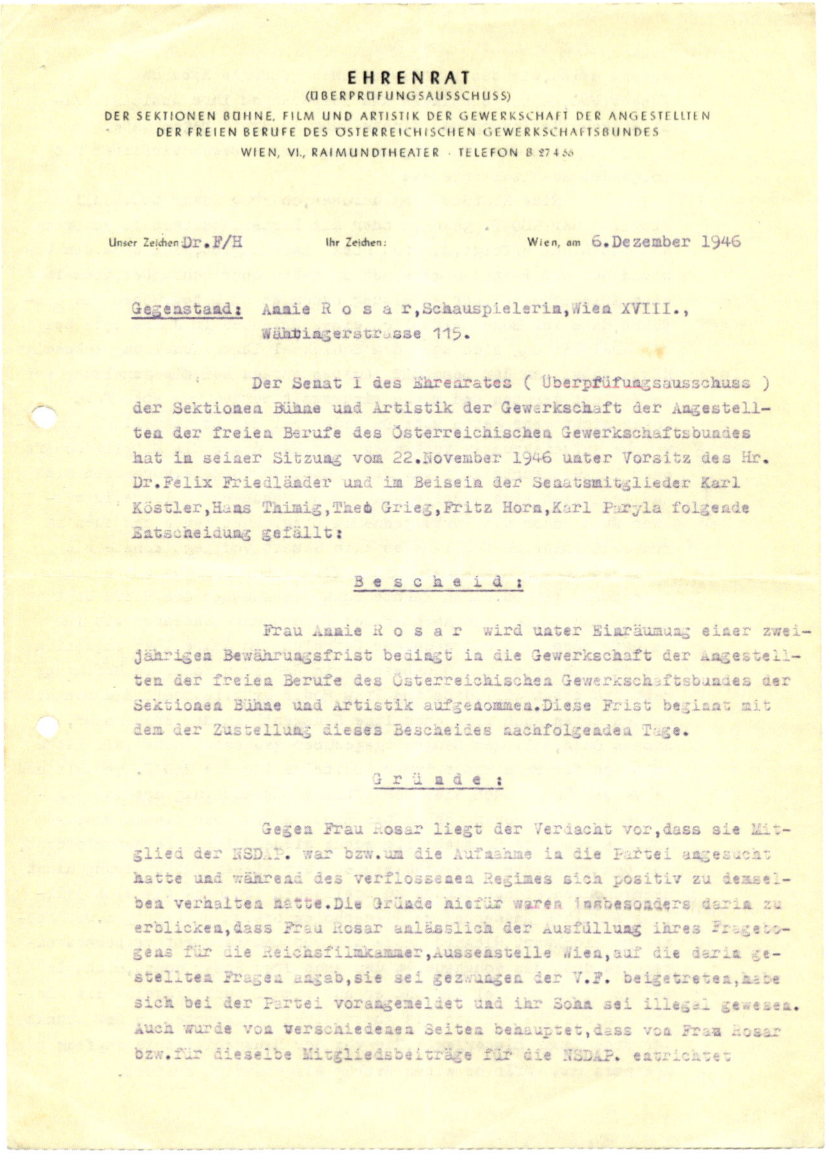

EHRENRAT
(ÜBERPRÜFUNGSAUSSCHUSS)
DER SEKTIONEN BÜHNE, FILM UND ARTISTIK DER GEWERKSCHAFT DER ANGESTELLTEN
DER FREIEN BERUFE DES ÖSTERREICHISCHEN GEWERKSCHAFTSBUNDES
WIEN, VI., RAIMUNDTHEATER · TELEFON B 27 4 56

Unser Zeichen Dr.F/H Ihr Zeichen: Wien, am 6.Dezember 1946

Gegenstand: Annie R o s a r, Schauspielerin, Wien XVIII., Währingerstrasse 115.

Der Senat I des Ehrenrates (Überprüfungsausschuss) der Sektionen Bühne und Artistik der Gewerkschaft der Angestellten der freien Berufe des Österreichischen Gewerkschaftsbundes hat in seiner Sitzung vom 22.November 1946 unter Vorsitz des Hr. Dr.Felix Friedländer und im Beisein der Senatsmitglieder Karl Köstler, Hans Thimig, Theo Grieg, Fritz Horn, Karl Paryla folgende Entscheidung gefällt:

B e s c h e i d :

Frau Annie R o s a r wird unter Einräumung einer zweijährigen Bewährungsfrist bedingt in die Gewerkschaft der Angestellten der freien Berufe des Österreichischen Gewerkschaftsbundes der Sektionen Bühne und Artistik aufgenommen. Diese Frist beginnt mit dem der Zustellung dieses Bescheides nachfolgenden Tage.

G r ü n d e :

Gegen Frau Rosar liegt der Verdacht vor, dass sie Mitglied der NSDAP. war bzw. um die Aufnahme in die Partei angesucht hatte und während des verflossenen Regimes sich positiv zu demselben verhalten hatte. Die Gründe hiefür waren insbesonders darin zu erblicken, dass Frau Rosar anlässlich der Ausfüllung ihres Fragebogens für die Reichsfilmkammer, Aussenstelle Wien, auf die darin gestellten Fragen angab, sie sei gezwungen der V.F. beigetreten, habe sich bei der Partei vorangemeldet und ihr Sohn sei illegal gewesen. Auch wurde von verschiedenen Seiten behauptet, dass von Frau Rosar bzw. für dieselbe Mitgliedsbeiträge für die NSDAP. entrichtet

Abb. 55: Überprüfungsbescheid des Ehrenrats vom 6.12.1946. Annie Rosar wird im Dezember 1946 vorerst zwei Jahre für den Film gesperrt.

EHRENRAT
(ÜBERPRÜFUNGSAUSSCHUSS)
DER SEKTIONEN BÜHNE, FILM UND ARTISTIK DER GEWERKSCHAFT DER ANGESTELLTEN
DER FREIEN BERUFE DES ÖSTERREICHISCHEN GEWERKSCHAFTSBUNDES
WIEN, VI., RAIMUNDTHEATER · TELEFON B 27466

Unser Zeichen: Ihr Zeichen: Wien, am

IV.

Schliesslich konnte auch kein Nachweis dafür erbracht werden dass Frau Rosar aus ihrem Verhalten während des nationalsozialistischen Regimes irgendwelche finanziellen oder künstlerischen Vorteile gezogen hätte.

Zusammenfassen muss gesagt werden, dass das Verhalten der Frau Rosar zweufellos ihrem grossen Geltungsbedürfnis entsprungen ist, das sie veranlasste hat, zumindest "über die Schnur zu hauen" und es nach der Befreiung Österreichs an der nötigen Zurückhaltung hat ermangeln lassen, die ihr wohl zugestanden wäre, da sie während des nationalsozialistischen Regimes von der damaligen Publistik stets in den Vordergrund gestellt worden war.

Nach reiflicher Erwägung ist der Senat zu der gegenständlichen Entscheidung gelangt und hat die provisorische Aufnahme der Frau Rosar bewilligt. Die Einräumung einer Bewährungsfrist erachtete der Senat aber deshalb für unumgänglich nötig, weil Frau Rosar es nicht nur an der erwähnten nötigen Zurückhaltung hatte fehlen lassen, sondern auch in ihrer Verantwortung vor dem Senat ein Verhalten an den Tag legte das deutlich zum Ausdruck brachte, sie sehe nicht ein was ihr zum Vorwurf gemacht werde,. Auch ihre oftmaligen Beteuerungen sie habe dies alles nur getan um ihrem Kinde helfen zu können und sie selbst ein Opfer der Nationalsozialisten gewesen sei, verstärkte den Eindruck, dass Frau Rosar bestrebt sei, sich den jeweiligen politischen Machthabern anzubiedern. Während der zweijährigen Bewährungsfrist wird Frau Rosar den Beweis erbringen müssen, dass sie tatsächlich dem neuen Österreichischen Staat gegenüber positiv eingestellt ist und sie sich nunmehr etwas mehr Zurückhaltung auferlegt, um über ihr Verhalten während der 7 Jahre des nationalsozialistischen Regimes Gras wachsen zu lassen.

i.A. Karl Wörtle

EHRENRAT d. öst. Gewerkschaftsbundes · Sektion d. Bühnenangehörigen · RAIMUNDTHEATER Wien VI.

muss zugeben, dass er gar nicht für den Sprengel, in dem Annies Wohnhaus liegt, zuständig gewesen ist. Nachbar Stetter lebt mit Familie Rebiczek-Rosar, wie sich herausstellt, schon seit Jahren in Unfrieden – seine Anschuldigungen gegenüber der Rosar haben nichts mit ihrer politischen Orientierung während des Regimes zu tun. Eine weitere Zeugin, Annies entlassenes Dienstmädchen, das angeblich für sie die Parteimitgliedsbeiträge bezahlt haben soll, erscheint trotz mehrmaliger Aufforderung nicht vor dem Ausschuss, um auszusagen. Die Mitwirkung an „Mutterliebe", „Die goldene Stadt" und „Gudruns Tod" ist hingegen überhaupt kein Thema.

Die Rosar ist kampfeslustig, verflogen ist die noch vor kurzem bekannte Weinerlichkeit. Die Präsenz Ursulas und vor allem Wolfis geben ihr Kraft. Sie tut, was sie besonders gut kann: Sie mobilisiert ihrerseits ZeugInnen, die viel prominenter und aus ihrer Sicht hoffentlich glaubwürdiger sind als besagte Zeugen des Ehrenrats. Ihre Freunde und Geschäftspartner sollen aktiv für sie Stellung beziehen, sollen bestätigen, dass sie nie und nimmer auch nur irgendwas mit der Ideologie Adolf Hitlers am Hut gehabt hat.

Da ist einmal Karl Hartl, seit Kriegsende Direktor der Wien-Film und ehemals Regisseur der Mozartbiographie „Wen die Götter lieben". Er bezeugt per Schreiben vom 13. Mai 1946, dass ihm bis zum Auftreten der ersten Gerüchte im vergangenen Herbst kein wie immer geartetes Naheverhältnis von Annie Rosar mit der NSDAP bekannt war. „Im Gegenteil, soweit ich mich zu erinnern vermag, konnte man in ihrer Gegenwart ruhig seine persönliche Einstellung gegen diese Partei äußern." Der neue Direktor des Reinhardt-Seminars, Oscar Deleglise, betont in einer halbseitigen Stellungnahme, sie sei sogar seinem Vater, einem Dachau-Häftling, „gegenüber in der schweren Zeit stets entgegenkommend und behilflich"[34] gewesen. Was keiner weiß: Laurent Deleglise, Oscars Vater, Besitzer der Burg Oberranna nordwestlich von Wien und vor seinem Leben als Schlossherr in Österreich international gesuchter Drogenschmuggler und Geldfälscher, hat in den 1930er Jahren tatsächlich zum Bekanntenkreis der Rebiczek-Rosars gehört. Aber auch Oscar selbst hat noch vor dem Anschluss von Annie Rosar profitiert: ihre Empfehlung hat ihm seinerzeit den Schauspielunterricht bei einem der Mitbegründer des Max Reinhardt-Seminars, Paul Kalbeck, ermöglicht und damit den Weg in die renommierteste Bühnenschule im deutschsprachigen Raum geebnet. Oscars Aussagen zu Annies Gunsten ist somit letztlich ein Dienst an einer langjährigen Freundin der Familie. Doch auch ein jüngerer Kollege, der gerade mal 31-jährige aufstrebende O. W. Fischer, bricht eine Lanze für sie. So habe er zwischen 1943 und Kriegsende einen großen Radioapparat zu den unterschiedlichen Drehorten „mitgeschleppt, um einer eingeschworenen Gruppe deutschsprachiger Schauspieler in Prag täglich dreimal die Meldungen des Londoner und Moskauer Senders vermitteln zu können". Sogenannte Feindsender zu hören und deren Nachrichten dann an die KollegInnen am Set weiterzugeben, ist während des Kriegs mit Lebensgefahr verbunden gewesen. „Dass Annie Rosar sehr früh zu uns stiess und während ihrer Prager Verpflichtungen nicht nur regelmäßiger allabendlicher Hörgast im Zimmer meiner Frau und mir war, sondern auch seit Anfang 1944 (Anm.: nach Renés Tod) uns ebenso geschickte wie wertvolle Dienste bei der Flüsterkolportage im Atelier leistete",[35] sei jedenfalls ein Beweis für ihre kritische Haltung gegenüber Hitler-Deutschland, so Fischer weiter. Ob sich das wirklich so zugetragen hat, bleibt offen. In Annies eigenen Aufzeichnungen aus jener Zeit findet sich keinerlei Hinweis zu diesen Prager Erlebnissen, und Carl-Heinz Schroth, Schauspielerkollege jener Tage und einer von Fischers MithörerInnen, erinnert sich später nicht an ihre Anwesenheit. „Es handelte sich immer um dieselbe Runde: O. W. Fischer, Hans Albers, Paul Kemp, Rudolf Schündler, Georg Thomalla, Lotte Lang, Herta Mayen, die Kostümbildnerin Charlotte Flemming und ich."[36] Vielleicht will Fischer seiner mütterlichen Kollegin auch nur gefällig sein?

Als Tüpfelchen auf dem i lässt Annie Rosar schließlich auch ihre Männer für sich sprechen: Zunächst Franzl, der bezeugt, dass der Ehestreit zwischen 1939 und 1941 nicht aus ideologischen Differenzen – Nazi gegen Sozialdemokraten – stattgefunden habe, sondern „aus einer Reihe höchst persönlicher Gegensätzlichkeiten"[37] entstanden sei. Wenig später Kurzzeitgatten Robert Beinerth, der aus Argentinien zurückgekehrt und inzwischen erneut als Anwalt in Wien tätig ist. Er führt wiederum vor, wie lächerlich Vorwürfe des Antisemitismus gegen sie wären, denn „abgesehen von Deinen zwei ‚glaubenschristlichen' Ehemännern hast Du durch Jahrzehnte Juden zu de[i]nen besten und intimsten Freunden gezählt und hast mit besonderer Vorliebe in jüdischen intellektuellen Kreisen verkehrt".[38] Beinerth ist seiner Exgattin in dieser schwierigen Zeit eine wichtige seelische Stütze. Immer wieder kommt er zu Besuch in die Währinger Straße und unternimmt mit Annie des Öfteren ausgedehnte Spaziergänge.

Insgesamt fünf weitere prominente Zeugen schlägt die Rosar vor, von denen allerdings keiner vorgeladen wird: Zum einen Hans Moser, Theo Lingen und Paul Deutsch, von dem sie ja schon seit fast einem Jahr eine entsprechende Bestätigung in Händen hat. Zum anderen Emil Jannings und Veit Harlan, die jedoch beide selbst aufs Schwerste kompromittiert sind. Ist Annie politisch so naiv, um nicht zu erkennen, wie unabsichtlich gefährlich ihr gerade die Fürsprache eines Jannings und eines Harlan sein kann? Oder meint sie tatsächlich,

Prominenz schlägt Glaubwürdigkeit? Jedenfalls ist sie fest davon überzeugt, dass man sie unfair behandelt.

Es ist nicht von der Hand zu weisen, dass bei Annies Verfahren tatsächlich auch viele persönliche Animositäten eine Rolle gespielt haben. Ihrem Gedächtnisprotokoll von der letzten Sitzung des Ehrenrats vor dem Urteil darf man hier angesichts seiner Detailliertheit Glauben schenken. Demzufolge gibt es erstens Rivalitäten aus der Kollegenschaft gegen sie. TheaterkollegInnen sehen in der Rosar, die „Obernazin", die „auftreten darf, während andere [...] nicht zum Spielen kommen"[39]. Damit lastet schon ein hoher Erwartungsdruck auf dem Gremium, dem Rechtsanwalt Dr. Felix Friedländer vorsitzt. Zweitens sind alle fünf Ehrenratsmitglieder nicht uneingeschränkt neutral. Regisseur Karl Köstler leitet das Untersuchungsbüro der Künstlergewerkschaft und muss einen politischen Auftrag erfüllen – im Vergleich bemüht er sich aber noch am ehesten, sachlich zu sein. Die anderen vier jedoch fühlen sich persönlich betroffen und agieren daher wesentlich emotionaler. Jeder von ihnen hat anders als die 58-jährige Schauspielerin während der Nazizeit konsequent Haltung bewiesen und dafür einiges eingesteckt. Josefstadt-Koryphäe und Max-Reinhardt-Schwager Hans Thimig hat sich monatelang verstecken müssen, um nicht noch kurz vor Kriegsende für einen Propagandafilm in Berlin herangezogen zu werden, Fritz Horn ist dreieinhalb Jahre im KZ Sachsenhausen interniert gewesen, Theobald Grieg ist gleich nach dem „Anschluss" im März 1938 mit Arbeitsverbot belegt und aus dem Ensemble des Volkstheaters entlassen worden. Karl Paryla ist als Kommunist 1938 freiwillig in die Schweiz emigriert. Sie alle sehen in Annie Rosar eine Mitläuferin, die sich um ihre Verantwortung zu drücken versucht. Es mag wohl KollegInnen geben, die ihre Nähe zum Dritten Reich viel eindeutiger unter Beweis gestellt haben, doch sie wollen anhand der Rosar zeigen, dass niemand, der zwischen 1938 und 1945 hier gelebt und gearbeitet hat, so einfach zur Tagesordnung übergehen darf. Allerdings ist es schwierig, dieses Exempel zu statuieren. Nicht nur die Zeugen, sondern auch die Argumente der Ehrenratsmitglieder selbst sind schwach: Annie Rosar habe in den nationalsozialistisch indoktrinierten Medien häufig Interviews gegeben. Das ist richtig, riecht aber dennoch ein wenig nach Eifersucht, denn Thimig sagt „wie denn das komme, Aslan und er seien ja schließlich auch keine schlechten Schauspieler". Grieg fragt, weshalb sie derartige Interviews nicht abgelehnt habe. Horn behauptet wiederum, Annie habe ihre Weingärten in Krems erst zur Nazizeit dank ihrer Verbindungen gekauft und habe auch sonst finanziell nur profitiert. Das lässt sich faktisch leicht widerlegen. Die von Paryla vorgetragene Behauptung, René sei bei der SS oder SA gewesen, kann die Rosar genauso gut entkräften. Dass er ein begeisterter und überzeugter Nazi war, habe sie nicht glücklich gemacht, führt sie aus. Aber so sei es eben gewesen. Was habe sie denn, um das Stigma des Mischlings von ihrem geliebten einzigen Kind zu nehmen, anders tun sollen, als diesen vermaledeiten Antrag auf Parteimitgliedschaft zu stellen? Die leidgeprüfte Mutter bettelt – vergebens – dass man doch ihren Sohn in Frieden ruhen lassen möge. Die Ehrenratsmitglieder quittieren ihre Versuche, Renés Ruf posthum zu retten, mit „höhnischem Gelächter".[40]

Was Vorsitzender Dr. Friedländer aber im Rahmen des siebenseitigen Bescheids vom 6. Dezember 1946 konzediert, ist: Annie Rebiczek-Rosar habe sich nie „nationalsozialistisch gebärdet", habe weiterhin zu „jüdisch Versippten oder politisch Belasteten" durchgehend Kontakte gepflegt und schließlich für die Todesanzeige ihres Sohnes nicht die seinerzeit üblichen „bombastischen Ausdrücke" verwendet. Was aber nicht aus der Welt zu schaffen ist: Sie hat einen Antrag auf Mitgliedschaft in die NSDAP gestellt. Punkt. Sie hat für die Goebbels'sche Propaganda im Zuge der Frankreichtournee in die besetzten Gebiete 1940 ohne sichtbare Gegenwehr, ja sogar mit einer gewissen Freude, mitgespielt. Insgesamt reicht das – so wie in vielen anderen Fällen – für einen Freispruch in Annie Rosars Entnazifizierungsverfahren, aber nur vorläufig. Mit einer Bewährungsfrist von zwei Jahren wird sie provisorisch in die Gewerkschaft aufgenommen.

In punkto Moral ist der Ehrenrat aber geschlossen einig und sein diesbezügliches Urteil fällt daher im Bescheid viel klarer aus: Die Heldin des Burgtheaters, die Komödiantin Max Reinhardts, die Parade-Filmpartnerin von Hans Moser sei nichts mehr als eine miese Opportunistin: „Es ist offensichtlich, dass Frau Rosar nur mit allen Kräften bemüht war, den Anschein zu erwecken, eine begeisterte Anhängerin des NS-Regimes zu sein." Es passt einfach nicht zusammen, dass Annie 1940 im Zuge eines breitflächigen, reich bebilderten Artikels im Völkischen Beobachter behauptet, diese Frankreich-Tournee ins besetzte Gebiet „war das Grösste was ich je erlebte", während sie heute angibt, sie wisse gar nicht, wie das Interview überhaupt zustande gekommen sei. Auch sei es nicht nötig gewesen, bei ihrem Antrag auf Parteimitgliedschaft anzugeben, dass René Mitglied bei der illegalen HJ gewesen wäre, um so die Nähe ihrer Familie zum NS-Gedankengut zu betonen. Das alles „verstärkte den Eindruck, daß Frau Rosar bestrebt sei, sich den jeweiligen politischen Machthabern anzubiedern", auch wenn der Ehrenrat ihr glaubt, dass sie selbst keine überzeugte Nationalsozialistin gewesen sei.

Annie versteht den Kern der Vorwürfe tatsächlich nicht. Sie erkennt keine Widersprüchlichkeit in ihren Aussagen. Ist es nicht natürlich und normal, sich im täglichen Überlebenskampf nach allen Seiten abzusichern?

Besonders abstoßend empfindet der Ehrenrat die Tatsache, dass Annie während des gesamten Verfahrens nie Verantwortung für das ihr zu Last gelegte Verhalten übernommen hat. Alles und jedes abzustreiten, was sie in ein weniger attraktives Licht habe stellen können, ist eine Eigenschaft, die innerfamiliär wohlbekannt ist. Die Mitglieder des Ehrenrats haben dieses charakterliche Defizit der Rosar erstmals in dieser Klarheit als Außenstehende festgehalten: „Zusammenfassend muss gesagt werden, dass das Verhalten der Frau Rosar zweifellos ihrem grossen Geltungsbedürfnis entsprungen ist."

Kaum ist Annies Verfahren abgeschlossen, kommt ihr Franzl dran. Rebiczek-Rosar steht wieder am Pranger, nur diesmal unter umgekehrten Vorzeichen. Wenige Tage vor Weihnachten berichtet die kommunistische Volksstimme mehrfach vom Skandal in Krems, wo mehrere ehemalige Nazis unter der SP-Bezirksorganisation zu finden gewesen wären. Einer davon, Annies Mann, sei heute ungeniert Bezirkshauptmannstellvertreter. „Beefsteak-Nazi" haben ihn die Nazis genannt: außen braun, innen rot.[41] Besonders wird ihm angekreidet, beim Völkischen Beobachter publizistisch tätig gewesen zu sein – frei nach der Devise: nicht nur Hitlerfreund, sondern auch noch öffentlich wirksam! Rebiczek-Rosars Glück: Innerhalb der SPÖ hat niemand ein Interesse, gegen das langjährige Parteimitglied vorzugehen und damit einzugestehen, die Überprüfung der Vergangenheit ihrer FunktionärInnen nicht sehr gewissenhaft vorgenommen zu haben. Die ÖVP, die mit Franz Riel nach dem Krieg den Bürgermeister in Krems stellt, sichtlich auch nicht. Die Saat der Kommunisten geht nicht auf.

Bei Annie sieht die Situation anders aus. Der Bescheid des gewerkschaftlichen Ehrenrats ist für sie zwar hart, denn ihre Filmsperre wird nicht sofort aufgehoben. Aber er gilt angesichts ihrer De-facto-Aufnahme in die Gewerkschaft letztlich als eine Art Freispruch. Umso mehr fällt sie aus allen Wolken, als sie im März 1947 – das Nationalsozialistengesetz, BGBl. Nr. 25/47, ist gerade einmal einen Monat in Kraft – erfährt, dass sie sich sehr wohl als NSDAP-Mitglied registrieren lassen muss. Ihr Bittgesuch unmittelbar nach Kriegsende an Karl Renner hat also nichts gebracht. Von amtlicher Seite ist man der Meinung, „die blosse Anmeldung zur NSDAP genüge zur Eigenschaft als Parteianwärter",[42] berichten ihre Anwälte und wiederholen ihre juristische Empfehlung, „dass gnädige Frau zur Vermeidung von neuerlichen Schwierigkeiten die nachträgliche Anmeldung bei der Registrierungsstelle [...] vornehmen und dann gegen die Eintragung in die Liste Einspruch erheben" solle, so wie mittlerweile mehr als 100.000 andere auch. Sonst würde sie sich strafbar machen.

Eine Woche später meldet sich Annie Rebiczek-Rosar beim „Magistratischen Bezirksamt für den XVIII. Bezirk, der Meldestelle zur Registrierung von Nationalsozialisten" an, erhebt aber ihren juristischen Ratgebern folgend gleichzeitig Einspruch gemäß § 7 Abs. 1 der dritten Verbotsnovelle. Sie argumentiert wie gegenüber dem Ehrenrat, dass sie nur deshalb überhaupt im Jahr 1939 die Parteimitgliedschaft beantragt hätte, „um den fortwährenden Vexastionen [sic][43] wegen jüdischer Versippung zu entgehen". Die ganze Angelegenheit zieht sich bis in den Herbst. Nach einem neuerlichen mit 8. September 1947 datierten Einspruch wird Annie Rebiczek-Rosar mit Bescheid vom 13. Oktober 1947 aus der Liste gestrichen, „weil auf Grund nationalsozialistischer Vormerkungen festgestellt wurde, dass der Antrag um Aufnahme in die NSDAP abgelehnt wurde". So einfach geht das. Mit dieser Auslegung der Geschichte ist für die Behörden der Fall erledigt. Zehn (!) mit Stempelmarken und Originalunterschriften versehene Abschriften dieses gesellschaftspolitischen Weißbriefs finden sich in Annie Rosars Verlassenschaft. Ihrer definitiven Aufnahme in die Bühnengewerkschaft steht nun nichts mehr im Wege.

Die hohe Politik entscheidet sich im April 1948 ebenfalls für den Abschluss der politischen Verfolgung ehemaliger NationalsozialistInnen. Durch die sogenannte Minderbelastetenamnestie wurden mit einem Schlag rund eine halbe Million Menschen freigesprochen. Sie alle sollen ein Jahr später, 1949, als WählerInnen die Geschicke Österreichs mitgestalten.

Annie Rosar setzt keinen Abschluss, sondern einen Neubeginn. Sie traut sich mit 59 in ein für den deutschsprachigen Raum neueres Genre, die Musikrevue mit Schlagern und Tanz. Jahre später werden Peter Alexander und Caterina Valente darin zu Superstars avancieren.

Was für eine Aufregung! Gottseidank beschränken sich ihre Rollen aufs Sprechen – Annies Gesangsunterricht ist einfach schon zu lange her. In der Musical Revue „Rhapsodie um Topsy" steppt Susi Nicoletti und Peter Kreuder singt an Annies Seite, die wie immer die komische Alte gibt. In der Operette „Wiener Musik" von Edmund Eysler, die am 22. Dezember 1947 im Bürgertheater uraufgeführt wird, spielt die Rosar sogar die weibliche Hauptrolle, eine Tanzschulinhaberin. Das Wiener Lied und der amerikanische Jazz sollen in ihrer Persona einander nähergebracht werden – ein fast kulturpolitischer Auftrag. Das setzt ihr nervlich mehr zu als sonst: „Mama sprach mit niemandem und war explosiv, schlimmer als eine Bombe. Die Premiere war aber wieder ein Riesenerfolg. Die Zeitungen sind des Lobs voll. Nun ist sie ja zufrieden, soweit es geht bei ihr", berichtet Ursula an ihre Mutter nach Deutschland. Und schon wieder ist Karl Renner im Publikum.

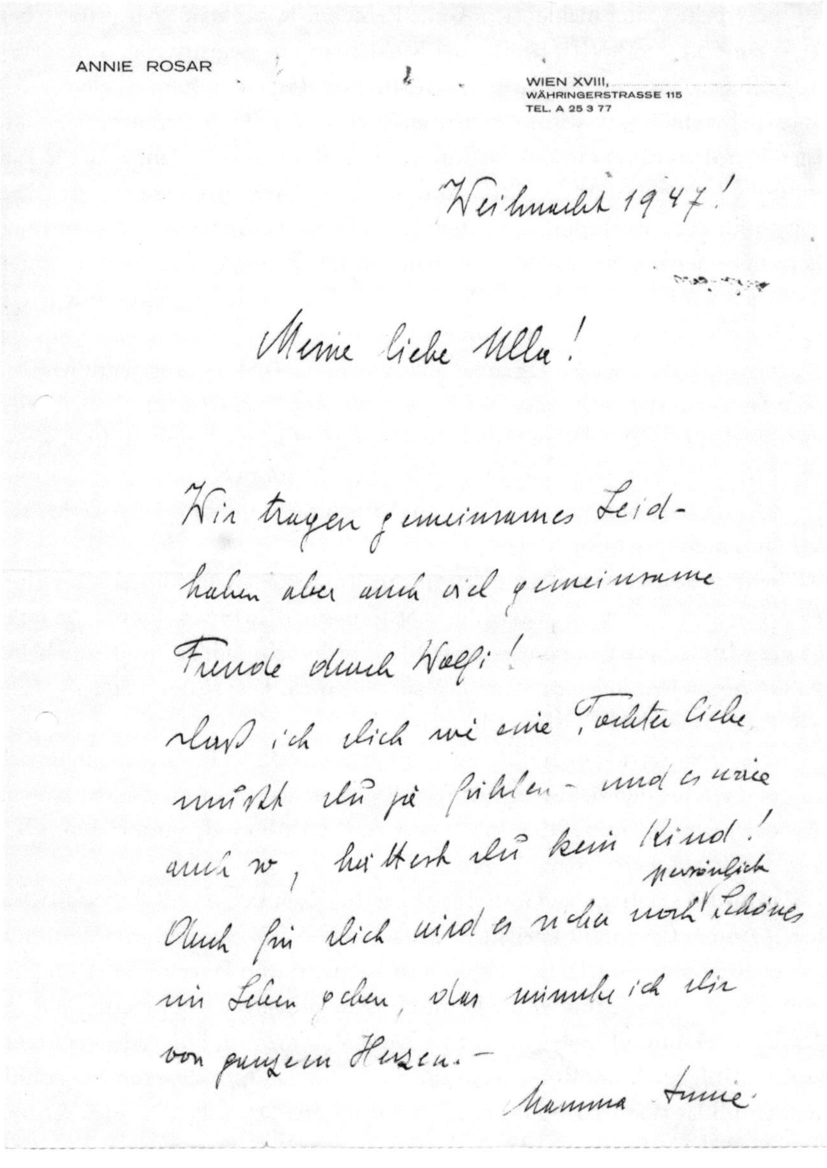

ANNIE ROSAR

WIEN XVIII,
WÄHRINGERSTRASSE 115
TEL. A 25 3 77

Weihnacht 1947!

Meine liebe Ulla!

Wir tragen gemeinsames Leid – haben aber auch viel gemeinsame Freude durch Wolfi! – Dass ich dich wie eine Tochter liebe müsstest du ja fühlen – und es wäre auch so, hättest du kein Kind! Auch für dich wird es sicher noch persönlich Schönes im Leben geben, das wünsche ich dir von ganzem Herzen. –

Mamma Annie.

Abb. 56: Handgeschriebener Brief von Annie Rosar an ihre Schwiegertochter Ursula zu Weihnachten 1947. Die späteren schweren Familien-Zerwürfnisse sind hier noch nicht ablesbar.

Weihnachten 1947 kann bei Rebiczek-Rosars also recht friedlich gefeiert werden. Franzl hat die politischen Anwürfe gegen ihn gut ausgesessen und ist weiterhin Bezirkshauptmannstellvertreter in Krems, Annie ist prima im Geschäft und freut sich auf neue Filmangebote, Ursula hat Diphterie, mit der sie sich im Herbst angesteckt hat, gut überstanden und arbeitet wieder als Krankenschwester und Klein-Wolfi wird im Kindergarten angemeldet. Dort hört er erstmals von der Auferstehung Christi und bekommt für Tage einen grandiosen Gedanken nicht aus dem Kopf: Vielleicht kann ja sein Papa auch wieder auferstehen? Er betet jedenfalls „dass der heilige Geist den lieben Gott wieder aufweckt und dass er dann wieder aufsteht und der Papa auch!“, um wenig später gegenüber seiner Mutter einzusehen: „Weißt, jetzt bin ich Dein René, er kann ja gar nicht kommen, der liebe Gott kommt ja auch nicht wieder und im Himmel ist es ja so schön.“[44]

7. „Da das Gespenst dieser beiden Teufel immer zwischen uns steht."

1948–1957

Ende der 1940er Jahre steht Annie Rosar kurz vor ihrem 60. Geburtstag und hat rundum Stress, der auch Jüngere in die Knie zwingen könnte. Zum einen, weil nach dem positiven Bescheid des Ehrenrats die Filmproduzenten wieder bei ihr Schlange stehen. Sehr österreichische Streifen stehen auf dem Plan: 1948 „Der Herr Kanzleirat" an der Seite von Hans Moser, und „Anni. Eine Wiener Ballade" mit Josef Meinrad, wo Annie einmal mehr Anna Sacher spielt – die Wiener Galionsfigur dargestellt von einer anderen Wiener Galionsfigur.

Zum anderen, weil Drehs am Vormittag, Bühnenproben am Nachmittag und Theateraufführungen am Abend neuerlich keine Seltenheit sind. Die Rosar kennt diese Hetzerei aus den Zeiten vor dem Krieg, doch mit ihrer mittlerweile angegriffenen Gesundheit ist das alles belastend. Im März 1948 bluten sogar erstmals ihre Stimmbänder. Ein Alarmsignal.

Da steht eine angenehme Abwechslung bevor: Annie Rosar soll in die Schweiz fahren, die erste Auslandsreise seit 1945, als sie in Prag gedreht hat. Gleich zwei Engagements hat sie dort, eines auf der Bühne, am Züricher Bernhard-Theater im Lustspiel „Kuckucksei", und eines beim Film. Der alte Bekannte, Gustav Ucicky, besetzt sie in einer Nebenrolle in „Nach dem Sturm" nach einem Drehbuch des Regimekritikers Carl Zuckmayer. Es ist ein zeitgenössischer Stoff: Eine junge Kriegswitwe verlobt sich mit einem US-Besatzungssoldaten, da kehrt ihr gefallen geglaubter Mann aus der Kriegsgefangenschaft zurück. Viele Österreicherinnen sind in einer ähnlichen Situation. Mit entsprechendem Publikumsinteresse in den Kinosälen darf daher gerechnet werden. „Nach dem Sturm" ist einer der wenigen zweisprachigen Filme dieser Nachkriegsära, Amerikaner spielen Amerikaner, „und immer wird teils deutsch, teils englisch original geradebrecht".[1]

Insgesamt ist Annies Aufenthalt in der Schweiz für zwei Monate geplant und deshalb will sie Ursula gemeinsam mit Wolfi mitnehmen. Sie hat vor, den beiden Zürich und Umgebung zu zeigen und sich selbst etwas Unterhaltung zu gönnen. Außerdem könnte Ursula doch von dort aus vielleicht ein Treffen mit ihren Eltern arrangieren? Der an Deutschland wie an die Schweiz grenzende Bodensee und das geschichtsträchtige Konstanz bieten sich als möglicher Ort der Begegnung an. So beantragt die Rosar Mitte März zwei Reisepässe, einen für sich und einen für Ursula, in den auch Wolfi eingetragen wird.

Am 3. Mai 1948 verlässt die Schauspielerin vom Westbahnhof aus die Bundeshauptstadt, ihre Schwiegertochter und ihr Enkel kommen 14 Tage später nach. Ursula intensiviert den Briefkontakt zu ihren Eltern und steigert sich in einen regelrechten Wiedersehenstaumel hinein. Vor Ort in der Schweiz löst sich die ganze Idee rasch in Luft auf. „Hier sind jetzt doch grosse Schwierigkeiten", schreibt die junge Frau Rebiczek-Rosar lapidar. Es sei nicht möglich, mit österreichischem Pass von der Schweiz nach Deutschland einzureisen, auch nicht für wenige Stunden – kleinlaut muss sie das den reisebereiten Eltern, die schon viel Zeit und Geld in die Reisevorbereitungen investiert haben, mitteilen. Viel Lärm um nichts. Die Enttäuschung ist auf beiden Seiten groß. Doch Renés Witwe feilt schon an ihrem nächsten Plan. Sie will sich, verkündet sie nur wenige Tage später, in der Schweiz niederlassen und hier Arbeit suchen. Kein Wunder, dass es ihr gefällt: Die Ostschweiz präsentiert sich als kleines Paradies für alle, die aus ehemaligen Kriegsgebieten kommen. Hier ist es sicher, hier ist es schön, hier gibt es Essen in Hülle und Fülle, hier sieht man keine zerbombten Städte, keine zerstörten Straßenbahngleise, keine zerlumpten Arbeitslosen, keine verkrüppelten Veteranen, keine hungrigen und bettelnden Kinder, keine Tuberkulosekranken.

Ursulas Eltern verstehen die Sehnsüchte ihrer Tochter und unterstützen ihr Vorhaben. Nicht nur sei Ursula dann selbstständig, sie könne sich so auch aus der Umklammerung durch ihre Schwiegermutter lösen. Und sie könne sich einen wohlhabenden Schweizer angeln, nicht wahr? Nur in einem Punkt sind Stahns rigoros und unmissverständlich: Wolfi, der „herzallerliebste Herzbub", wie ihn Herta Stahn in ihren rund 140 Briefen des Jahres 1948 nennt, muss unbedingt in der Nähe seiner Mutter bleiben. „Wolfi wird Dich vermissen und Du ihn. Trennt Euch in der heutigen, unsicheren Zeit nicht. Das Zusammenkommen ist schwer. Versprechungen werden leicht hinfällig", warnt Vater Richard.

Wie das? Wieso kommt es überhaupt zu dieser Diskussion?

Ursula Rebiczek-Rosar will leben. Sie ist eine von 370.000 Kriegswitwen in der Zweiten Republik und traumatisiert. Anders als viele andere in ihrer Situation, deren Männer ebenfalls gefallen sind, hat sie es zwar nicht nötig, sich via Inserat nach einem männlichen Versorger umzuschauen, für ein relativ gutes Auskommen sorgt ihre Schwiegermutter. Aber emotional fühlt sie sich ausgetrocknet. Wie anders hat sie sich ihr Leben vorgestellt. Hier in der Schweiz, das vor allem in und um Zürich seit Kriegsende einen Wirtschaftsboom erlebt, ortet Ursula gute Möglichkeiten, noch einmal durchzustarten. Bei der Privatklinik Eos soll sie als Krankenpflegerin anfangen, und wer weiß, was sie sich von dort nicht alles aufbauen wird können? Außerdem: Frei will sie sein, frei von den Eltern, die immer so exakt zu wissen scheinen, was sie als 28-Jährige tun soll und was nicht, frei auch von ihrer Schwiegermutter, die so schnell und leicht beleidigt ist, soviel Aufmerksamkeit braucht und sich laufend in Wolfis Erziehung einmischt. Und frei will sie auch in gewissem Sinne von Wolfi sein: Da wird es doch wohl ein Internat geben, wo sie ihn unterbringen kann. An ihm soll bei aller Zuneigung das neue Kapitel in ihrer Lebensgeschichte nicht scheitern. Händeringend versuchen ihre Eltern sie davon abzubringen. Die alten Stahns schlafen schon wieder schlecht. Die Rosar bittet Ursula, doch zumindest die Probezeit bei Eos abzuwarten. Erstens könne sie dann doch noch viel besser beurteilen, ob sie wirklich in Zürich bleiben wolle und zweitens lasse sich in dieser Zeit vielleicht auch eine passende Bleibe finden, wo sie und Wolfi nicht getrennt wären. Doch Ursula will gar nicht hinhören. Ihr Entschluss steht fest: „Ich nehme die Stelle an, und zwar ohne Probezeit. Das weitere müssen wir jetzt dem lieben Gott überlassen."[2] Wolfi könne ja auch bei der Großmutter in Wien leben. Der kleine Bub ist aufgelöst und Oma Annie auch: „Nie in meinem Leben werde ich vergessen, wie dieser süße Kleine weinend zu mir ins Zimmer kam und schluchzte: die Mutti geht weg von mir, jetzt muss ich bei Dir bleiben", wirft sie der freiheitssuchenden Ursula an den Kopf.

Annie Rosar hat einen Nervenzusammenbruch. Wie kann ihre Schwiegertochter nur so hart sein? Wie soll sie das gegenüber ihrem toten René verantworten? „Nein, Ulla", schreibt sie ihrer Schwiegertochter, denn für ein persönliches Gespräch ist sie viel zu aufgebracht, „ich übernehme nicht die Verantwortung dafür, Dir den Weg, den Du nun gegangen bist, dadurch zu erschweren, dass ich das Kind mit nach Wien nehme".[3] Damit hat Renés Witwe nicht gerechnet. Sie muss nun improvisieren und vor Ort eine Betreuungsmöglichkeit für Wolfi finden. Alles sehr schwierig, mit dem verunsicherten Vierjährigen an der Hand.

Annie steht inzwischen vor ihren letzten Tagen in der Schweiz. Zwischen Drehs, Proben und Aufführungen hört sie über ihre Schwiegertochter so manches, was ihr nicht gefallen kann: „Das Kind könne nicht einmal abends bei Dir sein, sei jetzt in einer Familie und käme dann ausserhalb Zürichs in einen billigen Kinderhort! – Arme, kleine nestentnommene Brut – geschickt von einem Ort zum anderen – vaterlos und nun auch mutterlos." An einem Abend kommt es in der Pension Seegarten, in der Annie untergebracht ist, zu einem Schreiduell zwischen den beiden Frauen. Für die Rosar ist der Auftritt sehr unangenehm: Sie befürchtet Gerede unter den Hotelgästen und in weiterer Folge eine schlechte Presse. Das lässt sich zwar verhindern, aber von ihren Plänen geht Ursula trotzdem nicht ab.

Da nimmt Annie Rosar Wolfi Anfang Juli dann doch mit nach Wien. Jahrzehnte später erinnert sich Wolfgang Rosar: „Das Kinderheim war billig und entsetzlich, und meine Sehnsucht nach Ursi unerträglich. Die Kinder haben in die Zimmer geschissen, ich verstand ihre Sprache nicht, ich verstand überhaupt nichts." Oma Annie ist in diesem Moment seine Erlöserin.

Wieder zurück in der Währinger Straße muss sich die Rosar allerdings eingestehen, dass sie trotz aller abgöttischen Liebe, die sie für ihr Enkelkind empfindet, nicht glücklich über die Situation ist. Wie soll sie denn bei ihren vielen beruflichen Verpflichtungen eine angemessene Versorgung für den kleinen Mann bewerkstelligen? Die Frage der Kindesbetreuung war schon bei René nach Laszys Tod schwierig genug, aber jetzt ist sie 60 und viel öfter wochenlang außerhalb Wiens tätig als seinerzeit. Es finden sich Kompromisse. Hermine, die gute Schwester, die ja seit dem Tod ihres Mannes und einem kurzen Techtelmechtel mit einem um 20 Jahre Jüngeren ihre Zelte nahe Annies Wohnung aufgeschlagen hat, ist da eine wesentliche Stütze. Genauso wie Franzl, der seinen Job als stellvertretender Bezirkshauptmann von Krems nicht mehr ausübt, sich in den Krankenstand zurückgezogen hat und als Endfünfziger über viel Tagesfreizeit verfügt. Rebiczek-Rosar entwickelt in den nächsten Jahren zu Wolfi eine durchaus herzliche Beziehung. Während idyllischer Tage in Krems lehrt er ihn, seinen Namen zu schreiben, unterrichtet ihn im Schwimmen und nimmt ihn zum Jagen mit. Auch das fundamentale Wissen, wo rechts und wo links ist, hat Wolfi Rebiczek-Rosar dem lieben Onkel Franz, wie ihn Ursula nennt, zu verdanken: „Rechts ist die Hand, mit der ich Dir eine Watschen gebe",[4] sagt der in die Jahre gekommene Schriftsteller. Dass das alle lustig finden, zeigt einmal mehr, wie normal und unbestritten so kurz nach dem Krieg noch immer die körperliche Züchtigung von Kleinkindern ist.

Inzwischen hat Annie jeglichen direkten Kontakt zu Ursula eingestellt. Sie will mit dieser aus ihrer Sicht so verantwortungslosen Person nichts zu tun haben und lässt Briefe, die die junge Frau an sie bzw. an Wolfi schickt, unbeantwortet. Das geht Ursula aber zu weit – sie muss doch wissen, wie es ihrem Sohn geht! Zunächst wendet sie sich mit der Bitte um Intervention an Tante Hermine. Die sitzt recht unglücklich zwischen den Stühlen. Könne sie, Ursula, sich nicht einfach bei Annie entschuldigen? Hermine Ellminger macht aus ihrem

Herzen keine Mördergrube: „Meine Meinung ist, Du hättest auf jeden Fall mitkommen sollen nach Wien, was immer auch war, Du gehörst zu Deinem Kind, Du bist die Mutter." Von ihr weiß Ursula, dass Wolfi natürlich gut versorgt wird, aber auch wie unglücklich der kleine Bub immer wieder ist: „Er hat mich oft gefragt, wann kommt meine Mutti! Was sollte ich ihm sagen, ich habe halt gesagt, Du bist krank und Du musst erst gesund werden."[5] Als nächstes bittet Ursula ihren Vater um Vermittlung. Er schreibt daraufhin – sehr schlau – einen herzergreifenden Brief an seinen Enkel, in dem er einerseits Oma Annie über den grünen Klee lobt und zugesteht: „Deine Oma hat wohl größeres Anrecht an Dir." Im selben Atemzug ersucht Richard Stahn um Kontaktaufnahme: „Bitte Deine Oma, dass sie sich an die Schreibmaschine setzt und dann diktiere ihr einen lieben Brief an Deine Mama und einen zweiten an uns."[6] Die Nerven sind auf allen Seiten zum Zerreißen gespannt. Wie wird Annie reagieren? Herta Stahn sieht schwarz, vor allem, wenn Ursula unter diesen Umständen über eine Rückkehr nach Wien laut nachdenkt: „Ihr Herz ist kaputt? Sage mal, sollst Du ihr Dein Leben opfern? Es ist doch ein Opfer mit ihr zusammen zu leben. Ihre Unwahrheit, jedes Mittel ist ihr Recht, ihr Ziel zu erreichen, Ulla, glaube mir, mir ist oft so bange um dich, weil ich so Angst habe, dass Du ihr nicht gewachsen bist." Doch der Plan geht auf: In Wolfis Namen schickt Annie Rosar am 6. September 1948 ein erstes direktes Lebenszeichen nach Zürich. „Liebe Mamma! Ich schreibe Dir mit einem Fingerl und das ist sehr lustig. Wir haben heute auch einen guten Fisch gehabt." So wahrt sie in ihren Augen das Gesicht und ermöglicht doch gleichzeitig ihrem Enkel, seine Sehnsüchte nach seiner Mama zu zeigen.

In den nächsten Wochen entwickelt sich ein bizarrer Briefwechsel zwischen Wolfi alias Oma Annie und Ursula: „Sie lässt Dir sagen, dass Du nicht immer wieder davon sprechen sollst, sie wäre damit einverstanden gewesen, dass Du in dieser Stelle eingetreten bist, dafür hätte sie genug Zeugen",[7] auf der einen und „Der lieben Grossmama und dem ebenso lieben Onkel Franz gib viele Bussis",[8] auf der anderen Seite.

Ungeachtet dessen ist Annie weiterhin nicht gut auf Ursula zu sprechen. Nur Scherereien hat sie ihretwegen! Da Ursula nicht konkret wird, ob und wenn ja, wann sie wieder nach Wien zu kommen gedenkt, muss die vielbeschäftigte Künstlerin auf die Polizei und betteln, damit die Wohnung in der Rathausstraße nicht verloren geht. Da Ursula außerdem nicht imstande ist, den bei der Flucht in Deutschland liegengebliebenen Taufschein von Wolfi nach Wien zu schicken, muss sie gleich noch einmal aufs Amt. Da trifft die nächste Hiobsbotschaft in Wien ein: Über Bekannte erfährt Annie, dass Ursula nicht einmal eine Aufenthaltsbewilligung in der Schweiz besitzt, so gesehen also jederzeit ausgewiesen werden kann. Hilfe in einem behördlichen Ansuchen könne ihre Schwiegertochter zwar durch Einheimische erhalten, doch deren hier in Frage kommenden KollegInnen von der Privatklinik sind angeblich von der jungen Deutschen mit österreichischem Pass alles andere als begeistert. Ursula habe „charakterliche Mängel", sie sei nicht fleißig genug und sage nicht immer die Wahrheit. Unterstützung kann Ursula von dort nicht erwarten. „Wie kann denn so etwas überhaupt möglich sein?", lässt Annie völlig entgeistert Wolfi im nächsten Brief fragen. Zuerst die Hirngespinste mit dem Treffen ihrer Eltern, dann die Schnapsidee mit der Stelle in Zürich ohne eine adäquate Betreuung für Wolfi und jetzt ein illegaler Aufenthalt gepaart mit Unzufriedenheit beim Arbeitgeber. Ursulas Antworten sind vage. Auch was sie wirklich vorhat, lässt sich aus ihren Briefen nicht herauslesen. Vielleicht weiß sie es selbst nicht. Annie Rosar will sich aber gar nicht auf irgendwelche Eventualitäten einlassen und schreibt ihrer Schwiegertochter am Gedenktag für die Toten, Allerheiligen 1948, einen geharnischten Brief. Sie solle nur ja nicht auf die Idee kommen, bei einer allfälligen Rückkehr bei ihr wohnen zu wollen. Da sei Franzl, da sei eine Hausangestellte, da sei Wolfi und sie selbst. Die Wohnung in der Rathausstraße hat Annie mittlerweile in Ursulas Namen an Gustav Waldau vermietet, den alten Kollegen aus München. Dorthin kann Ursula auch nicht mehr zurück. Sie müsse sich also unbedingt „irgendeinen Wohnraum suchen". Gezeichnet: „Renés Mutter."

Von der Schweiz aus wendet sich die junge Frau erneut an Annies Schwester Hermine. Kann sie ihr nicht helfen? Nein, Hermine will sich da nicht einmischen, aber sie hält Ursula am Laufenden, was gerade in Wien passiert: „Mama [Anm. So nennt Hermine ihre Schwester Annie gegenüber Ursula] hat jetzt in einem Film zu tun, den die Engländer in Wien drehen. Das ist alles."[9]

Bei dem Film der Engländer handelt es sich um einen der berühmtesten Filme der Zelluloid-Geschichte: „Der Dritte Mann" in der Regie von Carol Reed mit Orson Welles und Joseph Cotten in den Hauptrollen. Es sind die Außenaufnahmen, die im November 1948 in Wien gedreht werden. Dabei hat Drehbuchautor Graham Greene ursprünglich dafür London oder Paris vorgesehen gehabt. Zu verdanken ist diese Planänderung Wien-Film-Direktor Karl Hartl, der seinen ehemaligen Vorgesetzten und nunmehrigen Produktionschef Alexander Korda, die Stadt an der Donau mit ihrer ganz speziellen Nachkriegsatmosphäre empfohlen hat. Mit hoher Wahrscheinlichkeit hat Hartl auch die österreichischen SchauspielerInnen ausgewählt und Annie Rosar als Frau des Portiers im Wohnhaus von Harry Lime besetzt. Paul Hörbiger mimt ihren Ehemann. Schon die Dreharbeiten sind für die weder mit internationalen Filmproduktionen noch entsprechenden Leinwandgrößen verwöhnte Wiener Bevölkerung Tagesgespräch. Die Aufnahmen finden großteils nachts statt, um die düstere, fast morbide Stimmung des noch immer zerstörten Wiens passend zur Handlung einzufangen. Außerdem wird ein beträchtlicher Teil des Films im unterirdischen Kanalsystem der Stadt gedreht – das ist eine Welt, die selbst den Einheimischen völlig unbekannt ist. Europas stärkste Glühlampe mit 250 Ampere kommt zum Einsatz, um die unzähligen dunklen Sets auszuleuchten.[10] Die lokale Presse berichtet ausführlich, und Bürgermeister Theodor Körner gibt für die Filmcrew einen Empfang im Rathaus am Ring.

Da plötzlich – die Dreharbeiten zum „Dritten Mann" laufen noch – steht Ursula vor der Tür. Unangekündigt. Vielleicht hat sie doch die Sehnsucht nach ihrem Kind überwältigt? Aus der Not heraus leben sie nun auf engem Raum unter demselben Dach. Oh nein, so hat Annie das nicht gewollt. Dafür ist der Bub selig, dass seine Mama wieder da und bei ihm ist. Und doch: „Sie sah streng und blass und steif aus, in einem kratzeligen Kostüm, etwas in ihr war gestorben", erinnert sich Wolfgang Rosar fast 60 Jahre später.

Wie lange kann das Zusammenleben von drei Generationen auf 120 m^2 gut gehen, wenn es schon von vornherein Spannungen gibt und das finanzielle Auskommen dieses Haushalts einzig und allein von einer Person abhängig ist? Nur Annie bezieht Ende 1948 ein aktives Einkommen. Hochaggressive Szenen zwischen ihr und Ursula sind immer öfter an der Tagesordnung. Die Situation ist alles andere als einfach: Annie ist latent nervös, besonders vor Premieren und wünscht entweder Ruhe oder seelische Betreuung. Das eine ist mit einem lebhaften Kleinkind so gut wie unmöglich, das andere versucht Ursula, so gut sie kann, zu bewerkstelligen. Kommt sie abends nach Hause, muss sie sich „ihr doch ein wenig widmen, sonst ist sie böse" berichtet sie ihren Eltern. Die Eskalation ist unausweichlich. Viele Jahrzehnte später wird Wolfgang sagen, seine Oma habe in einer solchen Situation seiner Mutter eine Ohrfeige gegeben.

Dabei ist Ursula selbst diesbezüglich nicht zurückhaltend. Annie Rosar hält in einer Art privater Aktennotiz am 2. Dezember 1948 fest: „Als Wolfi in der Nacht wieder hustete und erbrach, zeigte sich Ulla darüber sehr erbost, und drohte dem Kind, es zu schlagen, wenn er nochmals huste! Als er erbrach, fuhr sie ihm so heftig mit der Hand in den Mund, dass er laut aufschreit und ich ihm endlich zu Hilfe eilte. Da schrie sie mich an, es fehle ihm gar nichts, er huste ‚zu Fleiss' immer, bis er erbreche, ich sei eben eine Hypochonderin, auch mir fehle gar nichts mit dem Herzen." Ihren Eltern gegenüber, die sich weiterhin große Sorgen um die Lebensverhältnisse ihrer Tochter und ihres Enkels machen, erzählt Ursula von diesem Vorfall und holt sich von dort die Absolution: „Im Grunde achtet und liebt ein Kind nur eine starke Hand. Die meisten Kinder werden durch Liebe verdorben, wenn nicht ausgerechnet die Erbmasse schon verdorben ist."[11] Richard Stahn ist von dieser im Dritten Reich besonders propagierten Erziehungsmethode zutiefst überzeugt: „Die elterliche Gewalt steht dem Vater zu. Ist dieser gestorben oder für tot erklärt, so geht sie auf die Mutter über."[12] René ist gefallen, Ursula müsse daher handeln. Handeln will die junge Frau Rebiczek-Rosar aber auch anderweitig: Sie schreibt nach Deutschland, das bevorstehende Jahr 1949 würde das Jahr der Entscheidung werden.

Die gegenseitigen Reibereien gehen mit der Zeit nicht nur aufs Gemüt, sondern machen sich auch körperlich bemerkbar. Ständig ist eine der beiden Frauen krank: Kieferoperation, Nervenentzündung und Herzbeschwerden bei Annie, Gelbsucht, Diphterie, Operationen an Galle und Blinddarm bei Ursula. „Du bist wieder einmal krank", bemerkt ihr Vater in Fitzlar und sein Unbehagen über die ständig schwächelnde Tochter ist zwischen den Zeilen förmlich zu greifen. Auch die Psyche des kleinen Wolfgang leidet unter dieser schlechten Beziehung zwischen seiner Mama und seiner Oma.

Aus all diesen Gründen gilt: Ursula braucht Arbeit, und zwar schnell. Wenn sie die einmal habe, dann wäre der unzumutbare Zustand in der Währinger Straße beendet. Sie will sich dann eine eigene Wohnung suchen, die sie weder an René erinnert wie die Rathausstraße noch durch ihre Schwiegermutter, der sie dann wieder zu Dank verpflichtet wäre, organisiert wird. Nur bei der Jobsuche muss sie wohl oder übel auf Annies Hilfe zurückgreifen. Die Rosar strapaziert daher das alte SPÖ-Netzwerk und bettelt Prof. Dr. Leopold Schönbauer an, den sie im Umfeld von Adolf Schärf kennengelernt hat. Schönbauer, inzwischen Direktor des Wiener AKH, Österreichs größtem Krankenhaus, gibt Ursula eine Chance. Wohl müsse sie vorerst fünf Monate unbezahlt als Krankenschwester volontieren, aber dann bekomme sie garantiert eine fixe Anstellung und werde damit im sozialen, im sozialistisch regierten Wien ihr Auskommen haben. 500 Schilling soll sie verdienen und extra noch 250 Schilling aus der Rente von René erhalten, 250 S bekommt sie bereits aus der Vermietung der Rathausstraße – damit lässt es sich insgesamt schon leben.

Aber da ist noch jemand im Haus, dem es guttäte, noch einmal eine regelmäßige Arbeit zu finden, nicht nur aus finanziellen Gründen: Franz Rebiczek-Rosar. Ist da etwas zwischen ihm und ihrer Schwiegertochter? Anfang 1949 haben die beiden einmal in Annies Abwesenheit mit dem kleinen Buben im selben Zimmer übernachtet. Als die Schauspielerin das herausfindet, ist Feuer am Dach, und sie sucht auch hier nach einer raschen Lösung. Diesmal bittet

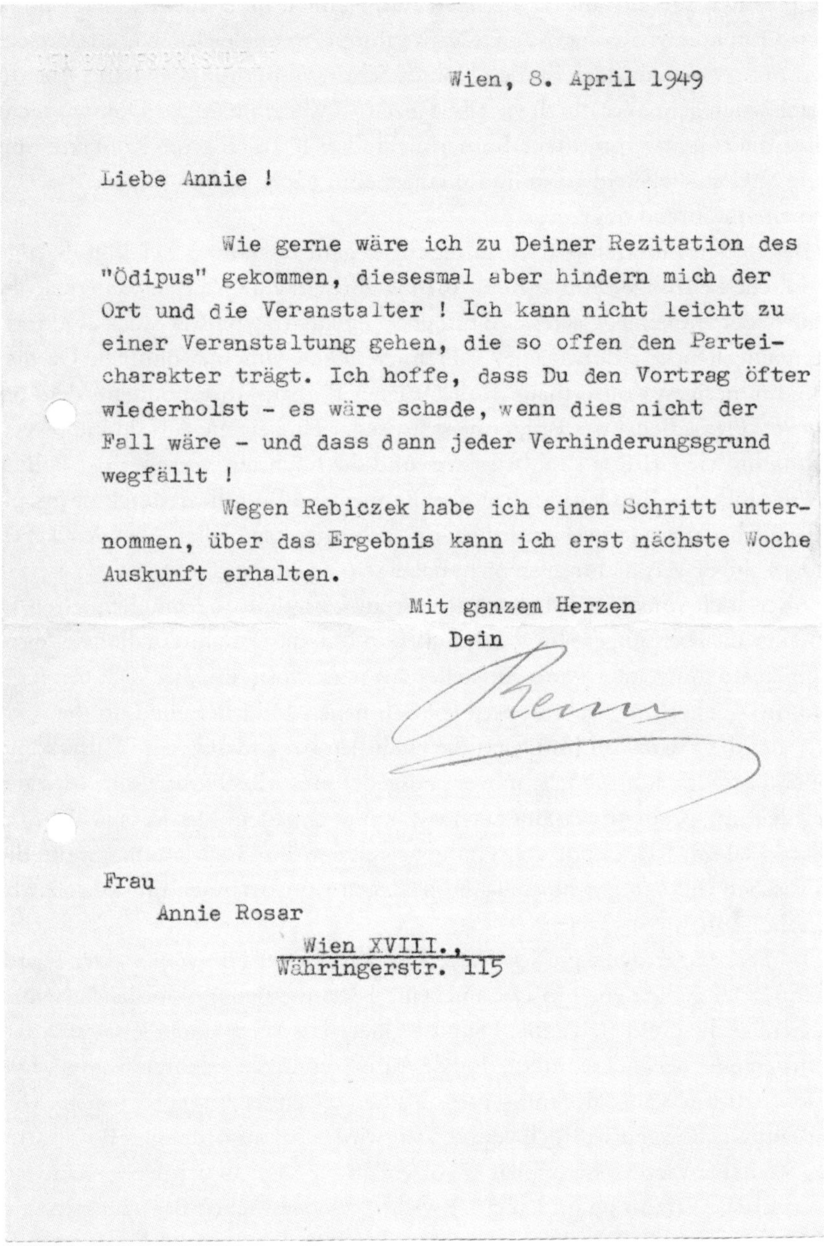

Wien, 8. April 1949

Liebe Annie !

Wie gerne wäre ich zu Deiner Rezitation des "Ödipus" gekommen, diesesmal aber hindern mich der Ort und die Veranstalter ! Ich kann nicht leicht zu einer Veranstaltung gehen, die so offen den Parteicharakter trägt. Ich hoffe, dass Du den Vortrag öfter wiederholst - es wäre schade, wenn dies nicht der Fall wäre - und dass dann jeder Verhinderungsgrund wegfällt !

Wegen Rebiczek habe ich einen Schritt unternommen, über das Ergebnis kann ich erst nächste Woche Auskunft erhalten.

Mit ganzem Herzen

Dein

Renner

Frau

Annie Rosar

Wien XVIII.,

Währingerstr. 115

Abb. 57: Brief von Bundespräsident Dr. Karl Renner an Annie Rosar am 8.4.1949. Die beiden blieben bis zu Renners Tod 1950 eng befreundet.

sie den alten Freund und Trauzeugen Karl Renner, ob er nicht was für ihren Franzl tun könne. Renner reagiert auch prompt, wenngleich nicht erfolgreich: „Du weisst doch, dass ich für den Doktor Schritte unternommen habe. Aber in Parteisachen geht alles durch viele Instanzen."[13] Warum hat „der Doktor" nicht selbst die Initiative ergriffen? Immerhin sind es letztlich seine Kontakte und seine Kreise. Vielleicht ist es ihm unangenehm nach all dem Gerede um sein Verhalten während des Kriegs.

Bei all den innerfamiliären Aufregungen geht fast unter, welch großartige berufliche Leistungen Annie Rosar 1949 vollbringt: Zu Ostern erweitert sie ihr Oeuvre der antiken Klassiker und bringt Sophokles tragischstes Stück „Ödipus" in entsprechender Bearbeitung zur Premiere. Diese außergewöhnliche Darbietung im hiesigen Konzerthaus ist der Wiener Rathauskorrespondenz, dem offiziellen Pressedienst des Bürgermeisters, sogar eine eigene Aussendung wert. Publikum wie Kritiker sind begeistert und die höchsten Vertreter der Politik wie der Bühne – Bundespräsident Karl Renner und Burgtheaterdirektor Joseph Gielen – bedauern jeweils schriftlich, bei diesen ganz speziellen Abenden wegen anderweitiger Verpflichtungen nicht dabei sein zu können.

Aber auch sonst wächst das Angebot an Unterhaltungsmöglichkeiten in Wien in alle Richtungen: Im Prater findet im Mai die erste Internationale Automobilausstellung statt – 200 Aussteller aus neun Staaten haben sich beteiligt, und die WienerInnen schnuppern vor den neuen Modellen die Luft der Freiheit und des Luxus. Im Juni feiert die Stadt den 50. Todestag von Walzerkönig Johann Strauss Sohn. Nicht nur ein ausgedehntes Musikprogramm wird der Bevölkerung geboten – es gibt auch etwas zum Schauen: Das Rathaus ist zum ersten Mal seit Kriegsende vollständig beleuchtet. Im Hochsommer, wenn die klassischen Bühnen geschlossen sind, verlegen KünstlerInnen und AkrobatInnen ihre Auftritte ins Freie.

Im September dann großes Theater in der Wiener Filmszene: „Der Dritte Mann", der gerade eben in London seine Kinopremiere gehabt hat, gewinnt in Cannes die Goldene Palme. Damit ist klar, dass Wien und alle seine Protagonisten eine besondere internationale Aufmerksamkeit erfahren werden. Der Wiener Anton Karas, der mit seinem bis heute weltbekannten Zitherspiel für die Filmmusik verantwortlich gewesen ist, wird zum musikalischen Botschafter des Streifens: Vier Monate spielt er vor vollen Häusern in den USA – eine fast überirdische Erfahrung im Land der wichtigsten westlichen Besatzungsmacht. In England lädt die Familie des Königs Karas zum Tee, und die Times schreibt einen Leitartikel über Wiener Heurigenmusik. Als die damals gerade 20-jährige Prinzessin Margaret in den Medien mit „Ich summe Ihre Harry-Lime-Melodie den ganzen Tag"[14] zitiert werden darf, ist der Film endgültig im PR-Olymp angekommen. „Der Dritte Mann" wird sozusagen zu einem Vorläufer von „Sound of Music" in Sachen österreichischer Kulturvermittlung.

Auf der großen Weltbühne werden parallel dazu die Weichen für eine neue Ordnung gestellt: Soeben ist die Bundesrepublik Deutschland gegründet und sind mit Theodor Heuss als Bundespräsidenten und Konrad Adenauer als Bundeskanzler die höchsten politischen Repräsentanten gewählt worden. Am 1. Oktober wird die Volksrepublik China proklamiert. Es hat hohe Symbolkraft, wenn das bevölkerungsreichste Land der Erde in kommunistischer Hand ist. Damit nicht genug, konstituiert die KPD sechs Tage später, am 7. Oktober, die Deutsche Demokratische Republik auf dem Gebiet der ehemaligen sowjetischen Besatzungszone. Die Besorgnis innerhalb Europas über die Machtausbreitung der Marxisten ist verständlich. In Österreich, das am 9. Oktober laut Annies Tagebuch „mit viel Aufregung" die zweite Nationalratswahl durchführt, ist man nervös. Wie werden die Kommunisten hierzulande abschneiden? Wie werden die Minderbelasteten unter den ehemaligen Nationalsozialisten, die diesmal erstmals wählen dürfen, das Wahlergebnis beeinflussen? Auch Annie ist NeuwählerIn, eine der rund 500.000. Bundespräsident Dr. Karl Renner spricht in einem Aufruf an die Bevölkerung von „Schicksalswahlen".[15] „Die Männer und Frauen, die heute gewählt werden, haben ihr niedergetretenes Volk wieder aufzurichten, ihr zweimal vernichtetes Staatswesen neu aufzubauen, ihre verkümmerte Volkswirtschaft wieder voll in Gang zu setzen, für all die Opfer der Katastrophenjahre zu sorgen, die drohenden schweren Lasten des Staatsvertrages herabzudrücken und für alle in gleicher Weise tragbar zu machen und damit den Österreichern, der lebenden und kommenden Geschlechter Friede, Freiheit und eine bessere Zukunft zu sichern!" Österreichs Selbstverständnis, Opfer der letzten Jahrzehnte gewesen zu sein, wird vom Staatsoberhaupt mitgetragen. Zum einen will Renner selbst vergessen machen, dass er höchstpersönlich für den „Anschluss" gewesen ist und sich geirrt hat, zum anderen hofft das offizielle Österreich auf bessere Bedingungen in den zukünftigen Verhandlungen mit den Besatzungsmächten. Und schließlich sollen die vielen NeuwählerInnen nicht verprellt werden. Doch es nutzt wenig: Sowohl die SPÖ als auch die ÖVP verlieren etwa im gleichen Ausmaß, und bilden gemeinsam die erste Große Koalition. Leopold Figl (ÖVP) bleibt Bundeskanzler. Womit aber kaum jemand gerechnet hat: Bei einer Wahlbeteiligung von 95,49 % (!) machen 489.273 ÖsterreicherInnen beim eben erst gegründeten Verband der Unabhängigen (VdU) ihr Kreuz am Stimmzettel. Der VdU, eine neue national ausgerichtete Partei, bei der von 68 Kandidaten 44 (!) ehemalige Nazis[16] sind, kommt mit 11,67 % an Stimmen und 16 Mandataren auf Anhieb ins österreichische Parlament.

Dadurch und durch ihre Nachfolgepartei, die 1955 gegründete FPÖ, ist gewährleistet, dass nationales Gedankengut zum fixen Bestandteil österreichischer politischer Debatten wird – anders als in Deutschland, wo zwischen dem Ausscheiden der radikalen Deutschen Reichspartei 1953 und dem Wahlerfolg der AfD 2017 über 60 Jahre keine rechtsextreme Partei im Bundestag vertreten ist. Ob Annie auch VdU gewählt hat? Möglich, aber unwahrscheinlich – ihr Kreuz wird sie wohl eher bei der SPÖ, mit der sie Ehemann, Freunde, Bekannte und Gönner verbindet, gemacht haben. Die Kommunisten hingegen werden zur allgemeinen Erleichterung marginalisiert: Sie erreichen nur 5,1 % der abgegebenen gültigen Stimmen und verschwinden von da an in die politische Bedeutungslosigkeit.

Kurz nach der Wahl erregt die Rosar am Volkstheater Aufsehen in ihrer vielleicht ernstesten Rolle außerhalb des großen Antiken-Dramas: in der Darstellung der Teta Linek, der bigotten böhmischen Köchin, die sich einen Platz im Himmel erkaufen will. „Der veruntreute Himmel" geht auf einen Roman von Franz Werfel zurück, den dieser 1939 – schon aus dem Exil in den USA – geschrieben hat und der schlagartig zum Welterfolg geworden ist. „Annie Rosar hat nach langer Zeit eine Rolle gefunden, die ganz nach ihrem Herzen und ihrem Sinn ist, und sie bleibt ihr auch wahrlich nichts schuldig",[17] sind die Medien beeindruckt und das „Neue Österreich" setzt am 9. November 1949 noch nach: „Warum wird übrigens Annie Rosar immer nur in komischen Rollen beschäftigt? Gedankenlosigkeit? Klischierung? Niese-Tradition?" Gerade die Frauen sind in dieser Inszenierung bis in die kleinste Rolle mit Dorothea Neff, Hilde Sochor und Lotte Tobisch top besetzt. Die Geschichte: Jahrelang investiert „die Linek" ihr Erspartes in die Priesterausbildung ihres Neffen, der jedoch gar nicht daran denkt, die Soutane anzulegen, sondern viel lieber das Geld der Tante verprasst. Als ihre Rechnung dadurch nicht aufgehen kann, pilgert Teta Linek enttäuscht und tief beschämt nach Rom, wo sie nach einem Schlaganfall, beglückt durch die persönliche Segnung des Papsts, stirbt.

Was nur wenige ahnen: Während all dieser beruflichen Höhenflüge ist Annie privat recht unglücklich. Schon zu Silvester 1949 kommt es nach Jahren des relativ erquicklichen Miteinanders zu einem kapitalen Streit zwischen ihr und Franzl, und er fliegt aus der Wohnung. On-off wird wieder zum Synonym für diese vierte Ehe, wie schon in den 1930er Jahren. Franzl zieht ein, Franzl zieht aus – es ist ein ständiges Kommen und Gehen in der Währinger Straße mit dem immer gleichen Darsteller. Die Grinzinger Bleibe hat Rebiczek-Rosar aufgege-

Abb. 58: Annie Rosar und die junge Lotte Tobisch zur Premiere des Stücks „Der veruntreute Himmel" am Wiener Volkstheater 1950.

ben, und so verwendet er die Kremser Wohnung in diesen Phasen als nützliches Refugium. Nach dem Tod seiner Mutter hat er nun auch mehr Platz. Wenn ihn Annie mit oder ohne Ursula und Wolfi im Schlepptau besuchen kommt, dann finden sie über den Weinbau wieder zueinander und pflegen und kultivieren gemeinsam ihre Weingärten. Lokale Hilfskräfte helfen beim Lesen, lokale Winzer beim Keltern und Weiterverarbeiten. Das klappt gut und ganz schön lukrativ ist das Ganze mittlerweile auch geworden. Sensationelle 27.880 S verdienen Annie und Franzl mit ihrem Wein bereits im Jahr 1949, das ist das dreifache bzw. das 1,6-fache des damaligen durchschnittlichen Jahreseinkommens in Österreich bzw. in Deutschland.[18] So prominente Restaurationsbetriebe wie Hübners Kursalon im Stadtpark oder die Maximsbar gleich hinter der Wiener Staatsoper zählen zu ihren Stammkunden. Annies Einkommen als Künstlerin wird durch diese Einnahmen ordentlich aufgefettet. Selbst wenn ihr sämtliche Engagements wegbrächen und alle Produktionen bestehende Verträge auflösten, sie könnte zwar ihren Lebensstandard nicht halten, würde aber auch nicht verhungern. Annie Rosars wirtschaftliche Situation ist vor Ende des Jahrzehnts ohne Übertreibung gut bis sehr gut.

Abb. 59: Weinetiketten des Weinguts Rebiczek-Rosar aus den 1950er Jahren. Annies Weine waren perfekte Werbegeschenke für Freunde, KollegInnen, Regisseure und Theaterdirektoren.

Gut bis sehr gut ist für die übrige Bevölkerung Anfang 1950 zumindest die Ernährungssituation, obwohl es noch immer Lebensmittelkarten gibt. Sie werden einige Monate später abgeschafft und nur Zucker, Öl und Margarine bekommt man noch weitere zwei Jahre ausschließlich auf dieser Basis. Besonders in Wien ist man um kontinuierliche Normalisierung des Lebens bemüht – äußere Zeichen dafür sind rund 200 Bälle, die kurz nach dem Jahreswechsel bei den Behörden angemeldet sind. Tanzlustige aller Milieus bereiten sich auf eine intensive Saison vor. Ein nicht unwesentlicher Motor des Wirtschaftslebens ist der sogenannte Marshallplan, ein von den USA für Westeuropa initiiertes Konjunkturprogramm. Österreich erhält mit 711,8 Mrd. USD einen verhältnismäßig hohen Anteil – dem zehnmal so großen Deutschland wird nur doppelt so viel zugestanden. Fünf Jahre nach der Kapitulation ist in Wien die industrielle Produktion bereits wieder auf Vorkriegsniveau und die Arbeitslosenrate mit 6,5 % gar nicht so schlecht. Die Straßenbahnen erhalten aus New York neue Triebwagen, deren Türen sich erstmals selbst schließen – eine Sensation! In Linz eröffnet der erste Supermarkt des Landes, der Konsum. In einem Land, das Selbstbedienung im Handel bisher überhaupt nicht gekannt hat, ist das eine

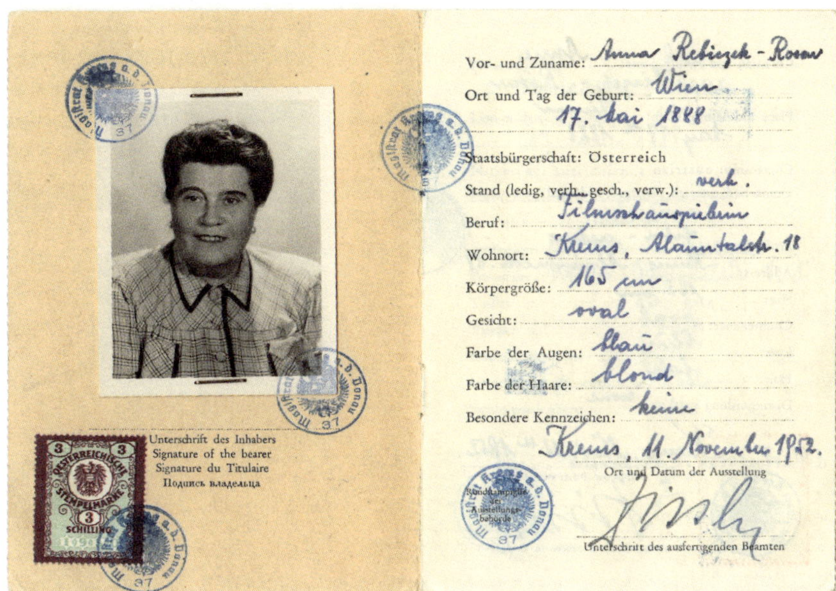

3 ÖSTERREICHISCHE STEMPELMARKE 3 SCHILLING

Unterschrift des Inhabers
Signature of the bearer
Signature du Titulaire
Подпись владельца

Vor- und Zuname: Anna Rebiczek-Rosar
Ort und Tag der Geburt: Wien 17. Mai 1888
Staatsbürgerschaft: Österreich
Stand (ledig, verh., gesch., verw.): verh.
Beruf: Filmschauspielerin
Wohnort: Krems, Alauntalstr. 18
Körpergröße: 165 cm
Gesicht: oval
Farbe der Augen: blau
Farbe der Haare: blond
Besondere Kennzeichen: keine

Krems, 11. November 1952.
Ort und Datum der Ausstellung

Rundstampiglie der Ausstellungsbehörde

Unterschrift des ausfertigenden Beamten

Abb. 60: Identitätsausweis Nr. 1906, ausgestellt in der sowjetischen Zone Krems 11.11.1952. Während der Besatzungszeit in Österreich von 1945–1955 konnte man von einer zur anderen Zone nur mit Hilfe eines Identitätsausweises gelangen.

mindestens ebenso wichtige Neuerung und vor allem ein Zeichen für den steigenden Einfluss der US-amerikanischen Kultur.

Im März kommt dann endlich auch in Österreich „Der Dritte Mann" in die Kinos, und Annie-Rosar-Fans sind etwas enttäuscht: Ihr Liebling hat darin seinen vielleicht kürzesten Auftritt in einem Film überhaupt. Ganze 15 Sekunden nur ist sie zu sehen, einmal Fenster putzend und einmal, als sie zu Paul Hörbiger sagt: „Karl, kannst einen Moment hereinkommen? Du musst ans Telefon." Alle anderen österreichischen SchauspielerInnen haben längere Auftritte – natürlich auch Erzrivalin Hedwig Bleibtreu, die eine Vermieterin spielt. Ist das der Grund, weshalb Annie weder in ihrem Tagebuch, noch ihrem Kalender und auch in keinem der Briefe ihre Beteiligung an diesem Streifen erwähnt? Immerhin hat sie nie vorher und nie nachher in einer derart preisgekrönten Produktion mitgewirkt. Abgesehen von der Goldenen Palme heimst „Der Dritte Mann" auch noch einen Oscar für die Kategorie Beste Schwarz-Weiß-Kamera und zwei Nominierungen in den Kategorien Beste Regie und bester Schnitt ein.

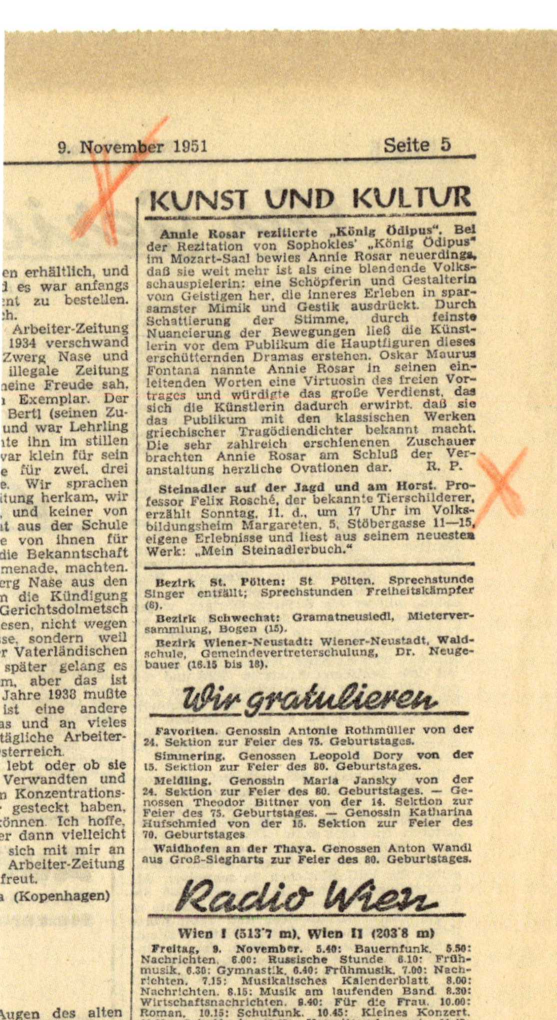

9. November 1951 Seite 5

KUNST UND KULTUR

Annie Rosar rezitierte „König Ödipus". Bei der Rezitation von Sophokles' „König Ödipus" im Mozart-Saal bewies Annie Rosar neuerdings, daß sie weit mehr ist als eine blendende Volksschauspielerin: eine Schöpferin und Gestalterin vom Geistigen her, die inneres Erleben in sparsamster Mimik und Gestik ausdrückt. Durch Schattierung der Stimme, durch feinste Nuancierung der Bewegungen ließ die Künstlerin vor dem Publikum die Hauptfiguren dieses erschütternden Dramas erstehen. Oskar Maurus Fontana nannte Annie Rosar in seinen einleitenden Worten eine Virtuosin des freien Vortrages und würdigte das große Verdienst, das sich die Künstlerin dadurch erwirbt, daß sie das Publikum mit den klassischen Werken griechischer Tragödiendichter bekannt macht. Die sehr zahlreich erschienenen Zuschauer brachten Annie Rosar am Schluß der Veranstaltung herzliche Ovationen dar. R. P.

Steinadler auf der Jagd und am Horst. Professor Felix Rosché, der bekannte Tierschilderer, erzählt Sonntag, 11. d., um 17 Uhr im Volksbildungsheim Margareten, 5, Stöbergasse 11—15, eigene Erlebnisse und liest aus seinem neuesten Werk: „Mein Steinadlerbuch."

Bezirk St. Pölten: St. Pölten. Sprechstunde Singer entfällt; Sprechstunden Freiheitskämpfer (8).

Bezirk Schwechat: Gramatneusiedl, Mieterversammlung, Bogen (15).

Bezirk Wiener-Neustadt: Wiener-Neustadt, Waldschule, Gemeindevertreterschulung, Dr. Neugebauer (16.15 bis 18).

Wir gratulieren

Favoriten. Genossin Antonie Rothmüller von der 24. Sektion zur Feier des 75. Geburtstages.

Simmering. Genossen Leopold Dory von der 15. Sektion zur Feier des 80. Geburtstages.

Meidling. Genossin Maria Jansky von der 24. Sektion zur Feier des 80. Geburtstages. — Genossen Theodor Bittner von der 14. Sektion zur Feier des 75. Geburtstages. — Genossin Katharina Hufschmied von der 15. Sektion zur Feier des 70. Geburtstages

Waldhofen an der Thaya. Genossen Anton Wandl aus Groß-Siegharts zur Feier des 80. Geburtstages.

Radio Wien

Wien I (513'7 m), Wien II (203'8 m)

Freitag, 9. November. 5.40: Bauernfunk. 5.50: Nachrichten. 6.00: Russische Stunde. 6.10: Frühmusik. 6.30: Gymnastik. 6.40: Frühmusik. 7.00: Nachrichten. 7.15: Musikalisches Kalenderblatt. 8.00: Nachrichten. 8.15: Musik am laufenden Band. 8.30: Wirtschaftsnachrichten. 8.40: Für die Frau. 10.00: Roman. 10.15: Schulfunk. 10.45: Kleines Konzert. 11.00: Schulfunk. 11.25: Vormittagskonzert. 11.45: Mittagskonzert. 12.30: Verlautbarungen. 12.45: Nachrichten. 13.00: Konzert. 13.45: Verlautbarungen. 14.00: Ein Gruß an dich. 15.00: Schulfunk. 15.30: Kleine Geschenke erhalten die Freundschaft. 16.00: Klaviervorträge. 16.20: Die junge Redaktion. 17.00: Nachrichten. 17.10: Burgenland und das moderne Wienerlied. 17.35: Russische Stunde. 18.00: Melodien von Otto Götz. 18.15: Man steigt nach. 18.45: Österreichischer Arbeiterfunk. 18.50: Verlautbarungen. 19.00: Russische Stunde. 19.30: Echo des Tages. 19.45: Eine Viertelstunde Lebensfreude. 20.00: Nachrichten. 20.15: Radiobühne: „Ho-ruck!" 22.00: Benjamin Britten: Sieben Sonette von Michelangelo.

Abb. 61: Kritik in der Arbeiterzeitung am 9.11.1951 zu „König Ödipus" von Sophokles. Bis ins hohe Alter rezitierte Annie Rosar die alten Klassiker mit großem Erfolg.

Für die Rosar gibt es dafür bald etwas Persönliches zu feiern: ihr 40-jähriges Bühnenjubiläum. Der remigrierte Autor Hans Schubert schreibt ihr in seinem neuesten Werk „Stadtpark" eine Rolle direkt auf den Leib. Als Sesselfrau Waw-

Einladung

zu der

Uraufführung

des im Sascha-Verleih erscheinenden

Berna-Donau-Films

STADTPARK

am Dienstag, den 13. März 1951

um 20.30 Uhr

im

Apollo

Wien VI, Gumpendorferstraße 63

EINTRITTSKARTEN LIEGEN BEI

Im Falle der Verhinderung wird um deren Rücksendung gebeten

STADTPARK

Ein Berna-Donau-Film im Sascha-Verleih

nach dem gleichnamigen Volksstück von Hans Schubert, für den Film bearbeitet von Hubert Marischka und Frank Filip

Bild: Walter Riml - Bauten: Otto Pischinger - Regieassistenz: Ernst Hofbauer - Musik: Frank Filip - Ton: Max Vernoij - Schnitt: Leopoldine Pokorny - Aufnahmeleitung: Viktor Matouschek - Maskenbildner: Hans Kres, Ludwig Langer und Vally Schamötz

Produktionsleitung: Eduard Hoesch

Regie: Hubert Marischka

DARSTELLER:

Anna Wawruschka, Sesselfrau	**Annie Rosar**
Franziska, ihre Tochter	Ida Krottendorfer
Herbert Berger, Architekt	Erik Frey
Alice, seine Frau	Friedl Loor
Peter, ihr Junge	Peter Czeike
Kommerzialrat Lorenz Hofstetter	Fritz Imhoff
Rudolf, sein Sohn	Franz Marischka
Gruber, Würstelmann	Rudolf Carl
Dr. Balduin Wiener	Karl Ehmann
Fanny, Stubenmädchen	Hildegard Sochor
Ferdinand Weidinger	Hugo Gottschlich
Doktor Körber	Karl Bosse
Professor Mosinger	Otto Tressler
Frau Mosinger	Auguste Pünkösdy

u. a.

Abb. 62: Programmheft zur Uraufführung des Filmes „Stadtpark", 1951, basierend auf dem gleichnamigen Volksstück von Hans Schubert, das er zu Ehren von Annie Rosars 40. Bühnenjubiläum geschrieben hatte. Filmregie: Hubert Marischka.

ruschka, die in Wiens größter innerstädtischer Parkanlage für das Sitzen auf den städtischen Bänken eine Individualsteuer kassiert, und so mit unterschiedlichen Vertretern der Bevölkerung ins Gespräch kommt, kann die Rosar ihre komödiantischen Fähigkeiten großartig zur Geltung bringen. Gleichzeitig setzt Schubert mit diesem Stück auch der Institution der „Sesselfrau" ein Denkmal – ihre Dienste sind sieben Jahre später Geschichte. Seither kann man in den Wiener Parks gratis sitzen.

Am 5. Mai 1950 wird „Stadtpark" in Annies Haus- und Hofbühne, dem Volkstheater, uraufgeführt, und die Gemeinde Wien ehrt ihr Jubiläum mit einer neuerlichen Presseaussendung. Im Anschluss an die Vorstellung findet dann die eigentliche Feier statt. Gleich zwei Laudationen – eine von Franz Stoß, dem Direktor des Bürgertheaters als Vertreter des Verbands österreichischer Theaterdirektoren, und eine vom Hausherrn, Paul Barnay – sind erhalten. Abgesehen von den üblichen Höflichkeiten und Wünschen betonen beide die große künstlerische Bandbreite Annies, „deren Register vom bittersten Ernst bis zum ausgelassensten Lachen gleichermassen reicht" (Stoß). „Sie entfliehen aus Lerchenfeld auf leichten Flügeln nach Kolchis, eine Medea zu sein, nach dem klassischen

Athen und Sparta in das Reich unserer Klassiker" – so formuliert es Barnay. Persönlich und authentisch wird es dort, wo Stoß dankend erwähnt „wie Sie mit Ihren Einfällen und mit Ihrem köstlichen Humor das manchmal trostlose Grau einer Probe am frühen Morgen, wo wir alle eigentlich noch lieber im Bett schlafen, als uns mit dem Text herumraufen würden, aufzuhellen vermögen und wie dann auf einmal auf den Proben alles zu atmen und zu leben beginnt". Barnay ist förmlicher, überreicht ihr aber als Geschenk einen Ring des Volkstheaters. „Es ist nicht der tragische Ring Alberichs, nicht der pathetische Ring Ifflands, aber auch gewiss nicht der ironische Ring Egon Friedells; es ist ein Ring, welchen Ihnen heute sicher jedes kleine Mädel, da oben auf der Galerie, dankbaren Herzens schenken möchte, Ihnen etwas Liebes erweisen will." Annie ist glücklich. Der Wein – edle Tropfen aus den Rebiczek-Rosar'schen Weingütern – fließt in Strömen. Längst hat die Jubilarin selbst das feuchtfröhliche Fest verlassen, da leeren die KollegInnen weiter Glas um Glas auf ihr Wohl und haben bis zum nächsten Fest „insgeheim die egoistische Hoffnung, dass auch Deine Weinberge bis dahin blühen und gedeihen mögen."[19]

Ursula hat sich tatsächlich 1949 entschieden und ist ausgezogen. Sie lebt jetzt in ihrer neuen Wohnung in Wien-Margarethen, Hauslabgasse 20a, 7 km Luftlinie von Wolfis Bleibe bei Oma Annie in der Währinger Straße, entfernt. Aber auch hier, auch außerhalb des Zugriffs ihrer Schwiegermutter, scheint sie mit der Erziehung und Betreuung ihres Sohns überfordert. Der Sechsjährige läuft neben ihren diversen Beziehungen mit und fühlt sich immer wieder zurückgesetzt. Er kränkt sich – doch wie kann man einem vaterlosen kleinen Buben auch verständlich machen, dass seine Mutter Zuwendung, Liebe und Sex braucht? Die Rosar stört das Treiben ihrer Schwiegertochter aber genauso. Dass sie als junge Frau selbst sehr offenherzig mit Männern umgegangen ist, lässt sie als Milderungsgrund nicht gelten. Das sei doch alles vor Renés Geburt gewesen. Als Mutter müsse einzig das Wohl des Kindes im Vordergrund stehen.

Im August 1950 wird Annies Jubiläumsstück „Stadtpark" an Ort und Stelle verfilmt. Die Besetzungsliste liest sich wie ein Who' who des österreichischen Nachkriegsfilms: Ida Krottendorf, die damals noch Krottendorfer heißt, Erik Frey, Fritz Imhoff, Rudolf Carl, Hilde Sochor oder Hugo Gottschlich. „Jessas, die Frau Moser"[20] sagen Kiebitze bei den Dreharbeiten.

Der Herbst verläuft für Annie an allen Fronten ohne Aufhebens, doch das Jahr endet traurig. Am Silvestertag 1950 stirbt Karl Renner kurz nach seinem 80. Geburtstag. Er ist Rebiczek-Rosars ein echter Freund gewesen und auch wenn Annie mit seiner Frau Luise und seiner Tochter Poldi weiterhin eng verbunden bleibt: Renners Tod ist ein schwerer persönlicher Verlust. Er hat der gesamten Familie über viele Jahre in allen Notzeiten geholfen, ist immer ansprechbar und bei den wichtigen schönen Anlässen immer präsent gewesen. Annie und Franzl nehmen gemeinsam an den Trauerfeierlichkeiten teil. „Unser Renner", wie der zweimalige Bauherr der Republik in der Bevölkerung genannt worden ist,[21] hinterlässt aber auch im Staatsgefüge eine Lücke. Zigtausende sind auf den Beinen. Die Prozession bewegt sich vom Rathaus über den Ring zum Schwarzenbergplatz und von dort zum Zentralfriedhof. Beethoven, Bruckner und die Bundeshymne bilden das musikalische Geleit dieses ersten Staatsbegräbnisses der Zweiten Republik. Seit dem Tod Kaiser Franz Josephs im November 1916 und der Ermordung Bundeskanzler Engelbert Dollfuß' 1934 – beides Ereignisse aus einer mittlerweile völlig anderen Welt – hat es ein solches Trauer-Spektakel für ein Staatsoberhaupt bzw. einen Spitzenpolitiker in Wien nicht mehr gegeben.

Der SPÖ bleibt die Familie Rebiczek-Rosar natürlich auch nach Renners Tod zugetan: Franzl wird in Krems Gemeinderat und Annie pflegt unverdrossen ihre Netzwerke mithilfe ihrer Premieren, zu denen sie die Parteigranden einlädt, bzw. durch den gezielten Versand des eigenen Weins. Am beliebtesten sind Gewürztraminer und Riesling. Ein neues Naheverhältnis baut sie dabei zu Vizekanzler Adolf Schärf sowie zu Innenminister Oskar Helmer auf. Nicht nur Schärf, sondern auch Helmer, den Franzl über die niederösterreichischen SP-Gremien schon seit Jahrzehnten kennt, ist eindeutig dem rechten Flügel der Partei zuzuordnen. Mit klarer Haltung hat er den Einfluss der sowjetischen Besatzungsmacht auf Polizei und Gendarmerie über die Jahre gering gehalten und einen von Zeitgenossen als kommunistischen Putsch gedeuteten Arbeiterstreik in Linz im Herbst 1950 verhindert. Gleichzeitig ist er aber auch maßgeblich und nachweislich für die Verschleppung von Entschädigungszahlungen für die Opfer des Nationalsozialismus in Österreich verantwortlich. Helmer wird mit dem abgewandelten Spruch Karl Luegers konnotiert: „Wer a Judenfeind is, bestimmen wir."[22] Antisemitismus ist nach wie vor auch in manchen Kreisen der SPÖ an der Tagesordnung. „Der neueste Witz ist hier als Gruß ‚Korea' zu sagen", notiert Annie Rosar in ihrem Tagebuch, „[d]as heißt ‚Komm retour Adolf'. Darüber wird hier viel gelacht." Ein Code im Bekanntenkreis, gut getarnt angesichts des zeitgleich auf der anderen Seite des Globus stattfindenden Koreakriegs, als dessen Folge der asiatische Staat in einen kommunistischen Norden und einen westlich orientierten Süden geteilt wird.

Annies Kontakte zu Schärf und Helmer sind regelmäßig und von hoher gegenseitiger Wertschätzung getragen: Man nimmt Anteil an besonderen familiären oder beruflichen Ereignissen, besucht einander ab und an zum Tee oder Kaffee und übermittelt einander Genesungswünsche bei jeder über eine Erkältung hinausgehenden Krankheit. Doch man bleibt ein Leben lang „per Sie". Enge Herzensfreunde sehen anders aus.

Dann rutscht Ursula schon wieder oder noch immer die Hand aus, wenn sie nicht mehr aus noch ein weiß. Oma Annie reicht es jetzt. Sie beantragt mit Jänner 1951 das alleinige Sorgerecht für Wolfi und erreicht einen Aufschub der Entscheidung für ein Jahr. Sie ist sogar kurzzeitig wieder per Sie mit der jungen Frau Rebiczek-Rosar. Zwölf Monate später streiten die beiden Frauen um das Besuchsrecht. Wer darf Wolfi, der inzwischen im katholischen Internat jenseits der Donau eingeschult und untergebracht ist, wann wie lange sehen oder mit ihm auf Urlaub fahren? Endlich einigen sie sich auf einen Modus Vivendi, der minutiös im Gerichtsbeschluss festgehalten wird – aber kurze Zeit später schon wieder nicht hält. Denn was nicht geregelt worden ist, ist die Grundfrage: Wessen unverschiebbare berufliche Einschränkungen sind wichtiger, die von Ursula, die als kleine Angestellte in einem großen Krankenhaus ganz bestimmt von den Urlaubsplänen anderer abhängig ist? Oder die Vorgaben der Filmstudios oder der Theaterproben, mit denen Annie zu tun hat? Aus Sicht der Rosar ist es klar: Wichtiger kann eigentlich nur sie sein. Das Verfahren geht in die nächste Runde und wieder bringt sie vor Gericht Ursulas mangelnde mütterlichen Qualitäten vor. Exmann Robert Beinerth, der schon im Entnazifizierungsverfahren 1946 hilfreich zur Stelle gewesen ist, bezeugt im Gleichklang mit seiner neuen Lebensgefährtin, dass „bei geringfügigen Anlässen das Kind auf das schwerste von der Kindesmutter gezüchtigt wurde"[23]. Ist Dr. Beinerth in diesem Verfahren tatsächlich glaubwürdig? Ja, denn er hat in gewissem Ausmaß aktuellen Einblick in die Materie: Noch vor wenigen Monaten hat Beinerth die alten Stahns bei der Vertretung ihrer Ansprüche auf Möbel der alten Wiener Wohnung in der Wattmanngasse juristisch beraten und dabei regelmäßigen Kontakt zu Ursula gepflogen. Dazu ist es recht zweifelhaft, ob er als Anwalt tatsächlich eine Falschaussage tätigen würde, nur um der Frau, deren Ehemann er vor 35 Jahren für knappe 18 Monate gewesen ist, in ihrem innerfamiliären Furor zu helfen. Ursula wagt es nicht, ihren Eltern, die ganz außer sich sind, wie denn ein seriöses Gericht der Kindesmutter ohne Grund das Kind wegnehmen könne, zu gestehen, wie massiv die Vorwürfe gegen sie sind. Sie schiebt die Gesamtverantwortung an dem Malheur auf Annie und tut deren Kritik als Lappalie ab: „Meine Schwiegermutter ist ein gefährlicher Mensch." Und: „Ihre Stellung und ihre Berühmtheit. Alle sind von ihr überzeugt. Ihr solltet die Österreicher besser kennen. Sie kam mit Zeugen, dass ich dem Wolfi vor versammelter Mannschaft eine Ohrfeige gegeben habe im Jahre x."[24]

Richard Stahn nimmt jedenfalls diese scheinbare Ungerechtigkeit gegen seine Tochter mit ins Grab: Verbittert über die Altersarmut, in der er und seine Frau leben müssen, stirbt er im Oktober 1951 an Angina Pectoris. Immerhin hat sich sein letzter Wunsch, Ursula und Wolfi noch einmal zu sehen, erfüllt. Die beiden haben ihn und die Familie in Deutschland gerade wenige Wochen vor seinem Tod für zwei Wochen besucht. Die zurückgebliebene Herta Stahn bleibt weiterhin die liebevolle Mutter für ihr „Ullalein" und sorgt sich ständig um die etwas lebensuntüchtige Tochter in Wien. Es entgeht ihr nicht, dass Ursula immer wieder die gutgemeinten kritischen Fragen in ihren Briefen ins Leere laufen lässt, lange nicht reagiert, auf Konkretes nur sehr oberflächlich antwortet oder vereinzelt sogar lügt. Doch was soll sie machen? Regelmäßig nach Österreich zu telefonieren kann sie sich einfach nicht leisten.

Annie wiederum will in diesem Familien-Tohuwabohu die Gunst der Stunde nutzen und sich gegenüber Wolfi als die einzige, liebste und großzügigste unmittelbare Verwandte positionieren. Sogar jung will sie dem Enkelkind erscheinen. Ist das Alter der Großmutter für einen Siebenjährigen nicht unerheblich? Nicht aus Sicht der Rosar! Sie faucht Franzl an „dass es wieder unerhört taktlos von Dir war, Wolfi zu sagen, ich sei 65, resp. 64 Jahre alt! Erstens habe ich noch bis Mitte des nächsten Jahres Zeit bis zum 64. Und zweitens macht man eine Künstlerin immer etwas jünger als älter".[25]

In österreichischen und deutschen Schauspielerkreisen hat man andere Probleme. Noch immer sind KünstlerInnen damit beschäftigt, nationalsozialistische Verstrickungen abzustreifen. Dabei steht das Prinzip „Eine Hand wäscht die andere" bei den 1950 weiterhin laufenden Entnazifizierungsverfahren im Vordergrund. Gustaf Gründgens als Generalintendant des Preußischen Staatstheaters ein direkter ranghoher Ex-Mitarbeiter von Hermann Göring entlastet Emmy Göring, die bis zu ihrer Heirat 1935 mit dem späteren Reichsmarschall am Staatstheater in Berlin gespielt hat. Veit Harlan entlastet Gustaf Gründgens und Annie Rosar entlastet Veit Harlan, von dessen 20 zwischen 1935 und 1945 entstandenen Filmen 14 (!) nach dem Krieg verboten sind. „Ich werde es nie vergessen, wie Sie an mich gedacht haben, als ich vor dem Gericht stand", schreibt er ihr Jahre danach. „Ihr Brief wurde damals vor dem Plenum vorgelesen. Die Schauspieler waren überhaupt fabelhaft in dieser Zeit zu mir, u. a. Werner Kraus, Gustaf Gründgens, Willi Forst und der tote Eugen Klöpfer." Haben unmittelbar nach dem Krieg gegenseitige Anzeigen bis hin zum Denunziantentum das Geschehen in Österreich beherrscht, so sind es jetzt nur mehr wenige, die hier „aus der Reihe tanzen" – durch Schweigen oder durch Applaus wie etwa

Veit Harlan
.-.-.-.-.-.-.-.-.-.

Starnberg am See,
den 9.9.1952

Liebe Annie Rosar !

Wir haben uns sehr über Ihre Karte gefreut. Sie kam gerade zu Kristinas Geburtstag an. Wir wohnen jetzt hier in Starnberg, wo wir uns ein Häuschen gebaut haben. Hätte ich geahnt, wie nahe Sie bei uns sind, hätten wir gerne einen Sprung zu Ihnen hinübergemacht.

Ich hoffe bald, ins Atelier gehen zu können, denn ich will einen Lustspielfilm machen mit Kristina. Wenn ich nur einmal wieder einen Stoff hätte, in dem ich eine Rolle für Sie finden kann. Ich werde es nie vergessen, wie wunderbar die Arbeit mit Ihnen in " Goldene Stadt" war. Ich werde es auch nie vergessen, wie Sie an mich gedacht haben als ich vor Gericht stand. Ihr Brief wurde damals vor dem Plenum vorgelesen. Die Schauspieler waren überhaupt ganz fabelhaft in dieser Zeit zu mir. Obenan Werner Krauss und Gustav Gründgens, übrigens auch Willy Forst und der tote Eugen Klöpfer. Ach, es waren ja Hundert, die gefragt wurden. Nur Gustav Fröhlich fiel aus dem Rahmen und später Helmuth Kautner. Aber noch einer zeigte mir die kalte Schulter, als ich als Angeklagter da vorne stehen musste, das war unser grosser Kollege Paul Hörbiger. Die jüdischen Kollegen kamen auf mich zu, schüttelten mir die Hand – ja, sie umarmten mich, aber Herr Paul Hörbiger, vom Oberstaatsanwalt selbst eingeladen, sass"Parkett 1. Reihe" mit übergeschlagenen Beinen und hörte sich den Unflat an, der über mich geschüttet wurde. Der Oberstaatsanwalt sprach sein schwungvolles Plädoyer, das von Unwahrhaftigkeit und üblen Wollen troff. Und Herr Hörbiger zollte ihm Beifall. Herr Hellmer, der neben ihm sass, ein jüdischer Theaterdirektor der unglaublich gelitten hatte in der Nazizeit, der stand neben ihm auf und drückte mir die Hand und sagte gutherzig:" Es wird nicht so schlimm werden, lieber Veit Harlan." Herr Hörbiger sah mich garnicht, aber der Presse sagte er:" es wäre ja ein Witz, wenn Veit Harlan freigesprochen würde.

Paul Hörbiger.
Ich vergebe es ihm gerne. Es muss furchtbar sein, so zu denken wie er in diesem Augenblick und ich sehe ihn noch heute vor Adolf Hitler sitzen und zum Jubel der Gesellschaft und Adolfs des Grossen zur Ziehharmonika Fiakerliederln singen. Ja,ja. Grüss ihn von mir, wenn Du ihn siehst und sei nett zu ihm, er braucht – was ihm fehlt. Aber Sie – liebe Annie Rosar – sollen deshalb mit meiner echten Herzlichkeit, die ich für Sie empfinde, nicht zu kurz kommen, denn wenn ich auch meine

Alliierte Zensurstelle 195 · Z. 1 ·

Abb. 63: Brief von Veit Harlan an Annie Rosar vom 9.9.1952, in dem er über sein Entnazifizierungsverfahren berichtet.

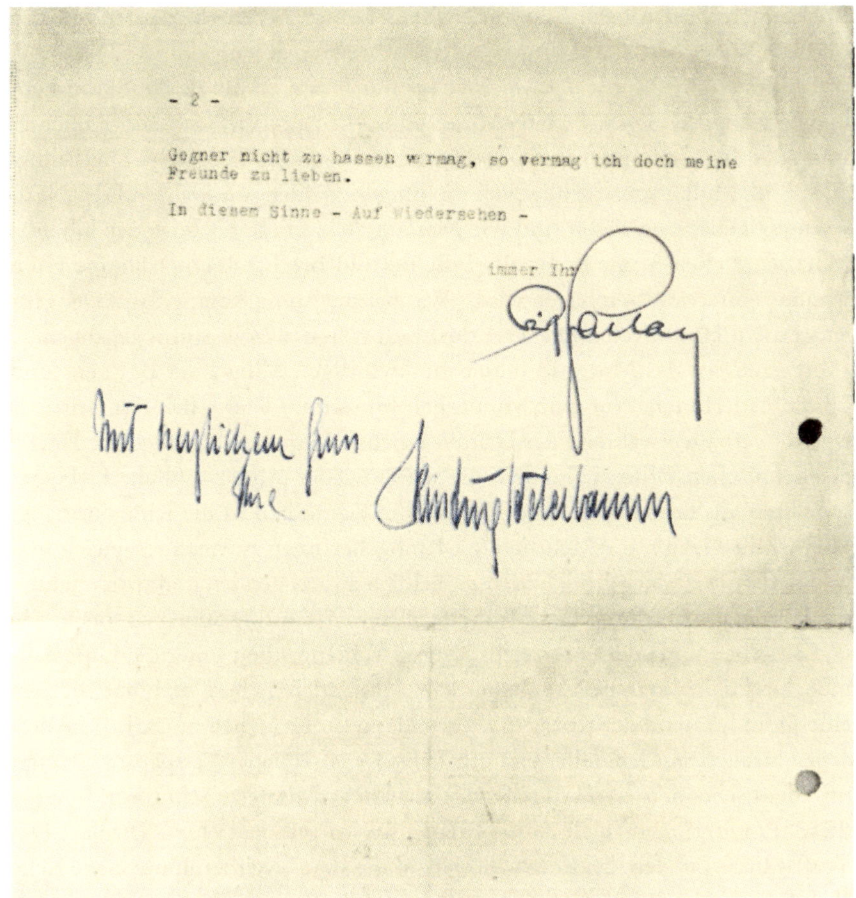

- 2 -

Gegner nicht zu hassen vermag, so vermag ich doch meine Freunde zu lieben.

In diesem Sinne - Auf Wiedersehen -

immer Ihr

Paul Hörbiger nach dem Plädoyer der Anklage. Hörbiger, ein Spätberufener im Kampf gegen die Nazis, ist erst kurz vor Kriegsende zu einer kleinen Widerstandstruppe gestoßen. Harlans Verachtung für den Filmstar rührt von daher: „Es muss furchtbar sein so zu denken, wie er in diesem Augenblick. Und ich sehe ihn noch heute vor Adolf Hitler sitzen und zum Jubel der Gesellschaft und Adolfs des Großen zur Ziehharmonika Fiakerliedeln singen. Ja, ja. Grüss ihn von mir, wenn Du ihn siehst und sei nett zu ihm, er braucht – was ihm fehlt.“[26]

So spielen sie alle nebeneinander und miteinander am Theater und beim Film: Jene, die sich offen zum Dritten Reich bekannt haben wie Marika Rökk, Marte Harell oder Marianne Hoppe, jene die Goebbels auf seine Liste der „Gottbegnadeten“ genommen hat wie eben Hedwig Bleibtreu oder Paula Wessely, jene, deren Name auf besagter Film-Liste Hitlers gestanden sind wie neben

Annie auch Wolf Albach-Retty oder Hans Holt, jene, die Mitläufer gewesen sind wie Willi Forst, Curd Jürgens oder Oskar Werner, jene, die als Ehemänner von Jüdinnen die Gunst der Machthaber nur ihrem Status als Publikumslieblinge verdankt haben wie Hans Moser oder Theo Lingen, jene, die geflüchtet sind oder ihre Zeit im Untergrund überlebt haben wie Hans Jaray, Lilli Palmer oder Fritz Muliar sowie schließlich die jungen Wilden, die während des Naziregimes Teenager gewesen sind wie Maria Schell, Hilde Sochor oder Johanna Matz. Und eben Annie Rosar, über die Bertold Brechts Tochter Hanne Hiob in einem Interview 1980 sagen wird: „Was hat die Annie Rosar gesagt? Der Hitler ist mein Himmivater. Die wäre doch sofort in den Volkssturm gegangen."[27] „Vergessen" ist das Motto in dieser merkwürdigen Allianz der Bühnen- und FilmkünstlerInnen. Nur eine Minderheit hinterfragt oder reflektiert ernsthaft eigenes Verhalten während des Dritten Reichs. „Vergessen" ist auch die Devise der heimischen Filmschaffenden, die schon wieder primär süßliche Liebesgeschichten aus der k. u. k. Zeit oder seichte Komödien in die Kinos bringen. Hier ist die Gefahr, die Mehrheit der KinogeherInnen zu verstören gleich null und dafür die Chance groß, in den tatsächlich anstrengenden und tristen Jahren des Wiederaufbaus für schlicht-fröhliche Alternativen zum Alltag zu sorgen.

Kritische Filme, die Österreichs jüngste Vergangenheit unter die Lupe nehmen, sind daher keine Gassenhauer wie „Das andere Leben" aus 1948, in dem eine Jüdin während des Kriegs in Deutschland untertauchen muss. Etliche derartige Streifen werden daher erst mit teilweise erheblicher Verspätung gezeigt, um nicht sehenden Auges in eine wirtschaftliche Misere zu schlittern. In einer dieser Produktionen spielt Annie Rosar mit: Im 1952 gedrehten Thriller „Des Teufels Erbe", in dem der durch „Singin' in the Rain" weltberühmte Gene Kelly als US-Pilot Altnazis aufspürt. Dieser Film kommt erst gar nicht ins Kino, sondern wird fast 40 Jahre später (!) 1991 im Deutschen Fernsehen ausgestrahlt.

Sonst sind die Filme, in denen die Rosar fünf bis fünfzehn Jahre nach dem Krieg mitwirkt, alles andere als politisch und außerdem qualitativ extrem heterogen. 1951 etwa, als sie die alleinige Vormundschaft für Wolfi beantragt, spielt sie in einer der bis heute bekanntesten Verwechslungskomödien der Nachkriegszeit: „Hallo Dienstmann", in der Paul Hörbiger neben Hans Moser brilliert. Der Dienstmann avanciert zu Hans Mosers Lebensrolle – seine Filmzitate wie z. B.: „Wie nehmen mir ihm denn?" sind in den allgemeinen österreichischen Sprachgebrauch übergegangen. Annie ist hier seine resolute Schwester. 1955 gibt sie in der Mozart-Biographie „Reich mir die Hand, mein Leben" des Komponisten Schwiegermutter wie schon bei der Verfilmung 1942. Es ist bereits die zweite Bearbeitung dieses Stoffs durch Karl Hartl, erwähnenswert durch eine beeindruckende Darstellung von Oskar Werner als Wolfgang Amadeus. Alle Mitspielenden profitieren vom hinreißenden Spiel des jungen Kollegen – auch Annie Rosar. Im selben Jahr scheint ihr Name auch noch auf der Besetzungsliste einer der erfolgreichsten Produktionen der Besatzungszeit auf: „Ich denke oft an Piroschka" mit Liselotte Pulver. Annies Rolle ist wieder klein – sie tritt als Pensionsinhaberin nur für wenige Minuten in Erscheinung. Wenige Wochen später ist ihre Partie in Zuckmayers vielfach ausgezeichneten „Des Teufels General" dann sogar so winzig, dass sie schon vor Drehbeginn als irrelevant hinausgekürzt wird. Schade.

Die für sie und diese Zeit typischen Filme haben sonst wenig Niveau. Schon die Titel klingen großteils wie Überschriften ärgster Schundromane. Schlag auf Schlag, Jahr für Jahr: „Auf der Alm, da gibt's koa Sünd" oder „Kind der Donau", beide aus 1950, „Eva erbt das Paradies" (1951), „Schäm Dich Brigitte" (1952), „Vergiß die Liebe nicht" (1953), „Perle von Tokay", „Wenn die Alpenrosen blüh'n", „Die Försterbuben", „Der Pfarrer vom Kirchfeld", „Heimatland" oder „Die Herrin vom Sölderhof" alle 1955, „Solange noch die Rosen blühn" oder „Die Fischerin vom Bodensee" beide 1956, „Die Prinzessin von St. Wolfgang", „Die Lindenwirtin vom Donaustrand" oder „Heimweh … dort, wo die Blumen blühn" – alle drei 1957.

Annie Rosar ist nach wie vor viel unterwegs. Zwischen Auftritten an der Josefstadt oder den Kammerspielen in Wien fliegt sie nun auch immer wieder zu Engagements bei Film und Theater nach Norddeutschland. In diesem Nomadenleben ist sie 1953 deshalb zu Weihnachten nicht daheim, sondern in Hamburg. „Es wird mir schwer genug sein, Dich Weihnachten zum ersten Male nicht zu sehen und diese heiligen Tage ohne jede Familie allein im weiten Norden verbringen zu müssen",[28] schreibt sie Ende November an Wolfi. Die Hafenstadt mit den nach eigenen Angaben meisten Millionären Deutschlands schmückt sich für die bevorstehenden Feiertage. Tannenzweige, Lichter und Christbaumschmuck wohin man schaut. Selbst die Filmgarderoben werden festlich dekoriert. Doch all die Pracht hilft Annie wenig, wenn sie abends allein im Hotel Bellevue sitzt und auf die beleuchtete Alster hinunterblickt. Sie braucht Zuwendung durch die Familie und Enkel Wolfi soll dafür aufkommen. „Ich habe mich gekränkt, weil Du beim Abschied so gar nicht lieb und herzenswarm zu mir warst, und will nur hoffen, dass dies nicht mehr der Fall sein wird. Auch wirst Du Dir wohl manchmal Zeit nehmen müssen, mir zu schreiben, ja ich wünsche von Dir direkt jede Woche einmal eine Nachricht! Das ist nicht zuviel von Dir verlangt!", gibt Oma Annie dem Neunjährigen vor und merkt nicht, welchen Druck sie hier aufbaut. Er, um den sich alles dreht und wendet, fühlt selten familiäre Geborgenheit. Obwohl sein Vater seit über zehn Jahren tot ist, erlebt Wolfgang Rebiczek-Rosar alle Höhen und Tiefen eines Scheidungskinds: Mit Liebe von zwei Seiten wohl überschüttet, gleichzeitig aber auch immer wieder zurückgelassen zu werden. Von der gesundheitlich wie emotional instabilen Mutter, die mal mehr, mal weniger desperat meint, nicht ihr Leben leben zu können, und von der aufgedrehten Großmutter väterlicherseits, deren Beruf sie ununterbrochen über Wochen außerhalb Wiens fesselt. De facto steht der heranwachsende Bub von Geburt an unter enormem emotionalem Stress, die jeweiligen besonderen Bedürftigkeiten seiner beiden wichtigsten Bezugspersonen zu befriedigen. Er muss kompensieren, was beide Frauen von ihren Männern zu wenig bekommen haben. Kurz vor Weihnachten schreibt Wolfi daher nach Hamburg: „Liebe Oma! Bald ist Weihnachten da und Du bist nicht in Wien. Darum kann ich Dir nur Grüße und Küsse auf dieser Karte schreiben, hoffentlich ist es Dir nicht zu wenig."

Da tut sich für Annie von ganz unerwarteter Seite eine neue Facette familiärer Beziehungen auf, und zwar zu Inge, Ursulas Schwester. Sie lebt mit ihrer Familie, Mann Hans und den drei Kindern Hans-Helmuth, Michael und Renate, nahe Hamburg. Eigentlich ist der Kontakt bisher sehr flüchtig gewesen – zuletzt hat man einander während des Kriegs in Wien gesehen. Es ist ein tragisches Ereignis im Februar 1954, das just während Annies Aufenthalt stattfindet. Inge – gerade zum vierten Mal Mutter geworden – verliert ihr Kind, die kleine Bärbel, nur drei Wochen nach der Geburt. Eine akute Darminfektion mit folgender Kreislaufschwäche ist die Todesursache. Annie ist betroffen. Sie weiß mit ihren drei Fehlgeburten und nicht zuletzt aufgrund von Renés Tod besser als manch andere Frau, was es bedeutet, mit dem Verlust eines Kindes fertigwerden zu müssen. Sie lässt es sich daher nicht nehmen, die trauernde Familie Inges zu besuchen und Trost zu spenden. Das ist nett. Das ist einfühlsam. Beide ziehen daraus Vorteile: Inge fühlt sich bei aller Trauer geschmeichelt, von der berühmten Schauspielerin Beistand zu erhalten. Annie wiederum ist zufrieden, nach den vielen Jahren der Missachtung, die ihr von Seiten der Stahns entgegengebracht worden ist, endlich auch von dort Anerkennung zu erhalten. Zwischen der 37-Jährigen und der 66-Jährigen entsteht in den kommenden Monaten eine kleine, feine, vorsichtige, aber beständige Beziehung voll von gegenseitiger Wertschätzung. Inge ist anders als Ursula, ordentlicher, verlässlicher, höflicher. Deshalb besucht Annie sie auch regelmäßig, wenn sie in Norddeutschland zu tun hat. Die Kinder freuen sich über die Süßigkeiten und die Mutter über die Blumen, die der Besuch aus Wien mitbringt.

Die Beziehung zu Ehemann Franzl läuft indes so nebenher. Gut funktioniert sie vor allem, wenn Franzl Annie in Hamburg besucht. Oder wenn sie in Wien den aufreibenden Alltag hinter sich lassen und ihren gemeinsamen Leidenschaften nachgehen: dem Wandern und dem Kinogehen. Nach einer solche Visite zurückgekehrt ins Domizil in Krems „ist es schon netter zu wissen, oder zu wissen glauben, dass Du zur Zeit mir nicht mit Hass gegenüberstehst", hält Rebiczek-Rosar gegenüber Annie fest. Doch es ist immer dasselbe: Kaum kommen Ursula und Wolfi und alle Belastungen, die sich aus dem engen Verhältnis zum Enkel und der mäßig geliebten Schwiegertochter ergeben, aufs Tapet, ist die Rosar wieder besonders dünnhäutig, heftig, ichbezogen und fordernd gegenüber ihrem Mann. Endgültig aus mit Franzl ist es am Weihnachtsabend 1954. Am eindrucksvoll geschmückten Tisch, neben leuchtenden Kerzen und bunt eingepackten Geschenken erwähnt Annie fast nebenbei, einmal ihr gesamtes Vermögen einzig und allein Wolfi vererben zu wollen. Sie geht davon aus, dass Franzl zugunsten ihres Enkels explizit auf seinen Pflichtteil als Ehemann verzichtet. Als sie es ausspricht, herrscht momentan Stille im Raum. Fühlt Franzl sich hier überrumpelt? Oder hat er gerade in diesem Moment nicht die nötige Grandezza, das Thema unaufgeregt zu behandeln? Er macht eine, wie er selbst nachträglich zugibt, unnötige doppeldeutige Bemerkung, die Annie glauben macht, er gönne dem Kind das alleinige Erbe nicht. Mehr hat es nicht gebraucht. Wie ein Muttertier, das um sein Junges kämpft, fährt sie ihre Klauen aus und wirft Franzl – zum wievielten Mal? – aus der Wohnung. Doch dieser Bruch ist gravierender als die vorigen. Nichts, aber auch gar nichts dürfe die schöne und wunderbare Jugend und Zukunft des geliebten Enkelkinds beeinträchtigten. Das ist Annies Standpunkt. Wer das nur ansatzweise in Frage stellt oder gefährdet, ist ihr Feind. Ihre Aggression wirkt allerdings unverhältnismäßig. Ungebremst wirft die große Schauspielerin mit ihren Emotionen, ihrer aufopfernden Liebe zu Wolfi und letztlich zu ihrem toten Sohn um sich. Aber es kommt noch mehr zur Sprache. Er, Franzl, habe schon immer ihre künstlerische Arbeit behindert – ein Vorwurf, den sie fast wortgleich sowohl Max Walser als auch Ladislaus Fuchs gemacht hat. Auch von ihnen hat sie sich seinerzeit eingeschränkt und missverstanden gefühlt. Doch die 66-Jährige sieht die Wiederholung der Probleme und ihre eigene Verantwortung dafür nicht, sondern verortet die Versäumnisse ausschließlich bei Franzl. Ihre Beziehung sei eigentlich samt und sonders ein Fehler gewesen. Sie schließt die Tür hinter ihm zu und lässt – Weihnachtsfrieden hin oder her – einen verdatterten Rebiczek-Rosar im kalten Flur stehen.

Auch gegenüber Ursula gibt es keinerlei Zurückhaltung mehr. Annies Beschuldigungen nehmen dabei durchaus bizarre Dimensionen an, etwa wenn sie

Abb. 64: Weihnachtsfeier bei Familie Rosar: Annie Rosar, Enkel Wolfgang und Schwiegertochter Ursula, 1956.

ihrer Schwiegertochter vorwirft, ein Tagebuch von René gestohlen zu haben und hartnäckig trotz Mangels an Beweisen auf ihrer Behauptung beharrt. Da macht ein neuer Familienrichter, dem dieser Fall zugewiesen wird, einen Vorstoß. Er will nun eine Versöhnung erreichen: „Es müsste doch ein Mittelweg gefunden werden zwischen den beiden sich hassenden Frauen"[29] – nur das sei doch im Sinne des Kindes, zu dessen Seelenheil ein ständiger Konflikt zwischen Mutter und Großmutter doch sicherlich nicht beitragen würde. Ursula ist gesprächsbereit und reicht als erste die Hand, die Rosar will – und muss – nun nachziehen. Der Richter soll nicht sagen können, an ihr wäre ein Kompromiss gescheitert. Kurzzeitig beruhigt sich die Lage.

Parallel dazu wird Franz Rebiczek-Rosar erst in den Wochen und Monaten nach dem ominösen Weihnachtsabend klar, dass Annie diesmal unversöhnlich ist. Physische Begegnungen lässt sie nicht mehr zu – die gegenseitige Korrespondenz gibt einen tiefen Einblick in die Unterschiedlichkeit beider Persönlichkeiten. Rebiczek-Rosars Briefe zeugen von dessen Willigkeit und Fähigkeit zur Deeskalation. Mit einer Seelenruhe, die Bewunderung verdient, stellt er Annies oftmals falsche Schlussfolgerungen richtig (z. B.: „Du schreibst in dem eben erwähnten Brief, Du kennst keine Halbheiten. Ich möchte dazu einfach schweigen. Was nützt es mir, Dir bei Deiner merkwürdigen Einstellung zu sagen, dass alles menschliche Zusammenleben aus Kompromissen, Du nennst das Halbheiten, besteht."[30]) oder korrigiert, wenn sie übertreibt (z. B.: „Ich habe in meinem Schreiben ein paar Beispiele angeführt, wo Du zweifellos absolut glücklich warst und ich habe mein Bedauern ausgesprochen, dass Du ausserstande scheinst, andere, als minder frohe Erinnerungen zu bewahren"). Er versucht bei grundloser Eifersucht auf die eigene Schwiegertochter zu beschwichtigen: „Wenn ich der Mutter Wolfgangs gegenüber eine halbwegs einvernehmliche Haltung empfahl, gegen diesen ‚Teufel', mit dem Du wechselnd gut oder bös bist, geschah dies alles um einen halbwegs erträglichen Familienzusammenhalt zu ermöglichen."[31] Dass er Ursulas Art nicht einmal ansprechend finde und dass sie auch nicht sein Typ sei, hat er zu diesem Zeitpunkt schon etliche Male betont. Außerdem bringt er in nahezu jedem erhaltenen Schriftstück zum Ausdruck, wie sehr er seiner Frau noch immer zugetan sei, trotz allem, was schon passiert ist: „Ich schließe für heute und meine, dass Deine Tränen, die Du, wie Du schreibst, vergießt, leider zu Unrecht vergossen sind. Weil ich Dir nichts wie Erfolg und ein langes, langes Leben wünsche und vielmehr den Wunsch hätte, dass das Sprichwort ‚Ende gut–alles gut' auch für unser Verhältnis Geltung haben sollte." Annies Briefe an ihn lassen vergleichbar liebevolle Gefühle vermissen: Sie berichtet von ihren Erfolgen, wann sie wo Premiere oder Auftritte

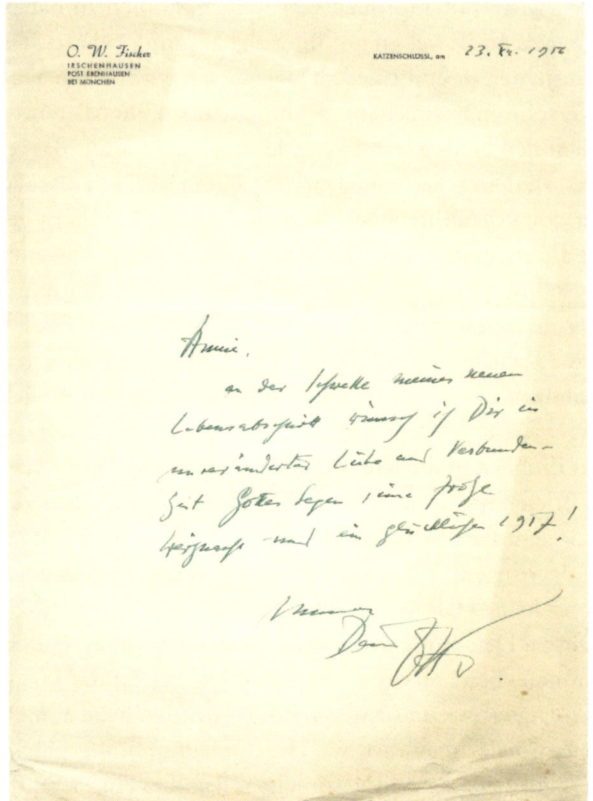

O. W. Fischer
IRSCHENHAUSEN
POST EBENHAUSEN
BEI MÜNCHEN

KATZENSCHLÖSSL, am 23. XII. 1956

Annie,

an der Schwelle meines neuen Lebensabschnitts wünsch' ich Dir in unveränderter Liebe und Verbundenheit Gottes Segen, eine große [illegible] und ein glückliches 1957!

Immer
Dein Otto.

Abb. 65 Weihnachts- und Neujahrswünsche von O. W. Fischer an Annie Rosar am 23.12.1956.

hat, und keift sonst mit sich selbst um die Wette. Wenn Rebiczek-Rosar ein Gespräch oder ein Treffen vorschlägt, dann scheint er in Anknüpfung und Erinnerung an viele schöne gemeinsame Erlebnisse vor allem harmonische Stunden mit ihr verbringen zu wollen. Wenn Annie dasselbe tut, erwartet sie von ihm Entschuldigungen oder Schmeicheleien als Voraussetzung, um überhaupt weiterhin in Kontakt zu bleiben. Besonders plakativ wird die ungleiche Kommunikation anhand der Ausrichtung ihrer bevorstehenden Silbernen Hochzeit am 17. Mai 1955, an Annies 67. Geburtstag. Eine Zeitlang erhofft sich der verstoßene Ehemann, der schöne Anlass könne eine Wiedervereinigung begünstigen. Doch weit gefehlt. „Wären in unserer Familie einigermaßen menschliche Verhältnisse, könnte es ganz anders gehen", schreibt er Ursula. So setzt sich Franz Rebiczek-Rosar allein in den Wiener Rathauskeller, in dem 25 Jahre zuvor die Hochzeitstafel stattgefunden hat und erinnert sich gezielt an diesen schönen

Tag für Annie, für sich und für den damals neunjährigen René, der so glücklich gewesen ist, wieder einen Vater zu haben. Um 14:00 Uhr schreibt er eine sehr berührende Karte, die er Annie im Laufe des Nachmittags zustellen lässt: „Wären nicht die vielen seelischen Komplikationen, ich wäre hinuntergefahren. Aber wer weiß, wie Du mich vor den Menschen empfangen hättest – leider weiß ich es nicht: So beschränke ich mich, Dir wenigstens die Blumen gesandt zu haben – […] Ich hätte Dir auch sonst gerne Freude gemacht. Gerne – denn Du weißt ja ganz gut, dass ich zu den wenigen Menschen gehöre, die Dich trotz Deinem Stolz nur lieben."

Annie sitzt derweilen unglücklich in ihrer Wohnung und hadert mit der Welt. Sie nimmt die Blumen zwar entgegen, lässt sich aber, als „ihr Franzl" am Abend anruft, verleugnen. Erst Tage später schafft sie es, sich brieflich bei ihm zu bedanken.

Am 27. Juli 1955 tritt der von der Regierung Figl ausgehandelte österreichische Staatsvertrag in Kraft. Erstmals in der Geschichte ziehen sich auch die Sowjets aus einem besetzten Gebiet freiwillig zurück und das ganze Land zelebriert kollektiv Freude und Erleichterung: „Ein großer Tag" schreibt der „Kurier", „Österreich endlich frei und souverän", titelt „Das Kleine Volksblatt" am selben Tag. Für den bevorstehenden Herbst steht der Abzug sämtlicher Soldaten aller vier Mächte sowie konkret für den 26. Oktober die Erklärung Österreichs zur immerwährenden Neutralität bevor. In dieser allgemeinen Aufbruchstimmung will auch Annie Rosar ein neues Kapitel aufschlagen und im Interesse Wolfis ihre Ehe rasch zu einem Ende bringen. Sie sucht dafür einen neuen durchsetzungsstarken Anwalt und holt sich mit Dr. Arnulf Hummer einen Rechtsbeistand, der Franz Rebiczek-Rosar schon allein wegen dessen sozialistischen Gedankenguts zutiefst verabscheut. Kein Wunder: Hummer, ein konservativer Rechtsaußen, ist stellvertretender Obmann in der neonazistischen „Verfassungstreuen Vereinigung" gewesen – eine radikale Organisation, die 1947 gegründet, 1948 auch schon wieder verboten worden ist. Inhaltlich scheint sich der scharf formulierende Jurist seiner Sache sehr sicher zu sein. Welcher Anwalt würde sonst – selbst bei einem Scheidungsverfahren – den Gatten der eigenen Mandantin als „diesen widerlichen Mann" bezeichnen? Oder im Zuge des Berichts über eine Radiolesung von Franz Rebiczek-Rosar im ORF schreiben: „Es hat mich aber Überwindung gekostet, das Kauderwelsch anzuhören, das er silbenstolpernd ins Mikrophon gegurgelt hat. Ich muss annehmen, dass er nach dem Proporz auf das sozialistische Kontingent der Rundfunksendungen zugelassen wurde, damit die öffentliche Meinung Recht behält, dass das Programm der österreichischen Sender auf einem Niveau unter aller Kritik steht."[32] Annies eigenes SPÖ-lastiges Netzwerk kennt Hummer entweder nicht oder ignoriert es angesichts der Mandantschaft. Ob Annie von seinem rechtsradikalen Hintergrund weiß, wissen wir nicht. Sie gibt jedenfalls Arnulf Hummer auch in ihrem Pflegschaftsstreit gegen Ursula das Mandat. Nur ihre beruflichen Interessen lässt sie noch extra vertreten – und zwar ausgerechnet von Christian Broda, einem jungen Anwalt, der 20 Jahre später Justizminister der SPÖ-Alleinregierung unter Bruno Kreisky wird. Broda zeichnet maßgeblich für die Justizreform in Österreich verantwortlich und ist politisch von Hummer so weit entfernt wie Österreich von Australien. Er ist eine Art Vertrauensanwalt der Schauspieler – neben Annie Rosar zählt er Josef Meinrad, Peter Weck, Hans Weigel oder Helmut Qualtinger und die Walt Disney Productions zu seiner Klientel.[33]

Annie läuft angesichts der privaten Belastungen in diesen Jahren sehr unrund. Das Leben wird immer beschwerlicher und sie ist müde. Ihre eigene Fähigkeit, sich flexibel auf andere Leute einzulassen, ist nie besonders entwickelt gewesen – mittlerweile ist sie aber auf null gesunken. Sie verschleißt überdurchschnittlich viel Personal, ihre Fahrer und ihre Sekretäre (Sekretärinnen hat sie nie gehabt) wechseln alle paar Monate – der eine ist ihr zu wenig gebildet, der andere redet frech zurück, der dritte beschwert sich, sie habe ihm mehr Geld versprochen, an das sie sich nicht mehr erinnern könne, der vierte geht von selbst. So wenig glücklich sie bei der Auswahl ihrer Bediensteten ist, so viel besser gelingt ihr das in punkto beruflicher Betreuung. Hier kommt sie auf Jahre mit derselben Geschäftspartnerin zurecht: Stefanija Jovanovic, die 1948 in Deutschland zu den drei ersten nach dem Krieg gegründeten Agenturen für Dienstleistungsvermittlung gehört hat, ist ab sofort für sie tätig. Jovanovic ist professionell und verfügt über ein hervorragendes Netzwerk. Nicht umsonst existiert diese Firma als einzige der damals entstandenen Dienstleister noch heute – Prominente wie Hubert Kramar, Nadja Tiller oder Christian Kohl sind dort unter Vertrag. Außerdem verhandelt Jovanovic, die selbst 10 % der Bruttoeinahmen ihrer KünstlerInnen als Vermittlungsprovision erhält, gut. „Alle Produktionen sind entsetzt darüber"[34] sorgt sich Annie, dass „Steffi" von der Wien-Film genauso viel – 1500 DM Taggeld – verlangt wie von den deutschen Produktionen.

Im Ehescheidungsverfahren ist Arnulf Hummers erster Schachzug 1955 tatsächlich kreativ. Er setzt auf dasselbe Argument, das Franz Rebiczek-Rosar 1931 selbst eingebracht, später aber wieder zurückgezogen hat: Dass dieser nämlich 1930 noch mit seiner ersten Frau Anna Franziska Beran verheiratet gewesen sei. Hummer beantragt also die Auflösung der Ehe mit Annie Rosar wegen Nichtigkeit – laut seinen Recherchen ist Franz Rebiczek-Rosar 1924 tatsächlich nur von Tisch und Bett, aber nicht „dem Bande nach“ geschieden worden. Es ist eine juristische Spitzfindigkeit, auf die sich Hummer bezieht: Ist die Scheidung „dem Bande nach“ bis 1938 mangels Alternativen völlig ausreichend gewesen, hätte Annies Mann mit Einführung der Zivilehe nachträglich seine kirchliche Scheidung beim Standesamt offiziell bestätigen lassen müssen. Nachdem dies nicht stattgefunden habe, lebe Annie Rosar seit damals de facto in wilder Ehe. Rebiczek-Rosar, der sich jetzt vehement gegen die Scheidung wehrt, lässt allerdings diesen Formalakt unverzüglich durchführen – damit ist die aufrechte Ehe wieder rechtsgültig. Als nächstes schlägt Annie eine einvernehmliche Scheidung vor, die „ihr Franzl“ – fast vorhersehbar – ablehnt.

Rebiczek-Rosar intensiviert nun seinen Kontakt zu Ursula. Instinktiv und vielleicht nach dem Motto: Geteiltes Leid ist halbes Leid. Außerdem kämpfen sie ja inzwischen gegen denselben Gegner: Arnulf Hummer. Natürlich ist Wolfi ab und an dabei, wenn seine Mutter und Annies Noch-Immer-Ehemann über seine Großmutter sprechen und natürlich nimmt er das eine oder andere Argument der beiden kindlich-unreflektiert auf. Irgendwann sagt Wolfi dann zu seiner Oma: „Für Dich gilt ja die Ehe ohnehin nicht und Du magst ja den Onkel Franz nicht, aber ich habe ihn lieb und er ist sehr lieb zu mir.“[35] Dass er damit Annies Verschwörungstheorien zusätzlichen Zündstoff gibt, ist ihm in dieser Tragweite logischerweise nicht bewusst. Wenn sie in ihrem Tagebuch notiert: „Sowohl Wolfi wie auch ich haben keine reine Freude mehr aneinander, da das Gespenst dieser beiden Teufel immer zwischen uns steht“, dann wird klar, wie sehr Renés Sohn unschuldig zum Spielball der verhärteten Fronten geworden ist.

Um Ostern 1956 geht Franz Rebiczek-Rosar dann zum Gegenangriff über. Nicht er sei durch die Streiterei wegen des Erbes eine Gefahr für Wolfi, sondern der neue Chauffeur von Annie, ein 20-jähriger arbeitsloser Schauspieler namens Anton Stahl, der neuerdings in der Rosar'schen Wohnung nächtigen soll. Keine gute Argumentation. Annie schäumt und klagt ihn jetzt wegen Ehrenbeleidigung. „Schon die Unterstellung, dass eine 60-jährige Frau einen 20-jährigen ‚Herrn Toni‘ an Stelle des Gatten in die Wohnungsgemeinschaft aufgenommen hätte, stellt die fälschliche Beschuldigung einer solchen unsittlichen Handlung dar, welche geeignet ist, mich in der öffentlichen Meinung verächtlich zu machen und herabzusetzen.“[36]

In der aufgeheizten Stimmung sagt Ursula für „Onkel Franz“ und dieser für sie in der jeweiligen Causa vor Gericht aus. Was für die beiden ein Schulterschluss in eigener Sache ist, versetzt Annie geradezu in Panik. Sie hat große

Angst, Wolfi durch das gemeinsame gegen sie gerichtete Vorgehen ihres Noch-Immer-Ehemanns und ihrer Schwiegertochter zu verlieren. Ganz abgesehen davon, dass ihre altbekannte Eifersucht wieder aufbrandet: „Rege mich wegen Judas und dem anderen Teufel in Wien immer wieder auf", heißt es da in einem Kalendereintrag. Annie leidet wieder unter Depressionen und „kann gar keine glückliche Familie mehr sehen".[37] Der Muttertag, den sie mit Engagements wieder in Norddeutschland verbringt, ist ein Tiefschlag: „Traurig wie nie noch seit 36 Jahren nicht, kein Blümchen, kein Telegramm, nichts!!"[38] Dass Wolfis Geschenk, eine Zeichnung, um ein paar Tage verspätet mit der Post bei ihr einlangt, tröstet sie nur mehr ein bisschen.

Annie schläft schlecht. Sie fühlt sich umzingelt. „Gegen diesen Menschen, dem es gelungen ist, von den Nazi Nachzahlung zu bekommen und von den Sozialisten, kommt eben ein anständiger Mensch nicht auf!! Das Ganze wird ja auch bei mir nur wieder darauf hinauslaufen, dass er sich die Scheidung abkaufen läßt, um dann wohl meine famose Schwiegertochter mit der Ehe zu beglücken." Völlig verzweifelt bittet sie am 28. März um 4:00 Uhr früh ihre Freundin Poldi Deutsch-Renner, Karls Tochter, um Hilfe. Annie befürchtet, von den Zeitungen vorgeführt zu werden, sollte irgendwas über das Zusammenspiel ihres Mannes mit ihrer Schwiegertochter, „diese beiden Blutsauger", und das Gezerre um Wolfi publik werden. Poldi möge doch bitte, falls dieser Fall einträte, dafür sorgen, dass die Herren Schärf und Helmer sich nicht wider besseren Wissens von ihr, der Rosar, abwenden würden. Auch bei Poldis Schwägerin, Lisbeth Deutsch, Frau des Journalisten Paul, der anderen engen Freundin, weint sie sich aus und ersucht um Unterstützung. Sie weiß, auf diese beiden Frauen kann sie unbedingt zählen wie sonst nur auf ihre Schwester Hermine. In dieser quälenden Lage muss sie eins sicherstellen: Wolfis Vertrauen zurückgewinnen. Ihn auch zu verlieren – das würde sie wohl nicht ertragen. Sie will ihm zeigen, dass sie „Familie" sehr wohl zu schätzen weiß und das Gerede seiner Mutter und Franzls nur böse Verleumdungen seien. Oma Annie beginnt daher, ihrem Enkel während ihrer Hamburger Engagements kontinuierlich von ihren Besuchen bei seiner Tante Inge, seinem Onkel Hans und seinen Cousinen und Cousins zu berichten und spart dabei nicht mit Anerkennung: „Es sind prachtvolle Menschen." Bei einer dieser Kaffeejausen wird man auch miteinander per Du – und damit sind die Weichen in eine positive Richtung gestellt. Die neue Achse Inge-Annie führt in weiterer Folge auch zu einer Annäherung zu Oma Herta. Vorbei sind die Zeiten, als Ursulas Mutter noch über die Rosar gelästert hat. Jetzt schreiben einander die beiden alten Damen aufmerksame, anerkennende Briefe.

Als die Belastungen mit „Judas“, wie sie Franz Rebiczek-Rosar nunmehr nennt, überhandnehmen, erleidet sie im Juni 1956 einen Herzanfall. „Fluch, Fluch, Fluch über ihn“, schreit sie förmlich ins Papier ihres Notizbüchleins. Sie liegt ganze sechs Wochen im Hanusch-Krankenhaus in Wien. Sie ist verzweifelt, im schlimmsten Fall jetzt auch das Vertrauen der Produzenten in ihre Arbeitskraft zu verlieren: „Muss ganz ruhig am Rücken liegen, werde wie ein kleines Kind sogar gefüttert.“ Es ist kein Infarkt, aber Annie versteht den Vorfall unbedingt als Mahnung. Sie darf ein halbes Jahr nicht fliegen, nicht schwimmen und kein Vollbad nehmen. „Döse den ganzen Tag vor mich hin und möchte gern sterben, zu René und meinen Lieben gehen“[39] – wieder einmal machen sich Depressionen breit, die vielen Blumen (auch von Franzl, anonym) und Genesungswünsche, die Annies Krankenzimmer zur Außenstelle eines Floristen machen, helfen nicht. Fünf Kilo verliert sie in dieser Zeit. Bei einer Körpergröße von 1,64 m sind die 79 kg, die sie noch immer auf die Waage bringt, aber nach wie vor zu viel. Ihr Krankenhausaufenthalt wird in den Medien breit besprochen und auch brieflich drücken viele Freunde und Anhänger ihre Besorgnis um Annies Gesundheitszustand aus. Als sie wieder bei Kräften ist, will sie rasch wiedereingesetzt sein. „So ein Unglück an der Schwelle zum höchsten Startum“,[40] tut sie sich selbst leid. Angst steigt in ihr auf, nur nicht schon zum alten Eisen gezählt zu werden! An Friedrich Lorenz, den neuen Chefredakteur vom „Neuen Österreich“, richtet sie schriftlich die Bitte, er möge doch berichten, die Rosar sei wieder vollständig genesen und allen physischen wie psychischen Aufregungen – und damit auch Engagements – in jeder Hinsicht gewachsen.

Der Herbst steht bevor und die Rekonvaleszenz gibt Annie die Möglichkeit, Abstand zu gewinnen. Fernab der Aufregungen fällt es ihr leichter, zumindest im Rahmen ihrer privaten Aufzeichnungen Einsicht zu zeigen: „Ich sehe jetzt alles anders und ruhiger an – und weiß, das[s] ich eben nur mehr in meinem Beruf leben darf und wie die Liebe meines Publikums Lebenskraft verleiht. Wie viele Frauen meines Alters sind auch einsam, und haben nicht den großen Trost der Kunst.“[41] *Last but not least* belastet die von Krankheit gezeichnete Großmutter Wolfis Seelenzustand. Vielleicht hat ihn ihre Herzattacke doch mehr mitgenommen, als es allen Beteiligten klar ist? Seine Sehnsucht nach einer funktionierenden Familie ist in dieser Phase jedenfalls so explizit wie noch nie. Er will auch nicht mehr ins Internat und „weint, wenn das Wort Mutter fällt“. Ein unauflösliches Dilemma. Ursula muss arbeiten gehen, Oma Annie auch, Tante Hermine ist mittlerweile überfordert, Franzl ist tabu, und mit zwölf ist er noch zu klein, um allein auf sich aufpassen und sich versorgen zu können. Als im Herbst Dreharbeiten für „Der Fremdenführer von Lissabon“ mit Vico Torriani anstehen, nimmt die Rosar ihren Enkel aus der Schule. Gemeinsam fliegen sie in die portugiesische Hauptstadt. Wenig später dasselbe noch einmal: Diesmal ist es die Premiere eines Films in Kassel, zu der sie Wolfi einlädt. Sie will ihm etwas bieten, ihm dadurch noch mehr etwas Besonderes sein. Allein: Ein herkömmliches Familienleben können die phänomenalsten Kurzurlaube selbstverständlich nicht ersetzen.

1957, sie ist bereits 69, erlebt sie einen weiteren künstlerischen Höhepunkt am Theater: Am 7. Februar wird das Einpersonenspiel „Langusten" in Bremen uraufgeführt. Marie Bornemann heißt ihre Charakterrolle. Marie ist eine 60-jährige Reinigungskraft, die sich an ihrem runden Geburtstag aus der Auslage des Feinkostladens, in dem sie seit Jahr und Tag putzt, etwas aussuchen darf. Sie wählt eine Languste als Inbegriff des guten Lebens und der Genüsse und lädt ihre Freunde zu einem Feinschmeckeressen ein. Autor des Stücks ist Fred Denger, ein exaltierter Mensch mit einem Hintergrund als Bänkelsänger, Zirkusakrobat und Tierpfleger. Annie probt täglich zwei Stunden, mehr ist ihr zu anstrengend. „Die Rolle ist schwerer als ich dachte", notiert sie in ihrem Kalender, und ist vor der Premiere wie immer sehr nervös. Fred Denger selbst erlebt das alles nicht mit: Der Hochbegabte, „ein so netter Mensch" hat ein massives Alkoholproblem. Zu den Proben darf er deshalb gar nicht erscheinen und erlebt auch die Uraufführung nur aus der Ferne. Wie schade für ihn, denn der Erfolg dieses Stücks ist selbst für eine so erfahrene Mimin wie die Rosar nach zig umjubelten Premieren eine Krönung in ihrem Schaffen: „27 Vorhänge! Viele viel Blumen. Lippert[42] so rührend! Von ihm, Fr. Forster und Fr. Hausemann Orchideen! Nelken weiß-rot mit Schleifen weiß-rot vom Seranto. Schön schön! Nachher Feier im Essighaus – 2 h zu Bett – selig – selig." Die deutschen Zeitungen sind voll des Lobes und nach Wien berichtet Annie über ihren Erfolg in eigener Sache – immerhin will sie Innenminister Helmer und den Wiener Kulturstadtrat Hans Mandl dazu bringen, „Langusten" auch in Wien aufzuführen. Wolfi schreibt mit der Nonchalance eines Zwölfjährigen: „Liebe Oma! Also, mir bleibt die Spucke weg!! So etwas hätte ich mir nicht im Traum gedacht!! Sooo ein Erfolg!"[43]

Fred Denger mag eine zwielichtige Erscheinung sein, aber er ist empathisch genug, um einen dringenden Wunsch seiner Protagonistin zu erkennen: Annie Rosar will ihre Lebensgeschichte verewigen lassen. Schon seit geraumer Zeit trägt sie diesen Herzenswunsch mit sich herum. Zum einen, weil sie tatsächlich viel zu erzählen hat, zum anderen, weil mit einer Biographie auch jene Prominenz einhergeht, die für sie ein abschließendes Gütesiegel zu ihrer Karriere

16. **Skoda 1200**

Die Vergrößerung einer früheren Type des tschechischen Werkes, die zwar jede sportlich-temperamentvolle Note missen läßt, aber zwei wertvolle Punkte bietet: Erstens ist der „1200er" solid und dauerhaft, und zweitens bietet er sechs Personen und vielem Gepäck Platz. Der Wagen wird in Pilsen hergestellt.

Wann: 20.V.32 *und wo:* .... Michaelerplatz *gesehen?* | 30 Punkte

17. **Fiat 500**

Die Typenbezeichnung dieses Wagens ist nicht genau, denn in Wirklichkeit hat dieser Weltschlager der Fiat-Werke, der größten italienischen Automobilfabrik, nicht 500, sondern 560 ccm. Er wurde schon vor dem Krieg gebaut und bis 1955 mit kleinen Veränderungen weiter geliefert. Er ist der Inbegriff des sparsamen Zweisitzers. In den letzten Jahren ist auch eine viersitzige Ausführung in Stationswagen-Bauweise dazugekommen. Suche aber den Zweisitzer!

Wann: 20.V.1 *und wo:* .... Michaelerplatz *gesehen?* | 20 Punkte

16

18. **Fiat 600**

Fiat hat 20 Jahre hindurch mit bestem Erfolg Kleinwagen gebaut, bevor als Schlager der Saison 1955 der „600er" herausgebracht wurde. Eigentlich ist es gar kein „600er", denn sein Motor hat 633 ccm. Dieser jüngste Typ der Fiat-Familie ist rein nach Gesichtspunkten der Zweckmäßigkeit entworfen. Man kann sagen, er hat den kleinstmöglich umbauten Fahrgastraum. Es hat bisher noch keinen Personenwagen gegeben, der bei so geringen Außenabmessungen vier Personen so bequem Platz geboten hätte. Der „600er" ist sehr sparsam, er verbraucht nur etwa 5 bis 6 l für 100 km und überschreitet doch eine Höchstgeschwindigkeit von 95 km in der Stunde. Ähnlich wie Volkswagen und Renault weist er interessanterweise einen Heckmotor auf. Außer der von der Firma gelieferten Normalausführung gibt es eine Reihe schöner Sonderausführungen führender italienischer Karosseriefabriken.

Wann: 20.V.31 *und wo:* .... Michaelerplatz *gesehen?* | 20 Punkte

17

Abb. 66: Sammelheft „Der Späher"-Auto im Besitz von Annies Enkel Wolfgang. Autos zu erkennen und ihre Merkmale zu notieren, war in der Nachkriegszeit eine beliebte Freizeitbeschäftigung für Buben in der Großstadt.

wäre. Denger bietet sich daher spontan als Biograph an. Allerdings: eine sofortige Anzahlung sei schon nötig. „Es könnte sehr fruchtbar werden, wenn es ihm wirklich gelingt, sich auf die Dauer umzustellen", hofft Annie insgeheim. Sie verdrängt wider besseren Wissens dunkle Vorahnungen und drückt ihm vertrauensvoll mehrere Geldscheine in die Hand. Als sie dann zwei Monate später nachfragt und erste Texte sehen möchte, wird sie enttäuscht: Fred Denger ist mitsamt der Vorauszahlung untergetaucht. „Meine 150 DM Vorschuss waren wohl gleich in der ersten Nacht bis 7h früh in Hamburg mit Hausemanns[44] und einer seiner Frauen verjubelt. Ich dummes Ding. Von allen Leuten nur ausgenutzt! Wie arm bin ich doch." Das Geld sieht sie nie wieder. Das Projekt „Biographie" wird vorderhand auf Eis gelegt.

Am 5. Mai wird Adolf Schärf nach dem Tod Theodor Körners zum dritten Bundespräsidenten der Republik gewählt. Die Wahlbeteiligung von 97,2 % sprengt alle Rekorde und wird wohl auf ewige Zeiten die höchste Quote bei Urnengängen in Österreich bleiben. Dabei ist es ein überraschend knappes Ergebnis: nur knapp 100.000 Stimmen trennen den amtierenden Vizekanzler von seinem Konkurrenten, dem politisch völlig unerfahrenen Wiener Krebsforscher Wolfgang Denk, der als Gemeinschaftskandidat von ÖVP und FPÖ ins Rennen gegangen ist. De facto gestaltet sich der Wahlkampf als Ringen zwischen einem echten und einem verdeckten Konservativen. Unter den ehemaligen Nazis macht der geflüsterte Slogan Furore: „Wer einmal schon für Adolf war, wählt Adolf auch in diesem Jahr." Ein subtiler Hinweis nicht nur auf den gemeinsamen Vornamen, sondern auch auf den gemeinsamen Geburtstag Schärfs und Hitlers am 20. April.[45]

Diesmal hat Annie allerdings nichts zum Wahlsieg eines ihrer SPÖ-Bekannten beigetragen, denn sie hat vergessen, sich rechtzeitig um eine Wahlkarte zu kümmern. Als sie nach Dreharbeiten in Frankreich am 4. Mai abends in München eintrifft, realisiert sie erst ihr Versäumnis. Wohl lässt sie sich am Wahlsonntag mit dem Auto nach Österreich bringen, wird aber sowohl in Salzburg als auch in St. Gilgen von den jeweiligen Wahlbehörden abgewiesen. Sie sei „wahlunwürdig". Die Rosar plagt ein entsprechend schlechtes Gewissen – immerhin gibt es für die Wahl zum Bundespräsidenten noch Wahlpflicht.[46] Weinerlich versucht sie, von Innenminister Oskar Helmer eine Ausnahmegenehmigung bzw. zumindest einen moralischen Dispens zu bekommen. Sie will damit natürlich auch eine möglichen Verwaltungsstrafe über bis zu 1.000 S von sich abwenden, die ohne gerechtfertigte Entschuldigungsgründe verhängt hat werden können. „Daran, dass Sie nicht wählen konnten, sind gewiss die österreichischen Gesetze schuld, also schimpfen wir lustig darauf los auf die Gesetzemacher",[47] gibt sich Helmer launig-generös. „Nachdem Sie keine Wahlkarte hatten, konnten Sie nicht wählen. Kein Mitglied der Wahlkommission hätte das zulassen können, ohne nicht mit dem Gesetz in Konflikt zu kommen. Mit der Wahlunwürdigkeit hat das nichts zu tun." Mit Adolf Schärf hat Annie Rosar jedenfalls sieben Jahre nach Karl Renners Tod wieder direkten Zugang zum höchsten Amt im Staat.

Bremen, Hamburg, Berlin, Lübeck, München, Bozen, Innsbruck – die Liste von Annies Auftrittsorten ist lang. Sie eilt von Erfolg zu Erfolg. Eine tiefe Befriedigung erfasst die Schauspielerin, wie sehr sie doch das Publikum nach wie vor zu begeistern vermag. Sie ist gerührt, wenn allein schon ihre Präsenz auf der Bühne, besonders natürlich bei den Soloauftritten, so viel Jubel im Auditorium hervorruft: „Vorher schon derart stürmischer Applaus, dass ich Zeichen geben muß, mich anfangen zu lassen."[48] Wien, München, Cannes, Nizza, München, St. Gilgen, St. Wolfgang, Salzburg und wieder zurück nach München – immer öfter sitzt die 69-Jährige im Flugzeug, um alle Termine für Innen- wie Außenaufnahmen unter einen Hut zu bringen. Kein Wunder, dass ihr Bedürfnis nach Ruhe und der Familie wieder einmal besonders groß ist. In dieser Phase „passiert" ihr eine Bettszene (!) mit Gunther Philipp in Ernst Marischkas „Scherben bringen Glück", die sie als persönlichen Tiefpunkt ihrer Karriere betrachtet. Peinlich und entwürdigend sei das Ganze. Extra ist sie von Deutschland nach Wien geeilt und hat diese Dreharbeiten eingeschoben. Mit hochgeschlossenem Nachthemd schläft sie in der Rolle einer Tierarztgattin bereits im Bett, als Gunther Philipp, einen Sturzbetrunkenen spielend, der sich in der Tür geirrt hat, zu ihr legt. Kaum unter der Decke bemerkt er allerdings seinen Fehler und flüchtet. Die Komik ist da, aber – zugegebenerweise – überschaubar. „Letzte Szene im Bett, wo Gunther Philipp kommt! Nur wegen Heimweh und um Wolfi und Hermine zu sehen, tat ich dies!", jammert sie. Die seichten Filme müssen einmal ein Ende haben.

Eine echte Chance dazu erhofft sich Annie Rosar durch eine neue Zusammenarbeit mit der mächtigen Constantin-Film. Im Herbst 1957 gelingt es ihr mit Österreichs größtem Filmverleih einen Jahresvertrag abzuschließen, der sie bei einem Einkommen von 100.000 DM zu lediglich vier Rollen im Jahr verpflichtet. Damit steht ihr bei einem überschaubaren Arbeitsaufwand das 25-fache (!) des damaligen österreichischen Durchschnittseinkommens ins Haus.[49] Jedenfalls finanziell scheint sie auf Jahre ausgesorgt zu haben. Das erste Projekt soll „eine kleine Rolle in einem Militärschwank" sein. Bis dahin – sehr großzügig – gestattet die Constantin ihrem Filmstar zwei mal drei Monate Urlaub. Annie will nicht nur im kommenden Frühling mit Wolfi ein paar Tage auf Mallorca ausspannen. Es stehen auch ein paar künstlerisch besonders wertvolle Produktionen an, die sie keinesfalls verpassen will.

Auch ihr Scheidungsverfahren tritt in diesem Herbst in eine neue Phase. Annie verliert ihre seit eineinhalb Jahren anhängige Klage wegen Ehrenbeleidigung – verbockt vom wortgewaltigen und von sich so eingenommenen Arnulf Hummer. Er trifft, da sein Zug Verspätung gehabt hat, zur Verhandlung im Kremser Gerichtssaal erst ein, als schon alles vorbei ist. In Abwesenheit der Klägerin oder ihrer Vertretung hat der Richter im entscheidenden Prozess das Urteil zu Annies Ungunsten verkündet. Alles rechtskonform, die Berufung wird abgeschmettert. Jahrelanges nervenaufreibendes und zeit- wie geldintensives Hickhack umsonst! Eine Katastrophe! Als Hummer dann auch noch die Frechheit hat, dafür ein Honorar in Rechnung zu stellen, kriegt er von der Rosar die Kündigung. Damit bleibt ihre Ehe mit Franz Rebiczek-Rosar aufrecht, und es scheint, als müsse sie sich daran gewöhnen, bis dass der Tod sie scheidet, vor dem Gesetz an seiner Seite zu sein.

Anders als von Annie vielleicht erwartet, zeigt sich Rebiczek-Rosar aber nicht als triumphierender Sieger. Er räumt zwar seine Sachen aus der gemeinsamen ehelichen Wohnung, sucht jedoch weiterhin unverdrossen den Kontakt zu seiner Noch-Immer-Ehefrau. Er kann oder will nach wie vor nicht zur Kenntnis nehmen, dass seine Ehe seit Weihnachten 1954 unrettbar verloren ist: „Kein vollsinniger Mensch kann es glauben oder verstehen, dass eine ärgerliche Bemerkung als Antwort auf eine Menge liebloser Bemerkungen die Berechtigung zu solcher Handlungsweise geben konnte", hält ihr der geschmähte Mann Unnachgiebigkeit und Härte vor. Das Fest der Liebe sei seither „freilich für mich ausgelöscht, weil um diese Zeit ein Jemand einen Jemanden (mit dem er immerhin eine ziemliche Zeit gelebt hat) just am Weihnachtsfeiertag gezwungen hat, aus dem Haus zu gehen, schlechter als einen Angestellten, weil man den 14 Tage vorher kündigen müsste", hadert Franz weiter. Mit einer auffälligen Penetranz, die gleichzeitig bewegend ist, sinniert der graugewordene Schriftsteller, Beamte und Kommunalpolitiker wehmütig über die Unmöglichkeit, wieder glückliche gemeinsame Zeiten zu erleben. Er schreibt Annie zu Allerseelen, zu Weihnachten, zum Neuen Jahr, aus diversen Urlaubsorten, er besucht ihre Aufführungen, geht ins Kino und sieht fern, wenn neue Filme mit ihr am Programm stehen, und gratuliert ihr von Herzen: „Es ist nun nicht meine Absicht, mich bei Deiner dermaligen wohl bedauerlichen aber unentwegten Einstellung anzubiedern. Ich schreibe diese Zeilen als Schriftsteller und wohl auch als einer der besten Kenner Deiner Schauspielkunst. [...] Die Einsicht, was uns Gehaltvolles und Schönes, überflüssigerweise im Leben ausgefallen ist, ist bei Dir eben nicht vorhanden. Am Spiel und an der Leistung aber, kannst Du mit Recht Freude haben!"[50]

8. „Ich elend, elend, elend."

1958–1961

Das neue Jahr, 1958, beginnt mit gleich zwei Paukenschlägen, familiär und künstlerisch. Am 9. Jänner kommt das „Mündel Wolfgang Rebiczek-Rosar" unter die alleinige Vormundschaft von Ursula. Annies Mitverantwortung für ihren Enkel wird behördlich beendet, die Streitereien mit Renés Witwe vor Gericht gehören damit endgültig der Vergangenheit an. Mit diesem Loslassen leistet die Rosar der Tatsache Folge, dass der pubertierende Wolfi immer öfter die Anwesenheit seiner Mutter bevorzugt. Wenn sie als Großmutter jetzt Platz macht, hat sie, so ihre Hoffnung, bessere Chancen, die Liebe des Heranwachsenden weiterhin zu genießen.

Eine knappe Woche davor, zwei Tage nach Neujahr, erlebt das Volkstheater mit Annie Rosar eine seiner erfolgreichsten Premieren überhaupt. Gustav Manker inszeniert mit „Ein Ausgangstag" ein Drama des Dänen Otto Leck Fischer, in dem die Hauptfigur Marie als Ehefrau, Mutter und Großmutter am Ende ihres Lebens steht, das sie anderen gewidmet und das sie für andere geführt hat. Einsam und unbedankt. Es ist ein Paradestück für alle Mütter dieser Nachkriegsjahre, die so viel zu entbehren haben. Es ist aber vor allem auch eine Glanzrolle für Annie, in die sie sich ganz besonders hineinfühlen kann. Schon immer hat sie sich selbst als Opfer, das vom Leben weit weniger zurückerhält als es gibt, gesehen. Dem Publikum im Saal sind gar nicht all ihre Bürden geläufig: Über Laszys und Renés Tod mag man gelesen haben, doch von den Fehlgeburten oder den jahrelangen Schwierigkeiten mit Schwiegertochter und Noch-Immer-Ehemann wissen nur Eingeweihte. Annie, die zum ersten Mal seit fünf Jahren wieder auf einer Wiener Bühne zu sehen ist, spielt gänsehauterzeugend. „Um Gottes willen, ich bin ja allein! Im Spiel der Rosar gewinnt die ganze Urgewalt dieses Schicksals, dieses Massenschicksals, wohlgemerkt, Gestalt. Und man fühlt: Dort oben auf der Bühne steht d i e Mutter des Volkes!"[1] geben sich Kritiker verzückt.

Sämtliche Mütter im Saal identifizieren sich mit der kleinen, stämmigen, älteren Frau auf der Bühne und Tränen fließen genug. „Grandioser Erfolg! 33

Vorhänge, wie liebt man mich!!! Präsident Dr. Schärf und Erzbischof Dr. König anwesend. Erste Wiener Gesellschaft. Richtige Festpremiere", schwelgt die Protagonistin noch am Abend der Premiere und kann vor Glück lange nicht einschlafen. Es ist ein Erfolg, wie sie ihn viele Jahre nur auf deutschen Bühnen erlebt hat. Freundin und Burgtheaterschauspielerin Gisa Wilke schreibt ihr kurz danach „Endlich haben Dich Deine Wiener, die Dich so lieben, mal wieder und stehen neben Hamburg an Deiner Seite. Annie, Du verdienst Deutschlands Verehrung wie die der Österreicher." Walter B. Iltz, mittlerweile auch schon 72, der alte Theaterdirektor, der ihr seinerzeit als Erster zu Renés Tod kondoliert hat, konstatiert liebenswürdig: „Dieser einmütige Erfolg – ich habe lange nicht eine so übereinstimmende Presse gelesen – war wirklich ein Triumph für Sie." Als die Gefeierte diese Zeilen liest, ist die größte Konkurrentin ihrer ersten Schauspieljahre gerade 90-jährig gestorben: Hedwig Bleibtreu. Annie weiß, sie ist eine der letzten ihrer Generation.

Parallel zum Jubel rund um den „Ausgangstag" ist die Rosar aber auch als Teta Linek in aller Munde – wie damals 1950 am Volkstheater. Franz Werfels „Der veruntreute Himmel", bisher nur als Buch und als Theaterstück bekannt, kommt nun zu Filmehren – und das gleich zweimal innerhalb von wenigen Monaten. Da ist zunächst die TV-Verfilmung mit Harry Fuss als betrügerischem Neffen und Alfred Böhm als Briefträger. Die Aufnahmen beginnen Ende Jänner in Schönbrunn, schon am 15. Februar um 20:30 Uhr wird die Sendung im ORF ausgestrahlt. Es ist eine Schwarz-Weiß-Verfilmung, die für große Resonanz sorgt. Das höchste Lob erhält die Rosar aus geweihtem Mund, von Franz König, dem vor zwei Jahren neu berufenen Erzbischof von Wien: „Gottbegnadet" nennt er sie und strapaziert einen seinerzeit von den Nationalsozialisten mißbrauchten Begriff. Österreichs höchster geistlicher Würdenträger steht mit Annie Rosar bis zu deren Tod in regem brieflichen wie persönlichen Kontakt. 28 Briefe und zwei Telegramme, die König der 17 Jahre älteren Schauspielerin zwischen 1958 und 1962 geschickt hat, sind erhalten. Sein Tonfall bleibt dabei konstant freundlich-distanziert, aber aufmerksam, „Gnädige Frau" ist seine präferierte Anrede. Der damals 53-Jährige avanciert für Annie Rosar im Laufe der Zeit zu einer Mischung aus Seelenfreund und Brücke zum Himmel. Ihm klagt die Schauspielerin ihre Nöte, wenn sie Vertragsprobleme hat, ihn hält sie über ihre Auftritte und Dreharbeiten am Laufenden, ihn lässt sie teilhaben an Wolfis Entwicklung. Von ihm als Vertreter Gottes auf Erden erbittet sie jedes Mal expliziten Beistand, wenn sie vor schwierigen Aufgaben steht. Dass die Rosar evangelisch ist, stört sichtlich keinen der beiden. Wenn Franz König über ihrem Kopf das Kreuzzeichen macht, dann wirkt das auf die leicht bigotte Annie wie ein Wundermittel: „Nach Generalprobe erledigt. Aufführung wunderbar durchgehalten. Fühlte direkt den Segen unseres Erzbischofs. Fühlte starke Kräfte aus dem All!"[2]

Wie die beiden sich genau kennengelernt haben, ist nicht eindeutig belegt. Zum ersten Mal erwähnt Annie ihn in einem Brief an Enkel Wolfi im November 1957: König habe sie angerufen, „warum ich in Wien schon seit 5 Jahren nicht mehr aufgetreten bin" – schmeichelnd für die Rosar, doch zweifellos ein ungewöhnliches Verhalten für einen so hohen geistlichen Würdenträger der Nachkriegszeit. Welch auffälliger Kontrast auch zu Königs unmittelbarem Vorgänger im Amt, Theodor Innitzer, der seine Rolle als Kardinal sehr traditionell und elitär gelebt hat. König hingegen versteht sich mehr im Sinne des jovialen Patriarchen von Venedig, Giuseppe Angelo Roncalli, dem späteren Papst Johannes XXIII. Innitzer hat den „Anschluss" Österreichs an Nazideutschland befürwortet und während des Kriegs seine moralische Autorität gegenüber dem Regime über lange Strecken vermissen lassen. König sucht aktiv den Kontakt zu Jugendlichen, zu Arbeitern, ja zur SPÖ als Partei – alles Gruppierungen, die der Kirche in unterschiedlicher Weise nicht automatisch zugetan waren.

1958 ist Österreich katholisch geprägt: 89 % der Bevölkerung sind Mitglieder der Kirche Roms und damit konservativen und patriarchalischen Werten verhaftet. In diesem Kontext ist König eine erfrischend weltoffene Person, die zehn Fremdsprachen beherrscht und zum Vorreiter und Verfechter der Ökumene wird. Er ist ein Freund Österreichs, der die Schönheit anderer Kulturen nicht als Bedrohung oder Gegensatz, sondern als Bereicherung ansieht. Was hat er für Annie Rosar empfunden? Zuneigung? Vielleicht ist es die Anhänglichkeit, mit der sie über Jahre seinen Kontakt sucht und auch Anteil an seinen persönlichen Befindlichkeiten nimmt, die auch von seiner Seite so etwas wie Nähe entstehen lässt.

Als König im Dezember 1958 zum Kardinal erhoben wird, ist jedenfalls die zweite, weitaus bekanntere Verfilmung vom „Veruntreuten Himmel" schon abgedreht: als Kinoproduktion unter der Leitung von Ernst Marischka, den Annie Rosar aus „Scherben bringen Glück" kennt. Auch Marischka schwimmt gerade auf der Erfolgswelle: Als Regisseur der legendären Sissi-Filme, in denen Romy Schneider und Karlheinz Böhm das habsburgisch-lothringische Kaiserpaar zum Inbegriff altösterreichischer Lieblichkeit machen, kann er sich eines erhöhten Interesses der Szene und der Medien auch für diesen neuen Film sicher sein.

Dass Annie seine Teta Linek sein soll, hat sie zwar schon seit Herbst 1954 schriftlich, doch die vorausgehenden Querelen rund um ihre Besetzung sind ihr noch sehr präsent. Drei Monate lang ist seinerzeit verhandelt worden: Zu-

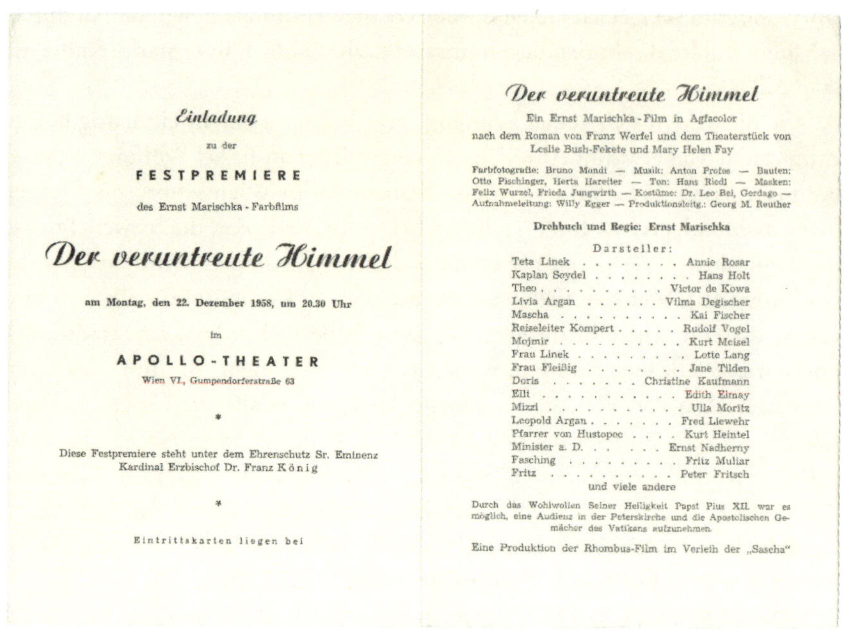

Einladung

zu der

FESTPREMIERE

des Ernst Marischka - Farbfilms

Der veruntreute Himmel

am Montag, den 22. Dezember 1958, um 20.30 Uhr

im

APOLLO-THEATER

Wien VI., Gumpendorferstraße 63

*

Diese Festpremiere steht unter dem Ehrenschutz Sr. Eminenz Kardinal Erzbischof Dr. Franz König

*

Eintrittskarten liegen bei

Der veruntreute Himmel

Ein Ernst Marischka - Film in Agfacolor

nach dem Roman von Franz Werfel und dem Theaterstück von Leslie Bush-Fekete und Mary Helen Fay

Farbfotografie: Bruno Mondi — Musik: Anton Profes — Bauten: Otto Pischinger, Herta Hareiter — Ton: Hans Riedl — Masken: Felix Wurzel, Frieda Jungwirth — Kostüme: Dr. Leo Bei, Gerdago — Aufnahmeleitung: Willy Egger — Produktionsleitg.: Georg M. Reuther

Drehbuch und Regie: Ernst Marischka

Darsteller:

Teta Linek . . . . Annie Rosar
Kaplan Seydel . . . . Hans Holt
Theo . . . . Victor de Kowa
Livia Argan . . . . Vilma Degischer
Mascha . . . . Kai Fischer
Reiseleiter Kompert . . . . . Rudolf Vogel
Mojmir . . . . Kurt Meisel
Frau Linek . . . . Lotte Lang
Frau Fleißig . . . . Jane Tilden
Doris . . . . Christine Kaufmann
Elli . . . . Edith Elmay
Mizzi . . . . Ulla Moritz
Leopold Argan . . . . Fred Liewehr
Pfarrer von Hustopec . . . . Kurt Heintel
Minister a. D. . . . . Ernst Nadherny
Fasching . . . . Fritz Muliar
Fritz . . . . Peter Fritsch
und viele andere

Durch das Wohlwollen Seiner Heiligkeit Papst Pius XII. war es möglich, eine Audienz in der Peterskirche und die Apostolischen Gemächer des Vatikans aufzunehmen.

Eine Produktion der Rhombus-Film im Verleih der „Sascha“

Abb. 67: Einladung zur Premiere des Filmes „Der veruntreute Himmel“ im Apollokino am 22.12.1958.

erst mit Therese Giehse, die aber mit einer Gagenforderung von 40.000 DM zu teuer gewesen ist, und dann mit Käthe Dorsch, die unbeherrscht immer wieder öffentlich Kritiker ohrfeigt.[3] Kein überzeugendes Leumundszeugnis für die Rolle einer streng christlichen Frau wie Teta Linek. Erst als dritte Wahl ist Annie Rosar ins Spiel gekommen. Zu einem Zeitpunkt, als sie „keinerlei Hoffnung mehr“ auf die Rolle gehabt und Tränen und Depressionen einander abgewechselt haben, ist ihr der Zuschlag mit einer Gage von 30.000 DM – erteilt worden.

Vier Jahre später, wenige Wochen vor Drehbeginn, setzen der Rosar neue Sorgen zu: Erstens sieht es lange so aus, als ob sie wegen der Dreharbeiten in Rom Mitte Mai zu ihrem 70. Geburtstag und den damit verbundenen Feierlichkeiten gar nicht in Wien sein werde. Schon sieht sie tagelange großflächige Berichterstattung über sich und ihre Karriere den Bach hinuntergehen. Zweitens fürchtet sie, zum unpassendsten Zeitpunkt krank zu werden. Erst kürzlich hat Ursula am Ende eines Besuchs in der Währinger Straße vergessen, ein offenes Fenster zu schließen. Die ganze Nacht zieht es in der Wohnung, und prompt wacht Annie des Morgens mit Halsschmerzen auf. Sie ist sehr zornig auf ihre Schwiegertochter: „70. Geburtstag regt mich sehr auf", vertraut sie ihrem Tagebuch an. „Und das alles vor der Filmaufgabe meines Lebens!" Drittens möchte sie in Rom unbedingt den Segen des Papstes erhalten. Ob ihr Franz König nicht helfen könne, die entsprechenden Schritte für eine Audienz im Vatikan in die Wege zu leiten?

Doch alles geht gut. Zunächst zumindest. Marischka selbst nimmt Rücksicht auf die Veranstaltungen zu Annies Ehren in Wien. Es ist ein mehrteiliger Festakt: Am 13. Mai sehen Österreichs Theater- und Filmfreunde eine eigene Jubiläumssendung zu ihrem 70er im ORF. Heinz Kindermann, umstrittener Literaturwissenschaftler und Leiter des Instituts für Theaterwissenschaften an der Universität Wien, der seinerzeit offen die NSDAP unterstützt hat und erst 1954 entnazifiziert worden ist, führt durch die Sendung. Einen Tag danach macht sich Annie selbst ein Geburtstagsgeschenk, als sie vor 800 Jugendlichen im Konzerthaus „Die Perser" rezitiert. Noch einmal zwei Tage später, es ist der 16. Mai, wird Annie Rosar als erster Schauspielerin überhaupt die Ehrenmedaille der Stadt Wien überreicht. Posthum wird diese Ehrung häufig als Ernennung zur Volksschauspielerin interpretiert, aber das ist falsch. Anders als der Titel „KammerschauspielerIn" gibt es den Titel „VolksschauspielerIn" gar nicht. Es sind die Menschen und die Medien, die von sich aus diese Bezeichnung für all jene MimInnen verwenden, die „vorwiegend in Produktionen mit ausgeprägtem Lokalkolorit" auftreten und durch die Darstellung eines bestimmten Rollentypus beim Publikum häufig einen Wiedererkennungseffekt hervorrufen.[4] Die Entscheidung des Wiener Gemeinderats für Annie Rosar im Mai 1958 ist einstimmig, und Bürgermeister Franz Jonas, der spätere vierte Bundespräsident der Zweiten Republik, busselt die Jubilarin vor versammelter Stadtregierung ab.

Viele Wegbegleiter sind zur Ehrung ins Wiener Rathaus gekommen, darunter Regisseur Franz Antel, der Theaterkritiker Otto Basil, Freundin Leopoldine Deutsch-Renner oder der Dramatiker Oskar Fontana. Doch keiner ahnt, wie angeschlagen sich die Gefeierte in Wirklichkeit fühlt: „Ich fand die Kraft wunderbarerweise zu einer sehr launigen Ansprache. Alle küßten mich ab – wie glücklich könnte ich sein, wenn ich mich weniger elend fühlte!", vertraut sie ihrem Kalender an. Die lokalen Zeitungen sind jedenfalls voll mit Huldigungen, von „Nur so weiter, Frau Rosar!"[5] über „Schrullige Alte mit weichem Herzen"[6] und „Humor mit Herz".[7]. Die deutsche Presseagentur Zeutzschel spricht von ihr gar als „wahres Monstrum an Vitalität und sprühendem Spieltemperament".[8]

Für ein privates Geburtstagsfest im Kreise der Familie bleibt da kaum Platz. Franz Rebiczek-Rosar, der ferne und doch immer wieder gegenwärtige Gatte, will es aber noch immer nicht wahrhaben. Prophylaktisch hat er schon zu Be-

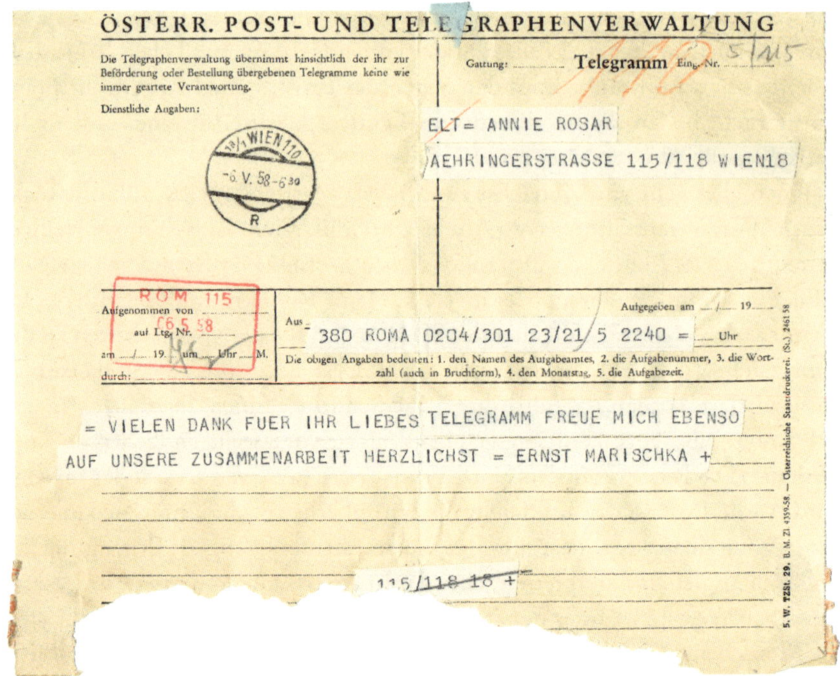
ÖSTERR. POST- UND TELEGRAPHENVERWALTUNG

Die Telegraphenverwaltung übernimmt hinsichtlich der ihr zur Beförderung oder Bestellung übergebenen Telegramme keine wie immer geartete Verantwortung.

Dienstliche Angaben:

WIEN 110 -6. V. 58 -6 30 R

Gattung: Telegramm Eing.-Nr. 5/115

ELT= ANNIE ROSAR

AEHRINGERSTRASSE 115/118 WIEN18

ROM 115 6.5.58

Aufgenommen von ... auf Ltg. Nr. ... am ... 19... um ... Uhr ... M. durch:

Aufgegeben am ... 19...

Aus 380 ROMA 0204/301 23/21/5 2240 = ... Uhr

Die obigen Angaben bedeuten: 1. den Namen des Aufgabeamtes, 2. die Aufgabenummer, 3. die Wortzahl (auch in Bruchform), 4. den Monatstag, 5. die Aufgabezeit.

= VIELEN DANK FUER IHR LIEBES TELEGRAMM FREUE MICH EBENSO

AUF UNSERE ZUSAMMENARBEIT HERZLICHST = ERNST MARISCHKA +

115/118 18 +

5. W. TZSt. 29. B. M. Zl 4359-58. — Österreichische Staatsdruckerei. (St.) 2461 58

Abb. 68: Telegramm von Ernst Marischka am 6.5.1958 vor Beginn der Dreharbeiten zu „Der veruntreute Himmel".

ginn des Jahres die Teilnahme an einer Schriftstellertagung Mitte Mai abgesagt. „Ich hätte gern geglaubt und gehofft, dass wenigstens um die Zeit Deines 70. Geburtstags eine gewisse freundlichere Einstellung zu mir eintritt. Ich hätte das teils aus der Kenntnis des eigenen Seelenlebens, teils aus der allgemeinen Beobachtung anderer Menschen vermutet",[9] hat er Annie frühzeitig mitgeteilt. So frühzeitig, dass sie, die Noch-Immer-Ehefrau genug Zeit zum Nach-, Über- und Umdenken gehabt haben würde. Doch umsonst: er wird nicht eingeladen. Weder zu den offiziellen Feiern geschweige denn zu irgendeiner Zusammenkunft mit Wolfi, Ursula und Hermine.

Am Tag ihres Geburtstags selbst, am 18. Mai, ist sie bereits in den Lüften und fliegt nach Rom zu den Außenaufnahmen für „Der veruntreute Himmel".

Noch immer machen ihr der Hals, die Verdauung und eine schmerzhafte Nervenentzündung am Oberschenkel zu schaffen. In der römischen Sonne leidet sie außerdem abwechselnd an Rheuma- und Ischiasschmerzen. Sie fühlt sich „matt wie eine Fliege" und kann auch der Einladung zu einem Empfang im

Vatikan nicht Folge leisten. So ein Pech! „Wie hatte ich mich auf das ital. Essen gefreut. Hoch lebe meine Schwiegertochter sagte ich mir immer wieder!" Ganz sicher – davon ist sie fest überzeugt – hat Ursulas Fensteraktion drei Wochen zuvor die ganze Misere verursacht. Sie ist verbittert und hält sich nicht zurück, Wolfi gegenüber das Fehlverhalten seiner Mutter anzuprangern. Jede freie Stunde muss sie liegen, um Kräfte zu sammeln. Ihre ständigen kleinen Leiden sind Thema am Filmset. Die Crew versucht ihr Bestes und baut ihr eine kleine Sänfte, damit sie die vielen Stufen zum Petersdom hinaufkommt.

Regisseur Marischka verliert da hin und wieder die Geduld, er wirft ihr Hypochondrie vor – eine altbekannte Unterstellung – und lässt sich laut Annie sogar „zu der Bemerkung hinreißen: ‚Wenn Sie zu alt sind, hätten Sie halt die Rolle nicht annehmen dürfen.' Am nächsten Tage entschuldigt er sich."

Dafür erfüllt sich Annies Wunsch nach dem päpstlichen Segen. Ernst Marischka erhält eine Drehgenehmigung vom Vatikan für den Mitschnitt einer am 28. Mai tatsächlich stattfindenden Generalaudienz Pius' XII., dessen Pontifikat schon seit 1939 währt und dessen Verhalten gegenüber Mussolini und Hitler aus heutiger Sicht ambivalent diskutiert wird. Doch 1958 sieht sich Pius weder inhaltlich noch persönlich in Frage gestellt. Sein grünes Licht zu einem derart kommerziellen und künstlerisch vorweg nicht eindeutig abschätzbaren Projekt wie einem Spielfilm ist daher außergewöhnlich. Ziemlich sicher ist die Drehgenehmigung für Marischka einer freundlichen Intervention des Wiener Erzbischofs zu verdanken, der bekannterweise bereits die Fernsehaufführung im Februar sehr positiv beurteilt hat. Dass Pius vier Monate später stirbt, macht diese fünf Filmminuten zu einem richtiggehend historischen Dokument. Noch heute muss man den Mitarbeitern der Produktion, die im Petersdom 8000 m Kabel verlegen und 200 Scheinwerfer montieren, ein Kompliment machen. Wirklich alles passt zusammen: Sogar eine österreichische Pilgergruppe befindet sich an diesem späten Maitag vor Ort, und dieser gibt Pius XII. in lupenreinem Deutsch seinen Segen. Mittendrin die Schauspielertruppe, allen voran Annie Rosar, den Kopf bedeckt mit dem vorgeschriebenen schwarzen Schleier. Sie erinnert sich: „Der unvergeßliche Tag der Filmaufnahme in der Peterskirche, wo der hl. Vater 25.000 Menschen seinen Segen gab. Kameramann Bruno Mondi fürchtete, die Aufnahmen wären nichts geworden, was mich sehr deprimierte. Nachher aber hat sich herausgestellt, dass doch vieles sehr gelungen war. Gott sei Dank auch ein großer Kopf von mir – von Tränen überströmt." Die Tränen sind echt – Annie ist am Höhepunkt ihres künstlerischen Schaffens und ihres spirituellen Lebens angelangt.

Abb. 69: Papst Pius XII. in dem Film „Der veruntreute Himmel" (1958). Für diesen Film wurden mit Genehmigung des Vatikan Szenen während einer seiner letzten Audienzen gedreht.

Zurück in Wien werden die Filmaufnahmen fortgesetzt. Es ist ein heißer Sommer und „im Atelier hatte es oft 65 Grad [sic!]." Die Hitze setzt der Crew zu, Annie ringt während des Tages nach Luft, nachts kann sie kaum schlafen. Sie ist mit ihrer Leistung daher nur teilweise zufrieden: „Ich empfinde es schmerzlich, dass mir durch die Übermüdung in der Todesszene der Ausdruck der Verklärung fehlt, den ich im Fernsehen – wohl dank des Segens von Dr. König hatte."[10] Da ist er wieder, der himmlische Freund auf Erden, der im Oktober von einer Pilgerreise nach Lourdes direkt nach Köln fliegt und gemeinsam mit seinem dortigen Kollegen, Erzbischof Josef Frings, der Kinopremiere beiwohnt. „Der veruntreute Himmel" wird zu einer Erfolgsgeschichte bei Publikum und Kritik, und die katholische Kirche feiert den Streifen zu Recht als gelungene Öffentlichkeitsarbeit. Gleichzeitig wird aber auch beklemmend klar, wie viel Antisemitismus 1958 noch ganz normal ist, wenn selbst eine angesehene Zeitung wie „Die Welt" im Rahmen einer Rezension die Frage aufwirft: „Leben wir wirklich in einer gar so schlechten Zeit, wenn es heute geschieht, dass der Papst selbst das Buch eines Juden zum Triumph führt?"[11]

Teta Linek heißt die Hauptfigur des weltbekannten Romans „Der veruntreute Himmel" von Franz Werfel, des Dichters, der auch „Das Lied der Bernadette" schrieb. Annie Rosar, eine Volksschauspielerin im besten Sinne des Wortes, hat mit der Rolle ihre bisher schönste Aufgabe gefunden.

Zu einer dramatischen Auseinandersetzung kommt es, als Teta (Annie Rosar) erkennen muß, daß ihr Neffe (Kurt Meisel) nicht Priester geworden ist, sondern das Geld, das sie ihm schickte, mit der schlampigen Mascha (Kai Fischer) durchgebracht hat. Eine bittere Erkenntnis, die sie tief bestürzt.

Für Geld kann man sich zwar viel Glück dieser Erde erkaufen, eines aber nicht: den Himmel. Die ewige Seligkeit steht in keinem Preisverzeichnis und sie wird auch nicht als Aktie an der Börse gehandelt. Das gläubige Herz der Teta Linek wollte zwar nicht den Himmel wie eine Ware im Kaufhaus bezahlen; aber die fromme Frau glaubte, sie könnte sich den Himmel verdienen — oder verdienen lassen. Doch mit dem lieben Gott ist kein Gegengeschäft zu machen. Tetas Neffe Mojmir war auserkoren, ihr Fürsprecher beim Allerhöchsten zu werden, doch dessen Tun und Denken war ganz aufs Irdische gerichtet. Das viele Geld, das Teta ihm viele Jahre hindurch schickte, verwendete er nicht für seine Ausbildung als Priester. Es kommt der Tag, da sie den Irrtum erkennen muß, und aus der maßlosen Enttäuschung gewinnt sie die Einsicht, daß Gott nur ein Zahlungsmittel anerkennt: den Glauben an seine Gnade.

Links im Bild: Der Petersdom in Rom, Ziel aller, die den Segen des Papstes zu empfangen wünschen wie Teta Linek, für die sich hier der Himmel öffnet.

53

Marischkas Film kommt sogar in den USA, Mexiko und Brasilien in die Kinos, seine Hauptdarstellerin wird zweifach ausgezeichnet: So wird Annie der Filmpreis von Cork, einem auf Kurzfilme spezialisierten irischen Festival, verliehen, außerdem erhält sie die Goldene Medaille beim wenig bekannten Grand Prix von Paris als beste ausländische Darstellerin. Dennoch erleidet „Der veruntreute Himmel" das Schicksal so mancher hochgelobter Filme: Bei den großen renommierten Filmfestivals – jenen von Cannes, Berlin, Venedig oder London – gehen Streifen, Regisseur und SchauspielerInnen leer aus.

Für die Rosar selbst, bleibt „Der veruntreute Himmel" aber ein alles überragender Höhepunkt ihrer Laufbahn. Niemals zuvor und niemals danach hat sie ein und dasselbe Stück in gleich drei Versionen – auf der Bühne, im Fernsehen und auf der Kinoleinwand – gespielt. Ihre Darstellung der Teta Linek ist so präsent, dass sie sogar von der neuen österreichischen Kabarett-Generation zu einem Sketch „verarbeitet" wird: Der damals 30-jährige Helmut Qualtinger parodiert Annie Rosar in seinem aktuellen, gemeinsam mit Freund Gerhard Bronner erarbeiteten Programm „Spiegel vorm Gesicht" in einer unvergleichlichen Optik. Sein dickes Gesicht, getarnt mit Perücke, Hut und kleinen runden Brillen kommt dabei Annies Type verblüffend nahe. Sie selbst findet die Ehre eher zweifelhaft – „Empörung Qualtinger", notiert sie in ihrem Kalender im Februar 1959 und drückt unter anderem dem Wiener Kulturstadtrat, Hans Mandl, darob ihre Ungehaltenheit aus. Der versucht zu vermitteln und empfiehlt: „Wegen Qualtinger und seines Brettls müssen Sie sich, glaube ich, keine allzu großen Kopfzerbrechen machen. Die Zeitungen geben manches nicht so wieder, wie es gebracht wird [...] Wie wäre es, wenn Sie während der Pause einer solchen Vorstellung Qualtinger direkt fragen, was er gegen Sie hat?"[12] Niemand wundert sich also, dass Annie Rosar insgesamt siebenmal beim ORF anruft und sich beschwert. Erst als Fernsehdirektor Gerhard Freund selbst zum Hörer greift, um sich bei ihr persönlich zu entschuldigen, stellt sich das Ganze als ein boshafter Streich Qualtingers heraus, der mit verstellter Stimme sämtliche Anrufe fingiert hat. *Practical jokes* nennt man das damals.

Annie lässt sich dadurch jedenfalls nicht die Euphorie ob ihrer selbst nehmen:

„Welch ein Gefühl, dass in 83 deutschen Kinos dieser Film mit der herrlichen so lange ersehnten Rolle läuft, während ich in Wien bin – und abertausende Menschen sind erschüttert und bewegt über mich – weinen über mein ganz kleines Schicksal und sehen nochmals den Heiligen Vater Pius XII., der so kurz nach der Premiere seinen Geist ausgehaucht hat und sich nun beim himmlischen Vater von all seiner vielen Erdenarbeit und seinen physischen Qualen ausruht." Ernst Marischka ist für sie „mein geliebtester Regisseur", der ihr indirekt zu einem klaren Plus auf ihrem „Konto der guten Taten" verhilft: Mit dem Reinerlös aus der Premiere von „Der veruntreute Himmel" in Boston kann eine Reise von 68 körperbehinderten Kindern aus Massachusetts nach Lourdes finanziert werden.

Doch Unheil naht am Horizont.

Mitten in den Jubel um den Marischka-Film mischen sich Probleme mit der Constantin-Film. Annie lehnt nämlich gleich den ersten Film, bei dem sie im Rahmen ihres Jahresvertrags mitwirken soll, ab. Die „kleine Rolle in einem Militärschwank“ hat sich als tragende Hosenrolle in einer mäßigen Kostümverwechslungskomödie entpuppt. Das Filmprojekt heißt „Zauber der Montur“, und als Annie das Drehbuch liest, erleidet sie einen Nervenzusammenbruch: „20-Tage-Rolle verrückteste lächerliche ‚komische Alte‘, derbe, unwahrscheinlichste Schwanksituationen und das Allerschlimmste: mindestens 2/3 der Rolle in der Oberst-Uniform meines Mannes Joe Stöckel.“[13]

Was verlangen diese Leute von ihr? Sie, deren einziges Kind in Uniform sein Leben lassen musste, soll entsprechend adjustiert für Heiterkeit im Kinosaal sorgen? Annie findet das obszön. Sie kontaktiert Walter Tjaden, den Produktionsleiter und erklärt ihm, „dass ich, auch wenn ich im Vollbesitz meiner Kraft wäre, diese Rolle nicht spielen würde, denn mein Sohn sei ja auch in immerhin einer Oberstuniform als blutjunger Soldat gefallen! Habe mich sehr aufgeregt und brauchte die stärksten Schlafmittel!“ Was die aufgebrachte Rosar dabei übersieht: In ihrem Vertrag gibt es keinerlei Vetorecht gegen irgendeinen Rollentypus und keinen Hinweis, dass spezielle Adjustierungen, etwa Soldatenuniformen, grundsätzlich ausgeschlossen wären. Sie hat das entweder bei der Vertragserrichtung übersehen oder ist schlecht beraten worden. Oder sie hat einfach nicht damit gerechnet. Verständlich, dass Constantin-Vertreter Gruber nach all dem Entgegenkommen der letzten Monate entsprechend verärgert ist und versucht, sie unter Druck zu setzen: „Er stieß für meine Zukunft die ärgsten Drohungen aus – ich würde es noch bitter bereuen, dass ich Constantin in solche Verlegenheit brachte – er selbst werde nochmal zu Barthel[14] fahren etc. etc.“[15] Fast 15 Jahre sind seit Renés Tod vergangen, und die Streitereien mit der Constantin reißen die alten Wunden wieder auf. Annie fühlt sich ungeschützt und ausgeliefert, Kardinal König schickt ihr gleich als Trost einen geweihten Rosenkranz für Renés Bild, das auf ihrem Nachtkästchen steht. Auch ihr Anwalt in dieser Causa, Dr. Hans Haß, Vater des gleichnamigen prominenten Meeresbiologen,[16] will beruhigen – natürlich könne sie von nichts und niemandem in die Rolle gezwungen werden, letztlich würde es auf ihre Gesundheit ankommen. Endlich entscheidet der Vertrauensarzt der Constantin, dass tatsächlich ein zu großes Risiko besteht, die Rosar in ihrem momentanen gesundheitlichen Zustand einzusetzen, und Grethe Weiser übernimmt ihren Part. Doch für Annie ist es ein Pyrrhussieg: Die Constantin ist nicht nur nicht bereit, ihr einen anderen Film alternativ anzubieten, man zahlt ihr im Gegenteil die vereinbarte Gage von 25.000 DM nicht aus und überlegt laut, sie gar nicht mehr für größere Rollen vorzusehen – eine Katastrophe, finanziell und künstlerisch. „Gezeichnet: W. Barthel, Direktor."[17]

Wochenlang herrscht Funkstille zwischen den Vertragspartnern, erst im Herbst 1958 meldet sich die Constantin-Film wieder. Annies nächste Filmrolle soll die der Mutter des 1942 in einem Schweizer Internierungslager umgekommenen Tenors Joseph Schmidt in „Ein Lied geht um die Welt" sein. Kurz danach gibt es noch eine kleine Partie in einem Film, der vor allem der Promotion von Mario Lanzas Stimme dient: „Der Fischer von Capri" neben Johanna von Koczian und Zsa Zsa Gabor. Drehorte: Capri, München, Hamburg, Berlin, das Burgenland – die viele Herumfahrerei fällt der Rosar mit fortschreitendem Alter immer schwerer.

Haben ihre beiden Ärzte, der weltberühmte Viktor Frankl, Begründer der Logotherapie und Existenzanalyse, sowie Kardiologe Kurt Polzer nicht schon seit Monaten gewarnt, ja insistiert, dass sie angesichts ihres „hochgradigen akuten Zustands sogenannter vegetativer Erschöpfung"[18] unbedingt für mehrere Wochen pausieren müsse? Anfang Juli hat sie einen Ruhepuls von 108, einen Finger- und Zungentremor, einen Blutdruck von 190 und leidet zusätzlich in einem Ausmaß an Schlaflosigkeit, dass sie mittlerweile das Sechsfache der ursprünglichen Dosis an Schlafmitteln nehmen muss, um irgendwie nächtens Ruhe zu finden. Möglicherweise laboriert sie auch an einer Schilddrüsenüberfunktion. Frankl ist entsetzt, als er sie nach längerer Zeit wiedersieht und erwähnt in seinem Befund einen „erschreckenden Zustand".[19] Außerdem: Sie verpatzt Szenen, wie sie ihrem Tagebuch zerknirscht anvertraut. „Zum ersten Male in meiner 40-jährigen Filmlaufbahn spüre ich schmerzlich eine Art Versagen."

Gleich nach Capri ist Annie in der Neuverfilmung der „Gräfin Mariza" von Emmerich Kalman als Partnerin von Hans Moser vorgesehen – nichts Großes, „nur damit die Constantin mich auch irgendwie beschäftigt". Doch ihre Verkühlung, die sie aus Capri eingeschleppt hat, macht ihr einen Strich durch die Rechnung. Unangenehm! Zwei von vier Filmen innerhalb nur eines Jahres ausgeschlagen, wenngleich aus unterschiedlichen Motiven. „Jedenfalls fürchte ich sehr durch meine diesmalige Absage der Gräfin Mariza, ob eine Versöhnung mit Constantin noch möglich sein wird", schätzt sie die Lage wohl richtig ein. Die schlechte Nachricht folgt prompt auf dem Fuß: Die Constantin zieht weitere 25.000 DM aufgrund der abgesagten Mariza von ihrem Jahreshonorar ab. Im Hotel am Zoo in Berlin, ihrer regelmäßigen Absteige in Deutschlands ehemaliger Hauptstadt, bricht sie zusammen. Schon wieder. Noch nie hat sie in den letzten Jahren so wenig verdient. Ganze 2.397,61 S netto nach Abzug von 15 %

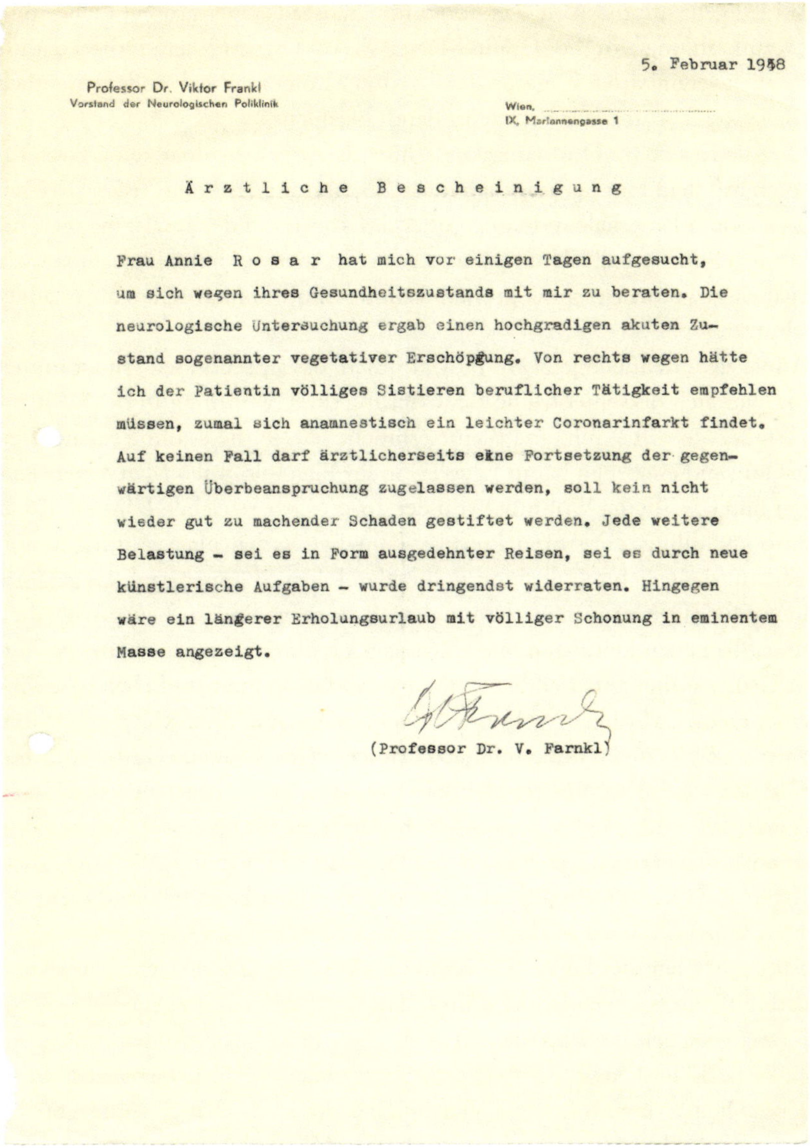

5. Februar 1958

Professor Dr. Viktor Frankl
Vorstand der Neurologischen Poliklinik

Wien, ...
IX, Mariannengasse 1

Ä r z t l i c h e B e s c h e i n i g u n g

Frau Annie R o s a r hat mich vor einigen Tagen aufgesucht, um sich wegen ihres Gesundheitszustands mit mir zu beraten. Die neurologische Untersuchung ergab einen hochgradigen akuten Zustand sogenannter vegetativer Erschöpfung. Von rechts wegen hätte ich der Patientin völliges Sistieren beruflicher Tätigkeit empfehlen müssen, zumal sich anamnestisch ein leichter Coronarinfarkt findet. Auf keinen Fall darf ärztlicherseits eine Fortsetzung der gegenwärtigen Überbeanspruchung zugelassen werden, soll kein nicht wieder gut zu machender Schaden gestiftet werden. Jede weitere Belastung – sei es in Form ausgedehnter Reisen, sei es durch neue künstlerische Aufgaben – wurde dringendst widerraten. Hingegen wäre ein längerer Erholungsurlaub mit völliger Schonung in eminentem Masse angezeigt.

(Professor Dr. V. Farnkl)

Abb. 70: Brief von Viktor Frankl mit seiner Diagnose zu Annie Rosars Gesundheitszustandes vom 3.7.1958.

Lohnsteuer zahlt die Constantin 1959 aus, ein Jahr davor waren es noch fast 90.000 S (!) gewesen (30.000 S für „Der veruntreute Himmel", 25.000 S für

„Ein Lied geht um die Welt", 25.000 S für „Serenade einer großen Liebe" und als „Krankzahlung" für die „Gräfin Mariza" 8.333,33 S, was einem Drittel der ursprünglich vereinbarten Gage entspricht). 1960 einigt man sich außergerichtlich auf 6.299,09 S brutto, der Vertrag ist damit beendet.

Um die Kirche im Dorf zu lassen: Annie Rosar ist trotzdem keine Frau, für die man mit dem Hut herumgehen muss. So zahlt ihr das Volkstheater in Wien 1959 20.000 S Pauschale monatlich oder das Theater in der Josefstadt 1960 für jede Vorstellung von „Nachtasyl" satte 1.000 S. Aber wer hohe Einnahmen wie Ausgaben gewohnt ist, spürt größere Einbußen oft dramatischer, als es angebracht wäre.

Annie zieht dennoch jetzt ein Projekt durch, das sie schon seit Jahren immer wieder vor sich herschiebt: Die Renovierung ihrer Wohnung in der Währinger Straße. Sie will Wolfi eine Bleibe ermöglichen, in die er ohne finanziellen Eigenaufwand einziehen kann. Er soll – so ihr Plan – in ihren Mietvertrag eintreten und das Thema Wohnung von der To-do-Liste streichen können. Rund 200.000 Schilling, ein stolzer Preis für damalige Verhältnisse, nimmt sie solcherart für das geliebte Enkelkind in die Hand. Das ist annähernd das gesamte Honorar für „Der veruntreute Himmel". Für sie selbst sind die neu ausgemalten Räume, die neuen Leitungen, die teilweise neue Einrichtung auch eine persönliche Genugtuung: „Aber endlich zum ersten Male in meinem Leben hause ich in einer meiner würdigen Wohnung." Nicht mehr „nur" ihre Kolleginnen vom Theater und private Freunde sind jetzt immer wieder geladene Gäste, auch hoher Besuch wie Innenminister Helmer mit Gattin und – ja genau – der Kardinal zum Kaffee oder Tee ist jetzt möglich. Als Franz König die Wohnung dann auch noch segnet, ist sie ganz aus dem Häuschen: „Es war eigentlich irgendwie mißglückt, da ich ihn abends erwartete und er früher kam. Ich fand nicht die rechten Worte – fast kann ich sagen, dass mich die Nerven verließen."[20]

Alles gut? Nicht wirklich. Wie immer ist Annies Euphorie recht schnell verflogen, und am Ende hadert sie damit, dass letztlich auch die renovierte Wohnung weit weniger standesgemäß sei als das, was andere KollegInnen hätten, wie Paula Wessely und Attila Hörbiger mit ihrem Haus im Heurigenvorort Grinzing oder Hans Moser mit seiner Villa im Nobelbezirk Hietzing. Annie schreibt: „Also es ist das Einzige, was ich in 50-jähriger Arbeit bisher erreicht habe. Ein meiner würdiges schönes Heim, nur bin ich manchmal recht traurig, dass ich kein eigenes Stückchen Garten dabei habe – und die Wohnung so ganz und gar allein zugänglich ist. Wie schön haben es doch alle meine Kollegen, die Villenbesitzer, die sich abschließen können. Aber alle haben sie dann ja Mann oder Frau oder somit eine Familie – was aber würde ich so einsam und allein – wenn auch von vielen Freunden umgeben – in einer Villa machen!" Ach Gott, diese Frau kann einfach nicht glücklich werden!

Der Honorarausfall bei der Constantin und die Wohnungsrenovierung sind jedoch nicht die einzigen Gründe, den Gürtel ab 1959 etwas enger schnallen zu müssen: Immer öfter muss Annie Auslandsengagements, wo sie mit höheren Honoraren rechnen kann, zurückstellen – das stundenlange Reisen mit Bus und Bahn ist ihr auf die Dauer zu strapaziös: „Allerdings werde ich jetzt Einschränkungen machen müssen, denn ich bin nun fast 71 Jahre und kann nicht mehr im alten Tempo weiterarbeiten. Besonders finde ich nicht mehr die Kraft, in der Welt herumzugondeln." Einen Ausweg aus der Misere bietet mittelfristig nur das Fliegen, das sich Schritt für Schritt zur bevorzugten Reiseform für Betuchte und Geschäftsleute etabliert. Das gefällt der alten Dame. Wenn sie fliegt, ist die „Herumgondelei" doch wieder nur halb so anstrengend: „Erst in 5000–6000 m Höhe fühle ich mich so richtig frisch und froh. Es ist gerade so, als ob mein Herz in solchen Höhen in Wirklichkeit auch höherschlagen würde", schwärmt sie im Freundeskreis. 1955 hat die Deutsche Lufthansa ihren ersten Linienflug durchgeführt und die Austrian Airlines hat erst im März 1958 ihren Jungfernflug absolviert. In diesen ersten Jahrzehnten des kommerziellen Flugverkehrs ist die Freiheit über den Wolken aber nicht nur superexklusiv, sondern tatsächlich auch noch grenzenlos: So entscheidet auf dem Rückflug von den Außenaufnahmen in Rom der Pilot selbstständig, dass es wichtiger sei, den Passagieren angesichts des schönen Wetters die Schweizer Alpen von oben zu zeigen, als pünktlich am Flughafen Zürich zu landen. Annie und vermutlich auch die anderen Fluggäste klatschen laut und vernehmlich. Heute würde ein derartiges Abweichen von der Flugroute unweigerlich ein Disziplinarverfahren gegen den Flugkapitän nach sich ziehen.

Aber schon bald sind teure Flugtickets für Produktionsgesellschaften kaum mehr vorfinanzierbar, denn Ende der 1950er Jahre bricht der deutsche Kinomarkt ein. Damit sind nicht nur die Rosar, sondern auch alle anderen, die vom Kino leben – Darsteller, Kameraleute, Tontechniker, Regisseure und Filmverleiher – wirtschaftlich gefährdet. Die Ufa, einst Deutschlands Film-Flaggschiff, muss 1962 Konkurs anmelden. Die Gründe für diese Krise des deutschen Films sind rasch aufgezählt: Das Fernsehen, die neuen städtischen Jugendtreffs, Clubs und Discos sowie das sinkende Interesse an kitschigen Heimat- oder Musikfilmen mit schwachem Drehbuch, die qualitativ in keiner Weise mit den französischen oder italienischen Filmen mithalten konnten. Wer sind schon die Marischkas und Antels gegen die Truffauts, Godards, Melvilles, Fellinis, Viscontis oder de Sicas? Gerade diese seichten Filmchen machen aber einen hohen Prozentsatz des gesamten deutschsprachigen Filmschaffens aus. Ihren Zenit haben die Kinos zwischen Kiel und Klagenfurt bereits 1956 mit 817 Mio. BesucherInnen erreicht – ab da ist es bergab gegangen. 1959 sind es nur mehr 670 Mio. – fast 20 % weniger, und in Annies Todesjahr, 1963, werden es gar nur mehr 366 Mio. sein. Das stellt einen Schwund von mehr als 50 % innerhalb von nur sieben Jahren dar.

Annie Rosar verlässt sich vor diesem Hintergrund nicht mehr allein auf die Kontakte von Stefanija Jovanovic, sondern intensiviert ihr eigenes Netzwerk. Das ist sie ja von früher schon gewohnt. Das kann sie. Sie schreibt an den neuen Burgtheaterdirektor Ernst Haeussermann, ob er nicht „Philemon und Baucis" ins Programm nehmen möge – dort gäbe es eine feine Rolle für sie. Sie schreibt Ernst Marischka wegen eines Nachfolgefilms zu „Der veruntreute Himmel". Eigentlich habe sie sowieso nie verstanden, wieso es nach dem Triumph nicht zeitnah eine Sequenz gegeben hätte. Sie schreibt an die Verantwortlichen der Berlinale, ob es nicht irgendwo eine Mutterrolle für sie gäbe. Wohl schreiben ihr all diese wichtigen Theater- und Filmleute sehr wertschätzend zurück, aber letztlich blitzt sie überall ab. Mit einem Wort: Annie hat einerseits weniger Einnahmen, dafür aber andererseits mehr Ausgaben. Pech sei das, meint sie kopfschüttelnd: „Lebe ich aber ohne besondere Einnahmen im jetzigen Standard weiter, dürfte meine Situation bald prekär werden. Könnte ich doch wenigstens die Kraft für meine Memoiren wenigstens für deren Entwurf aufbringen. Auto aufgeben samt Sekretär wäre ja eine große Ersparnis, aber mein liebes Publikum würde mich im Autobus wie in der Tram scheel anschauen, da ich doch unbedingt als Filmstar eine mehrfache Millionärin sein müßte. Auch bei Wolfi oder gar Ulla hoffe ich auf keinerlei Verständnis, wenn ich ihnen klarmachen will, dass ich mit meinen 71 Jahren nun doch nicht mehr so viel arbeiten und daher für sie ausgeben kann wie ich diese seit 16 Jahren tue. Wolfi meint großzügig, essen könne ich immer bei ihnen."

Was so flockig dahingeschrieben ist, belastet Annie in Wirklichkeit über die Maßen. Zahllose Tagebucheintragungen in den kommenden Monaten und Jahren beweisen, wie unglücklich und ängstlich sie darüber ist, ihrem Enkel möglicherweise bald nicht mehr alle Wünsche erfüllen zu können. Wer weiß, ob sie ihn, ihr Liebstes, ohne großzügige Geschenke und Einladungen dann nicht überhaupt verliere?

Wolfi, ein frühreifes Bürschchen, bereitet ihr ohnehin schon veritable Kopfschmerzen. Erstens kränkelt auch er – ähnlich wie sein Vater in diesem Alter – verschleppte Angina, undefinierbare Herzgeräusche, die Mandeln, ein schlechtes Blutbild. Psychosomatisch? Wahrscheinlich, für Oma Annie jedenfalls besorgniserregend. Zweitens legt er manchmal eigenartige Verhaltensweisen an den Tag, etwa wenn er mit einem Luftdruckgewehr, das ihm Mutter Ursula gekauft hat, im Garten in Krems Amseln vom Baum schießt. Annie findet das sehr abstoßend und ringt mit ihren Gefühlen. Dass der junge Mann damit eventuell auch seinem Vater, dem gefallenen Soldaten, nahe sein will, lässt sie nicht gelten, kann sie nicht gelten lassen. Drittens plagen sie Sorgen, weil Wolfi inzwischen andere Interessen verfolgt und sich von seinen Hormonen treiben lässt. Zwölf Monate zuvor, auf Mallorca, hat er sich zum Entsetzen seiner Großmutter sogar um ein Jahr älter gemacht, um bessere Chancen bei den Mädchen zu haben. Jetzt, im Juli 1959, ist er tatsächlich 15 ½ Jahre alt und nicht mehr zu halten. Wolfi büxt zunehmend aus – physisch wie psychisch.

Wenn sie miteinander auf Sommerfrische in Bad Ischl sind, kommt er entweder so spät ins Hotel zurück, dass Annie schon die Polizei rufen will oder ist anmaßend – zu ihr wie zum Personal. Oder er ist umgekehrt justament so wortkarg und abweisend, dass sie de facto gar nichts von ihm hat. Oder er kritisiert alles, weil ihm nichts passt: das Essen, die Ausflüge mit der Oma, ihre Gesellschaft, und überhaupt seien ihre Filme doch vor allem Schnulzen. Oder er schleppt pausenlos irgendwelche junge Frauen an: Ute, Ulli, Marie-Claire, Irmi … Annie verliert den Überblick. Ist ihr Enkel vielleicht gar ein Halbstarker geworden, wie man damals die rebellierenden männlichen Jugendlichen nennt? Schon seit einiger Zeit versucht die Behörde in Wien mit Razzien dem aus damaliger Sicht schändlichen Aufbegehren der Teens und Twens Einhalt zu gebieten – allein gegen Elvis Presleys Hüftschwingen, Marlon Brandos Lederjacke und Bill Haleys Rock 'n' Roll haben die Obrigkeiten keine Chance.

Ursula, die daheim in Wien weiterhin als Krankenschwester ihren Dienst versieht und ihre Freizeit inzwischen mit Freund Fredy verbringt, bekommt die Geschehnisse von beiden Seiten serviert. Sie erfährt in einem Brief von ihrem Sohn:

„Liebe Mutti! Ich sitze wie immer herum (in der Hotelhalle) und warte auf Oma. Mein Tag besteht aus: warten in der Hotelhalle, mit Oma inhalieren gehen (Tasche tragen), spazierengehen (Tasche tragen), im Kaffeehaus mit 30 alten Weibern zusammensitzen und über meine Krankheit zu diskutieren, die Oma bei jeder passenden und unpassenden Gelegenheit breittritt, füttern lassen, bis ich nicht mehr aus den Augen schauen kann, Tabletten fressen, Omas Halstücher tragen, wenn sie es für gut hält, dann warten in der Hotelhalle, bis sie ihr Mittagsschläfchen gehalten hat, spazierengehen (Tasche tragen), Kaffeehaussitzen (beim Bridge zuschauen), in mein Hotel zurückgehen und schlafen. Das Leben von einer Kreuzung zwischen Mastsau und Negersklaven! Wenn Oma schlecht aufgelegt ist, macht sie mich zur Sau! Dazu das trostlose Wetter! Das halte ich nicht länger aus. Ab jetzt fange ich an zu sekieren, nach Wien zu fahren.

Ich weiß ganz genau, was Du Dir denkst, wenn Du diesen Brief liest. Aber glaub mir, unter solchen Bedingungen wärst Du schon längst auf und davongerannt und tätest Dir genauso leid wie ich mir. Ich möchte am liebsten losheulen!!

Trotz dieser Umstände bin ich doch sehr brav und rede den ganzen Tag nicht mehr als 10 Worte, denn wenn ich mehr reden würde, wäre jedes Wort nur verbittert und gereizt und das würde unweigerlich zu 1 Million Herzinfarkten führen. Natürlich bin ich an allem schuld, was schiefgeht. Von der kleinen Gage für den Film bis zur „schlaflosen Nacht" nach einem doppelten Mokka eine Stunde vor dem Schlafengehen.

Ich komme mir wie Schiller unter der Diktatur von einem grausamen Tyrannen vor und ich kann nicht garantieren, daß ich nicht dasselbe wie er machen werde, nämlich nichts wie weg!!"

Gleichzeitig erhält Ursula folgenden Brief von ihrer Schwiegermutter: „Eine freche, undankbare Kröte, Dein „lieber Wolfi". Es wird sicher bald wieder die Sonne scheinen – er hatte es bisher sehr schön. Keine halbe Stunde der Langeweile, er ist ein Egoist von vorn bis hinten, dagegen ist Dr. R. ein Lämmlein. Ich schicke ihn dir bald zurück. So, da hat er es jetzt! Sei umarmt, Mama." Oma Annie erkennt nicht, wie sehr sie ihrem Enkel auf die Nerven geht. Das viele Geld, das sie in Wolfi hineinpumpt – monatlich ein Taschengeld von 200 Schilling bzw. 850 Schilling für Wolfis Schulgeld im Internat inkl. Kleidung, Schuhe und sonstige Gelüste des Jugendlichen, zusammen immerhin knapp 50 % des damaligen Durchschnittseinkommens in Österreich – macht das auch nicht besser.

Dazu macht sie ihm bei jeder sich bietenden Gelegenheit Druck und ein schlechtes Gewissen, schreibt in jedem zweiten Brief, er könne wohl ein Opfer für sie bringen, was hätte sie nicht alles für ihn schon gemacht etc. etc. etc. etc. Sie kann einfach nicht oder nicht mehr aus ihrer Haut. So entsteht eine On-off-Beziehung auch zwischen Wolfi und Oma Annie. Er benimmt sich aus ihrer Sicht fürchterlich, und sie schmeißt ihn aus ihrer Sommerresidenz in Bad Ischl. „Der ganze Ort weiß von Deiner Arroganz, Deiner Hemmungslosigkeit, Deiner Respektlosigkeit, Deiner Vergnügungssucht etc etc, zu berichten",[21] alteriert sie sich und verlässt zwei Tage aus Furcht vor dem Getuschel der Leute nicht das Zimmer.

Ursula entfaltet in dieser Zeit wahre diplomatische Künste. Sie versucht zum einen ihren wilden Sohn zu besänftigen: „Denke einmal nach, wie schön die Oma Dir das Leben macht, indem sie uns das durch ihr bloßes Dasein, nicht so arm sein läßt, wie wir es eigentlich sein müßten. Da wärest Du ein armes Kind, das keine solchen Ansprüche stellen dürfte. Wie zB jeden Monat eine Blue Jean usw. Und bist Du schon ein berühmter Mann? Bis jetzt noch nicht. Also leiste erst einmal! Wer nichts hat, der muss den Mund halten."[22] Und weiß gleichzeitig, dass auch für sie selbst das Einkommen der Schwiegermutter unverzichtbar für einen angenehmen Lebenswandel ist. So gewährt sie Oma Annie ein Maximum an verbalen Streicheleinheiten – „Liebes Mamatschileinchen" –, spendet ihr Trost und zeigt Verständnis, wo immer sie kann. Auch gibt die mittlerweile 38-Jährige gerade jetzt endlich dem Drängen ihrer Schwiegermutter nach und lässt den Namen des „Teufels", „Rebiczek", aus ihrem und aus Wolfis Namen entfernen: „Ursula Rosar" bzw. „Wolfgang Rosar" steht hinfort in ihren Dokumenten.

Neu in diesem Beziehungsdreieck, das seit Wolfis Geburt existiert, ist dessen zunehmende inhaltliche Positionierung zugunsten seiner Mutter. Er will jetzt nicht mehr einfach öfter bei ihr sein – nein, er findet auch Ursulas Standpunkte vor allem bei den sattsam bekannten innerfamiliären Themen richtiger. Damit erhält die bereits angeschlagene Beziehung Enkel–Großmutter einen weiteren Knacks. Oma Annie macht hier die Rechnung ohne den Wirt: Wenn sie ihre mäßige Sympathie für ihre Schwiegertochter gegenüber dem Enkel artikuliert, reagiert dieser nicht mehr als Verbündeter, der sie bemitleidet und durch die Bank versteht. Wolfi gebärdet sich im Gegenteil immer häufiger als Verteidiger seiner Frau Mama. „Ich habe Dich schon so oft gebeten, nicht meine Mutter zu beschimpfen! Ohne Erfolg! Ich kann es mir nicht anhören!",[23] wirft er der unsensiblen Großmutter vor. Auch Ursulas eingeschränkte finanzielle Situation macht Renés Sohn mehr und mehr zu schaffen. Kann Oma Annie hier nicht helfen? Das sollte doch bei ihrem Einkommen nicht schwerfallen! Aber jetzt ist es Wolfi, der sich verkalkuliert: Als er um mehr Unterstützung für seine Mutter bittet, erhält er eine glatte Abfuhr: „Seit dem Augenblick, wo Deine Mutter René kennenlernte, war ich für sie nur ein ‚zahlender Automat'. Der höchstens einen Stoß bekam, wenn er einmal nicht tadellos funktionierte", schreibt ihm Annie empört. Angesichts ihres nunmehr geringeren Einkommens kann sich ihre bisherige Großzügigkeit tatsächlich nicht mehr auf beide, Wolfi und Ursula, ergießen, und es ist ganz klar, dass die Schwiegertochter unter diesen Umständen den Kürzeren zieht.

Dabei ist die Mutter-Sohn-Beziehung – auch alles andere als friktionsfrei, um nicht zu sagen grenzwertig normal in ihrer Intensität in beide Richtungen: Heftige, lautstarke Streitereien, die im ganzen Haus in der Hauslabgasse bekannt waren, dass laut Oma Annie „Dein Weinen und Euer Geschrei über

Wohnungen und Häuser weit gehört wird, dass Ihr an der Alten Donau sowie sogar in den Spitälern dadurch Aufsehen erregt habt“, wechseln sich ab mit innigsten, auch körperlichen Liebesbekundungen, die grenzwertig für ein herkömmliches Mutter-Sohn-Verhältnis sind. Schon vor einiger Zeit hat die Rosar ihrer Schwiegertochter diesbezüglich erstmals Vorhaltungen gemacht: „Bei dieser Gelegenheit muss ich Dir auch ganz ernstlich vor Augen halten, ob Du denn Dir noch nie darüber Gedanken gemacht hast, was Du Deinem Jungen, der in den schwersten Pubertätsjahren steht, antust, wenn Du ihn heute noch immer in einer Art und Weise abschleckst und küßt, wie wenn er ein sechs Monate altes Baby wäre.“[24] Das ist nicht die Prüderie einer alten Frau aus dem vorigen Jahrhundert – die intensiven Umarmungen und Zärtlichkeiten seiner Mutter sind Wolfgang Rosar noch Jahrzehnte später im Gedächtnis. Vermutlich lebt Ursula so manche Sehnsucht nach körperlicher Nähe über ihren heranwachsenden Sohn aus.

„Ich aber will endlich Ruhe haben in meinem ohnehin so schweren Leben“, schreibt die alte Schauspielerin ihrer Schwiegertochter erschöpft, und man glaubt ihr das in diesem Moment ganz besonders.

Annie Rosar empfindet das Künstlertum immer öfter als „Märtyrerdasein“, durchsetzt von Heimweh und innerer Einsamkeit. Sie lamentiert, dass sie „tausendmal lieber jetzt zB in meiner schönen Wohnung wäre, als mit einem empfindlichen Magen jede Mahlzeit in einem Restaurant einzunehmen“. Nach der schlechten wirtschaftlichen Entwicklung im ersten Halbjahr 1959 lässt ihre Gesundheit weiterhin zu wünschen übrig: Im Oktober liegt sie in München mit schwerer Grippe im Krankenhaus. Eine Premiere am Volkstheater wird ihretwegen zunächst verschoben, findet aber dann doch mit einer Einspringerin statt. Kaum zurückgekehrt in Wien und in Vorbereitung ihrer nächsten Theaterrolle werfen Annie binnen weniger Tage Fieber und ein Herzanfall nieder – sie muss wieder alles absagen. Sie macht ihr Testament und schickt es an Christian Broda, während in den heimischen Medien erste kritische Stimmen gegen sie laut werden. PR-mäßig hat die Rosar jedenfalls schon bessere Zeiten erlebt – auch Qualtingers Parodie über sie ist noch immer am Programm. Solidaritätsbekundungen aus dem Freundeskreis, wie von Adrienne und Friedrich Lorenz, dem Chefredakteur des „Neuen Österreich“, tun zwar gut, nutzen aber nach außen hin wenig: „Ich schwöre es Dir – weder mein Gatte noch ich haben ein einziges Mal herzlich gelacht, nicht einmal gelächelt. In der Pause sind wir protestartig weggegangen, weil ich den zweiten Teil einfach nicht mehr ertragen hätte.... Über Bosheit allein habe ich in meinem ganzen Leben noch nicht gelacht, ich glaube auch, dass die meisten nur hingehen, um dort gewesen zu sein, weil man sich einbildet, es gehöre vielleicht zur Zeit, den Hr. Qu. gehört zu haben."[25] Bosheit hin, Bosheit her: Manche Fakten sind einfach schwer zu relativieren. Friedrich Lorenz kann deshalb auch trotz seiner Position innerhalb der heimischen Medienlandschaft wenig für die alte Freundin tun: Die Rosar ist eben ständig krank und bringt dadurch Theater- wie Filmproduktionen, die mit ihr gerechnet haben, in die Bredouille. Nach „Entsetzen und Wut im Volkstheater" muss sie wegen einer schweren Angina auch bei der Constantin einen Film in letzter Minute absagen. „Wieder Zeitungen mit meiner neuerlichen Erkrankung voll – ich elend, elend, elend."[26]

Anfang 1960 feiert das Volkstheater sein 70-jähriges Jubiläum. Die Wiener Theaterwelt ist versammelt, Annie Rosar hingegen, die seit Jahrzehnten regelmäßig auf dieser Bühne gespielt hat, wird erst gar nicht eingeladen. Eine schwere Kränkung! Von einem Freund erfährt sie, dass „es allgemein heiße, ich wäre gar nicht krank".[27] Man habe sie daher absichtlich auf der Einladungsliste übergangen. Direktor Leon Epp macht ihr in einem harschen Schreiben auch unmissverständlich klar, dass er hinkünftig auf ihre Dienste verzichten möchte. Bitter beklagt sie sich in einem dreiseitigen handgeschriebenen Brief. Epp möge sie doch klagen, damit amtlich festgestellt werden könne, dass sie tatsächlich immer krank gewesen sei, wenn sie dem Volkstheater habe absagen müssen. „Wie viel junge Schauspieler sind überall erkrankt – keiner muss in ihrem eigenen Unglück noch solche Schmach ertragen wie ich in meinem 72. Lebensjahr." Epp klagt nicht, aber Annie Rosar wird nie wieder am Volkstheater in Wien spielen. Ein bitteres Ende einer so langen beruflichen Beziehung.

War das alles nichts wert, was sie ihr Leben lang geleistet hat? Annie ist sehr verletzt. Sie kann die Sache mit dem Volkstheater nicht einfach abtun. Was sie dringend braucht, ist neue Anerkennung. Dass sich gerade jetzt eine neue Chance auf ihr lebenslanges Projekt – ihre Memoiren – ergibt, tut ihr gut. Der Besuch Peter Thomas Heydrichs, Neffe und Patenkind des gefürchteten „Henkers von Prag" in Wien steht vor der Tür. In ihm, dem jungen Theatermann, den sie letztes Jahr in Berlin kennengelernt hat und der sich später als politischer Kabarettist, Chansonnier und Schauspieler einen Namen in Deutschland machen wird, meint sie, den optimalen Biographen gefunden zu haben. Sie ist voller Hoffnung.

Wie oft hat sie nicht schon seit Jahrzehnten versucht, ihr ereignisreiches Leben in seiner Gesamtheit darstellen zu lassen. Ende 1941, mitten im Krieg, hat sie erste Vorschläge an den nationalsozialistischen Junker-und-Dünnhaupt-Verlag gesandt. Dort hat man ihr eine Bewilligung für ein solches „Erinnerungsbuch" aber erst mit Kriegsende in Aussicht gestellt. Sie möge einstweilen schon einmal alles zusammentragen. Im Mai 1945 ist Junker und Dünnhaupt aus naheliegenden Gründen von den Alliierten verboten worden, und seither steht Annie mit mehreren Versionen von Inhaltsverzeichnissen, halb angefangenen Kapiteln und Fetzen von rasch notierten Anekdoten da – dabei braucht sie doch jemanden, der für sie formuliert und mit ihren unzähligen Dokumenten, Fotos und Kritiken ein Gesamtkunstwerk baut. Deshalb hat sie auch erst kürzlich den Vorschlag von Bildzeitung und Buchgemeinschaft Donauland, ihre Erinnerungen auf Band zu sprechen, abgelehnt. Zu mühsam. Heydrich erscheint ihr daher wie ein Retter in Not. Der junge Mann hat eine schwärmerische Verehrung für die Wiener Künstlerin, die fast seine Großmutter sein könnte, entwickelt: „Denn ich habe Sie in mein Herz geschlossen, so albern Ihnen das klingen mag, wenn es ein 28-jähriger Mann sagt", versucht er selbst seine Empfindungen zu erklären. Nach vielen Gesprächen mit der mütterlich wirkenden Annie empfindet der familiär Traumatisierte eine Art seelische Verbundenheit. Vielleicht haben die beiden während langer Spaziergänge auch über ihre gemeinsamen Verluste durch das Naziregime gesprochen? Heydrichs Vater Heinz, Reinhards jüngerer Bruder, hat sich aus Angst vor einer bevorstehenden Anklage wegen Hochverrats 1944 erschossen. Dazu kommt: Heinz Heydrich ist als Mitarbeiter der Panzerpropagandakompagnie 697 wie René an der Ostfront im Einsatz gewesen. Annie kann sich gut in Peter Thomas hineinfühlen, er wiederum sucht Nähe. „Ich wünschte nur allzu heftig, dass wir uns bald einmal wiedersehen könnten. Ihr Brief deutete ja auch Ihren Wunsch nach gemeinsamer Arbeit an. Und Sie dürfen mir glauben, dass mir das Herz schlug."[28] Als Treffpunkt zum Sichten ihrer Unterlagen peilt Heydrich Februar 1960 an. Er lässt schon seine Post nach Wien umleiten und sagt in Hannover und Berlin alle Termine ab, denn „Das Buch muss geschrieben werden." Doch der Kontakt zwischen Annie und dem jungen Heydrich reißt jäh ab, ohne Erklärungen, ohne Angabe von Gründen, ohne Erwähnung der neuerlichen Enttäuschung in ihren Notizen oder in Briefen an andere. Wieder muss sie ihr Memoiren-Projekt begraben.

Im Frühling 1960 steht Annie Rosar durch die Mitwirkung in zwei Filmen wohltuende Publicity ins Haus: Sie spielt in „Am Galgen hängt die Liebe", einem Drama über Gewissensfragen im Krieg, das sogar der deutsche „Spiegel" lobt: „Aus einem österreichischen Atelier entsproß seit Jahren kein so harter, unkonfektionierter Film."[29] Der zweite Film ist die Antel-Produktion „Die Glocke ruft" mit Hans Holt. Doch es ist ein Jammer mit ihrer instabilen Verfassung: Kaum haben die Dreharbeiten begonnen, ist die Rosar schon wieder krank. Einmal lässt sie sich sogar mit Herzinfarktverdacht ins Spital einliefern.

Franz König eilt besorgt an ihr Krankenbett. Ihr Tagebuch liest sich 1960 als reine Auflistung von schlecht geschlafenen Nächten, Schwächeanfällen, Herzflimmern, Ruhepuls jenseits der 100, hohem Blutdruck, Injektionen, Abstimmungen mit Ärzten, Verzweiflung und Ängsten, es wieder nicht zu schaffen. Der einzige Unterschied zum Theater: Filmproduktionen sind flexibler. Ist sie an dem einen Tag unpässlich, so geht es vielleicht besser am nächsten Tag. Irgendwann ist aber auch dort der Bogen überspannt: Bei den nachzufilmenden Innenaufnahmen zurück in Wien muss sie Franz Antel schon wieder absagen. Die Filmproduktion geht kurz nach Ende der Dreharbeiten in Konkurs, nachdem man ihr vorher die Spitalskosten von der Gage abgezogen hat. Wer zahlt außerdem die horrende Summe von 75.000 Schilling an Mehraufwand für zusätzliche Drehtage? Annie ruft die Gewerkschaft zu Hilfe und man einigt sich irgendwie. Anstrengend.

Da ergeht eine Information des Bezirksgerichts Krems an Annie, die ihrer angeschlagenen Gesundheit den nächsten Dämpfer versetzt: Franz Rebiczek-Rosar hat sein Testament geändert. Er schließt nicht weiter überraschend seine Noch-Immer-Ehefrau „die seit Jahren nicht mehr mit mir im gemeinsamen Haushalt lebt und mich einfach ignorierte“[30] explizit von jeglichem Erbe aus. Parallel dazu rückt er aber Wolfi, der bis dahin alles hätte bekommen sollen, nur an die dritte Stelle der Erbfolge – nach seiner Wirtschafterin und nach deren Sohn. Annie wird zur Furie. Sie kann sich vor Geifer und Hass kaum halten. Ihr Enkel, der doch nichts für die Zerwürfnisse der beiden Eheleute könne, solle hier benachteiligt werden! Die ganze Aufregung geht auf ihr Herz und ihre Nerven. Als nächstes muss sie dem Theater in der Josefstadt absagen. Gleich zweimal für Maxim Gorkis „Nachtasyl“ und „schon sickert diese oder jene Absage durch […] mit der Annie Rosar ist ebensowenig zu rechnen, weil sie (wieder einmal) so krank ist, dass ihr die Ärzte die heilsame Bestrahlung im Atelier verschrieben haben und so welken kaum aufgeblühte Besetzungswünsche dahin […]“, schreibt der Kurier in diesen Tagen mit galligem Unterton. Dabei kennt keiner die genauen Details zu ihrem aktuellen Zustand. Man sagt: Immer bei lukrativen Filmaufnahmen sei sie gesund, fürs Theater werde sie aber immer krank.

Annie Rosar verflucht ihre körperlichen Gebrechen und ihr Alter und tut, was sie immer in Not tut: Sie gibt anderen die Schuld, allen voran ihrer Schwiegertochter und ihrem Leider-Noch-Immer-Ehemann. Quell allen physischen Übels sei, davon lässt Annie sich nicht abbringen, ihre schwere Verkühlung vom Frühling 1958 (!), als Ursula über Nacht das Fenster offengelassen hat. Für ihre entsetzliche seelische Situation ist natürlich Franz Rebiczek-Rosar verantwortlich. Mitte August rafft sie sich auf schreibt ihm ein letztes Mal. Sie wechselt ins „Sie": „Seit mehr als sechs Jahren belästigen Sie mich mit Telefonaten, überhäufen mich mit Briefen und Ansichtskarten von den herrlichen Reisen, die Sie in der Lage sind zu machen und es stört Sie keineswegs, dass ich nie auf solche Mitteilungen über Ihr schönes Leben, das Sie führen können, reagiert habe." Er möge, fügt sie noch an, ja nicht als trauernder Gatte hinter ihrem Sarg hergehen und im Übrigen würde sie ihm auch nichts vererben.

Bei Freunden und Bekannten – auch das ist ein bekanntes Muster – sucht die Schauspielerin proaktiv Beistand, allen voran beim Bundespräsidenten und beim Kardinal. Sie braucht emotionalen Zuspruch. Franz König antwortet postwendend: „Machen Sie sich sonst keine Sorgen wegen jener Zeitungspolemik" und verspricht ihr sogar, Minister Drimmel „in geeigneter Form wieder auf Ihre Person aufmerksam"[31] zu machen. Adolf Schärf, der unter allen Umständen verhindern will, dass die Rosar mit allfälligen Tröstungen seinerseits hausieren geht, wünscht nur generell alles Gute und übergeht ihre Klagen samt und sonders.

Weihnachten 1960 hat Annie endlich Zeit, sich ein wenig auszuruhen und über ihre Situation nachzudenken. Ihre Möglichkeiten, die Dinge aufzuhalten, sind beschränkt: Sie wird nicht jünger und nicht gesünder, dafür aber immer einsamer. Doch eines kann sie zumindest versuchen: Sich Franz Rebiczek-Rosar vom Leib zu halten. Sie will von ihm nichts mehr hören und sehen in diesem ihrem Leben. Kann seine Anwältin Dr. Friedl Englisch ihn nicht auffordern, die ständigen Kontaktversuche zu unterlassen? Sie ersucht die Juristin von Frau zu Frau um Hilfe: „Ich bitte Sie Ihren Klienten wissen zu lassen, dass ich eher meinen Lebensabend im Notfalle in einem Altersheim beschliessen würde, als zu ihm zurückzukehren." Doch ist Annies Verhalten ambivalent. Als Rebiczek-Rosar im Februar 1961 70 Jahre alt wird, sammelt sie alle Artikel, die in Würdigung dieses runden Geburtstags in den Zeitungen erscheinen. Wozu? Als Trophäe? Oder gibt es da doch einen Rest an Verbundenheit? Der Jubilar selbst erfährt davon nichts. Er flüchtet vor allen Feiern nach Bayern in die Nähe der tschechischen Grenze, wo er, damals noch Österreich-Ungarn, geboren wurde. Dort, inmitten schneeverwehter Landschaften, und weit weg von Telefon und Post, blickt er romantisierend zurück, auf seine Kindheit, seine Jugend und seine Liebe zu seiner Frau: „Und das Schönste im Leben sind doch unsere Träume!"[32] Seine Schrift ist krakelig, seine Hand zittrig.

Annie spürt, dass sie zusehends unfreiwillig in eine Art Abseits hineinrutscht. Sie hat den Überblick über ihre finanziellen Gebarungen verloren, was bei geringerem Einkommen zu spürbaren Konsequenzen führen kann. So rückt ihr schließlich im März 1961 das Finanzamt respektive ihr Steuerberater auf den

Pelz. Sie macht nämlich Ausgaben geltend, ohne Belege dafür zu haben. Obwohl sie ihre Korrespondenz und Kritiken über Jahrzehnte peinlich genau gesammelt und aufbewahrt hat, sind ihre Finanzunterlagen lückenhaft und von ihr vernachlässigt worden. Sie hofft, durch Mitgefühl ein Nachsehen eingeräumt zu bekommen: „Es ist traurig genug, dass eine Künstlerin meines Ranges mit 73 Jahren in der Sorge leben muss, ob es in kürzester Zeit noch dazu reichen wird, die letzten Tage in einem Altersheim zu verbringen.“[33] Mangels Belegen setzt ihr Steuerberater also willkürlich Beträge an, die aber aus Annies Sicht viel zu niedrig sind. „Ich möchte die Künstlerin sehen und noch dazu eine solche meines Ranges, die mit S 576,90 im Jahr für Friseur und Körperpflege auskommt.“ Es ist alles ein Jammer. Wie symbolträchtig, dass auch ein Teil der Theaterwelt, in der Annie Rosar jahrzehntelang gewirkt hat, zeitgleich im wahrsten Sinne des Wortes öffentlich zu Grabe getragen wird: Ein Wiener Theater nach dem anderen muss nicht nur schließen, sondern wird demoliert. Abgerissen. Dem Erdboden gleichgemacht. Das betrifft das Bürgertheater, wo die Rosar gleich nach dem Krieg „Im sechsten Stock“ brilliert hat, das Wiener Stadttheater, die zweite Operettenbühne neben der Volksoper, und die Scala in Wien-Wieden, wo Annie bereits in den Zwanzigerjahren engagiert gewesen ist. Sie alle straucheln zwischen 1959 und 1961 aus wirtschaftlichen Gründen. Die Kulturstadt Wien sieht keine Möglichkeit, diese Theater zu unterstützen.

Nicht zuletzt vor diesem Hintergrund haben daher für die Volksschauspielerin spätestens ab Anfang der 1960er Jahre Ehrungen aller Art nicht nur die übliche besondere Bedeutung wie im Leben jeder/s anderen Künstlers/in auch. Einladungen zu Veranstaltungen, wo sie im großen Scheinwerferlicht geehrt wird, wirken bei ihr heilend und tröstend. Sie bieten Annie Rosar außerdem gute Möglichkeiten, Enkel Wolfi, auf dessen Prioritätenliste sie als Großmutter mittlerweile weit nach unten gerutscht ist, zumindest ein paar Stunden lang wieder an ihrer Seite zu haben. Wenn sie ihn anruft und einlädt, sie an solchen Abenden zu begleiten und in ihrer Gegenwart mit Prominenten aus Film, Funk, Fernsehen und Politik zu plaudern, dann ist der mittlerweile 17-Jährige immer zur Stelle. Welcher junge Mensch würde da schon Nein sagen? Als Annie am 15. März 1961 das Goldene Ehrenkreuz der Stadt Wien im Rahmen eines Festakts im Unterrichtsministerium erhält, glänzt Wolfi adrett herausgeputzt an ihrer Seite und gibt ihr das Gefühl, doch nicht allein zu sein auf dieser Welt. Nur einen Monat später, als sie am 26. April in Karlsruhe einen Goldenen Bambi in der neugeschaffenen Kategorie für „Hohe Verdienste um den deutschen Film“ erhält, ist der junge Mann auch wieder dabei. Sie ist so aufgeregt, dass ihr auf der Bühne der riesige Rosenstrauß fast aus der Hand fällt. Gerade noch kann ihn eine Assistentin der Regie hinter ihr auffangen. „Den jugendlichen Autogrammjägern fast unbekannt ist die 73-jährige Wienerin Annie Rosar", sagt der Moderator des SWR-Beitrags und erwähnt dabei ausgerechnet Veit Harlans „Die goldene Stadt" als ihr herausragendes und repräsentatives Werk. Tief bewegt bedankt sie sich bei ihrem „geliebten deutschen Publikum".[34] Annie strahlt und verrät nur in einem sprachlich ungeordneten Nebensatz – „weil ich Sie nie so viele vielleicht beisammen mehr sehe" – wie sehr sie durch ihre schwache Gesundheit verunsichert ist. ZuhörerInnen, die ihre absagebedingten Probleme mit Theater und Filmproduktionen nicht kennen, wissen mit dieser Formulierung vermutlich nicht viel anzufangen.

Wolfi genießt mit hunderten Festgästen in der Schwarzwaldhalle den Aufmarsch der anderen PreisträgerInnen wie Ruth Leuwerik, O. W. Fischer oder Sophia Loren, die erstmals mit dem Bambi für die beste internationale Schauspielerin gewürdigt wird. Georg Thomalla führt durch den Abend. Beim anschließenden Abendessen sitzt Annies Enkel neben Sophia Loren und Peter van Eyck. „Viel Wirbel, etwas erkünstelte gute Laune und viele Attrappen", berichtet er seiner Mutter nach Wien. „Oma schwelgte in Italienisch, Dr. Hardegg [*Anm. ein Freund aus Wien*] in Wein und ich im Anblick dieser Frau." Das üppige Dekolleté der Diva bringt den jungen Mann fast um den Verstand. „Natürlich war es ein großes Tam Tam, bis Oma endlich im Bett lag (zu heiß, keine Luft, es zieht, wo sind die Kofferschlüssel, um Gottes Willen, wo ist das Tectocardon…), aber dann verbrachte ich eine ruhige Nacht."

Die vielen schönen Frauen, der Glamour, die Dinnerpartys – für eine kurze Zeit kokettiert Wolfi sogar damit, Schauspieler zu werden. Annies Augen leuchten und eilig setzt sie Himmel und Erde in Bewegung, um ihn bei diesem Berufswunsch zu unterstützen. Sie organisiert bei Franz Stoß in der Josefstadt einen Ausbildungsplatz für Wolfi und ist selig, dass nun vielleicht doch noch alles gut werden wird. Doch dann macht Wolfi einen Rückzieher – vielleicht hat er es nie so ernst gemeint mit dem Schauspielern, vielleicht fühlt er sich aber auch überrumpelt von der Initiative seiner Großmutter, die ihn in ihr Vorgehen mit keinem Wort eingeweiht hat. Übrig bleibt am Ende die Rosar, die sich bei Stoß entschuldigen und erklären muss. Trotz all des Dramas ist ihre Liebe zum Kind ihres Sohnes ungebrochen, Annie ist ihm emotional fast hilflos ausgeliefert. Diese Zeilen bringen das deutlich zum Ausdruck: „Wisse, dass mein Segen Dich überall hin begleitet. Ich weiss, dass es nicht zu verlangen ist, dass Du mich jetzt schon ganz verstehst. Vielleicht in 10 oder gar 20 Jahren wirst Du mich erst verstehen – kränke Dich nicht, wenn es dann für mich längst zu spät ist."[35]

Einen Monat später, Ende Mai 1961, wird der junge Mann wegen mehrfa-

Abb. 71: Verleihung des Ehrenkreuzes für Wissenschaft und Kunst der Republik Österreich 1961. V. l. n. r.: Bundesminister für Wissenschaft und Kunst Dr. Heinrich Drimmel, Josefstadt-Direktor Franz Stoß, Annie Rosar und ihr 17-jähriger Enkel Wolfgang.

chen schlechten Betragens aus dem katholischen Internat hinausgeschmissen. Ursula und Annie sind in seltener Einigkeit empört. Keine Extralieferung besten Weins, keine Spenden, keine Bitten und kein Betteln der Rosar können die Entscheidung der Padres revidieren. Annie ist verzweifelt und depressiv. Tagelang beschäftigt sie das offensichtliche Unglück, das ihrem Enkel durch sein unangemessenes Verhalten hinkünftig beschieden ist. Dabei geht an ihr völlig vorbei, was ganz Österreich, ja die ganze Welt, in Atem hält: Der sogenannte Zweier-Gipfel zwischen dem neuen US-Präsidenten John F. Kennedy und dem sowjetischen Ministerpräsident Nikita Chruschtschow am 3. bzw. 4. Juni in Wien. Noch nie sind diese beiden Spitzenpolitiker einander begegnet – Österreichs Außenminister und späterer Bundeskanzler Dr. Bruno Kreisky hat dieses Treffen vorgeschlagen. Wien hat sich inzwischen gemausert und versucht, sich als weltoffene Stadt zwischen West und Ost zu präsentieren. Der Flughafen Wien-Schwechat ist seit einem Jahr in Betrieb, Oskar Kokoschka, unter den Nazis noch ein Vertreter der „entarteten Kunst", ist erst jüngst Ehrenbürger geworden und Hochhäuser für Büros und Wohnhausanlagen zeugen von einer neuen architektonischen Epoche. Annie Rosar erwähnt oder bespricht dieses

Ereignis der Weltpolitik aber nirgendwo und mit niemandem – nicht mit Adolf Schärf, der als Bundespräsident offizieller Gastgeber ist. Nicht mit Kardinal König, an dessen Sonntagsmesse im Stephansdom JFK mit seiner Frau Jackie teilnimmt. So ein schönes Paar! „Wo immer sie auftauchte, gab es Verkehrsstauungen, Händeklatschen und laute „Jackie-Jackie-Rufe",[36] beschreibt „Die Presse" anschaulich die Stimmung in Wien. Doch was interessiert das alles Annie Rosar, wenn es um Wolfi nicht gut bestellt zu sein scheint.

Der ganz normale Generationenkonflikt saugt ihr förmlich die letzte Kraft aus dem Leib. Nicht nur tut ihr Enkel schlicht nicht das, was aus ihrer Sicht für ihn gut ist, er ist auch nicht dankbar, dass sie ständig sein Lebensglück im Sinn hat. Dabei sieht sie leider ihren eigenen Anteil an der Misere nicht. Was sie für ihn tut, passiert meist ohne Abstimmung und Rücksprache – weder mit ihm, aber auch nicht mit seiner Mutter. Warum tut sie das? Ist sie von Renés Abwehrhaltung gegenüber ihren Vorschlägen so traumatisiert, dass sie sich einer Diskussion in der Familie gar nicht mehr aussetzen will? Meint sie ernsthaft, den Enkel vor vollendete Tatsachen zu setzen, sei die bessere Methode? Oder spricht sie Ursula und Wolfi in einer Art von Überheblichkeit ab, für das eigene Wohlergehen sorgen zu können? Wäre Annie Rosar ein Mann, man könnte ihr Verhalten als paternalistisch bezeichnen. Am Ende scheitert sie trotzdem und ist umso mehr am Boden zerstört, wenn sich die Dinge anders entwickeln als von ihr geplant: Zum einen soll Wolfi in einem anderen Internat die Schule beenden. Dafür veräußert sie ihr heißgeliebtes Auto, um mit dem Erlös das Schulgeld zu finanzieren. Dafür schwindelt sie die Schulleiter eines von ihr ins Auge gefassten alternativen Internats bezüglich des wahren Grundes für Wolfis Abgang aus Strebersdorf an. Zum zweiten soll der geliebte Enkel nach ihrem Tod in ihre Wohnung einziehen. Dafür und nur dafür hat sie aufwändig ihre Wohnung renoviert. Dabei will Wolfi, „der jetzt schon das Äußere eines jungen Siegfried hat" aber partout nicht mehr in ein Internat, sondern in eine öffentliche Schule und in ihre Wohnung will er auch nicht. Zumindest nicht jetzt. Am Ende steht Annie ohne Auto da und Wolfi verliert, als er bei seiner Mutter einzieht und dort gemeldet wird, den Anspruch auf die Mietwohnung in der Währinger Straße. „Scham und Schmach überall."[37]

Am 17. November 1961 stirbt doch recht unerwartet Franz Rebiczek-Rosar im Krankenhaus von Krems einen einsamen Tod. Wenige Tage zuvor hat man ihm noch das Bein oberhalb des Knies amputiert. Auf seiner Pate wird keine einzige Person namentlich genannt, nur von Hinterbliebenen im allgemeinsten aller Sinne ist die Rede. Im allerkleinsten Kreis – die SPÖ hat einen Redner geschickt – wird Annies Ehemann zu Grabe getragen. 31 Jahre lang sind sie offiziell verhei-

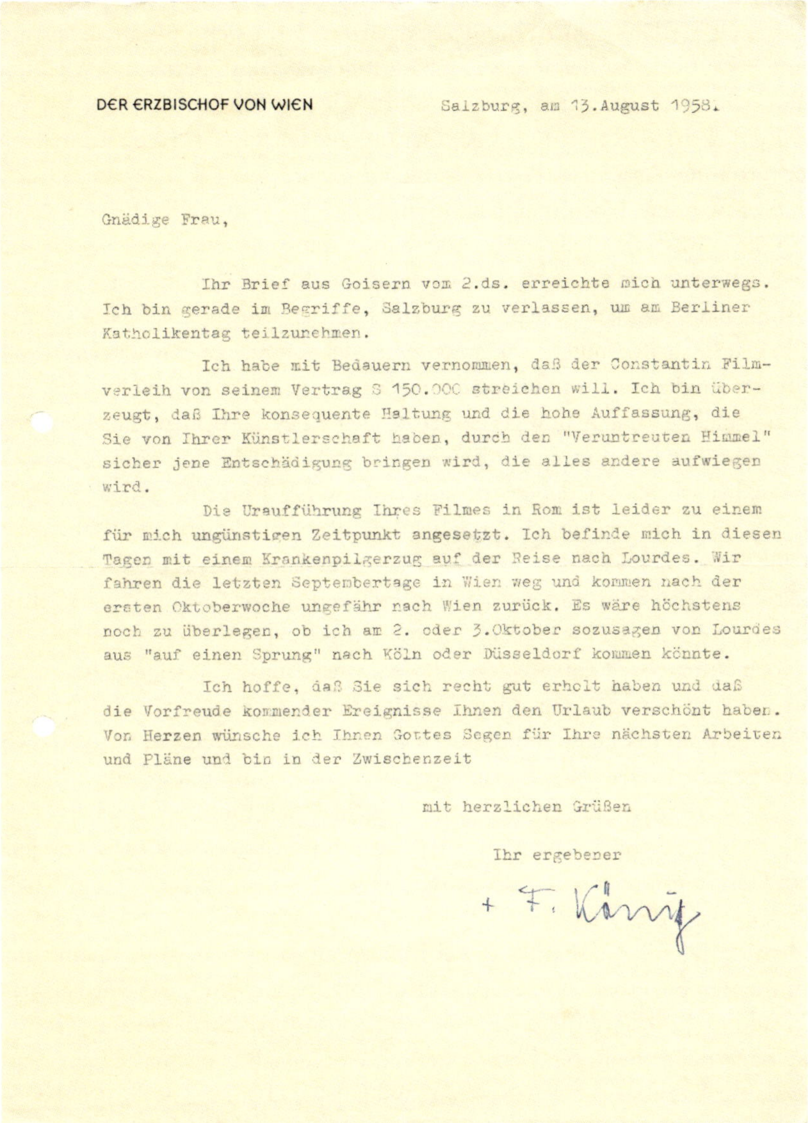

DER ERZBISCHOF VON WIEN

Salzburg, am 13.August 1958.

Gnädige Frau,

Ihr Brief aus Goisern vom 2.ds. erreichte mich unterwegs. Ich bin gerade im Begriffe, Salzburg zu verlassen, um am Berliner Katholikentag teilzunehmen.

Ich habe mit Bedauern vernommen, daß der Constantin Filmverleih von seinem Vertrag S 150.000 streichen will. Ich bin überzeugt, daß Ihre konsequente Haltung und die hohe Auffassung, die Sie von Ihrer Künstlerschaft haben, durch den "Veruntreuten Himmel" sicher jene Entschädigung bringen wird, die alles andere aufwiegen wird.

Die Uraufführung Ihres Filmes in Rom ist leider zu einem für mich ungünstigen Zeitpunkt angesetzt. Ich befinde mich in diesen Tagen mit einem Krankenpilgerzug auf der Reise nach Lourdes. Wir fahren die letzten Septembertage in Wien weg und kommen nach der ersten Oktoberwoche ungefähr nach Wien zurück. Es wäre höchstens noch zu überlegen, ob ich am 2. oder 3.Oktober sozusagen von Lourdes aus "auf einen Sprung" nach Köln oder Düsseldorf kommen könnte.

Ich hoffe, daß Sie sich recht gut erholt haben und daß die Vorfreude kommender Ereignisse Ihnen den Urlaub verschönt haben. Von Herzen wünsche ich Ihnen Gottes Segen für Ihre nächsten Arbeiten und Pläne und bin in der Zwischenzeit

mit herzlichen Grüßen

Ihr ergebener

+ F. König

Abb. 72: Einer der vielen Briefe von Kardinal Franz König an Annie Rosar, datiert am 13.8.1958. Er wird in Annies letzten fünf Lebensjahren zu ihrem vertrauten Seelenfreund.

ratet gewesen, davon maximal ein Drittel in einer halbwegs regulären Beziehung mit gemeinsamen Lebensmittelpunkt. Gerade die letzten Jahre sind emotional aufreibend gewesen – wohl für beide, vor allem aber für den Verstorbenen.

Über all die Jahre hat Annie Rosars vierter Mann sich um Wiedergutmachung bemüht. Er ist bereit gewesen zu kitten, was zumindest seiner Meinung nach noch immer zu kitten gewesen wäre. Mit der Zeit hat sich aber bei ihm Verbitterung breit gemacht. Aus der ursprünglichen Anrede „Liebe Annie" und dem vertrauten Absender „Franzl" ist über die Jahre ein „LA" und ein gedrucktes „F." geworden. Noch später sind selbst diese drei Buchstaben schon zu intim. Ohne Anrede und ohne Absender hat die Rosar noch monatelang unerbetene Nachrichten aus einer Welt erhalten, die nicht mehr die ihre ist.

Annie hat schon lange einen Schlussstrich ziehen wollen. Doch ohne Chance auf Erfolg ist sie in punkto Scheidung jedes Mal von neuem gescheitert. Anwältin Friedl Englisch hat immer wieder versichert: „Er liebt und schätzt Sie, sehr geehrte gnädige Frau",[38] und gegen den Willen eines der beiden Partner ist eine einvernehmliche Auflösung der Ehe noch nicht möglich. Es ist Annies Anwalt selbst, Christian Broda, der spätere Justizminister, der 1978 mit der Reform des § 55 Ehegesetz eine automatische Scheidung nach mindestens sechs Jahren Lebens in getrennten Haushalten verankert. Annie hat gewusst, dass also erst der Tod sie scheiden wird. Einem Gerichtsverfahren „besonders mit solchen skrupellosen Gegnern" sei ihr Herz ja „nicht mehr gewachsen".[39]

Noch einmal hat Franz Rebiczek-Rosar seiner Annie ein halbes Jahr vor seinem Tod zum Hochzeitstag, der gleichzeitig ihr 73. Geburtstag ist, geschrieben. Nicht mehr mit der Hand, sondern mit der Schreibmaschine – es ist nicht mehr anders gegangen. Wie damals 1930 mit gebratenem Gansl und selbstgekeltertem Wein wolle er feiern, hat er angekündigt. Er hat auch Blumen aus seinem Garten in Krems geschickt, denn „eine Ahnung solltest Du haben wie schön jetzt mein Garten und das neu hergerichtete Haus mit meinen Räumen in Krems ist". Antwort hat es – natürlich – wieder keine gegeben.

Annies Kalender enthält keinerlei Eintragung zu seinem Tod, auch keinen Kommentar. Sie erhält einige wenige Kondolenzschreiben – Antworten ihrerseits sind nicht bekannt. Als sie Seelenfreund Kardinal Franz König zwei Wochen nach Rebiczek-Rosars Tod wieder schreibt, erwähnt sie mit keinem Wort, dass sie zur Witwe geworden ist. Enkel Wolfi gegenüber rafft sie sich zu der Bemerkung auf, dass diese Weihnachten wohl anders seien als sonst.

9. „Umarme ich Dich zum letztenmale innigst, Oma Annie!"

1962–1963

Annie Rosar ist 74 und will ihre Dinge regeln. Der Tod von Ehemann Franz hat ihr vermutlich besonders deutlich vor Augen geführt, wie schnell es dann am Ende gehen kann.

Sie setzt ein neues Testament auf – ihr Notar bestätigt dessen Erhalt am 22. Jänner 1962. Die Änderungen sind gegenüber der Version von 1959 gering: Wolfi soll weiterhin ihr Alleinerbe sein, Schwiegertochter Ursula wird explizit ausgeklammert, sie soll nicht einmal Annies Schmuck bekommen. Dafür wird Schwester Hermine mit 10.000 Schilling, dazu Kleider und der Nerzstola bedacht. „Ich bitte die Stadt Wien oder Bühnengewerkschaft mein Begräbnis zu übernehmen", steht in dem Dokument weiter, „für arme Kollegen" stellt sie 50.000 Schilling zur Verfügung. Ihren Nachlass vermacht sie Prof. Kindermann als Leiter des Instituts für Theaterwissenschaften. Sollen die ExpertInnen dort zumindest posthum ihr Leben aufarbeiten und als Biographie veröffentlichen. Sie unterschreibt ihren Letzten Willen mit Annie Rebiczek-Rosar – das ist als Witwe noch immer ihr offizieller amtlicher Name.

Sie arbeitet weiterhin, auch wenn ihr fortgeschrittenes Alter nur mehr kleinere Rollen oder Engagements, die ganz auf sie persönlich zugeschnitten sind, zulässt.

Im Frühling 1962 nimmt sie ihre beiden großen Einzelerfolge, Aischylos' „Die Perser" und Dengers „Langusten" auf Langspielplatte auf. Die Produktion übernimmt Preiser Records – dieselbe Firma, bei der auch Helmut Qualtinger seinen legendären „Herr Karl" herausbringt. Erst wenige Monate zuvor ist eine Welle der Empörung durch die österreichische Bevölkerung gegangen, als Qualtinger im ORF seine Kunstfigur als „menschlichen Zustand österreichischer Prägung" [1] und damit als Inbegriff von Opportunismus und Gesinnungslosigkeit präsentiert. Preiser Records, wo man sich seit 1958 mit der Serie „Kabarett in Wien" einen Namen als innovatives Label macht, beginnt 1962 mit der Aufnahme von Sprechplatten. Erstes Projekt sind zehn Dialoge von

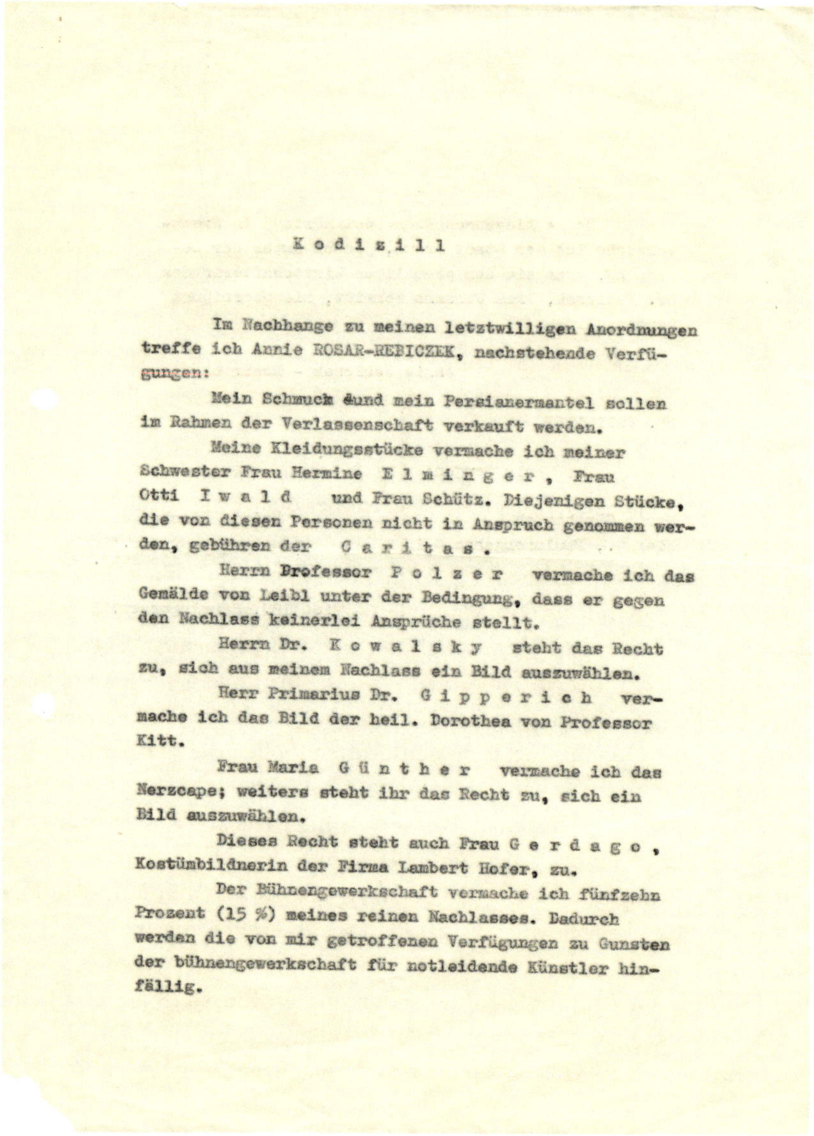

K o d i z i l l

Im Nachhange zu meinen letztwilligen Anordnungen treffe ich Annie ROSAR-REBICZEK, nachstehende Verfügungen:

Mein Schmuck und mein Persianermantel sollen im Rahmen der Verlassenschaft verkauft werden.

Meine Kleidungsstücke vermache ich meiner Schwester Frau Hermine E l m i n g e r , Frau Otti I w a l d und Frau Schütz. Diejenigen Stücke, die von diesen Personen nicht in Anspruch genommen werden, gebühren der C a r i t a s .

Herrn Professor P o l z e r vermache ich das Gemälde von Leibl unter der Bedingung, dass er gegen den Nachlass keinerlei Ansprüche stellt.

Herrn Dr. K o w a l s k y steht das Recht zu, sich aus meinem Nachlass ein Bild auszuwählen.

Herr Primarius Dr. G i p p e r i c h vermache ich das Bild der heil. Dorothea von Professor Kitt.

Frau Maria G ü n t h e r vermache ich das Nerzcape; weiters steht ihr das Recht zu, sich ein Bild auszuwählen.

Dieses Recht steht auch Frau G e r d a g o , Kostümbildnerin der Firma Lambert Hofer, zu.

Der Bühnengewerkschaft vermache ich fünfzehn Prozent (15 %) meines reinen Nachlasses. Dadurch werden die von mir getroffenen Verfügungen zu Gunsten der bühnengewerkschaft für notleidende Künstler hinfällig.

Abb. 73: Annie Rosars letzter Wille vom 28.7.1963.

Arthur Schnitzlers Reigen, gesprochen von Größen wie Hilde Sochor, Elfriede Ott, Peter Weck, Hans Jaray, Christiane Hörbiger oder Helmut Lohner. Annies

Meine Liegenschaften (Weingärten) in Krems8 vermache ich der Stadt Krems, jedoch unter der Bedingung, dass sie der ehemaligen Wirtschafterin des Dr. Rebiczek, Frau Johanna Schmidt, nie übereignet werden dürfen.

Annie Rebiczek - Rosar eh

28. Juli 1963.

als Zeugen:

Maria Günther eh
Wien 4., Paulanergasse 4/15

Hedwig Fischer eh
Appartementhaus Dr. Fischer
Hinterbrühl Wagnerstr. 1-3

Maria Schütz eh
Wien 18., Währingerstr115

Aufnahmen sind das zweite Projekt dieses neuen Schwerpunkts. Sie kann sich jedenfalls einer guten Publizität in den Medien und eines professionellen Vertriebsnetzes sicher sein. Auf diese Weise erhält die Rosar der Nachwelt die ernste Seite ihrer Schauspielkunst, denn Fernsehübertragungen von Theateraufführun-

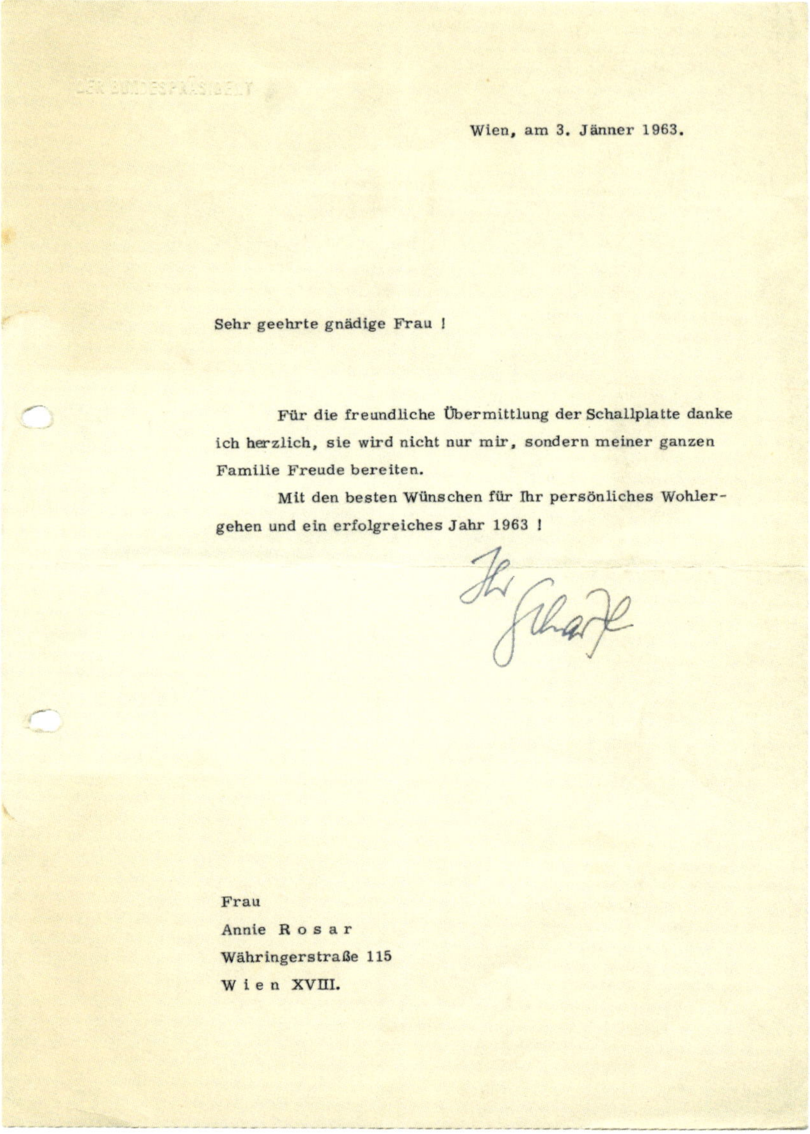

DER BUNDESPRÄSIDENT

Wien, am 3. Jänner 1963.

Sehr geehrte gnädige Frau !

Für die freundliche Übermittlung der Schallplatte danke ich herzlich, sie wird nicht nur mir, sondern meiner ganzen Familie Freude bereiten.

Mit den besten Wünschen für Ihr persönliches Wohlergehen und ein erfolgreiches Jahr 1963 !

Ihr Schärf

Frau
Annie R o s a r
Währingerstraße 115
W i e n XVIII.

Abb. 74: Brief des Bundespräsidenten Adolf Schärf am 3.1.1963. Zu ihm hielt Annie Rosar bis zu ihrem Tod regelmäßig Kontakt – ein Freund wie Karl Renner war Schärf allerdings nie.

gen sind in dieser Zeit noch selten. „Die Perser" sind auch heute noch erhältlich – als Audio-CD bei Amazon um 14,98 €.

Die Vinyls nutzt die Wiener Volksschauspielerin als außergewöhnliche Geschenke für ihre speziellen Freunde, Fans und jene, die sie sich bei der Stange halten will. Neun Monate später erhalten denn auch die üblichen Verdächtigen aus ihrer präferierter Briefliste, Bundespräsident Adolf Schärf, Bürgermeister Franz Jonas, Unterrichtsminister Heinrich Drimmel, Kulturstadtrat Hans Mandl und Kardinal Franz König je eine Gratis-LP als Neujahrsgeschenk verbunden mit den entsprechenden Wünschen. Heute würde man von einem Merchandising-Artikel sprechen.

Annie Rosar erlebt 1962 beruflich facettenreicher als die Jahre davor: Im Radio spricht sie die Rolle der Alten in Nestroys „Der gutmütige Teufel" mit prominenter Besetzung – Erik Frey, Kurt Sowinetz, Lotte Ledl, Senta Wengraf. Es wird im April als Hörspiel aufgenommen und am 15. Juni 1962 gesendet. In der Wiener Volksoper engagiert man sie in der Erstaufführung von Emmerich Kalmans Operette „Die Zirkusprinzessin" wieder an der Seite von Hans Moser. Es ist das letzte Zusammenspiel der beiden Publikumslieblinge, die sich trotz 35 Jahren der Zusammenarbeit privat nie nähergekommen sind. Ist es Rivalität, die einer privaten Freundschaft hier im Weg gestanden ist? Moser ist zweifelsohne der erfolgreichere der beiden – das hat sich schon vor dem Krieg abgezeichnet, und so bleibt es bis zum Ende: Hans Moser ist Max Reinhardts Lieblingsschüler gewesen und von diesem schon 1927/28 in die USA mitgenommen worden, Annie ist nie außerhalb Europas aufgetreten. Hans Moser hat im Theater wie im Film regelmäßig Hauptrollen gespielt, Annie nur vereinzelt. Hans Moser ist seit 1954 Mitglied des Wiener Burgtheaters, Annie ist es nach dem Krieg nicht einmal mehr vergönnt, bei einer Aufführung an der ersten Bühne des deutschsprachigen Raums mitzuwirken. Hans Moser erhält 1961 den Titel Kammerschauspieler, Annie nicht. Oder halten sich Mosers gegenüber der Rosar zurück, weil sie Annies ambivalentes Verhalten während der Nazizeit missbilligen? Ein ehemaliger Schulfreund Renés hat ihren Werdegang doppeldeutig „eine sagen wir in verschiedener Hinsicht auf Lebenstüchtigkeit aufgebaute Karriere"[2] genannt. Oder ist es der unterschiedliche Lebensstil, den die beiden pflegen? – Moser wird als ruhig, bescheiden und sparsam beschrieben,[3] Annie liebt das Rampenlicht und ist schönen Dingen durchaus zugetan.

Für das Publikum ist jedenfalls die Bühnen-Chemie zwischen den zwei alten Profis noch immer sehr in Ordnung. „Die Zirkusprinzessin" kommt gut an und hält sich von der Premiere am 22. März 1962 ein ganzes Jahr bis ins 1. Quartal 1963 im Programm. Ab und an muss Annie wegen Krankheit absagen, aber sie

Abb. 75: Weihnachtswünsche der Familie Conrads an Annie Rosar 1962.

ist wieder viel stabiler, und ihre Einsätze sind damit wieder viel verlässlicher geworden. Auch beim Film ist ihr Typ nach einer Pause von mehr als einem Jahr wieder gefragt. Allerdings sind alle drei Streifen, die 1962 in die Kinos kommen, künstlerisch bedeutungslos: „Wenn beide schuldig werden", ein von der Kritik ob seiner Konstruiertheit verrissenes Drama, „Romanze in Venedig", gedreht in den Wiener Rosenhügel-Studios mit Walter Reyer in der Hauptrolle, süßlich zum Erbrechen, und „Drei Liebesbriefe aus Tirol", ein österreichischer Schlagerfilm, der Udo Jürgens als Enkel von Hans Moser präsentiert. Bedeutungslos sind freilich auch Annies Rollen: Haushälterin, Wirtschafterin und Wirtin – alles sehr vorhersehbar. Die Rosar selbst ist sichtbar schlanker als früher: 67 kg hat sie nur mehr, und doch wirkt sie auf der Leinwand nicht schwächlich oder angegriffen. Die plötzliche Kraft, die unerwartete Energie, die vielen im Alltag von Krankheit oder Alter gezeichneten SchauspielerInnen für genau jenen Moment nachgesagt wird, wenn die rote Lampe der Kamera angeht, wird auch bei Annie sichtbar.

Währenddessen ist ihr On-off-Verhältnis zu ihrem Enkel im Wesentlichen unverändert: Die abgöttische Liebe der Großmutter ist abwechselnd geprägt durch innige Glücksgefühle sowie tief empfundene Kränkungen. Wolfi lebt nach wie vor bei seiner Mutter und hat zu Oma Annie nur sporadischen Kontakt. Als er im Juni 1962 maturiert, hat er sein Soll fürs Erste erfüllt. Schließlich ist Matura in Österreich wie Abitur in Deutschland bis Ende des 20. Jahrhunderts die Garantie für höhere Gehälter, mit oder ohne Studium.[4] „Reifeprüfung" heißt die Matura ja auch und Annie meint nun in Wolfi eine Wandlung, einen „inneren Ernst" zu erkennen. Stolz berichtet sie ihrem Seelenfreund, dem Kardinal, ihr Enkel habe mit einem Einser in Religion die schulische Laufbahn abgeschlossen. Ein Stein fällt ihr vom Herzen: Der damalige Wechsel in die öffentliche Schule, der ihr so viel Kopf- wie Magenschmerzen bereitet hat, ist also doch nicht nachteilig gewesen. Der Sommer steht nun vor der Tür, und Wolfgang schreibt, dass er sie – so wie früher – gern im Rahmen ihrer Sommerfrische besuchen möchte. Annie freut sich und bestellt in Bad Aussee für August 1962 zwei Zimmer, „meines südseitig mit Balkon, das für meinen Enkel kann ruhig bescheidener sein."[5] Als Wolfgang, mittlerweile 18, gutaussehend, flott und 1,88 m groß eintrifft, findet er sein Zimmer abseits des Haupthauses, in der Dependance des Hotels, vor. Was Annie ursprünglich einzig aus Kostengründen so arrangiert hat, entpuppt sich für den jungen Mann als wahrer Lottotreffer. Außerhalb des unmittelbaren Blickfelds der Großmutter dauert es nicht lange, und seine Anwesenheit ist wie schon 1959 in Ischl im ganzen Ort bekannt. Wolfi macht sich nützlich und hilft im Hotel gelegentlich aus. Dadurch verdient er einerseits ein paar Schillinge für den eigenen Bedarf und kann andererseits hübsche junge Frauen, präferierterweise deutsche Touristinnen, unabhängig von Großmutters Brieftasche besser aus- und verführen.

Es kommt, wie es kommen muss. Bei Wolfgang ist – kein Wunder für einen lebenslustigen, aufbegehrenden Vertreter seiner Generation – von „innerem Ernst" keine Spur, und Annie hat ein leidvolles Déjà-vu. „Lieber Enkel Wolfgang", heißt es da. „Seit 14 Tagen ertrage ich ein unsagbares Martyrium. Nach Deinen heutigen Auslastungen habe ich nicht mehr die Kraft, mich mit Dir an einen Tisch zu setzen." Sie, die selbst seinerzeit kein Kind von Traurigkeit war, hat kein Verständnis für seine Lebensweise. Er muss abreisen. Noch im Zug schreibt der aufgewühlte junge Mann an die Großmutter – und es ist eine Mischung aus Liebe, Spott und Abrechnung: „Ach Antschi, manchmal könnte man Dich wie ein kleines Mäderl abbusseln. Aber Du bist mit einfacher Liebe nicht zufrieden. Was Du brauchst, ist Aufopferung und die hab ich Dir nie entgegengebracht. […] Wenn du nur einmal erkennen würdest, wieviel Leid Du in deinem Leben verschuldet hast. Denke an deinen ersten Mann, an deine Eltern und (ja!) an mich. Kein Heiliger hat zu seinen Lebzeiten behauptet, er sei heilig, habe nur Gutes getan, nie gesündigt, nur gelitten, alles Worte, die man täglich von Dir hört […] Ich behaupte, dass Du viele Fehler hast. Ich darf sie nicht verurteilen, tue es trotzdem und habe damit gesündigt. […] Wenn ich Dich nicht liebte, wäre mir Deine Art gleichgültig. Aber ich will nicht, dass Menschen über Dich hinter Deinem Rücken lachen und deshalb kritisiere ich Dich."[6]

Wohl haben beide irgendwie recht: Die alte Frau, die Rücksichtnahme einfordert und der junge Mann, der auskostet, was sich anbietet. Es ist die Kombination, die inkompatibel ist. Annie ist verletzt – solche direkten Worte hat sie bisher nur von „Franzl, dem Teufel", gehört: „Ich sage mich jetzt los von

Abb. 76: Eine der letzten Autogrammkarten Annie Rosars, 1963.

der ganzen feinen Familie, der ich nicht schnell genug sterbe“, notiert sie mit kräftigem Strich.

Ihr Briefwechsel mit Franz König wird in dieser Phase wieder intensiver. Es tut der 74-Jährigen gut, wenn sie aus ehrwürdigem Mund liebevolle und aufmunternde Worte vernimmt. Immer öfter verwendet der Kardinal dabei das Briefpapier Salvator Mundi International Hospital aus Rom. Dort hat er für die kommenden Wochen, Monate und Jahre eine fixe Bleibe in Form einer Zwei-Zimmerwohnung gefunden. Von dort wirkt König maßgebend an den Vorbereitungen des 2. Vatikanischen Konzils, das am 11. Oktober 1962 beginnt, mit. Dort wohnt er während aller Sitzungsperioden dieser größten Bischofskonferenz des 20. Jahrhunderts. Papst Johannes XXIII., der Nachfolger Pius' XII., hat sie einberufen, denn er will Erneuerung. Die Welt ist begeistert und Österreich ist stolz, mit dem Wiener Kardinal einen der wichtigen Vertreter des moderaten Reformflügels innerhalb der römisch-katholischen Kirche zu stellen. König ist zweifelsohne sehr beschäftigt, aber er nimmt sich Zeit für Annie. Seine Briefe sind immer freundlich und wertschätzend. Er lässt sie nicht spüren, dass er tatsächlich oft nicht weiß, was er als erstes tun soll. Johannes XXIII. schätzt den Mann aus dem kleinen Österreich sehr.

Die Rosar interpretiert die Unterstützung des Kardinals als Gruß aus dem Himmel: Denn ihr Enkel meldet sich wieder und wenige Wochen später sind die beiden wieder versöhnt. Wolfgang beginnt Geschichte und Germanistik zu studieren, und Oma Annie unterstützt ihn weiterhin finanziell. Im Spätherbst fängt sie einen grippalen Infekt ein und muss nun auch der Volksoper mehrmals hintereinander absagen. Die neuerliche Unsicherheit in punkto Gesundheit macht sie nervös. Als sie zu Silvester 1962 bei Heinz Conrads in einer TV-Liveübertragung aus dem Altersheim in Lainz zu sehen ist, vergisst sie, die Insassen des Heims zu begrüßen. Sie ist zu sehr darum bemüht, ihren Part vor laufender Kamera fehlerfrei hinzukriegen. Bürgermeister Franz Jonas, der ebenfalls Gast beim damaligen Talkmaster der Nation ist, bringt sie anschließend nach Hause. Dort warten schon Schwester Hermine und Freundin Maria Günther. Mit diesen beiden verbringt sie einen ruhigen, aber herzlichen Silvesterabend.

Am 23. Jänner 1963 hat sie eineinhalb Stunden vor Beginn einer weiteren Vorstellung der „Zirkusprinzessin" einen Herzanfall und wird ins Hanusch-Krankenhaus eingeliefert. Dort leitet ihr langjähriger Arzt, Kurt Polzer, die Zweite Medizinische Abteilung. Bei ihm fühlt sie sich gut aufgehoben und bestens betreut. Der vorliegende Befund fällt alterskonform aus und lässt noch nichts Schlimmes vermuten: „Anfallsweise Vorhofflimmern, Schwielenherz nach Herzvorderwandinfarkt ohne manifeste Zeichen einer hämodynamischen Insuffizienz, beginnendes obstruktives Lungenemphysem."[7] Vom Spitalsbett aus schreibt sie Wolfgang zum 19. Geburtstag: „Bleibe ein guter Mensch und zeige mutig immer das große Herz – trotz allen Lebenskampfes ist dies auf die Dauer der einzige richtige Weg – denke dabei an mich!" Draußen schneit es in großen Flocken. Es ist ein strenger Winter, viel Schnee fällt bis in die Niederungen Wiens. Ruhe und Melancholie machen sich im Krankenzimmer breit.

Anfang Februar kommt Annie Rosar wieder nach Hause. Sie ist noch sehr schwach. Manchmal schläft sie den ganzen Vormittag, manchmal einige Stunden nach dem Mittagessen – so sammelt sie Kraft für neue Auftritte in der Volksoper. Ihre Haushälterin, Maria Schütz, die Annie seit Mitte 1961 monatlich betreut und mit ihr wohnt, sitzt dann ganz ruhig in der Küche und wartet, bis sie ein Lebenszeichen aus dem Schlafzimmer ihrer Arbeitgeberin hört. Ende Februar fängt die Volksschauspielerin eine Bronchitis ein – gesundheitlich angegriffen muss sie selbst Wolfgang abweisen, wenn er sie besuchen will: „Du kannst nicht kommen, ich bin zu krank oder ich bin zu müde."[8] Die Aufmunterung aus Rom – „Ich weiß, wie sehr alle nach Ihnen und Ihrer Arbeit ausschauen."[9] – hilft emotional, aber trotzdem lässt sie eine „ganz heimtückische Grippe mit drei Rückschlägen" fast den ganzen März das Bett hüten. „Wieso geht mir seit 2 Jahren fast alles schief? Mußte Tingel Tangel von Hans Schubert im Fernsehen absagen, dennoch zu schwach – mache mir überall Feinde, weil Zustand zu verbergen suche und man mir das Wrack nicht glauben will. Was wird jetzt mit der Josefstadt werden?", notiert sie in ihren Kalender.

Ein großes Engagement steht bevor, das sie unbedingt schaffen will. Es ist die Rolle der Anna Welsperg in „Ein schöner Herbst" unter der Regie von Edwin Zbonek. Zbonek ist jener junge Spielleiter, den Annie schon beim „Galgen"-Film 1960 so geschätzt hat. Im Theater in der Josefstadt soll am 5. Juni 1963 die Premiere stattfinden – es ist eine Welturaufführung im Rahmen der Wiener Festwochen, eine Operette in drei Akten aus der Feder der Topstars der Nachkriegszeit: die Musik stammt von Robert Stolz, der Text von Hans Weigel. Annie weiß, dass sie unter Zboneks Führung gut aufgehoben ist. Er zeigt nicht nur Verständnis für sie persönlich, er garantiert auch künstlerische Qualität. Letztlich ist das Engagement auch finanziell sehr befriedigend: 10.000 S erhält sie als Pauschale für die im Mai stattfindenden Proben, jede weitere Vorstellung ist wieder mit 1.000 S dotiert. Die alte Dame freut sich. So hat sie sich ihren künstlerischen Lebensabend vorgestellt.

Mitten in die laufenden Proben fällt diesmal ihr 75. Geburtstag. Deshalb gibt es auch abgesehen von einem kleinen Fernsehauftritt bei Heinz Conrads am 18. Mai kein großes Fest wie fünf Jahre zuvor. Die Presseagenturen, allen voran die APA (Austria Presse Agentur), dpa (Deutsche Presse Agentur) und die UPI (United Press International) verbreiten die Nachricht in der ganzen Welt und die Glückwunschschreiben stapeln sich wieder einmal in der Wohnung in der Währinger Straße. Was sie diesmal besonders rührt: Altbundeskanzler Julius Raab, den sie persönlich nie kennengelernt hat, ist unter den Gratulanten. Ist das nicht wieder ein Zeichen dafür, dass sich ihre Opfer ausgezahlt haben? „In meinen kühnsten Träumen hätte ich mir nicht vorstellen können, welche Beweise von Liebe mir seitens des Vaterlandes und auch von vielen anderen Ländern, wo ich den Wiener-Humor hinaustragen durfte, zugekommen sind",[10] vertraut sie dem Wiener Bürgermeister an.

So laufen dann die anstrengenden, aber ergiebigen Proben für „Ein schöner Herbst" wirklich gut, bis zwei Tage vor der Premiere ein Ereignis in Rom nicht nur Annie erschüttert: Johannes XXIII., *il papa buono,* stirbt nach nur fünf Jahren Pontifikat an Krebs. Annie schreibt an Franz König „In diesen furchtbaren Tagen, wo man den Schmerz der ganzen Welt fühlt, über mein kleines schweres Schicksal auch nur zu sprechen, erscheint mir nahezu frevelhaft." So mischen sich in die Freudentränen über die zahlreichen Zuwendungen zu ihrem halbrunden Geburtstag auch jene des Schocks und der Trauer über den Verlust dieses Papstes, der weit über den Kreis der Katholiken hinaus Verehrung und Anerkennung genossen hat. Ist das Konzil in Gefahr? Angelo Giuseppe Roncalli hat kurz vor Beginn der Bischofskonferenz die Diagnose Magenkrebs erhalten. Doch er hat dieses große Vorhaben, eine „Verheutigung" („Aggiornamento"), eine Anpassung der Kirche an die heutige Zeit, zu initiieren, zu diskutieren und umzusetzen, nicht seiner Gesundheit wegen gefährden wollen. Sein letzter Wunsch ist es auch, das Konzil unbedingt weiterzuführen. Sehr schnell kommt es zum Konklave. Franz König aus Wien ist *papabile.* Annies Seelenfreund könnte Papst werden! Doch vier Wochen später, bereits im fünften Wahlgang, wird es wieder ein Italiener, Giovanni Battista Montini, der sich Paul VI. nennt.

So wird der Kardinal von Wien Annie Rosar weiterhin in Not zur Seite stehen können. Aber auch sonst ist der Tod des beliebten Papstes kein böses Omen für die gläubige Annie – die Stolz-Operette heimst blendende Kritiken ein. Sie spielt die Anna Welsperg 24-mal bis Anfang Juli, manchmal auch zweimal täglich. Eine ungeheure Leistung für die kranke Frau und für Josefstadtdirektor Franz Stoß die „vorläufige Krönung jener lebenslangen künstlerischen Verbundenheit".[11] Es könnte nicht besser laufen: Der rasche Erfolg des „Schönen Herbst" hat für Annie eine weitere erfreuliche Konsequenz. Kaum zwei Wochen nach der Premiere erhält sie einen Folgevertrag, vom 11. September bis 27. Oktober soll die Operette wieder auf dem Spielplan stehen und noch einmal sind 1.000 Schilling pro Aufführung für sie vorgesehen. Sogar die Salzburger Festspiele – genau das hat sich Annie ihr Leben lang gewünscht! – fragen nun an, ob nicht eine Vorstellung der „Langusten" im August möglich sei. Der ZDF lädt sie zu „einer gelegentlichen Tätigkeit" in Mainz ein. Jetzt muss nur noch der Körper mitmachen! „Mein geliebtes Schwesterl!", schreibt zärtlich die 81-jährige Hermine der 75-jährigen Annie, sie freue sich so, dass sie sich nun wohl wegen ihrer Gesundheit keine Sorgen mehr zu machen brauche. Im Wallfahrtsort Mariazell, eineinhalb Autostunden südlich von Wien, wolle sie beten und Kerzen anzünden.

Was keinem auffällt: Annie verliert kontinuierlich an Gewicht. Sie wiegt nur mehr 63 kg. Kein gutes Zeichen – die vielen Vorstellungen, großteils en suite, fordern denn doch ihren Tribut.

Sie will die Sommerpause der Wiener Theater, nutzen, um sich zu erholen – die Josefstadt-Termine im Herbst sind alle schon fixiert und von ihr selbst im Kalender eingetragen. Bis dahin möchte sie wieder fit sein. Sie zieht sich in eine Appartementhausanlage in der Hinterbrühl nahe Wien zurück. Der Arbeitsgemeinschaft „junge generation", einer Abteilung der Gewerkschaft unter dem Vorsitz des 23-jährigen Rudolf Edlinger, 1997–2000 Finanzminister der Republik Österreich, sagt sie noch ihre Unterstützung zu. Notleidenden Künstlern soll geholfen werden. Annie schränkt allerdings ein, „wenn Sie sich nur mit meinem Namen begnügen, da ich hinsichtlich meines Alters keinerlei Verpflichtungen mehr übernehmen könnte". Sie kennt ihren Körper gut genug. Wer weiß, wie lange alles noch so weitergehen kann. Drei Tage später erleidet sie einen Kreislaufkollaps und kann von Glück reden, dass sie vom Personal der Appartementhausanlage gleich gefunden wird. Danach liegt sie vormittags wie nachmittags unter den alten Bäumen und schaut in den Himmel. „Das ist meine Kirche", sagt sie zu Wolfgang, der sie ein paar Mal besucht und so „ein wenig Sonnenschein" in ihr Leben bringt. Der Enkel ist jedenfalls bestens aufgelegt, und das tut beiden gut. Er neckt sie noch, „Antschile", sagt er und fragt spaßeshalber, ob sie sich nicht an einen ebenfalls als Gast in der Anlage befindlichen reichen Saudi „ranwerfen" wolle. Sie könnte diesen doch bald heiraten und dann „haben wir die Ur-Kohle".[12]

Irgendwann in diesen letzten zehn Julitagen muss sich Annies Zustand aber verschlechtert haben. Sie hält ihren baldigen Tod für möglich, möglicher als noch zwei, drei Wochen zuvor. So lässt sie sich ihre Schreibmaschine bringen und beginnt zu tippen: Zunächst an die Hausverwaltung der Wohnung Währinger Straße 115. Es ist ein Bittbrief, damit ihr Enkel doch in ihren Mietvertrag eintreten darf „auch wenn er zum Zeitpunkt meines Ablebens nicht mit im gemeinsamen Haushalte leben sollte."[13] Sie selbst sei schuld daran, dass er zuletzt nicht bei ihr gewohnt habe, ihr leichter Schlaf und ihr Bedürfnis nach „vollkommener Ruhe" hätten ihn doch in seinem Studium, in seinem ersten Universitätsjahr, sehr gestört. Sie schickt Freundin Maria Günther damit zum Notar, doch seine Auskunft ist enttäuschend. Der Staat Österreich werde wohl ihretwegen keine Ausnahme machen. Die Wahrscheinlichkeit, dass Wolfgang ihre Wohnung übernehmen wird können, sei minimal und müsse wohl erstritten werden.

Drei Tage später, am 28. Juli, ändert sie noch einmal ihr Testament. Die Bühnengewerkschaft soll nun mehr als ursprünglich gedacht erhalten:

15 % des Nachlasses mögen zugunsten von finanzschwachen Künstlern zur Verfügung gestellt werden. Ihre mobilen Werte – Hermine soll sich die Kleider mit den Haushälterinnen teilen – verteilt sie nun in einem anderen Schlüssel. Noch einmal spielen Franz Rebiczek-Rosar und ihre Wut über seinen Letzten Willen, in dem Wolfi quasi enterbt worden ist, eine Rolle: Annie vermacht ihre Weingärten der Stadtgemeinde Krems mit der Auflage, dass diese nie der Erbin nach ihrem verstorbenen Mann zum Kauf angeboten werden dürfen.

Am 30. Juli besucht Wolfgang die Großmutter noch einmal im Erholungsheim. Er sieht, dass sie schwach ist, aber wie oft war sie nicht krank? Wie sehr hat sie nicht, seit er denken kann, ihre körperlichen Zustände dramatisiert und bei allem Respekt für ihre tatsächlichen Gebrechen auch manchmal übertrieben? Deshalb schreibt er seiner Mutter, die gerade mit ihrem Partner Fredy in Salzburg schöne Tage verlebt, despektierlich: „Der Oma geht's nicht gut. Zuerst tut ihr eine Woche die Hand weh – dann eine Woche der Fuß – dann die linke Seite und dauernd schwitzt sie. Ich bin sehr traurig über ihr Armutschkerltum."

Auch Oma Annie schreibt an diesem Tag einen Brief. Kaum hat Wolfgang sie verlassen, ist ihr noch etwas eingefallen: Vielleicht sei Prof. Kindermann mit seinem Institut für Theaterwissenschaften doch nicht der Bestgeeignete, ihren Nachlass zu übernehmen. Prof. Dr. Hadamowsky von der Nationalbibliothek wäre ihr als adäquater empfohlen worden. Könnte sich Wolfgang wohl darum kümmern? Ebenso hofft sie, „dass Du, wenn von meiner Hinterlassenschaft durch mein schweres Leiden nicht alles aufgebraucht würde, Dein Studium weiter ernst nimmst und nicht an einem kurzen Wohlleben Gefallen findest.... In dieser Überzeugung umarme ich Dich zum letztenmale innigst, Oma Annie!"

Maria Günther, die alte Freundin, deren Mann Renés Trauzeuge gewesen ist, fleht sie an, sich doch nach Hause bringen zu lassen. Immer noch sei es ihr daheim besser gegangen als anderswo. Zu spät: Annies Zustand verschlechtert sich derart, dass sie sich wieder zu Kurt Polzer ins Hanusch-Krankenhaus überführen lässt. Dort liegt sie in einem Dreibettzimmer. Und dort geht ihr die Kraft aus. Sie leidet unter einer Thrombose und erfährt, dass man ihr ein Bein amputieren müsse. Welch Ironie des Schicksals! Auch an ihrem seligen Franzl war kurz vor seinem Tod derselbe Eingriff vorgenommen worden. Da weiß sie, dass ihr Leben auf des Messers Schneide steht. Ob ihr geschwächtes Herz eine solch schwere Operation aushält, steht in den Sternen. Spielen, auf der Bühne stehen oder im Film auftreten ist einbeinig unmöglich vorstellbar – das ist ihr klar. Sie greift daher zum Stift und formuliert auf einer Karte, in die ihr Name vorgedruckt ist, eine letzte, undatierte Nachricht an Wolfgang:

„Mein Alles! Da im Falle eines Ablebens nicht gleich Auszahlungen erfolgen anbei eine kleine Soforthilfe. Da ich Dein zu gutes Herz und Deine so große Jugend richtig einschätzte, mußte ich auch entsprechend über das, was eventuell nach mir bleibt, verfügen. Vielleicht wirst Du erst sehr spät – oder nie verstehen, dass ich so handeln mußte! Gott segne alle Deine Wege, ich habe unendlich viel um Dich gebangt und gelitten – aber ich weiß, dass mein und Deines Vaters Blut und Begabung in Dir ist. Und der ‚feste Charakter' wird sich noch bilden. Du hast bei all meiner Liebe und Sorge um Dich eine schwere Kindheit gehabt – aber Du wirst sicher Großes in Deinem Leben leisten und noch sehr glücklich werden. Mein Segen wird Dich immer und überall begleiten – trauere nicht um mich – ich gehe gern zum lieben Gott! Ein letzter langer Kuss! Oma Annie." Rechts oben – als wäre ihr das ganz zum Schluss noch eingefallen – fügt sie noch hinzu: „Bitte schaue auf alle Fälle ganz unten in der Standuhr nach, da ist manches aufbewahrt."

Als Wolfgang sie am 5. August abends im Spital besuchen will, findet er in besagtem Dreibettzimmer ihr Bett leer. Die beiden anderen Patientinnen murmeln etwas von Operation und er möge doch einen Arzt fragen. Aber es ist damals so wie heute: Zu später Stunde ist ein diensthabender Arzt in einem Krankenhaus schwer zu erreichen – und Mobiltelefone gab es noch nicht. Endlich taucht eine Krankenschwester auf, die Wolfgang zu einem „Todeskammerl aus Vorhängen" führt. Ihm wird schlecht – von seiner Mutter, die als Krankenschwester mit diesen Begriffen vertraut ist, weiß er, was das bedeutet. Auch der Schwester ist die Situation spürbar unangenehm. Annie Rosar, die bekannte Schauspielerin, Patientin des Abteilungschefs, liegt sterbend hier im Spital, und sie muss dem nichtsahnenden, aufgebrachten Enkel mitteilen, dass man seiner Großmutter ein Bein amputiert hat. Wolfgang schlüpft durch einen der Vorhänge. Da liegt sie mit geschlossenen Augen ruhig da und stöhnt leise. „Oma!" ruft er. „Sie sah mich mit rollenden Augen an und sagte: W…ooolhhhh…. kurz ich raste im Spital herum, fand endlich einen Arzt, schleppte ihn zu Oma Annie, er maß ihr den Puls, sagte gar nichts auf meine Fragen und ging. Kurz darauf war sie tot. Ich ging auf den Balkon, heulte und zündete mir eine Zigarette an, weil ich das vom Film so kannte. Aus einem der nächtlichen Gärten war klar und deutlich der Schlager ‚Schuld war nur der Bossa Nova' zu hören."[14]

Schon eine Woche später findet auf dem Wiener Zentralfriedhof das Begräbnis statt. Nach der Messe in der Dr.-Karl-Lueger-Gedächtniskirche folgt ein langer Trauerzug dem Sarg und zwei über und über mit Blumen und Kränzen beladene Wägen. Die Gemeinde Wien widmet ihr ein Ehrengrab, Gruppe 33A,

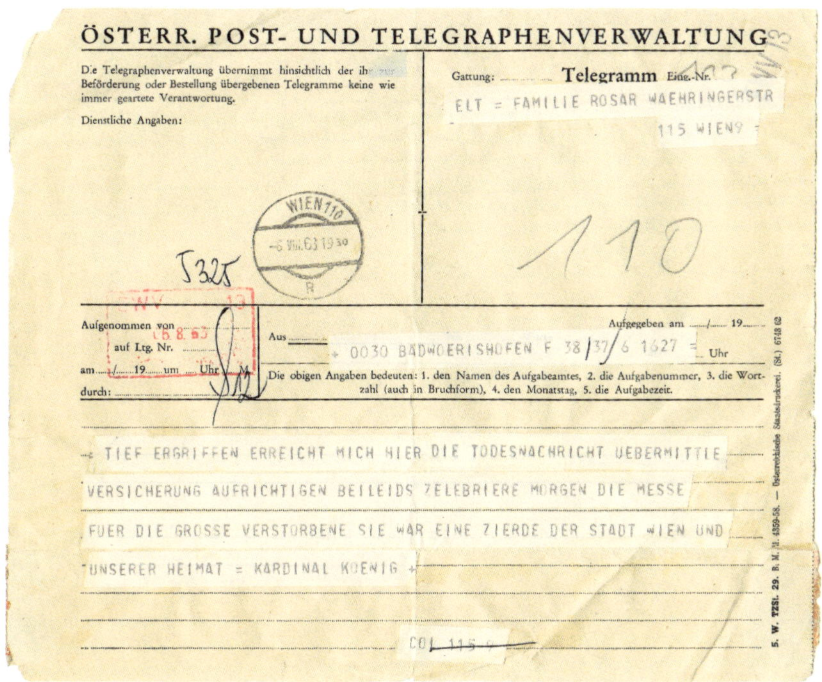

ÖSTERR. POST- UND TELEGRAPHENVERWALTUNG

Die Telegraphenverwaltung übernimmt hinsichtlich der ihr zur Beförderung oder Bestellung übergebenen Telegramme keine wie immer geartete Verantwortung.

Dienstliche Angaben:

Gattung: .... Telegramm Eing.-Nr.

ELT = FAMILIE ROSAR WAEHRINGERSTR 115 WIEN9 =

WIEN 110 -6.VIII.63 19 30 R

5325

110

Aufgenommen von ... auf Ltg. Nr. ... am ..../.... 19.... um .... Uhr durch: ....

Aus ... + 0030 BADWOERISHOFEN F 38/37/6 1627 = Uhr

Aufgegeben am ..../.... 19....

Die obigen Angaben bedeuten: 1. den Namen des Aufgabeamtes, 2. die Aufgabenummer, 3. die Wortzahl (auch in Bruchform), 4. den Monatstag, 5. die Aufgabezeit.

+ TIEF ERGRIFFEN ERREICHT MICH HIER DIE TODESNACHRICHT UEBERMITTLE VERSICHERUNG AUFRICHTIGEN BEILEIDS ZELEBRIERE MORGEN DIE MESSE FUER DIE GROSSE VERSTORBENE SIE WAR EINE ZIERDE DER STADT WIEN UND UNSERER HEIMAT = KARDINAL KOENIG +

COL 115 9

S. W. TZSI. 29. B. M. Zl. 4359-58. — Österreichische Staatsdruckerei. (St.) 6748 62

Abb. 77. Beileidstelegramm von Kardinal Franz König am 6.8.1963.

Reihe 1, Nr. 26. Franz Stoß ist wieder zur Stelle, der als ihr letzter Theaterdirektor ihr Leben würdigt. Von ihm erfahren die Trauergäste „Man musste ihr noch ein Bein abnehmen!" – Ein Satz, der in der Aufbahrungshalle merkwürdig und voyeuristisch wirkt. Wer ist noch gekommen? Jedenfalls nicht jene Kollegen und Persönlichkeiten, denen Annie in den letzten Jahren so viel Aufmerksamkeit gewidmet hat. Sie schicken alle Vertreter: Kardinal Franz König einen Kanonikus und Unterrichtsminister Drimmel einen Sektionschef. Bürgermeister Jonas und Stadtrat Mandl entsenden Baustadtrat Kurt Heller, der der Rosar in seinem Leben nie begegnet ist. Bundespräsident Schärf, der mit Annie am längsten von allen bekannt gewesen ist, delegiert niemanden. Die Prominenz am offenen Grab bleibt auch von Seiten des Theaters und Films aus. Die heimischen Zeitungen erwähnen nur Rudolf Carl, Elfie Mayerhofer, Else Rambausek, Oskar Willner und die Burgschauspieler Emmerich Reimers, dessen Vater Georg 1921 Baby René vor dem Aufprall am Boden gerettet hatte, und Michael Tellering. Man entschuldigt die Abwesenheit so vieler berühmter

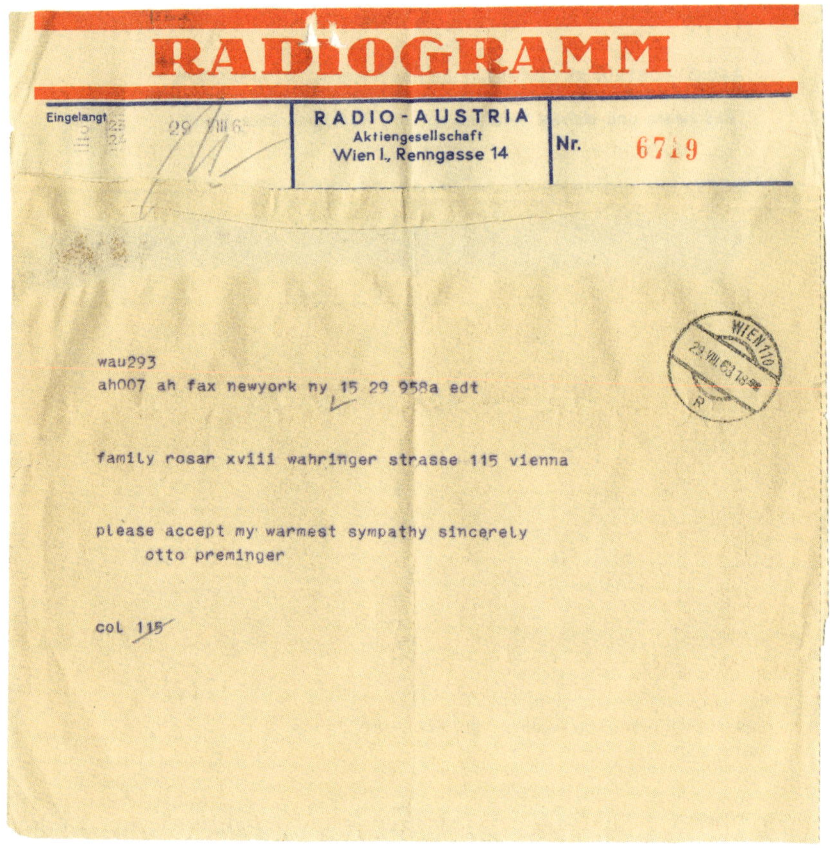
RADIOGRAMM

Eingelangt 29 VIII 6

RADIO-AUSTRIA
Aktiengesellschaft
Wien I., Renngasse 14

Nr. 6719

wau293
ah007 ah fax newyork ny 15 29 958a edt

family rosar xviii wahringer strasse 115 vienna

please accept my warmest sympathy sincerely
otto preminger

col 115

Abb. 78: Beileidstelegramm aus Hollywood von Otto Preminger am 29.8.1963.

Namen mit den Sommer-Verpflichtungen. „Annie Rosar bleibt unvergessen", steht auf Paula Wesselys Kondolenzkarte, die Tage nach der Beerdigung aus der Sommerfrische in St. Gilgen eintrudelt. Aus dem fernen New York telegraphiert Otto Preminger „Please accept my warmest sympathy"[15] – diese Anteilnahme aus den USA hätte Annie gefreut.

Glücklicherweise hat sie das aber nicht mehr erlebt: Kurt Polzer, der jahrelang ihr Internist war und dessen Team sich Annie Rosar in ihren letzten Tagen anvertraut hat, findet es nicht der Mühe wert, an einem der folgenden Tage Enkel Wolfgang über die Umstände der Operation aufzuklären. Dabei sind die Einträge in der Sterbeurkunde – Hypertonie, arteriosklerotische Mitralstenose, Carotisthrombose – für die Familie nur bedingt verständlich. Kardinal König findet keine Zeit für Wolfgang, der ihn nach dem Begräbnis um ein Gespräch bittet. Der kirchliche Würdenträger unterlässt es sogar, dem jungen Mann, über dessen Entwicklung er in den letzten fünf Jahren so intensiv informiert worden ist, persönlich zu kondolieren. Er schiebt einen Adlatus vor, der ersucht „da ja eine Aussprache mit Eminenz jetzt nicht möglich ist, mir mitzuteilen, in welcher Angelegenheit Sie Eminenz sprechen wollten".[16] Im November 1963 verliert Wolfgang erwartungsgemäß den Prozess gegen das Wiener Spar- und Kreditinstitut und muss nach Ablauf der vereinbarten Frist vier Jahre später die Wohnung in der Währinger Straße aufgeben.

10. „Leider herrscht große Unordnung in meinem Nachlasse"

Seit 1963

Mit dem Tod Annie Rosars verliert die deutschsprachige Film- und Theaterwelt für Jahrzehnte die Persona der forschen Frau mit weichem Wiener Herz, die mehrere Facetten in sich vereint hat: niveauvoll die kleinen Leute zu repräsentieren, komisch zu sein, mütterlich zu sein. „Eigentlich die letzte, der man eine legitime Nachfolge nach Hansi Niese nachsagen könnte", schreibt 1963 „Die Welt" aus Hamburg in ihrem Nachruf. „Wien hat auch keine Volksstücke im alten Sinne mehr, die Bemühungen der Löwinger Bühne sind denn doch zu sehr rustikal bestimmt." Eine Volksschauspielerin „durchaus unintellektueller Prägung" im positiven Sinn, formuliert es der „Berliner Tagesspiegel" in seinem Gedenkartikel. Sie hinterlässt auf den Brettern, die die Welt bedeuten, eine Lücke. Und einen Nachlass, der vielfältig und ambivalent erscheint.

Die heute 70–80-Jährigen haben Annie Rosar als Kinder und Jugendliche in harmlosen Komödien, die von den Beschwerlichkeiten der Nachkriegsjahre ablenken sollen, erlebt. Die heute 50–60-Jährigen haben sie als Kinder im Vormittagsprogramm oder am Samstagnachmittag als kleinen, aber fixen Bestandteil österreichischer Filmkunst der 1950er Jahre bestaunt. Vergessen sind die eigentlichen weiblichen Hauptdarsteller dieser Ära wie Marte Harell, Maria Andergast oder Hertha Feiler – namentlich und optisch hat Annie Rosar sie alle überlebt: als komische Alte, klein, korpulent, mit hochgestecktem Haar, allen Moden trotzend. „Wie dick Mode war, da war ich dünn. Jetzt ist dünn Mode und ich bin dick. Da kann man nix machen", sagt sie einmal im Interview. Es ist ihr Typus, dessen Anwesenheit immer Lacher garantiert hat und der seither nicht mehr besetzt worden ist. Oder wie es Loriot 1987 in einem Spiegel-Interview einmal ausdrückte: „Wenn ich an Adele Sandrock oder Annie Rosar denke: Alle diese großen, alten schweren Mütter gibt es eigentlich nicht mehr."

Wolfgang Rosar übernimmt im Spätsommer 1963 mehrere Koffer mit Material aus sechs Jahrzehnten, das seine Großmutter gesammelt hat, beginnend mit Kinderfotos, Schulheften aus 1902 und Tagebüchern einer 16-Jährigen. Private

Briefe, persönliche Dokumente, Fanpost, Abrechnungen, Glückwunschkarten, Röntgenbilder, ärztliche Befunde, Steuererklärungen, Theater- und Filmverträge, Telefonnummern, Einkaufslisten, Soldatenbriefe, Programmhefte, Menükarten, Mahnungen, Eintrittskarten, Hotelzimmerreservierungen, Filmposter, Kalender und Notizbüchlein aus dem Dritten Reich sowie Zeitungskritiken zu jedem Auftritt ab 1910, teilweise in Kuverts oder Ordnern sortiert, teilweise in Säcken oder Schachteln, alles doppelt, dreifach, manchmal vierfach. „Leider herrscht große Unordnung in meinem Nachlasse, und es wird viel Mühe kosten, sich durchzuarbeiten, aber man wird viel theatergeschichtlich Interessantes finden können." – Sie weiß es selbst, was sie hier übergibt. Wolfgang, der sich nun nur mehr Wolf rufen lässt, hält sich aber nicht an ihre Wünsche und übergibt ihren Nachlass weder Prof. Kindermann noch der Österreichischen Nationalbibliothek, sondern hortet alles bei sich. Es ist nahezu uferlos, was wir vorgefunden haben. Wie aus einem Füllhorn, aus dem scheinbar ewig Früchte und Blumen quellen, tauchen während all der Jahre unserer Recherchen immer neue historische Kostbarkeiten auf.

Erst jetzt wird im Detail verständlich, wie folgenschwer Oma Annies immaterielles Erbe für ihre Hinterbliebenen ist.

Da sind zum einen ihre großteils sehr unglücklichen privaten Beziehungen und das theatralische Element im Umgang mit Gefühlen und der Wahrheit. Bis heute ist unklar, wer eigentlich Renés Vater gewesen ist. Nicht einmal wir als AutorInnen sind hier einer Meinung. Dass Annie Rosar bis 1937 kein Problem mit der jüdischen Abstammung ihres dritten Ehemanns und seiner im Geburtsschein Renés eingetragenen Vaterschaft hat, spricht eher für Ladislaus Fuchs. Demgegenüber steht ein tränenreiches Geständnis 1960, als sie dem 16-jährigen Enkel Wolfgang, anvertraut, Max Walser sei sein Großvater gewesen.

Da ist zum anderen ihr ständiges Wehklagen, welch hartes Schicksal sie doch nicht erlitten habe, vor allem durch den Tod von René. Zwar verloren auch andere KollegInnen Kinder, aber niemand ihren/seinen einzigen Sohn an der Front. Hans Holts einziges Kind, ein einjähriges Mädchen, verstarb 1945, Paul Hörbiger verlor den dreijährigen Sohn Hansi schon 1929, Hans Joachim Kulenkampff verliert 1957 seinen vierjährigen Sohn Marius bei einem Autounfall. Die Beziehung zu ihrem Enkel ist dadurch von vornherein schwer belastet. Hatte Wolf je eine andere Chance, als ihr den Sohn zu ersetzen?

Da ist auch die latente Einsamkeit, in der Annie Rosar sich zeitlebens gewähnt hat, obwohl stets unzählige Menschen an ihrer Seite gewesen sind, sie geliebt und mit ihr gearbeitet haben. Als 1959 die Zeitung „Neues Österreich" eine Umfrage unter Prominenten startet, welche Wunder wohl jede/r, wenn er/

sie könnte, bewirken wolle, gibt Annie Rosar an, sie möchte „all jenen Millionen Menschen auf der Erde, die in der Hast und Härte dieser Zeit an der Einsamkeit des Herzens leiden, Liebe in ihr Leben bringen". Es sind nicht die in solchen Momenten häufig genannten Kranken oder Kinder, auch nicht die eigenen Landsleute, ethnische Minderheiten, die Frauen als wenig privilegierte Gruppe der Gesellschaft – es sind die Einsamen, an die die Schauspielerin als Erstes denkt. Nie hat sie sich, soweit wir das aus ihrem Nachlass und den Veröffentlichungen über sie schließen können, mit diesem intrinsischen Gefühl der Einsamkeit auseinandergesetzt. Selbstreflexion ist in Annies Generation noch gar nicht bekannt und Psychotherapie ist in der Stadt Sigmund Freuds bis weit in die 1980er Jahre keine Selbstverständlichkeit. Sie hat ihr überdurchschnittliches Bedürfnis nach Zuwendung anfangs als logisch und später sogar als legitim angesehen. Wie hätte Annies Enkel bei so viel ständiger Forderung nach Nähe lernen sollen, was im familiären Kontext tatsächlich angemessen ist und was nicht?

Wolf beendet sein Studium in Mindestzeit und promoviert mit einer Dissertation über Arthur Seyß-Inquart und den „Anschluss". Jahre später wird daraus unter dem Titel „Deutsche Gemeinschaft" ein Standardwerk über das nationalsozialistische Österreich. Als wahres Kind der 68er-Bewegung verweigert er den Wehrdienst und zieht projektbezogene Jobs einem klassisch-geregelten bürgerlichen Berufsweg vor. Er kauft sich von Annies Erbe ein altes Weinhauerhaus in Wien-Sievering, gleich neben den Filmstudios, und lebt dort 20 Jahre, bevor es ihn nach Asien und Nordamerika verschlägt. In Wien ist er freier Journalist, in Indien Gärtner, in Texas Schauspieler. Wolfgang Rosar heiratet dreimal wird dreimal geschieden und lebt heute, wieder zurück in Österreich, zurückgezogen in einer kleinen Wohnung in Wien. Aktiv ist er aber nach wie vor: als fast 80-jähriger Mitarbeiter verschiedener sozialer Einrichtungen.

Innerfamiliär ist Oma Annie wirtschaftlich noch immer präsent und wird das auch noch bis 2038 bleiben: Denn bis dann werden Wolf und seine Familie Tantiemen für die Ausstrahlung ihrer Filme erhalten.[1] Die überwiesenen Summen sind bei weitem nicht mehr so hoch wie in den ersten beiden Jahrzehnten nach ihrem Tod – zu sehr ist inzwischen bei den öffentlich-rechtlichen Fernsehanstalten die Nachfrage an Streifen aus der Heimatfilm- oder Verwechslungskomödienliga gesunken. Mittlerweile sind es vor allem Privatfernsehsender, die noch immer gern auf Filme mit Annie Rosar zurückgreifen. Deshalb kennen sie inzwischen auch viele der Unter-40-Jährigen.

Hat Annies Leben auch sonst Relevanz, geschweige denn Aussagekraft? Wir meinen: ja. Hier in Österreich ist ihre Generation in das weltpolitische Geschehen involviert, wie noch nie zuvor und seither nicht wieder: Innerhalb von 25 Jahren erlebt sie zweimal einen Weltkrieg. Beide Male steht sie auf Seiten der Aggressoren, die das Abschlachten der anderen begonnen haben, beide Male befindet sie sich danach auf Seiten der Verlierer. Sie ist Zeugin eines dreifachen Staatsformwechsels: Von der Monarchie zur Republik zum totalitären Staat und wieder zurück zur Republik. Im Bewusstsein der Bevölkerung gehen damit zwei fatale und einander entgegengesetzte Entwicklungen einher: 1918 der Macht- und Identitätsverlust, als Österreich-Ungarn 83 % seines Territoriums verliert, und 1938 ein durch den „Anschluss" an Nazideutschland zur Perversion getriebenes Überlegenheitsdenken. Annie Rosars Generation, die noch mit der Unantastbarkeit des Kaisers aufgewachsen ist, glaubt an Autoritäten und nicht an Mitgestaltung und Eigenverantwortung. Wie immer, wenn in einer Gesellschaft die Differenzen bei Einkommen und Bildung extrem sind, liegen Austragung und Lösung von Konflikten mit Gewalt nahe. Statt aus den Gräueln von 1914–1918 zu lernen, radikalisiert sich in den beiden Jahrzehnten danach die Mehrheit gemeinsam mit ihren Kindern und wird Teil eines rassistisch-motivierten Staatsterrorismus. Nach diesen beiden gesellschaftlichen Nahtoderfahrungen will man die letzten Lebensjahre nur mehr in Ruhe leben.

Die Rosar ist nicht politisch aktiv, ja nicht einmal richtig interessiert – die jeweiligen politischen Verhältnisse laufen nebenher und sie mit. Sie ordnet alles ihren beruflichen Zielen unter und arrangiert sich, das allerdings durchaus differenziert. Zu Beginn ihrer Karriere etwa korrespondiert sie gar nicht mit dem Zeitgeist, als sie emanzipiert und selbstbewusst ihren Mann verlässt, um ihr Geld selbst zu verdienen. Im „Dritten Reich" positioniert sie sich als hitlerfreundlich, wenn auch nicht fanatisch. Dafür ist sie zu wenig in der richtigen Propaganda präsent, auch bestehen zu den nationalsozialistischen Spitzen keine persönlichen Kontakte. Sie tut und sagt, was ihr zumindest keine Nachteile bringt. Sie schwimmt mit, weil sie künstlerisch im Gespräch bleiben und privat ihrem rechtsradikalen Sohn nahe sein will. Spätestens mit seinem Tod, als sich die Niederlage Deutschlands auch bereits abzuzeichnen beginnt, verhält sie sich wieder unauffällig. Sie überlebt die politischen Hochschaubahnen zwischen 1914 und 1945 auf Basis ihres Könnens als Theater- wie Filmschauspielerin und dank der auch aus heutiger Sicht professionellen Pflege eines Netzwerks an Kontakten zu möglichst allen, die ihren Engagements förderlich sein konnten. Hätte Helmut Qualtinger statt seines Herrn Karl für sie eine Frau Annie mit gleichen Inhalten schreiben können? Aus unserer Sicht: nein. Unser Urteil fällt milder aus. Eine starke Frau mit Haltung war sie zwar nicht, aber auch keine berechnende Opportunistin, die über Leichen gegangen wäre. Die, die sie näher kannten, wussten um ihre menschlichen Defizite. Dennoch hatte Annie Rosar neben ihren beruflichen Qualitäten auch eine persönliche Liebenswürdigkeit, die ihr eine gewisse Wertschätzung von Kommunisten und Bürgerlichen, von Atheisten wie kirchlichen Würdenträgern, von jungen wie älteren KollegInnen, von progressiven wie konservativen Theaterdirektoren oder Filmproduzenten eingebracht hat. War diese große Volksschauspielerin eine typische Österreicherin ihrer Zeit? Das schon viel mehr.

Heute wird die breite Bevölkerung an sie neben dem anfangs erwähnten Gedenkraum in Schloss Orth noch durch eine Sonderbriefmarke der Republik Österreich aus 2019 sowie den Annie-Rosar-Weg im 22. Wiener Gemeindebezirk erinnert. Warum gerade dort? Die diesbezügliche Bestimmung der Stadt Wien bleibt unergründlich. Annie Rosar hat zu den ehemaligen Wiener Vororten Stadlau bzw. Aspern, an deren Grenze mitten durch eine Siedlung heute der nach ihr benannte Weg verläuft, weder eine private noch eine künstlerische Beziehung gehabt. Dass es auch anders geht, beweisen die Entscheidungen des Magistrats bei vergleichbaren Fällen: So befindet sich etwa der Willi-Forst-Weg in unmittelbarer Nähe zu Forsts Wirkungsstatt, den Sieveringer Filmstudios. Der Hans-Moser-Park in Hietzing, der Paula-Wessely-Weg oder der Anton-Karas-Park in Döbling liegen zumindest innerhalb des ehemaligen Wohnbezirks der drei Prominenten. Immerhin: Annie Rosar ist nicht die einzige, der es posthum so erging. Auch Hedwig Bleibtreu wurde mit der Bleibtreustraße in Wien-Simmering ein Denkmal völlig ohne Bezug gesetzt. Die Burgtheatermimin ist dort weder aufgewachsen, noch hat sie in dieser Gegend gelebt oder gearbeitet.

Wüsste Annie Rosar von „ihrem" Weg im 22. Bezirk, fernab ihrer Lebensstationen, sie würde vermutlich Himmel und Hölle in Bewegung setzen, um das rückgängig zu machen. Sie würde die Wiener Stadtregierung bemühen, ihre Freunde bei der SPÖ, die jenseits der Donau nach wie vor die Bezirksvorsteher stellen, einschalten, in den Medien über die schlechte Behandlung, die sie nicht verdient hat, klagen und sich in ihrem Tagebuch ausweinen.

Ihr Freund Erich Mühsam hat einmal so treffend gesagt: „Wehe dem Künstler, der kein Verzweifelter ist." Vermutlich wäre das aber für Annie Rosar kein Trost.

Zeittafel

1888	Geburt von Anna Rosar am 18.5 in Währing, einem Vorort Wiens.
1906	Abschluss der Handelsschule in Wien.
1907	Heirat mit Max Walser, Schweizer Geschäftsmann.
1909	Studium an der Mailänder Schauspielschule und erste kleine Auftritte in Italien.
1910	Rückkehr nach Wien. Debüt am Lustspieltheater Wien. Scheidung von Max Walser.
1911/12	Engagements in Gera, Berlin und Hamburg.
1916	Premiere von „Die Perser" nach einer Übersetzung von Lion Feuchtwanger.
1912–1917	Ständiges Engagement in München. Mitglied beim Künstler-Stammtisch in der Torggelstuben.
1917	Debüt am Burgtheater Wien in der Rolle des Klärchens aus „Egmont".
1918	Erste Filmrolle in „Der Mord in der Bajadere".
1919	Heirat mit Dr. Robert Beinerth, Anwalt.
1921	Scheidung von Dr. Robert Beinerth und Heirat mit Ladislaus Fuchs, ungarischer Geschäftsmann. Geburt des Sohnes René.
1925	Ständiges Engagement am Theater an der Wien unter der Leitung von Max Reinhardt.
1927	Tod von Ladislaus Fuchs.
1930	Heirat mit Dr. Franz Rebiczek, Beamter der NÖ-Landesregierung und Schriftsteller.
1933	Erster gemeinsamer Film an der Seite von Hans Moser im Kurzfilm „Kurschluß", Regie: Fritz Eckhardt.
1939	Vertrag mit dem „Deutschen Volkstheater" Wien.
1940	Tournee mit dem Stück „Das kleine Bezirksgericht" an die Front nach Frankreich.
1941	Große Rolle in Veit Harlans ideologisch fragwürdigem Streifen „Die goldene Stadt".
1943	Heirat von Sohn René mit Ursula Stahn, er stirbt 7 Monate später an der Ostfront (Witebsk, Belarus).

1944	Geburt des Enkelkindes Wolfgang.
1946	Entnazifizierungsverfahren.
1949	Kleine Rolle im Welt-Klassiker „Der dritte Mann“.
1950	40-jähriges Bühnenjubiläum, das mit dem eigens für sie geschriebenen Stück „Stadtpark“ im Theater und als Film gefeiert wird.
1951	Annie Rosar spielt zusammen mit Hans Moser und Paul Hörbiger in „Hallo Dienstmann“.
1955	Vormundschaftsklage gegen Schwiegertochter Ursula.
1957	Annie Rosar im Einpersonenstück „Langusten“ von Fred Denger.
1958	Hauptrolle in „Der veruntreute Himmel“ von Ernst Marischka. Verleihung der Ehrenmedaille der Stadt Wien.
1961	Verleihung des österreichischen Ehrenkreuzes für Wissenschaft und Kunst und des „Bambi“ für Verdienste um den deutschen Film. Tod von Dr. Franz Rebiczek.
1963	Tod im Hanusch Krankenhaus Wien, Grab am Wiener Zentralfriedhof, Ehrengrab Gruppe 33A, Reihe 1, Nr. 26.

Stammbaum Annie Rosar

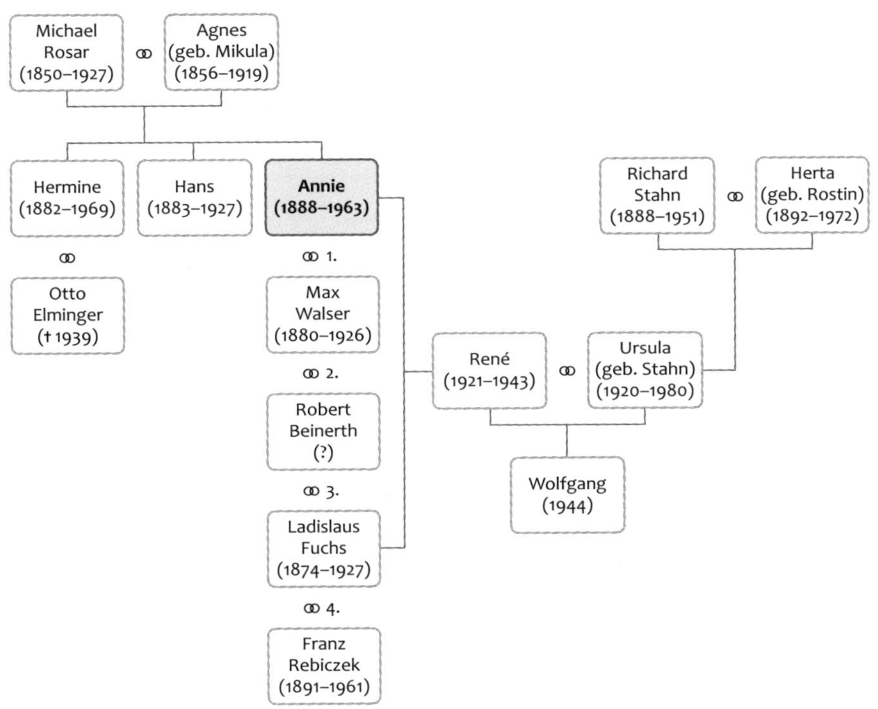

Bildnachweis

Abb. 1–4 Privatbesitz der Familie Rosar.

Abb. 2 Privatbesitz der Familie Rosar.

Abb. 3 Privatbesitz der Familie Rosar.

Abb. 4 Privatbesitz der Familie Rosar.

Abb. 5 Mit freundlicher Genehmigung der Familie Hörbiger/Obonya, Privatbesitz der Familie Rosar.

Abb. 6 Privatbesitz der Familie Rosar.

Abb. 7 Zeitungsausschnitt aus den „Wiener Monatsheften“, erschienen im Juni 1961.

Abb. 8 Privatbesitz der Familie Rosar.

Abb. 9 Zeitungsausschnitt unbekannter Provenienz.

Abb. 10–17 Privatbesitz der Familie Rosar.

Abb. 18 Reichspost am 13.1.1918, 11.

Abb. 19–23 Privatbesitz der Familie Rosar.

Abb. 24 Buch im Privatbesitz der Familie Rosar

Abb. 25 Privatbesitz der Familie Rosar.

Abb. 26 Sonderseite für Annie Rosar in der 1924 gegründeten Theater-Fachzeitschrift „Die Bühne“.

Abb. 27–30 Privatbesitz der Familie Rosar.

Abb. 31 Privatbesitz der Familie Rosar

Abb. 32 Foto Ströminger in Prag.

Abb. 33–38 Privatbesitz der Familie Rosar.

Abb. 39 Das kleine Frauenblatt Folge 1, Seite 8–9, 1940.

Abb. 40–44 Privatbesitz der Familie Rosar.

Abb. 45 Mit freundlicher Genehmigung der Nachlassverwalter der Angelegenheiten der Familie Lingen-Meisel, Privatbesitz der Familie Rosar.

Abb. 46–57 Privatbesitz der Familie Rosar.

Abb. 58 Mit freundlicher Genehmigung von Frau Mag. Völkl.

Abb. 59–60 Privatbesitz der Familie Rosar.

Abb. 61 Mit freundlicher Genehmigung des Vereins für Geschichte der ArbeiterInnenbewegung.

Abb. 62–68 Privatbesitz der Familie Rosar.

Abb. 69 Ausschnitt aus der Film-Revue, Nr. 20, 30.9.1958.

Abb. 70–78 Privatbesitz der Familie Rosar, Abb.75 mit freundlicher Genehmigung der Familie Conrads

Anmerkungen

1. „Du tust uns sehr sehr leid!“ 1943

1 dnb [=Deutsches Nachrichtenbüro], Die Faust von Newel. In: Marburger Zeitung (Amtliches Organ des steirischen Heimatbundes), Jg. 83, Nr. 354, 20.12.1943, 1.
2 Die Schutzpolizei war Teil der Ordnungspolizei, zu der u. a. auch die Wasserschutzpolizei, die Verkehrspolizei oder der Verwaltungspolizei gehörten.
3 Brief Richard Stahn an Ursula Rebiczek-Rosar, 14.1.1944.
4 Inge Konradi, Damals habe ich gar nicht gewußt, wie beschützt ich war. In: Evelyn Schreiner (Hg.), 100 Jahre Volkstheater. Theater, Zeit, Geschichte, Wien 1989, 140.

2. „Studium, Du sollst mir jetzt alles alles sein“ 1888–1917

1 Heute ist Parndorf Teil des Burgenlands in Österreich. Deutsch-Westungarn wurde 1920 der neugegründeten Republik Österreich zugeschlagen.
2 Cisleithanien war seit 1867 die inoffizielle Bezeichnung für die Länder der österreichischen Krone, Transleithanien der Name für die Länder der ungarischen Krone. Das Leithagebirge südöstlich von Wien war namensgebende Grenze.
3 Meidling wurde wie alle anderen Vororte Wiens auch 1890–1892 eingemeindet und ist heute der 12. Wiener Gemeindebezirk.
4 Heute der Wiener Gürtel. Der Linienwall wurde 1894 abgetragen.
5 Heute die Wiener Volksoper.
6 Tagebuch Annie Rosar, 11.3.1904.
7 Brief von Berta Zinner an Annie Rosar, 8.6.1950.
8 Nach dem Namen der Frau des Gründers, Leopoldine Wittgenstein.
9 Brief Max Walser an Annie Rosar, Weihnachten, 1907.
10 Tagebuch Annie Rosar, 21.8.1907.
11 Tagebuch Annie Rosar, 2.1.1909.
12 Das erste Frauenwahlrecht wurde interessanterweise 1906 in Finnland, das damals Teil des russischen Großfürstentums war, dem Zaren im Zuge von Reformen abgerungen. In der Schweiz dürfen Frauen gar erst seit 1971 (!) wählen.
13 Pseudonym der britischen Autorin Harriett Jay.
14 Vom Theater, Allgemeine Revue In: Illustriertes Österreichisches Journal, Jg. 36, Nr. 1195, 15.7.1910, 4.
15 Brief Ernst Mecher an Annie Rosar, 10.8.1910.
16 Leo Birinski, Sekretär von Josef Kainz und später selbst als Dramatiker tätig.
17 Tagebuch Annie Rosar, 22.9.1910.
18 Siehe Regina Maria Jankowitsch, K & k. Eitelkeiten – Mode und Uniformen unter Kaiser Franz Joseph, Wien 1997.
19 Tagebuch Annie Rosar, 1912.
20 Tagebuch Annie Rosar, 9.8.1910.

21 Nach heutiger Kaufkraft ca. 3.640 €.
22 Charlotte Wolter (1834–1897), berühmte Burgtheatertragödin.
23 Sarah Bernhardt (1844–1923), berühmteste Schauspielerin ihrer Zeit aus Paris, einer der ersten Weltstars der Bühne.
24 Brief Annie Rosar an Prof. Oskar Fontana, 17.7.1958.
25 Brief Ludwig Thoma an Annie Rosar, ohne Datum.
26 Franz Conrad von Hötzendorf war bereits Ende 1906 zum Generalstabschef ernannt, aber Ende 1911 wieder abgesetzt worden. Seine jahrelangen Forderungen nach Präventivkriegen mit Serbien, aber vor allem Italien, standen im direkten Widerspruch zur österreichischen Außenpolitik, die den südlichen Nachbarn immer als Allianzpartner gesehen hatte. Nach dem Tod seines innenpolitischen Gegners, Außenministers Alois Lexa von Aehrenthal war der Weg für eine neuerliche Berufung zum Generalstabschef der k. u. k. Truppen aber frei.
27 Tagebuch Annie Rosar, 6.8.1914.
28 Siehe Manfried Rauchensteiner, Der Erste Weltkrieg und das Ende des Habsburgermonarchie, Wien/Köln/Weimar 2015.
29 Brief Hedwig Bleibtreu an Annie Rosar, 30.11.1914.
30 Memoiren-Text von Annie Rosar, ohne Datum.
31 Lion Feuchtwanger, Die Tagebücher. Aufbau Digital, Ein möglichst intensives Leben. Berlin, 2018, S. 77, Eintragung vom 28.3.1916.
32 Memoiren-Text von Annie Rosar, ohne Datum.
33 Brief Frank Wedekind an Annie Rosar, 2.4.1916.
34 Brief Alexander Gleichen-Rußwurm an Annie Rosar, 10.11.1915.

3. „Was es für ein Segen ist, die Leute zum Lachen zu bringen!“ 1917–1927

1 „Theater und Kunst“. In: Wiener Abendpost“, Beilage zur „Wiener Zeitung“, Nr. 237, 15.10.1917, 5.
2 Saltens Autorenschaft ist sehr wahrscheinlich, aber nicht ganz eindeutig: Die „Mutzenbacher“, 1906 anonym erschienen, wurde bereits 1909 entweder Felix Salten oder Arthur Schnitzler zugeschrieben. Nur Schnitzler dementierte.
3 Felix Salten, Theater und Kunst, Fremden-Blatt, Nr. 302, 3.11.1917, 9.
4 Brief Lion Feuchtwanger an Annie Rosar, 7.10.1917.
5 Brief Hermann Sudermann an Annie Rosar, 23.7.1917.
6 Karl versuchte über seinen Schwager Sixtus von Lothringen hinter dem Rücken des deutschen Bündnispartners einen Separatfrieden für Österreich-Ungarn zu erwirken. Seine diesbezüglichen Briefe an den französischen Präsidenten Georges Clemenceau werden von diesem veröffentlicht und desavouierten den jungen Kaiser in den Augen der Weltöffentlichkeit, aber vor allem in den Augen des deutschen Herrschers Wilhelm II.
7 Sein Sohn gleichen Namens wird 20 Jahre später der einflussreichste nationalsozialistische Künstler der Steiermark.

8 Felix Salten, Burgtheater. In: Fremden-Blatt, Jg. 72, Nr. 31, 2.2.1918, 2.
9 Hedwig Bleibtreu bleibt bis zu ihrem Tod 1958 Mitglied des Ensembles des Burgtheaters.
10 Brief Lion Feuchtwanger an Annie Rosar, München, 16.3.1918.
11 Als Interregnum gab es von 1.9.–31.10.1918 ein Dreierkollegium bestehend aus Hermann Bahr, Max Devrient und Robert Michel als Direktorium der Burg.
12 Das k. k. Hofburgtheater bot seinen KünstlerInnen offensichtlich bereits 1917 ein Budget für deren Kostüme an. Gesetzlich war das in Österreich erst ab 1922 für alle Bühnen vorgeschrieben.
13 Die Schweiz kennt seit 1875 die Zivilehe, während diese Form der Trauung in Österreich erst im Zuge des Anschlusses 1938 eingeführt wird.
14 Brief Lion Feuchtwanger an Annie Rosar, 7.1.1921. Das Datum des Briefs irritiert: Wohl wurde am 7.12.1920 Feuchtwangers neues Stück „Die entzauberte Stadt" in München sehr kontroversiell aufgenommen, aber von antisemitischen Skandalen ist selbst in seinem Tagebuch nicht die Rede. Sehr wohl dann zwei Jahre später.
15 Spieländerung im Burgtheater. In: Reichspost, Jg. 28, Nr. 16 (12), 22.1.1921, 4.
16 Notizen. Für Mütter- und Säuglingsschutz. In: Arbeiterinnen-Zeitung, Jg. 30, Nr. 1, 6, 4.1.1921.
17 Beiträge aus Theorie und Praxis. In: Jahrbuch der Psychoanalyse, Bände 26–27, 1990, 121.
18 Brief Annie Rosar an Felix Salten, 28.5.1925. In: Nachlass Salten, ZPH 1681, Archivbox 8, 2.1.484.
19 Tagebuch Annie Rosar, Oktober 1925.
20 Z. B. von Ferdinand Georg Waldmüller „Bildnis der Betty Ander" oder „Bildnis des Grafen Deym".

4. „Wenn unser geliebter Führer uns eingliedert", 1927–1939

1 1931 zum Kino „Scala" umfunktioniert.
2 Die Sachertorte, Richard Oesterreicher und Siegfried Geher. In: Freiheit!, Jg. 3, Nr. 690, 9.11.1927, 6.
3 Frau Anna Sacher war zufrieden. In: Neues Wiener Journal, Jg. 37, Nr. 12930, 19.
4 Bezeichnet im englischen Sprachraum die frühen Tonfilme.
5 Renee *[Anm.: sic!]* Rosar, der jüngste Filmstar Wiens In: Wiener Allgemeine Zeitung, Jg. 54, Nr. 16660, 12.12.1933, 3.
6 Er hatte 1923/4 den Republikanischen Schutzbund gegründet.
7 Die Bundeserziehungsanstalt weist bis heute eine bewegte Geschichte auf: Ab 1939 wird sie von den neuen Machthabern zur Nationalpolitischen Erziehungsanstalt (Napola), in denen NS-Führernachwuchs herangezogen werden sollte, umfunktioniert, im Krieg wird sie zum Lazarett und bis 1955 zu einer Kaserne der Sowjetarmee. Seither beherbergt die Einrichtung Flüchtlinge und ist als eine von zwei Erstaufnahmestellen für AsylwerberInnen in Österreich bundesweite bekannt.

8 Der Bombenanschlag auf die Badener Elektrische. In: Neue Illustrierte Kronen Zeitung, Jg 34, Nr.12131, 22.7.1933, 9.
9 Ingrid Maaß und Michael Phillip. In: Verfolgung und Exil deutschsprachiger Theaterkünstler, De Gruyter Saur, 1988, 97ff.
10 Hans Moser und Annie Rosar hatten einen Autounfall. In: Neues Wiener Journal, Jg. 43, Nr. 14968, 23.7.1935, 5.
11 Tagebuch Annie Rosar, 1935.
12 Hedy Lamarr war auch Erfinderin. Sie entwickelte die patentierte Funksteuerung für Torpedos im Zweiten Weltkrieg, eine Technologie, die noch heute bei Mobiltelefonen Verwendung findet.
13 „HJ-Schulführer" waren zumeist Schüler der oberen Klassen, die als Verbindungsleute zur HJ innerhalb der Schulen auf die richtige Gesinnung ihrer Klassenkameraden achten und ideologisches Vorbild sein sollten.
14 Neue Kameraden, Dr. Franz Rebizek-Rosar. In: Der Radfahrer (Offizielle Zeitschrift des Oesterreichischen Radfahrer-Bundes, 2. Maiheft, Nr.99, 2.5.1938, 2.
15 Otto Kernstock, Priester und Augustiner Chorherr, ist Texter des Hakenkreuzlieds, das nach dem „Anschluss" von den Nazis zur Propaganda verwendet wird. Kernstock ist auch Texter der österreichischen Bundeshymne zwischen 1929 und 1938 und seit 1933illegales NSDAP-Mitglied.
16 Für den Großen Ariernachweis hätte es Urkunden der mütterlichen wie väterlichen Vorfahren bis 1750 bedurft.
17 Das „Steyr Baby" war die österreichische Variante des Volkswagens. Zwischen 1936 und 1940 wurden 13.000 Autos in Steyr in Oberösterreich, 150 km westlich von Wien, hergestellt.
18 Letztlich wurde das Problem dann anders gelöst: Hitler wurde pro forma zum Gesandten Braunschweigs bei dessen Landesvertretung in Berlin ernannt.
19 Sie meint hier die Abspaltung der Vororte von Bratislava, Petržalka und Devin, die 1938 an das Deutsche Reich gingen. Die Slowakei selbst war seit 14.3.1939 ein NS-Marionettenstaat.
20 Brief Annie Rosar an ihren Sohn René, 20.4.1939.
21 Brief Annie Rosar an ihren Sohn René, 28.4.1939.
22 Brief René Rebiczek-Rosar an seine Mutter, 10.4.1939.
23 Brief René Rebiczek-Rosar an seine Mutter, 26.4.1939.
24 Er bezieht sich hier auf den Spanischen Bürgerkrieg 1936–1939, bei dem das Deutsche Reich Faschistenführer Francisco Franco unterstützt hat.
25 Brief René Rebiczek-Rosar an seine Mutter, 22.5.1939.
26 Im Reich der Schlote. In: Neues Wiener Tagblatt, Jg. 73, Nr. 137, 20.5.1939, 4.
27 Völkischer Beobachter, Jg. 52, Nr. 233, 18.8.1939, 1.
28 Bundesarchivsignatur B 563/30567, S 214.

5. „So lang dauert der ganze Krieg ja nicht mehr!“ 1939–1943

1 Johannes Schäfer ist später Polizeipräsident von Lodz, der 1940 das dortige Judenghetto errichten ließ.
2 Bei Tannenberg hatten im August 1914 die deutschen Truppen das Heer des Zaren geschlagen.
3 Siehe Dirk Richhardt, Auswahl und Ausbildung junger Offiziere 1930–1945, Diss., Marburg, 2002, S. 121ff.
4 Ergänzungsbestimmungen für die Offizierslaufbahn im Heer während des Kriegs von Jänner 1940.
5 Mit dem kleinen Bezirksgericht in Nordfrankreich. Wie ich es sah. In: Das Interessante Blatt, Wiener Illustrierte, Jg. 59, Nr. 37, 11.9.1940, 13.
6 Das Kleine Frauenblatt: eine unabhängige Wochenschrift für alle Frauen, Folge 1/I, Jg. 7, 1940, 8–9.
7 Brief René Rebiczek-Rosar an seine Mutter, 5.8.1940.
8 Brief Annie Rosar an ihren Sohn René, 14.8.1940, 9 Uhr abends.
9 Brief Annie Rosar an ihren Sohn René, 16.1.1941.
10 Brief René Rebiczek-Rosar an seine Mutter, 6.3.1941.
11 Bundesarchiv B 563/Zentrale Personenkartei ZK.
12 Neues Wr. Tagblatt, Jg. 75, Nr. 357, 25.12.1941, 2.
13 Brief Annie Rosar an ihren Sohn René, 13.1.1942.
14 Das heutige Metrokino in Wien 1, Johannesgasse 4.
15 Brief Annie Rosar an ihren Sohn René, 4.3.1942
16 Keine Grenze des Vertrauens zum Führer. In: Wiener Kronen Zeitung, 43. Jg, Nr. 15.190, 27.4.1942, 4.
17 Tagebuch Annie Rosar, Mai 1943.
18 Brief Annie Rosar an ihren Sohn René, 29.8.1942.
19 Brief Hauptmann Vagedes an René Rebiczek-Rosar, 10.10.1942.
20 Brief Rudolf Zettler an René Rebiczek-Rosar, 13.10.1942.
21 Klaus Christian Vögl, Angeschlossen und gleichgeschaltet: Kino in Österreich 1938–1945, Wien, 2018, 113/4.
22 Das Kleine Volksblatt, Nr. 351, 20.12.1942, 6.
23 Bezeichnung des „Dritten Reichs“ für Gläubige, die sich zu keiner Religion bekennen.
24 Brief René Rebiczek-Rosar an seine Frau Ursula, 14.6.1943.
25 Brief René Rebiczek-Rosar an seine Frau Ursula, 10.6.1943.
26 Brief René Rebiczek-Rosar an seine Frau Ursula, 28.5.1943.
27 Illustrierte Kronen-Zeitung, Jg. 44, Nr. 15616, 4.7.1943, 6.
28 Brief René Rebiczek-Rosar an seine Mutter, 9.12.1943.
29 Völkischer Beobachter, Jg. 56, Nr. 358, 24.12.1943, 2.

6. „Es ist offensichtlich, dass Frau Rosar nur mit allen Kräften bemüht war, den Anschein zu erwecken, eine begeisterte Anhängerin des NS-Regimes zu sein." 1944–1947

1 Rudolfinerhaus in 1190 Wien.
2 Brief Richard Stahn an seine Tochter Ursula, 17.2.1944.
3 Brief Richard Stahn an seine Tochter Ursula, 12.3.1944.
4 Oberdonau-Zeitung, Jg. 7.(17.), Nr. 261, 26.9.1944, 4.
5 Wiener Feldpost, Jg. 1, Nr. 11, 1.9.1944, 7.
6 Brief Annie Rosar an Hans Hinkel, 4.12.1944.
7 Brief Hans Hinkel an Annie Rosar, 18.1.1945.
8 Brief Annie Rosar an ihre Schwiegertochter Ursula, 14.9.1944.
9 Brief Richard Stahn an seine Tochter Ursula, 29.9.1944.
10 Brief Annie Rosar an ihre Schwiegertochter Ursula, 10.1.1945.
11 Kalender Annie Rosar, Februar 1945.
12 De facto waren es dann nur zwei von 14 (und sieben Unterstaatssekretäre von 26): Franz Honner als Innenminister und Ernst Fischer als Unterrichtsminister.
13 Robert Streibel, Der letzte Akt. In: Die Zeit, 7.5.2015. https://www.zeit.de/2015/19/zweiter-weltkrieg-kapitulation-gedenkveranstaltung-hitler-krems?utm_referrer=htpps%3A%2F%2Fwww.google.com%2F, letzter Zugriff: 12.5.2022.
14 STGBl, 18. Verfassungsgesetz vom 8. Mai 1945, Stk. 4, Nr. 13, § 27, 21–22.
15 Protokoll der Sitzung des erweiterten Parteivorstands der SPÖ, 3.9.1945, VGA Wien. Zit. nach: Ebd., S. 44.
16 Sachverhaltsdarstellung Annie Rosar an die Staatsregierung der Republik Österreich, 8.7.1945.
17 Bestätigung Paul Deutsch für Annie Rosar, 17.7.1945.
18 Siehe Manfred Mugrauer, Die Politik der KPÖ 1945–1955, Wien 2020, 209.
19 Die Ohrfeige. In: Salzburger Nachrichten, Jg. 2, Nr. 193, 23.8.1946, 1.
20 Bis 1953, 1030 Wien, Vordere Zollamtsstraße 13.
21 Brief Annie Rosar an ihre Schwiegertochter Ursula, 26.9.1945.
22 Brief vom 11.12.1945, Levom Öst. Repatriierungskomitee, Augsburg-Hochzoll.
23 Brief Ursula Rebiczek-Rosar an ihre Schwiegermutter Annie, 6.12.1945.
24 10.000 Österreicher kehren aus Bayern heim. In: Salzburger Nachrichten, Jg. 1, Nr. 151, 5.12.1945, 1.
25 Brief Annie Rosar an ihre Schwiegertochter Ursula, 29.3.1946.
26 Die Perser. In: Wiener Kurier, Jg. 2, Nr. 70, 23.3.1946, 4.
27 Welt am Abend, Jg. 1947, Nr. 283, 1.10.1947, 7.
28 Bis 1951, 1020 Wien, Praterstraße 25.
29 Kleiner Kunstspiegel. In: Die Weltpresse, Jg. 2, Nr. 94, 20.4.1946, 4.
30 Kunst und Kultur. In: Neues Österreich, Jg. 2 (Nr. 94), Nr. 308, 20.4.1946, 2.
31 Künstler auf der „Schwarzen Liste". In: Wiener Kurier, Jg. 1, Nr. 60, 5.11.1945, 2.
32 Brief an die Kommission, 10.6.1946.
33 Aus heutiger Sicht ginge diese Relativierung nicht so glatt durch. Weder die evangelische Kirche, der Annie angehört hat, noch die römisch-katholische haben sich

1939 vom Nationalsozialismus abgegrenzt, geschweige denn Hitlers Politik öffentlich verurteilt.

34 Stellungnahme vom 29.6.1946.
35 Erklärung vom 20.11.1946.
36 Siehe Doris Popa, O. W. Fischer: Seine Filme, sein Leben, 1989, 35.
37 Erklärung vom 30.6.1946.
38 Brief Dr. Robert Beinerth an Annie Rosar, 29.9.1946.
39 Gedächtnisprotokoll Annie Rosar von der Sitzung vom 22.11.1946.
40 Gedächtnisprotokoll Annie Rosar von der Sitzung vom 22.11.1946.
41 Kremser Bezirkshauptmannstellvertreter – ein Nazi. In: Österreichische Volksstimme, Jg. 1946, Nr. 297, 21.12.1946, 2.
42 Brief von Dr. Emerich Hunna/Dr. Fritz Psenicka an Annie Rosar, 4.3.1947.
43 Sie meint hier „Vexationen", englisch oder französisch für Ärger, Verdruss.
44 Brief Ursula Rebiczek-Rosar an ihre Mutter, 12.10.1947.

7. „Da das Gespenst dieser beiden Teufel immer zwischen uns steht." 1948–1957

1 Kein Feiertag-nur Arbeit. In: Welt am Abend, Jg. 1948, Nr. 116, 20.5.1948, 5.
2 Brief Ursula Rebiczek-Rosar an ihre Eltern, 22.6.1948.
3 Brief Annie Rosar an ihre Schwiegertochter Ursula, 27.6.1948.
4 Brief Ursula Rebiczek-Rosar an ihre Eltern, 8.6.1949.
5 Brief Hermine Ellminger an Ursula Rebiczek-Rosar, 1.8.1948.
6 Brief Richard Stahn an seinen Enkel Wolfgang, 8.8.1948.
7 Brief Wolfgang Rebiczek-Rosar an seine Mutter an Ursula, 28.9.1948.
8 Brief Ursula Rebiczek-Rosar an ihren Sohn Wolfgang, 20.9.1948.
9 Brief Hermine Ellminger an Ursula Rebiczek-Rosar, 3.11.1948.
10 Wiener Zeitung, Jg. 241, Nr. 289, 10.12.1948, 4.
11 Brief Richard Stahn an seine Tochter Ursula, 14.12.1948.
12 Deutsches Einheits-Familienstammbuch, Verlag für Standesamtswesen, o.J. (um 1940), 51.
13 Brief Karl Renner an Annie Rosar, 16.4.1949.
14 Anton Karas dem englischen Königspaar vorgestellt. In: Neues Österreich, Jg. 5(Nr. 270), Nr. 1395, 19.11.1949, 2.
15 Wiener Zeitung, Jg. 242, Nr. 236, 9.10.1949, 1.
16 Wiener Kurier, Jg. 5, Nr. 236, 10.9.1949, 1. Die VdU war die Vorgängerorganisation der FPÖ.
17 Weltpresse, Jg. 5, Nr. 261, 9.11.1949, 6.
18 Anhang zu Brief von Franz Rebiczek-Rosar an RA Dr. Andreas Posch, 12.11.1952.
19 Brief der KollegInnen des Volkstheaters an Annie Rosar, Datum nicht mehr erkennbar.
20 Arbeiter-Zeitung, Jg. 52, Nr. 282, 12.10.1950.
21 Soziale Sicherheit, Heft 1, Jänner 1951, 1

22 Thomas Chorherr, Oskar Helmer, Leopold Kunschak: Was mir beim Lueger-Ring einfällt. In: Die Presse, Nr. 19.327, 7.5.2012, https://www.diepresse.com/755316/oskar-helmer-leopold-kunschak-was-mir-beim-lueger-ring-einfaellt, letzter Zugriff: 12.5.2022.
23 Beschuss Vormundschaftssache 4P16/51, 1.
24 Brief Ursula Rebiczek-Rosar an ihre Eltern, 13.2.1951.
25 Brief Annie Rosar an ihren Mann Franzl, 8.10.1951.
26 Brief Veit Harlan an Annie Rosar, 9.9.1952.
27 Andre Müller, Ich bin ein alleiniger Mensch. In: Die Zeit, 4.7.1980, https://www.zeit.de/1980/28/ich-bin-ein-alleiniger-mensch, letzter Zugriff: 12.05.2022.
28 Brief Annie Rosar an ihren Enkel Wolfgang, 27.11.1953.
29 Brief Anwalt Dr. Karl Majer an seine Mandantin Ursula Rebiczek-Rosar, 21.2.1955.
30 Brief Franz Rebiczek-Rosar an seine Frau Annie, 25.5.1955.
31 Brief Franz Rebiczek-Rosar an seine Frau Annie, 13.6.1955.
32 Brief Dr. Arnulf Hummer an seine Mandantin Annie Rosar, 29.3.1956.
33 Siehe Maria Wirth, Christian Broda, Wien, 2011, 149.
34 Tagebuch Annie Rosar, Jänner 1956.
35 Brief Annie Rosar an RA Dr. Arnulf Hummer, 16.1.1956.
36 Privatanklage wegen Übertretung gegen die Sicherheit der Ehre, 11.4.1956, 8.
37 Kalender Annie Rosar, April 1956.
38 Kalender Annie Rosar, Mai 1956.
39 Kalender Annie Rosar, Juni 1956.
40 Kalender Annie Rosar, Juli 1956.
41 Kalender Annie Rosar, August 1956.
42 Albert Lippert, Regisseur und Generalintendant am Theater der Freien Hansestadt Bremen.
43 Brief Wolfgang Rebiczek-Rosar an seine Oma Annie, 17.2.1957.
44 Manfred Hausmann, deutscher Schriftsteller, Journalist und Theologe mit brauner Vergangenheit.
45 1957: Das Fiasko im Kampf um die Hofburg. In: Die Presse, 23.10.2009, https://www.diepresse.com/517195/1957-das-fiasko-im-kampf-um-die-hofburg, letzter Zugriff: 12.5.2022.
46 Diese Wahlpflicht wird erst 1982 aufgehoben.
47 Brief Oskar Helmer an Annie Rosar, 11.5.1947.
48 Kalender Annie Rosar, Juni 1957.
49 Löhne, Gehälter und Masseneinkommen in Österreich 1950–1957, IHS, 1958. https://www.wifo.ac.at/bibliothek/archiv/MOBE/1958Heft10Beil54.pdf, letzter Zugriff: 12.5.2022.
50 Brief Franz Rebiczek-Rosar an seine Frau Annie, 12.1.1958.

8. „Ich elend, elend, elend." 1958–1961

1 Die Frau, Feb. 1958, Jg. 14, Nr. 4, 2.
2 Kalender Annie Rosar, 15.2.1958.
3 Dorsch ohrfeigte 1946 einen Kritiker des Berliner Kurier, 1951 Kollegen Alexander Trojan, der sich über ihr Sternzeichen Steinbock lustig gemacht hatte, und 1956 dann auch noch Hans Weigel, der sogar gegen sie vor Gericht zog, wo sie zu 500 Schilling Strafe verurteilt wurde.
4 https://de.wikipedia.org/wiki/Volksschauspieler, letzter Zugriff: 12.5.2022.
5 Wiener Wochenausgabe, Jg. 14, Nr. 21/1958, 16.
6 Bildtelegraph, Jg. 5, Nr. 138, 24.5.1958.
7 Neue Illustrierte Wochenschau, Jg. 49, Nr. 20, 18.5.1958, 7.
8 AGZ-Filmdienst, 26.5.1958.
9 Brief Franz Rebiczek-Rosar an Annie Rosar, 5.5.1958.
10 Tagebuch Annie Rosar, Juni 1958.
11 Die Welt, Jg. 13, Nr. 277, 4.10.1958. Gemeint ist die jüdische Herkunft von Autor Franz Werfel.
12 Brief Hans Mandl an Annie Rosar, 23.10.1959.
13 Kalender Annie Rosar, 8.7.1958. Joe Stöckel war ein bekannter bayrischer Volksschauspieler und in „Zauber der Montur" als Annies Filmpartner vorgesehen.
14 Waldfried Barthel, Gründer und Eigentümer der Constantin Filmverleih GesmbH.
15 Kalender Annie Rosar 14.7.1958.
16 Hans Haß schrieb sich später mit „ss".
17 Brief Waldfried Barthel an Annie Rosar, 24.7.1958.
18 Ärztliche Bescheinigung, 5.2.1958.
19 Befund Viktor Frankl, 3.7.1958.
20 Kalender Annie Rosar, 9.5.1959.
21 Brief Annie Rosar an ihren Enkel Wolfgang, August 1961.
22 Brief Ursula Rosar an ihren Sohn Wolfgang, 14.8.1959.
23 Brief Wolfgang Rosar an Oma Annie, 26.6.1958.
24 Brief Annie Rosar an ihre Schwiegertochter Ursula, 11.7.1958.
25 Brief Adrienne Lorenz an Annie Rosar, 29.10.1959.
26 Kalender Annie Rosar Dezember 1959.
27 Brief Annie Rosar an Dir. Leon Epp vom Volkstheater, 25.1.1960.
28 Brief Peter Thomas Heydrich an Annie Rosar, 19.11.1959.
29 Am Galgen hängt die Liebe. In: Der Spiegel, Jg. 14, Nr. 47, 16.11.1960. https://www.spiegel.de/kultur/am-gaigen-haengt-die-liebe-deutschland-a-a9d24743-0002-0001-0000-000043067527, letzter Zugriff: 12.5.2022.
30 Letzter Wille Franz Rebiczek-Rosar, 28.6.1960.
31 Brief Kardinal Franz König an Annie Rosar, 20.8.1960.
32 Artikel Franz Rebiczek-Rosar an Annie Rosar, Mai 1961.
33 Brief Annie Rosar an Dr. Schwager, 9.3.1961.
34 https://www.ardmediathek.de/swr/video/swr-retro-abendschau/bambi-filmpreis-verleihung-in-karlsruhe/swrfernsehen-de/Y3JpZDovL3N3ci5kZS9hZXgvbzExNjk5NTI/, letzter Zugriff: 18.03.2022.

35 Brief Annie Rosar an ihren Enkel Wolfgang, 23.4.1961.
36 Gerd Bacher, Hunderttausend Wiener jubelten den Kennedys zu. In: Die Presse, Nr. 3888, 4.6.1961, 2.
37 Brief Annie Rosar an ihren Enkel Wolfgang, 22.8.1961.
38 Brief Dr. Friedl Englisch an Annie Rosar, 29.7.1959.
39 Brief Annie Rosar an Dr. Friedl Englisch, 9.3.1961.

9. „Umarme ich Dich zum letztenmale innigst, Oma Annie!" 1962–1963

1 Diese Formulierung wird dem österreichischen Schriftsteller und Theaterkritiker Hans Weigel zugeschrieben.
2 Hugo Pepper in einem Leserbrief an das Neue Österreich, 6.4.1961.
3 O-Ton Senta Berger. In: Der ewige Dienstmann – Porträt zum 140. Geburtstag von Hans Moser.
4 Erst 2002 wurde in Österreich die Studienberechtigungsprüfung eingeführt und damit der Zugang zu gewissen Studien auch ohne Matura möglich gemacht.
5 Brief an die Direktion des Hotels Zum Teichwirt, ohne Datum
6 Brief Wolfgang Rosar an Oma Annie, 16.8.1962.
7 Befund vom 23.1.1963.
8 Aussage Maria Schütz vor Gericht, S 10 4C744/63, Herbst 1963.
9 Brief Annie Rosar an Hans Mandl, 25.2.1963
10 Brief Annie Rosar an Franz Jonas, 22.5.1963.
11 Brief Franz Stoß an Annie Rosar, 16.5.1963.
12 Erinnerung Wolfgang Rosar, 14.6.2020.
13 Brief Annie Rosar an das Wiener Sperr- und Kredit-Institut, 25.7.1963.
14 Erinnerung Wolfgang Rosar, 14.6.2020.
15 Telegramm von Otto Preminger, 29.8.1963.
16 Brief Ferdinand Dexinger, erzbischöflicher Zeremoniär, an Wolfgang Rosar, 3.10.1963.

10. „Leider herrscht große Unordnung in meinem Nachlasse" Seit 1963

1 Inzwischen belaufen sich die Tantiemen auf zu vernachlässigende 15 € pro Jahr.

Personenregister

Z